Marketing Strategy:
Based on First Principles and Data Analytics

工商管理经典译丛 · 市场营销系列
Business Administration Classics·*Marketing*

营销战略：第一原理和数据分析

罗伯特 · 帕尔马蒂尔（Robert W. Palmatier）
什里哈里 · 斯里达尔（Shrihari Sridhar） / 著
康 俊 杨 智 / 译

中国人民大学出版社
· 北京 ·

图书在版编目（CIP）数据

营销战略：第一原理和数据分析/罗伯特·帕尔马蒂尔等著；康俊，杨智译．—北京：中国人民大学出版社，2020.1

（工商管理经典译丛．市场营销系列）

ISBN 978-7-300-27402-7

Ⅰ.①营… Ⅱ.①罗… ②康… ③杨… Ⅲ.①营销战略 Ⅳ.①F713.50

中国版本图书馆 CIP 数据核字（2019）第 262535 号

工商管理经典译丛·市场营销系列

营销战略：第一原理和数据分析

罗伯特·帕尔马蒂尔 著
什里哈里·斯里达尔 著

康　俊　杨　智　译

Yingxiao Zhanlüe：Diyi Yuanli he Shuju Fenxi

出版发行	中国人民大学出版社		
社　　址	北京中关村大街 31 号	**邮政编码**	100080
电　　话	010－62511242（总编室）		010－62511770（质管部）
	010－82501766（邮购部）		010－62514148（门市部）
	010－62515195（发行公司）		010－62515275（盗版举报）
网　　址	http://www.crup.com.cn		
经　　销	新华书店		
印　　刷	涿州市星河印刷有限公司		
规　　格	185 mm×260 mm　16 开本	**版　　次**	2020 年 1 月第 1 版
印　　张	18.75 插页 1	**印　　次**	2021 年 7 月第 2 次印刷
字　　数	410 000	**定　　价**	55.00 元

工商管理经典译丛·市场营销系列

出 版 说 明

随着我国市场经济的不断深化，市场营销在企业中的地位日益突出，高素质的市场营销人才也成为企业的迫切需要。中国人民大学出版社早在1998年就开始组织策划了“工商管理经典译丛·市场营销系列”丛书，这是国内第一套引进版市场营销类丛书，一经推出，便受到国内营销学界和企业界的普遍欢迎。

本丛书力图站在当代营销学教育的前沿，总结国际上营销学的最新理论和实践发展的成果，所选图书均为美国营销学界有影响的专家学者所著，被美国乃至世界各国（地区）的高校师生和企业界人士广泛使用。在内容上，涵盖了营销管理的各个重要领域，既注意与国内营销学相关课程配套，又兼顾企业营销的实际需要。

市场营销学是实践性很强的应用学科，随着我国企业营销实践的日渐深入和营销学教育的快速发展，本丛书也不断更新版本，增加新的内容，形成了今天呈现在读者面前的这一较为完善的体系。今后，随着营销学的发展和实践的积累，本丛书还将进行补充和更新。

在本丛书选择和论证过程中，我们得到了国内营销学界著名专家学者的大力支持和帮助，原我社策划编辑闻洁女士在早期的总体策划中付出了大量的心血，谨在此致以崇高的敬意和衷心的感谢。最后，还要特别感谢为本丛书提供版权的培生教育出版集团、约翰威立公司、麦格劳-希尔教育出版公司、圣智学习出版公司等国际著名出版公司。

希望本丛书对推动我国营销人才的培养和企业营销能力的提升继续发挥应有的作用。

中国人民大学出版社

译者序

当您读完了菲利普·科特勒教授的《营销管理》，如果想进一步学习营销战略，应该选择哪本书呢？

我们向您推荐本书——《营销战略：第一原理和数据分析》。这是一本旨在帮助您学会如何在当前快速变化的营销环境中进行营销战略思考和科学决策的优秀教材。不论您是营销专业的学生、教师、实务工作者、研究人员，还是普通读者，只要对营销工作感兴趣，我们相信您都能从本书中获益。

如果您是MBA（EMBA）或其他管理培训项目的学员，您将发现这是一本让您耳目一新的营销战略管理教材。它突破了同类教材以4P为中心来认识营销战略的传统叙述风格，而是从“第一原理”这一新视角看待营销战略，为制定有效的营销战略以解决各种营销问题提供了一个全面且结构化的框架。它阐释了应对营销战略四大基本难题的决策框架，展示了各类营销术语和数据分析方法在营销战略决策应用中的逻辑关联，从而以一种系统性、框架性和理论性的方式，帮助您运用营销概念和数据分析方法来思考和解决具体的营销战略决策问题，构建营销战略决策的科学思维。

如果您是从事营销管理实践工作的专业人士，您将发现这是一本能让您豁然开朗的营销专业读物。随着新一代信息技术（互联网、大数据、人工智能、物联网、5G等）的商业化应用，新兴商业领域和新型营销模式不断出现。面对层出不穷、令人眼花缭乱的各类营销新方式、新术语、新工具，您或许正困惑于如何才能避免被动式、跟风式、盲从式的营销战略行动或投入。针对此困惑，一个简单的建议就是：采用“第一原理”的方式来思考营销战略，即回归企业自身营销战略的基本面，如本书开篇便提及的四个营销战略基本难题（顾客的异质性、顾客的动态性、市场的竞争性、资源的有限性），依据某项营销行动或投入是否有利于解决这四大基本难题这一标准，进行更具目的性和自信心的主动式营销战略决策。这种基于“第一原理”进行战略思考和决策的方式常被企业家视为获得颠覆性产品和商业思想的重要思维方式。

如果您是营销方向的博士生或研究人员，您将发现这是一本能让您茅塞顿开的营销战略研究参考书。如果您正迷茫于营销战略领域的研究选题，或正困惑于自己的研究工作是否具有营销战略价值，抑或疑惑于自己构建的理论或实证模型是否合理完备，那么本书将帮助您解开心中的疑问。您会发现顾客管理、竞争管理、品牌管理、供应物管理、关系管理、营销资源管理与营销组织管理都是营销战略的重要研究方向；您可学会依据某项研究对营销战略四个基本难题的回应程度来评价其战略价值；您可理解为何能从营销战略四个基本难题的角度来检验一个研究模型的合理性、完备性和创新性。

如果您是营销专业的研究生或者高年级本科生，您将发现这是一本能让您登高望远的营销课程教材。或许您已能熟练运用营销术语体系来讨论对应的营销现象，或许您已习惯于通过对典型案例的定性分析来获取营销实践指引，但是，当面临真实的营销实践项目时，尤其是在面对大量用以支撑营销决策的各类数据时，您可能依然感到理不清头绪，看不准问题，抓不住要害。本教材所采用的“第一原理”方式为您提供了一个简洁易懂的组织框架，帮助您分析和解决营销战略问题，将纷繁复杂的营销问题划归为营销战略的四大基本难题，借助相互关联的营销概念体系、数据分析工具和问题解决技术进行系统性的营销诊断、分析与决策。

在本书的翻译过程中，多位博士和硕士研究生参与了部分章节的初稿翻译，他们是：包佳鑫（湖南大学）、莫田甜（浙江大学）、刁子鹤（湖南大学）、唐园兆（中国科技大学）、兰屏（湖南大学）。此外，中国人民大学出版社的编辑在本书的引进、翻译与出版过程中给予我们极大的鼓励和支持。本书的原作者之一，美国华盛顿大学的罗伯特·帕尔马蒂尔教授还专门为本书撰写了中文版序言。对于他们的帮助，我们在此表示感谢！

鉴于时间、精力和水平有限，书中难免存在一些翻译不当之处，恳请广大读者批评指正。

康俊　杨智

中文版序言

我非常高兴地看到《营销战略：第一原理和数据分析》的中译本被介绍给中国的教授、学生和管理者。本书的首要目标是创建一个基于研究的、使用数据分析来支持决策过程的营销战略指南。本书的内容（流程、工具和章节）围绕营销战略的第一原理进行编排，为学生和管理者提供一个结构化的框架，用以在高度活跃的中国市场中针对各种营销问题制定有效的营销战略。这本书并不是要给出一个可能适合或不适合中国市场的案例，而是从营销战略的第一原理出发，展示如何使用各种工具和流程来解决各类营销问题。

我坚信，在当今拥有大量数据以辅助决策的商业世界中，将最先进的数据分析技术整合到营销战略规划过程的各个方面是至关重要的。因此，理解和使用数据分析技术是本书的重要内容。

我要对本书的译者——杨智教授（湖南大学工商管理学院副院长、市场营销学教授）、康俊副教授（北京邮电大学经济管理学院副教授），以及所有编辑和审校人员的辛勤工作，表示深深的感谢和赞赏，正是他们的努力才使这本书得以呈现给中国的学生和管理者。

罗伯特·帕尔马蒂尔博士

华盛顿大学福斯特商学院市场营销学教授

John C. Narver 工商管理讲席教授

销售与营销战略研究所（SAMS）全球执行总监与研究主任

前言

本书的目标

本书的主要目标是为国际上的管理者和培训中的管理者提供一个全面的、基于研究的、行动导向的指引，以制定、实施和评估现实世界中的营销战略。营销战略课程大多将商业案例作为营销战略的范例，较少讲授与决策制定过程相关的数据分析。因此，在课程结束时，学生以及未来的管理者面对与所学案例不同的状况时往往不知所措，很难掌握制定和执行有效战略的工具和流程。他们甚至会形成一种错误的印象，即某个企业成功的营销方案可以推广到其他企业。

本书采用了一种不同的方式来解决上述问题，这种方式既可以单独使用，也可以和传统的案例结合起来。

● 围绕营销战略的第一原理组织过程、工具和章节，从而为管理者提供一个结构化的框架，以针对不同的营销问题分别制定有效的战略。

● 将最前沿的数据分析技术整合到战略规划过程的各个方面，使得管理者能够制定更有效的基于数据的决策。

● 引入最新的营销科学研究成果，以支撑各种管理建议，为管理者提供基于实证的洞察。

这种方式——正如书名所展示的，“营销战略：第一原理和数据分析”——近十年来应用于多所高校的本科生、工商管理硕士（MBA）和高级管理人员工商管理硕士（EMBA）的教学，并得以改进。本书是首次以教材的形式对这种方式进行总结。本书旨在帮助教师将第一原理、数据分析和基于科学研究的洞察整合到营销战略课程之中。本书也可作为战略性组织框架用于数据分析相关课程，以应对当今大数据环境中的各种挑战。

基于第一原理认识营销战略

为便于读者理解营销战略，本书提出营销决策应该着重解决组织在制定和实施营销战略时面临的四个难题。这四个难题是获得营销成功的关键障碍，它们决定了本书的结构。

这四个难题体现了营销战略的基本假设，我们称之为营销战略的第一原理（first principles of marketing strategy）。简而言之，营销战略家的关键决策必须准确定位第一原理。

	营销战略的第一原理		关键营销决策
营销原则1	顾客总是有差异的	→	顾客异质性管理
营销原则2	顾客总是在变化的	→	顾客动态性管理
营销原则3	竞争者总是有反应的	→	可持续竞争优势管理
营销原则4	资源总是有限的	→	资源权衡管理

营销战略的第一原理与关键营销决策的匹配形成营销原则（marketing principle，MP）。例如，顾客总是有差异的，因而企业必须制定管理顾客异质性的战略决策，整体性的表述构成营销原则 1。基于第一原理认识营销战略的方式有其独到之处。它旨在协调各种咨询类书籍中的分析工具、流程和研究技术与传统教材中关于营销组合（4P）、竞争者、营销任务的现有管理框架和观点。这种协调为解答——至少是定位第一原理提供了参考。围绕这四个基本原理进行讨论意味着每一个决策都有特定背景，而且该决策会影响到其他决策。这种视角和背景决定了战略营销努力的方向。因此，这种认识营销战略的方式有助于回答学生的以下相关问题：

1. 我能从营销战略课程中学到什么？
2. 我在制定营销决策时有哪些工具？
3. 我何时该使用哪种特定的框架或工具？

整合的数据分析

越来越多的企业采用顾客分析改进营销决策。强大的顾客分析能力通常是营销管理者成功制定和执行营销战略的先决条件。为了回应这种趋势，增加基于数据的决策和营销战略之间的关联性，本书将相关数据分析方法和技术整合到了各章对营销战略的讨论之中。贯穿本书的数据分析技术提供了营销人员最常用的分析方法的详细介绍和使用实例。本书还提供了四个综合的实证案例，以及相关的数据集和详细的解决方案。每个案例对应一个营销原则及相关的数据分析和流程，从而使学生有机会利用本书给出的工具练手，甚至解决实际问题。

本书中的案例多利用微软 Excel 的营销工程（Marketing Engineering，MEXL）组件，或统计分析软件（Statistical Analysis Software，SAS）进行数据分析（参见第 9 章）。因此，学生能以较低的成本实践本书介绍的大部分方法和技术。MEXL 和 SAS 已经应用于营销战略或数据分析教学中，除此之外，也可使用其他软件包（如 SPSS）。

本书的结构

本书按照管理者应用第一原理制定营销战略的顺序编排。第 1 章是营销战略导论，包括营销战略的历史和定义、营销战略与公司战略的区别、营销战略与企业绩效高度相关的证据，以及基于第一原理认识营销战略的理由。此外，第 1 章还对四个第一原理进行了概述，并描述了其如何相互匹配以生成整合的营销战略。

第 2 章、第 3 章、第 4 章和第 8 章是平行的章节，每章分别介绍一条第一原理并包含以下内容：

- 学习目标
- 该第一原理的描述和理由
- 各营销原则的方法的描述和演变
- 相关的营销研究、概念、工具和分析
- 输入、输出和过程框架
- 总结
- 本章要点
- 案例（含案例描述、解决方案总结、图表，以及数据集描述）

第 4 章提出“竞争者总是有反应的”这一条第一原理，要求企业管理可持续竞争优势，以围绕自身业务构建抵御竞争的壁垒（营销原则 3）。这一条第一原理需要进一步阐述。构建和维持可持续竞争优势对营销战略取得成功非常重要，本书安排了三章（第 5 章、第 6 章、第 7 章）分别介绍基于品牌、供应物（产品/服务）、关系的可持续竞争优势管理。这三章是平行的章节，就品牌、供应物和关系生成可持续竞争优势的相关理论框架和研究发现进行了介绍。基于品牌、供应物和关系的相关大量研究，这三章还介绍了各自的概念体系、战略、绩效指标和有效管理的具体过程。

第 9 章基于四条营销原则的顺序和协同性对其进行了整合，介绍了当前和将来可能对营销产生影响的主要变化趋势，概述了构建数据分析能力的必要步骤和实施营销战略的关键成功要素。

本书的特色

丰富而详细的教学资源

教师可从 Palgrave 网站（www.palgravehighered.com/palmatier-ms）下载或者直接向作者索取相关的支持性教学资源。这些支持性教学资源包括教师手册、教学大纲模板、教学幻灯片（500 多页，用于课堂讲授）、视频辅助材料（用于促进互动），以及测试题库和答案（仅限于教师）。提供这些资源的目的是减少教师在将本书作为课程教材时花费的时间和精力。

综合性分析案例

本书提供四个综合性的实证案例及其相关数据集和详细解决方案。每个案例对应一个营销原则及相关的数据分析和流程，从而使学生有机会利用本书给出的工具练手，甚至解决实际问题。

- “DentMax的顾客异质性管理”（第2章）解决了顾客异质性问题，介绍了市场细分、目标市场选择和市场定位。
- “TKL预判和防止客户流失的策略”（第3章）讨论了与顾客动态性相关的挑战，介绍了如何通过基于模型的方法来处理顾客流失问题。
- “Exteriors公司应对竞争者的攻击”（第4章）解决了与竞争者攻击相关的问题，介绍了如何面向顾客开发新产品。
- “BRT论坛报明智地分配预算”（第8章）讨论了与资源分配相关的难题，介绍了如何优化营销预算资金的分配。

希望教师充分利用这些实证案例与解决方案（数据集可以从Palgrave网站下载）来展示本书所介绍的分析过程和技术。未来将通过本书的网站提供更多新开发的案例。

每个案例的结构相似，各自聚焦一个第一原理并包括以下内容：

- 问题背景
- 问题陈述
- 数据
- 解决方案的形成过程
- 解决方案总结
- 图表
- 数据集附录

数据分析技术

本书介绍的数据分析技术旨在探讨营销人员最常用的数据分析方法的具体应用方式和简短实例，以便教师为学生定制数据分析方法工具箱。每种数据分析技术的介绍包含四个部分，即该技术的描述、何时使用该技术、如何使用该技术，以及应用该技术的实例。这些数据分析技术展示了如何在营销决策情景中应用数据分析方法。下表列出了本书中所介绍的各种分析技术。

章节	数据分析技术	章节	数据分析技术
1-1	Markstrat：基于第一原理方式认识营销战略的练习工具	3-3	顾客终身价值分析
2-1	因子分析	4-1	营销实验
2-2	聚类分析	5-1	调查设计：品牌审计实例
2-3	SWOT和3C分析	6-1	联合分析
2-4	判别和分类分析	7-1	多元回归分析
3-1	隐马尔可夫模型分析	8-1	反应模型
3-2	选择模型分析	9-1	MEXL：利用数据分析来执行营销原则

多样化的实例

营销实例对于学生理解和认同复杂的营销概念和论点至关重要。本书包含250多个营销实例，涉及25个国家和地区的200多家公司，覆盖主要的行业部门。这些实例展示了书中所讨论的过程、工具和框架如何应用于不同的情境。此外，本书的国际化特色体现了诸多行业和市场中的全球化趋势。

与营销模拟软件的整合

营销模拟软件（如Markstrat）除了可帮助学生理解四条第一原理及其之间的匹配性，还可作为辅助性的体验式学习工具（参见数据分析技术相关内容）。这个交互式软件要求学生基于本书给出的分析技术（如定位图、多元尺度分析、顾客调查、营销实验、回归分析、联合分析）的输出结果及其对营销决策的启示，依据四条营销原则进行决策。许多教师和学生发现这种体验式的学习方式有助于理解和揭示第一原理的影响力，以及数据分析对在现实世界中制定和实施有效营销战略的重要性。教师可采用其他的模拟软件，但Markstrat与本书所介绍的营销战略方式最配套。

课程整合：营销战略和营销分析课程的教学大纲

本书适用于营销战略/营销管理课程和营销分析课程。这些课程都可按照第一原理设计课程架构，但是需要根据各课程的侧重点对教学材料的范围和深度进行调整。具体而言，本书各章相对独立，每章可以作为一个模块，各章都可以通过商业实例来讲解一条第一原理；各章也可与数据分析技术和案例结合用于数据分析课程。

营销战略/营销管理课程

营销战略/营销管理课程侧重于从决策制定者的视角战略性地分析和解决营销问题。具体而言，这门课程有两个关键学习目标：

1. 理解并应用营销管理的基本框架、过程和分析工具。
2. 采用营销战略的第一原理来解决企业经营问题。

这门课程依托其前置课程（如市场营销学原理、市场营销学导论），旨在帮助学生认识和理解企业面临的商业问题或困惑（采用本书中的框架），形成解决问题的方案（采用本书中的过程），收集数据并应用数据分析工具剖析问题，对各种信息进行权衡与整合以制定决策（采用本书中的分析技术和综合性案例及其解决方案）。如下表所示，该课程可以安排为14周（不包括小测验和考试）。本书的网站提供了更多的课程教学大纲模板。

周次	内容	备注	章节
1.1	营销战略概述及其重要性	教师幻灯片	1
1.2	第一原理方式概述（续）	教师幻灯片	1
2.1	营销原则1：顾客总是有差异的→顾客异质性管理	教师幻灯片	2
2.2	市场细分与目标市场选择的概念与展示	数据分析技术、MEXL（Dentmax案例）	2
3.1	Markstrat 1和/或案例		

续前表

周次	内容	备注	章节
3.2	市场定位的概念与展示	数据分析技术、MEXL（Infiniti 案例）	2
4.1	Markstrat 2 和/或案例		
4.2	营销原则 2：顾客总是在变化的→顾客动态性管理	教师幻灯片	3
5.1	Markstrat 3 和/或案例		
5.2	选择模型的概念与展示	数据分析技术、MEXL（TKL 案例）	3
6.1	Markstrat 4 和/或案例		
6.2	营销原则 3：竞争者总是有反应的→可持续竞争优势管理	教师幻灯片	4
7.1	Markstrat 5 和/或案例		
7.2	营销原则 3（续）：基于品牌的可持续竞争优势管理	教师幻灯片	5
8.1	Markstrat 6 和/或案例		
8.2	营销原则 3（续）：基于供应物的可持续竞争优势管理	教师幻灯片	6
9.1	Markstrat 7 和/或案例		
9.2	联合分析的概念与展示	数据分析技术、MEXL（Exteriors 案例）	6
10.1	Markstrat 8 和/或案例		
10.2	营销原则 3（续）：基于关系的可持续竞争优势管理	教师幻灯片	7
11.1	Markstrat 9 和/或案例		
11.2	营销原则 4：资源总是有限的→资源权衡管理	教师幻灯片	8
12.1	Markstrat 10 和/或案例		
12.2	反应模型的概念与展示	数据分析技术、MEXL（BRT 论坛报案例）	8
13.1	Markstrat 11 和/或案例		
13.2	四个营销原则的整合	教师幻灯片	9
14.1	Markstrat 的绩效总结		
14.2	营销战略第一原理的回顾	教师幻灯片	9

营销分析课程

营销分析课程的目标是向学生展示采用系统化和分析性的方式制定营销决策的优势。这种分析性的方式可以使学生：

1. 理解营销战略的第一原理如何帮助企业以整体性的方式应对当今数据时代中的数据分析机会和挑战。

2. 使用数据分析技术，以一种科学的、过程驱动的方式来分析如何处理营销分析问题。

营销研究人员、咨询师和管理者所面临的大部分数据分析挑战可归结为由四个基本营销问题所构成的挑战。本书强调营销战略的第一原理如何帮助解决这四个基本营销问题，如何帮助学生建立与每个第一原理相关的数据分析能力。总的来说，通过学习这门课程，学生将学会使用投资回报来对营销支出进行解释，这正是高层管理者越来越关注的问题。本课程的教学大纲可以从本书的网站上下载。

学生和教师的收获

教师的收获

● 本书围绕营销战略的第一原理组织过程、工具和概念，为教师提供组织课堂教学的结构化框架。

● 本书开发了教学大纲模板、500 多页的教学幻灯片、测试题库以及其他教学资源，方便教师使用本教材。

● 本书将最前沿的数据分析技术整合到四个综合性数据分析案例中，以利于教师向学生传达一种观念，即营销战略是行重于学的。

● 本书引入最新的营销科学研究成果，以支撑本书所给出的管理建议，从而使教师了解该领域最前沿的研究成果。

● 本书提供了 250 多个营销实例，涉及 25 个国家和地区的 200 多家公司，覆盖主要的行业部门。这些实例展示了书中所讨论的过程、工具和框架如何应用于不同的情境。

● 本书确保所提供的教学内容都有配套的数据分析软件（如 MEXL，SAS，SPSS）和营销模拟软件（如 Markstrat），从而为实现营销战略实操提供体验式学习工具。

● 本书提供了针对各重点内容进行深度讲解的视频，这些视频涵盖第一原理、营销概念、真实的企业实例，以及数据分析方法。

学生和在职专业人士的收获

● 本书围绕营销战略的第一原理组织过程、工具和概念，帮助学生和在职专业人士利用一个管理框架来应对不同营销企业、行业和环境中的营销挑战。

● 本书采用“告诉—示范—操作”的结构，将最前沿的数据分析技术整合到战略规划过程的各个方面，使得学生和在职专业人士能够制定更有效的、基于数据的决策。

● 本书引入最新的营销科学研究成果，并汇集了过去 60 余年的营销研究思想，以支撑本书所给出的各种管理建议。

● 本书加入大量的分析技术，针对营销人员最常用的分析方法进行讲解，并提供简短的实例；学生和在职专业人士可从本书所提供的各种分析方法中定制分析方法工具箱。

● 本书的内容与具体的软件包无关，它们可以与多种数据分析软件（如 MEXL，SAS，SPSS）和营销模拟软件（如 Markstrat）配合使用。

● 本书提供每个综合性分析案例的解决方案，学生和在职专业人士可从数据分析过程中学会如何运用所学到的知识。

营销战略的第一原理概览

营销原则1：顾客总是有差异的→顾客异质性管理

管理者在制定营销组合决策（定价、产品、促销和渠道）时所面临的一个首要的、基础性的问题是顾客总是有差异的。顾客通常在他们真实的或感知到的需要和偏好方面差异很大，对一些基本日用品（如瓶装水）的需求甚至也会有所差别。因此，有效的营销战略必须对顾客异质性进行管理，这通常是通过市场细分、目标市场选择和市场定位来实现的。这种方式使得企业可通过识别可控数量的同质顾客群体来了解顾客的整体状况，从而使企业能够有目的地评估其相对优势并就如何赢得这些顾客做出战略性关键决策。

营销原则2：顾客总是在变化的→顾客动态性管理

管理者在制定营销战略时必须考虑到顾客的需要随时间发生的变化，因为顾客总是在变化的。即使在一个边界清晰的细分市场内部，各成员的个体需要通常也会朝不同的方向或以不同的速率演化。在未来的某个时刻，曾属于某个相对同质的细分市场的顾客会呈现出需要和欲望的分化。因此，企业的营销战略必须应对顾客动态性，以避免被市场淘汰。随着时间的推移，企业要识别和分析顾客如何迁移（即变化）、迁移的诱因是什么。企业要区分顾客在不同阶段的需要，进而明确他们在各阶段感兴趣的产品定位。

营销原则3：竞争者总是有反应的→可持续竞争优势管理

不论一家企业如何有效地对顾客异质性和顾客动态性进行管理，竞争者都将不断复制这家企业的成功，或对商业流程和供应物进行创新以更好地满足顾客的需要和欲望。既然竞争者总是有反应的并持续不懈地进行复制与创新，那么营销管理者必须持续构建和维持用以抵抗竞争攻击的壁垒。管理者可通过打造高质量的品牌、传递创新的供应物和开发强势的顾客关系来构建与具体的细分市场相关的竞争优势。

营销原则 4：资源总是有限的→资源权衡管理

大多数营销决策要求在多个目标之间进行权衡，这是因为用以实现这些目标的各种可用资源是相互关联的。营销战略在品牌广告、新产品创新，以及扩充销售组织以强化关系之间进行分配的资源实际上都来源于同一个有定额的资源库。企业只有这么多资源，因而一些关键的资源权衡是不可避免的。优化资源管理非常重要，因为营销资源提供了工作抓手，使得企业能执行从前三个营销原则中得到的结论。

目　录

第 4 篇 资源总是有限的

第1章

营销战略：基于第一原理的方式

学习目标

- 界定营销战略。
- 识别和评价公司战略与营销战略之间的相似点与差异点。
- 批判性地评估营销战略对企业成功的重要性。
- 识别并描述与每个第一原理相关的难题的重要性。
- 理解并批判性地讨论采用第一原理方式思考营销战略的逻辑。
- 回顾并分析管理各营销原则的主要方式。
- 列举每个营销原则的关键输入和输出。
- 理解如何整合营销战略的四个营销原则。

引　言

随着营销学科的发展，用以评估商业现象和实施新营销战略（如顾客中心化、大数据、净推荐值）的分析工具、流程和研究技术层出不穷。然而，管理者在面对这些工具、流程和技术时却时常不知所措。每当一个企业获得成功，大量报道如何复制这些成功（如免费定价、众包、大数据）的文章就会随之而来。尽管这些新方式能创造一些价值，但是营销战略家仍然面临如下问题：

1. 我应当在什么时候采用某种方式？
2. 某种营销新方式是如何改进企业绩效的？
3. 哪种新方式值得企业花精力和财力去实施？

营销战略教材通常将各种营销新方式整合到既有结构之中。例如，将营销新方式归入介绍营销组合 4P（产品、价格、渠道、促销）的不同章节，展示利用营销新方式应对竞争者或执行具体营销任务（市场细分、品牌化）的方法。这种从职能或任务视角看待营销战略的方式，虽然在不同营销工作领域给管理者提供了大量管理框架和流程，但是并未就何时使用何种管理框架、管理框架如何运作、哪种管理框架最有效，以及不同管理框架之间如何匹配等问题给出综合性的建议。

> **第一原理**（first principles）：理论、体系或方法所基于的基本观念和假设（*Oxford Dictionaries*，2015）。[1]

本书采用一种不同方式来认识营销战略。为使其易于理解，本书提出了管理者的营销决策应该着重解决的所有组织在制定和实施营销战略时都会面临的四个难题。这四个难题是获得营销成功的关键障碍，它们决定了本书的结构。这四个难题体现了营销战略的基本假设，我们称之为营销战略的第一原理（first principles of marketing strategy）。[2]简言之，营销战略家的关键决策必须准确定位第一原理：

1. 顾客总是有差异的。
2. 顾客总是在变化的。
3. 竞争者总是有反应的。
4. 资源总是有限的。

基于第一原理认识营销战略的方式（first principles approach to marketing strategy）之所以与众不同，是因为它旨在协调各种咨询类书籍中介绍的分析工具、流程和研究技术与传统教材中关于营销组合（4P）、竞争者、营销任务的现有管理框架和观点。这种协调为解答——至少是定位第一原理提供了参考。围绕这四个基本原理开展讨论意味着每一个决策都有特定背景，而且该决策会影响到其他决策。这种视角和背景决定了战略营销努力的方向。

例如，市场细分和顾客中心化都对应“顾客总是有差异的”这条第一原理。采用第一原理这种方式，可给营销战略家提供用以应对一系列营销挑战的工具箱，而不是介绍处理每个具体营销事件的专门技术。也就是说，这种指引性的决策框架可用以解决一系列营销问题。从概念上看，这种方式类似于利用牛顿运动定律解决众多物理问题，而不是学习解决每类问题的具体步骤。

本章首先简要介绍营销战略的历史和定义，并分析营销战略与公司战略的区别；阐述营销为何对企业的成功是极其重要的，以及管理者为何应花时间和精力来制定有效的营销战略。然后，本章将展示基于第一原理认识营销战略的方式背后的逻辑。本章对四条第一原理进行了概述，以便读者在后续章节中更深入地了解相关概念、分析与决策。最后，本章对营销战略的四条第一原理进行整合，以展示它们可按何种顺序组合以支持组织制定有效的营销战略。

营销战略的定义与简史

为更好地理解认识营销战略时所采用的第一原理这种方式，首先必须界定营销战略的关键要素和范畴。从营销战略的概念演变过程中可以识别出营销战略的五个关键要素：

1. 决策与行动。
2. 区别于竞争者的优势。
3. 可持续性。
4. 提升企业绩效的能力。

5. 顾客视角。

接下来，我们将回顾这五个关键要素的发展历程，继而提出营销战略的定义。战略的概念来自军事领域，它是指追求相对于敌人在环境上的优势。卡尔·冯·克劳塞维茨（Karl von Clausewitz）在《战争论》（1832，p. 196）中指出："在这种情况下，即使不能取得绝对优势，也要巧妙地使用军队，以便在决定性的时刻形成相对优势。"[3]在20世纪五六十年代，巧妙利用资源、创造相对于竞争者的决定性优势地位等来源于军事领域的术语开始应用于商业领域。当时，那些行动迟缓（企业规模已阻碍其运营灵活性）的企业开始受到一系列外部力量的冲击（如顾客、竞争者、技术、经济环境中快速且不可预测的变化）。一种称作正式战略规划的新思维出现了。20世纪60年代对商业战略的典型定义是"制定企业的基础性长期目标，采用一系列行动并配置必要的资源以实现这些目标"（p. 13）。[4]这个时期的管理学者和实践者主要关注军事战略中两个要素的作用，即决策与行动如何产生区别于对手（或竞争者）的优势。

在随后的几十年中，管理思想领袖提出了其认为有助于在商业领域中应用战略概念的两个要素，一是有必要使区别于竞争者的优势具有可持续性，二是商业战略的目标是提升企业的绩效。[5]近来，营销战略家提出，企业应采用一种"由外而内的战略"（strategy from the outside-in）方式[6]，从顾客的视角对可持续优势和战略目标进行评价。

本书遵循了这种从顾客的视角看待战略的方式。这种视角认为顾客最终决定战略的成败，制定最有效的长期战略始于为顾客创造价值。采用从顾客期望的优势地位进行倒推的方式，企业可有针对性地制定战略，以获取该优势地位，并使得基于该优势地位的商业模式给企业带来有吸引力的回报。这种以顾客为中心的视角与经济学家通常采用的行业层面的视角，以及管理学家通常采用的以企业为中心的视角是截然不同的。[7]但是，营销战略的目标不能仅仅满足企业的需要（即满足股东、管理者以及员工/利益相关者的需要），还应该满足另一类关键利益相关者（即顾客）的需要。任何不能给顾客创造长期价值的战略都是不可持续的。这种以顾客为中心的视角反映了公司战略与营销战略之间的区别。

基于顾客视角的战略重心转移是一个长期的自然过程。学者和管理者一直在努力搜寻越来越小的分析单位（units of analysis）以解读企业之间的绩效差异。这些分析单位的聚焦点已经从行业层次转到了企业层次和顾客层次。每个新层次都为解读企业的绩效差异提供了一组变量。然而，由于单个顾客是独立的决策实体，因此，顾客是营销战略最基本的分析单位。行业和企业虽然反映了顾客的总体情况，但这种汇总通常会导致在精度和深度方面的损失。

由于单个顾客是独立的决策实体，因此，顾客是营销战略最基本的分析单位。

这种以顾客为中心的视角是后续各章节介绍的营销战略框架和分析技术的基础。这些框架和技术可帮助企业获取、评价和利用顾客个体层次的数据（而不是对所有顾客采用同一种方式，或依据某些人口统计特征将顾客归入若干细分市场之中）。例如，顾客终身价值（customer lifetime value，CLV）分析依据未来的销售额和成本，计算每个顾客的现金流折现价值，从而使企业优化针对单个顾客的营销决策。[8]

基于上述对营销战略演变简史的概述，可以将五个关键要素纳入如下营销战略定义中。

> **营销战略**（marketing strategy）是一系列旨在在顾客心目中构建与竞争者不同的可持续优势，从而为利益相关者创造价值的决策和行动。

根据这一定义，营销战略存在于任何一个专注于某些“顾客”且拥有“竞争者”的组织实体中。营销战略既适用于争夺奥运会主办权的国家，也适用于竞争性的行业协会或销售区域，还适用于企业或单个产品线。然而，随着时间的推移，组织必须革新其营销战略，以保持竞争力和适应顾客需求的变化。

实例

飞利浦（荷兰）

飞利浦是荷兰的一家科技企业。它在过去的125年中成为消费性科技（consumer technology）的全球领导者。在这段时间里，飞利浦曾多次革新其营销战略以保持竞争力。飞利浦正努力变得越来越以顾客为中心。飞利浦在它的每个市场上都有实体经营点，依靠这些实体经营点来了解当地的市场和消费者的欲望。由于顾客的需要不是静态的，因此飞利浦需要进行创新以维持其竞争优势。为实现此目的，飞利浦在全球建立了九个功能完备且与当地市场保持联系的研究中心。然而，仅对现有产品或服务进行创新是不够的。为了赢得竞争，飞利浦创立了技术孵化中心，以创造出对企业和顾客而言的全新技术。通过以顾客为中心的市场创新和技术创新，飞利浦在很多产品品类中获得并维持了全球性或区域性的领导者地位。[9]

营销战略与公司战略的区别

组织规模越大，公司战略和营销战略的差异可能就越明显。尽管这两个层次的战略应该具有一致的目标（即营销战略服从公司战略），然而，营销战略更侧重于企业与顾客的交互。一个组织实体在制定营销战略时需考虑以下关键问题。

- 谁是你的顾客？
- 你给顾客提供了什么价值（如产品、服务、体验、地位）？
- 你如何在这些顾客中建立相对于竞争者的优势？
- 这些优势能让你从顾客那里获得什么价值（如销售、利润、推荐）？
- 你在未来将如何维持这些优势？

营销战略必须回答上述问题，并利用这些信息引导相关措施的开发与执行，从而实现企业和利益相关者的目标。营销战略的执行需要相关的资源和稳定的组织平台。因此，营销战略涉及企业经营的其他方面，例如，现金流计划、纳税筹划，以及法律和人事政策等。这些因素是**公司战略**（corporate strategy）的主要关注点。

公司战略是“一个组织的长期发展方向和范围，旨在通过在变化的环境中进行资源配置来获得优势，从而满足市场的需求，并实现利益相关者的期望”（p. 10）。[10]

图 1－1 总结了公司战略和营销战略各自聚焦的问题，展示了它们在重点问题和相关决策方面的差异。有些领域的决策主要与公司战略（纳税、法律）或营销战略（促销、定价）相关，有些领域的决策（人力资源、运营、研发）可能同时受到公司战略和营销战略的影响。图 1－1 中所展示的问题都应受到关注。如果营销战略相关问题没有得到足够的重视，企业的前景就会不明朗。

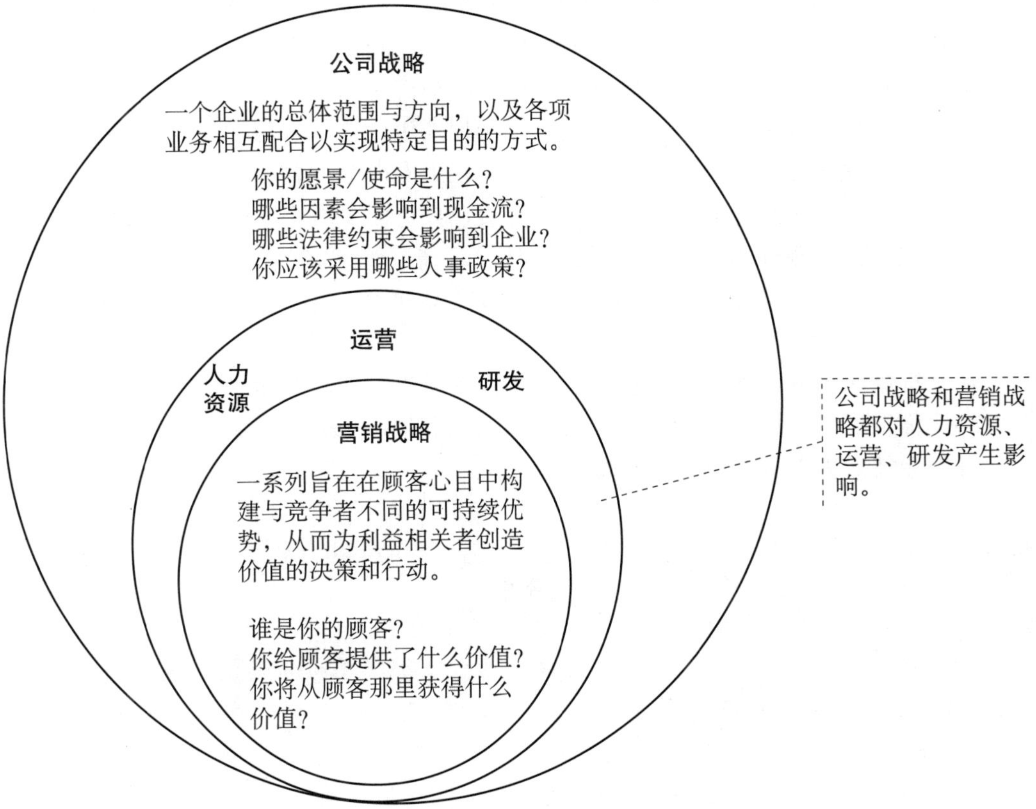

图 1－1　公司战略与营销战略的差异

营销战略的重要性

有效的营销战略对企业的成功极其重要。研究表明，营销行动（品牌和销售费用）和营销绩效（顾客满意、顾客忠诚、市场份额）与企业的财务绩效是高度相关的。[11]例如，改进顾客满意不只是一项“让人感觉良好”的策略，而且能提升财务绩效（如增加现金流、降低现金流的变动性、提升销售增长率、提高毛利率、提高股东总报酬率）。相关研究阐述了品牌广告何时何地以何种方式发挥作用，价格促销如何影响短期和长期绩效（如是让现有顾客囤货还是吸引新顾客），以及其他营销组合如何提高企业绩效。

然而，相关研究指出，并非每个战略都能一直有效。例如，市场份额与盈利率之间不是正相关关系。一些能增加市场份额的战略可能会降低盈利率。市场份额战略的最终结果受到品牌、顾客关系及其他因素的共同影响。[12]

此外，商业发展趋势会影响到营销战略。一些商业趋势使得市场壁垒（即通过营销战略行动构建的壁垒）在企业抵抗竞争性攻击时变得更为重要。这种现象在发达市场中尤为明显。例如，全球化与贸易壁垒的降低导致很多行业中出现大量低成本竞争者，这些低成本竞争者通常以低价提供“跟风”（me-too）产品。[13]针对这种状况，企业可能增加对品牌建设或关系营销战略的投入；也可能实施一系列的忠诚项目，以期通过提供低成本模仿者难以复制的无形价值，使其“整体供应物”有所不同。如今，企业在顾客关系管理和品牌建设方面的投入与在新产品和新服务推广方面的投入相差无几。[14]这种重视强势品牌建设的趋势在发展中国家也很流行。依靠低成本生产世界级的产品不是通向成功的唯一路径，发展中国家的企业正在开辟品牌建设的新道路（如给品牌注入原产地的品质与文化）。[15]

另一种趋势是企业开始将产品生产流程外包，这是因为产品的实际生产过程通常难以形成相对于竞争者的优势。例如，在个人电脑、鞋、服饰等行业中，相对于驾轻就熟的外包制造商给顾客创造的价值，只有极少数企业能运用其独特的生产能力给顾客创造额外的价值。针对这种状况，高层管理者将关注点由运营转向营销，认为强势品牌、渠道或顾客关系比有形产品更难复制。约翰·斯图尔特（John Stuart）曾长期担任桂格麦片（Quaker Oats）的首席执行官。他说，“如果这家公司被拆成两部分，即使我只能拿走品牌、商标和商誉，而你拿走所有的实体，我也将比你发展得更好”（p. 8）。[16]实证表明，营销能力较之研发能力或运营能力在提升企业绩效方面具有更大的影响。[17]

实例

苹果公司（美国）

苹果公司推出的创新型iPhone手机推动了整个智能手机市场的成长。例如，智能手机的需求量在五年之内增长了345%——由1.09亿部增长到4.86亿部。在这段时期内，苹果公司的市场份额由3.3%上升到18.4%。在手机的销售价格方面，苹果公司有优于其竞争对手的溢价能力。基于链式比率分析，苹果公司从iPhone手机（不包括配件）中获得的销售总收入增长了29倍，从第一年的18亿美元（3%的市场份额×1.09亿部的需求×558美元的单价）上升到了五年后的542亿美元（18%的市场份额×4.86亿部的需求×620美元的单价）。[18]

我们可以通过分析销售收入和利润的构成要素来分析营销战略的影响。营销战略可以同时影响到决定组织的销售收入和利润的各种因素。如图1-2（a）所示，销售收入（美元）的链式比率方程包含市场需求（单位）、市场份额（%）、平均销售价格（美元）三个要素。推出新产品或进行大笔广告投资的企业可以扩大它们的市场份额，并获得相对于竞争者的溢价，促使顾客对该品类产品给予更多关注，从而影响整个市场的成长。换句话说，营销战略能影响到销售收入链式比率方程中的所有构成要素。

构建强势品牌和牢固的顾客关系对提高企业产品的平均销售价格有显著影响。例如，蒂芙尼（Tiffany）、诺德斯特龙（Nordstrom）和宝马等强势消费品品牌通常会有溢价现象。这两个因素也影响到从事企业间（business-to-business，B2B）业务活动的企业。例如，相对于从其他销售人员处采购同类产品，当B2B客户从它们喜欢的销售人员处采购时，愿意支付4%～5%的溢价。[19]企业产品定价在很大程度上取决于它的目标顾客及其选择目标顾客的战略。如果一个企业采用价格折扣促销来构建顾客组合（customer portfolio），那么它的顾客群通常对价格具有高度敏感性且倾向于在促销时才购买，企业需要不断应对其他企业的价格折扣竞争。[20]因此，销售收入链中的所有构成要素（市场需求、市场份额、平均销售价格）均受到营销战略的影响，对销售收入具有乘数效应（multiplier effect）。

企业利润可进行类似的链式比率方程分析，如图1-2（b）所示。该方程中包含销售与营销费用这个新要素，在计算利润时会导致企业利润减少，但是也应当看作一种投入，因为它会改变销售收入链式比率方程中的三要素。此外，如果营销战略能构建牢固且忠诚的顾客群，那么可以明显降低销售与营销费用，从而直接影响利润率。首先，维系忠诚顾客的成本较之开发新项目以保留现有顾客或挽回流失顾客的成本要低。即使考虑到行业差异，获得新顾客的成本也比保留现有顾客的成本高5～10倍。[21]

（a）利用链式比率表示的企业销售收入

企业的销售收入		市场需求		市场份额		平均销售价格
500 000美元	=	1 000 000	×	10%	×	5美元

例子：利用链式比率分析iPhone手机的销售收入

年份	销售收入（百万美元）		市场规模（百万部）		市场份额（%）		销售单价（美元）
2007	1 828.18	=	109.21	×	3	×	558
2008	6 729.07	=	126.51	×	9	×	591
2009	14 682.60	=	163.14	×	15	×	600
2010	27 838.45	=	285.23	×	16	×	610
2011	54 275.54	=	486.34	×	18	×	620

（b）利用链式比率表示的企业利润

企业的利润		企业销售收入		企业的毛利率		企业的销售与营销费用		企业的管理费用
30 000美元	=	500 000美元	×	20%	−	50 000美元	−	20 000美元

图1-2 利用链式比率分解销售收入与利润

其次，维系忠诚顾客可降低获取新顾客的成本。这是因为现有顾客可传播正面口碑（word of mouth），从而说服其他顾客加入。乔纳·伯杰（Jonah Berger）在其《疯传》（*Contagious*）一书中提出口碑源于两个因素，一是口碑的可信度（即其他顾客是客观公正的）；二是口碑的针对性（即顾客会分享他们认为听众需要的信息）。例如，Rue La La（ruelala.com）是一家专门从事高端时尚产品清仓甩卖的公司。其创始人本·菲施曼（Ben Fischman）发现现有会员顾客的口碑比公司先前的广告宣传活动更能吸引新顾客。他解释道："当你的朋友告诉你有必要尝试使用Rue La La时，你会相信他们。而且，你真的会去尝试。"（p.53）[22]总之，忠诚顾客的实际价值是他们自身价值的三倍，因为他们会推荐新顾客。[23]

基于第一原理认识营销战略的理由

如果营销战略的一些关键决策最终能提升绩效，那么成功之路似乎显而易见，即管理者查看过去的营销战略，从中找出产生最高绩效的营销战略，然后重复执行这些营销战略。一些企业可以通过采用这种方式获得短期的成功。但是，随着顾客、竞争者以及条件的不断演变，尤其是当环境发生变化后，那些取得过辉煌成就的战略现在可能已不合适。在一些情境中，某种战略曾取得的成功甚至会阻碍企业开发必要的新能力和战略去应对新状况。[24]另外，由于每个企业存在差异，因而直接复制竞争者的成功战略未必能获得同样的成功。

我们都不愿面对的事实是没有哪个营销战略对所有企业或在任何条件下都是有效的。正如大量研究和实证所显示的，营销战略的有效性受制于一系列与顾客、竞争者、情境相关的且相互交织并不断变化的因素。[25]

识别营销决策的影响因素是制定良好营销决策的重要前提，也是营销战略的核心部分。如果缺乏此类信息，企业可能会照搬竞争者的成功营销战略，却发现那些战略只对某些细分市场的顾客有效，或只在顾客生命周期的某个时间点上有效，或只对某些具体的竞争行为有效，或只在某些特定的条件下有效。要想找出制约营销决策有效性的因素，管理者要进行深入思考，而不是仅仅从商业报道中了解管理咨询类的热门话题（fad）。这些热门话题可能只在短期内或在某种特定环境中有意义。

例如，硅谷的很多企业已放弃其传统的销售模式，转向采用“免费”或“病毒式”策略来推出新的软件产品（如赠送软件的基础版本，以期用户喜爱进而购买高级版本）。然而，除了特别成功的个案，这种努力很可能导致失败。正如《彭博商业周刊》（*Bloomberg Businessweek*）报道的：“Yammer（社交网络公司，后以 12 亿美元被微软公司收购）通过赠送产品来获取企业客户的方式取得了成功，但成百上千家采取类似战略的公司却倒闭了。”[26]这可能是因为消费者往往只使用那些应用程序的免费版本。

因此，营销战略的有效性要求营销战略决策必须与其基于的四个前提假设或在各类商业活动中难免面对的难题相吻合。这四个前提假设是：

1. 顾客总是有差异的。
2. 顾客总是在变化的。
3. 竞争者总是有反应的。
4. 资源总是有限的。

你可能已经意识到这四个前提假设就是营销战略的第一原理，或营销战略所基于的基本假设。如图 1-3 所示，基于第一原理认识营销战略的方式将关键的营销决策与这四个前提假设进行了匹配，管理者可以理解并解读它们之间的关系及其在决策中的顺序。每条第一原理或前提假设与相关营销决策的匹配就形成了**营销原则**（marketing principle，MP）。例如，顾客总是有差异的，因而企业必须制定管理顾客异质性的战略决策，这种整体性的表述构成了营销原则 1。

营销原则（marketing principle）是每条第一原理或前提假设与相关管理决策的匹配。

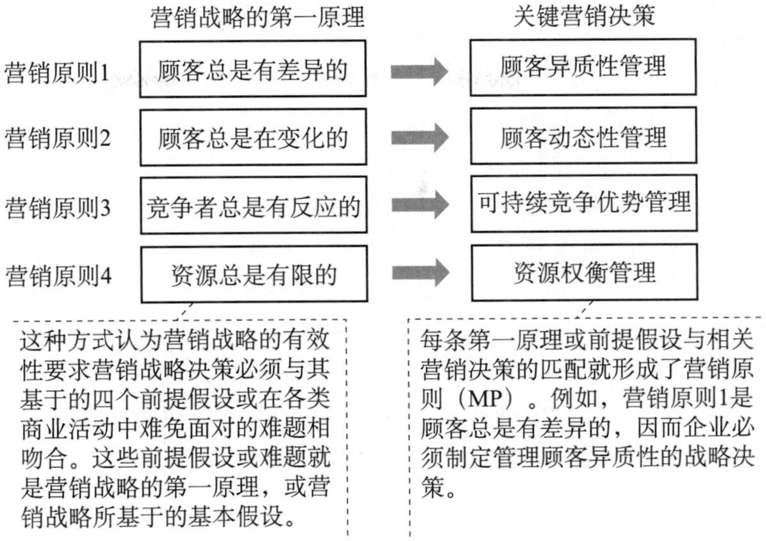

图1-3　四个营销原则：营销战略第一原理与关键营销决策的匹配

通过这种方式，企业可以在制定和执行营销战略时对这四个难题进行管理。这些难题并不能彻底消除或避免。在大多数情况下，这些第一原理是既定的，企业需要理解并对它们进行管理。

本书为每一条营销原则开发了一个指引性框架，提供了与每条原则相关的且有助于制定有效决策的工具和分析技术。进而，我们可以将这四个框架进行整合，说明这四个原则之间的关系和顺序，以帮助每个企业开发出适合自身的总体营销战略。

本书的各章将详述一个营销原则。本章的随后部分将概述这些原则，以帮助读者熟悉基于第一原理的方式的术语，如四个营销原则、与各原则相关的决策技巧，以及输入-输出分析框架图示。

营销原则1：顾客总是有差异的→顾客异质性管理

第一原理：顾客总是有差异的

管理者在制定营销组合决策（价格、产品、促销和渠道）时所面临的首要的、基础的、最基本的问题是：顾客总是有差异的。顾客通常在他们实际的或感知到的需要和偏好方面差异很大。甚至他们对一些基本日用品（如食盐和瓶装水）的需求也有所差别。面对顾客的多样化需求，大型食品杂货店通常会提供成千上万种产品以尽力满足每个顾客的需求。

顾客偏好受到多种因素的影响，包括：基本的个体差异、多样的生活体验、对产品功能的独特需求、渴望清晰的自我身份认同，以及曾经参与的旨在改变其偏好的说服性活动。这些因素的共同作用导致顾客偏好存在巨大差异。

如果企业忽视这条关于顾客差异的第一原理而只提供一种产品，它们有可能在短期内售出一些产品，当竞争很弱或产品稀缺时更是如此。一个著名的例子是福特的T型车（Ford Model T）。如果福特是唯一能够提供汽车的厂家，那么它只生产黑色汽车就够了。然而，随着竞争加剧以及汽车越来越普及，亨利·福特的名言（即顾客可以选择他们想要的任何颜色，只要它是黑色）则显得过了头。如今，顾客可以选择各种颜色的汽车，任何试图限制其供应物的公司很快就会陷入危机。随着对新供应物的需求的增加，新竞争者会发现机会并提供差异化的产品，以满足整个市场中某些子市场的需求。如果一家现有企业不能改进其供应物以应对这种现象，那么顾客将会流失，销售收入将受到损失。此外，由于竞争者可能只关注那些快速成长或最有利润的细分市场，留给现有企业的就只有需求量小、成长缓慢、利润率低的细分市场。忽视**顾客异质性**（customer heterogeneity），即忽视顾客在需要、欲望和行为方面的差异性，已敲响了很多企业的丧钟。

营销决策：顾客异质性管理

导致顾客个体差异的各种因素以不同方式共同发挥作用。尽管顾客异质性是企业在制定有效的营销战略时所必须应对的基本挑战（营销原则1），但企业的应对方式却并不十分明确。那么，企业应该如何管理顾客异质性呢？

第一种选择是企业忽视顾客异质性并提供能匹配顾客平均需要水平的供应物。这虽然可能导致许多顾客不满，但是在一个足够大的市场上，需要处于平均水平的顾客可能足够多，企业因而能够盈利，至少暂时能盈利。然而，如果市场在不断成长，竞争者可能会设法吸引走那些寻求更高水平供应物的顾客群体。此时，留给企业的只有过量的基础设施和相关成本。如果再加上销售收入和利润的下降，这种局势将极大地损害企业的财务绩效。

第二种选择是企业提供系列化的产品和服务，以满足多个细分市场的需要。这种战略可能很有效，也可能是成本很高且难以实施的。一家企业很难同时满足不同顾客的需要。试想一下，针对高端市场的四季酒店（Four Seasons Hotels）与尼曼（Neimen Marcus）零售商开始像6号汽车旅馆（Motel 6）与沃尔玛一样针对低端市场提供服务，那将会怎样呢？从品牌和基础设施的角度来看，这种营销努力是不可行的。

第三种选择是企业信奉只要价格足够低，顾客就会放弃追求产品的部分属性。企业如果采用典型的低成本战略，那么它会首先努力找出那些能满足消费者功能性需要的关键必备产品属性，然后集中全力以最低成本提供具备这些属性的供应物。这种战略或许是可行的，但它取决于追求低价格的顾客规模，以及企业获得相对于竞争者的成本优势的能力。

第四种选择是企业选择并瞄准一个具体的顾客细分市场，将其供应物定位为在该细分市场中相对于竞争者供应物的最佳解决方案（即**市场细分、目标市场选择、市场定位，或STP分析**（segmentation，targeting，positioning（STP）analysis））。这种选择通常会形成一个为该细分市场顾客所知晓且崇尚的强势品牌。尽管STP分析在应对顾客异质性方面有效，但它可能限制企业未来的成长。因此，它通常需与**顾客中心化方法**（customer-centric approach）或战略配合使用。采用顾客中心化方法的企业会认可其核心顾客群体的长期价值，并以这些顾客为中心来组织企业内部的商业流程和决策。

实例

歌帝梵（比利时）

歌帝梵（Godiva）希望卖出更多巧克力，这家比利时的巧克力糖果糕点商需要一个有效的全球营销战略。歌帝梵运用营销原则 1 的方式是为不同消费者或因不同用途而购买巧克力的消费者开发不同的产品。它发现人们购买价格昂贵的巧克力有三个原因，即作为礼物送人、与大家分享，以及自己享用。确认这三个原因之后，歌帝梵针对每类消费者推出了不同的供应物。例如，针对需在节假日送礼的消费者，歌帝梵在盒装巧克力的基础上推出了盒装巧克力蛋糕和巧克力火锅篮（chocolate-fondue basket）；针对希望与大家分享的消费者，歌帝梵发现易碎的松露巧克力球不适合摆放在糖果盘中，因而推出了独立包装的巧克力糖果；针对自己享用的消费者，歌帝梵推出了应对“巧克力紧急需要”（chocolate emergencies）的产品，开发了适合超市销售的大块巧克力和独立包装的“歌帝梵宝石”（Godiva Gems）松露巧克力球。通过采用这种战略，歌帝梵的销售额在多年内保持年均 10%以上的增长速度。[27]

管理顾客异质性的输入-输出分析框架

图 1－4 展示了管理顾客异质性的输入-输出分析框架。该框架涵盖了帮助管理者进行决策的方法、过程和分析工具。该框架的三项关键输入是市场细分、目标市场选择和市场定位的基础。第一项输入聚焦于一个行业或产品品类中所有潜在顾客，包括他们的需要、需求和偏好（即市场细分），也包括他们在多个关键属性上对企业和品牌的市场感知（即目标市场选择），还包括用以判断某个细分市场吸引力的信息（如成长率和价格敏感度）。细分市场吸引力的相关信息通常来源于多个渠道，如顾客调查、营销行业报告，以及其他二手数据。

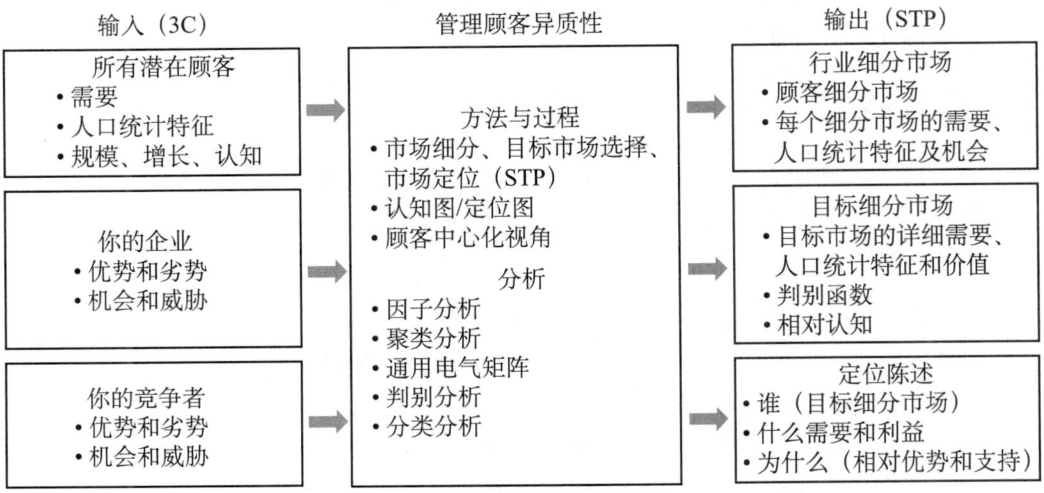

图 1－4　营销原则 1：顾客总是有差异的→顾客异质性管理

第二项和第三项输入具有相似性，但是一个侧重于企业自身，一个侧重于企业的竞争者。列明企业自身及其竞争者的优势和劣势有助于评估该企业在每个细分市场上的相对竞争优势，从而支持目标市场选择和市场定位。企业和竞争者的优劣势分析应覆盖可用来创造相对竞争优势的所有相关领域（即生产、技术、财务、营销、销售与研发）。在收集企业及其竞争者的优劣势信息时，企业应该同时关注经典的 SWOT（优势、劣势、机会和威胁）分析中的机会信息和威胁信息。这是因为这四个因素都有助于企业开展目标市场选择和市场定位工作。

因此，管理顾客异质性的输入涉及情境分析（situation analysis）的 3C，即顾客（customers）、企业（company）和竞争者（competitor）。它们共同构成公司战略的情境背景。企业的营销战略嵌入这种背景之中，因而必须既“适应”又“利用”顾客偏好与认知、市场趋势，以及企业的相对优势。

这个框架会形成三项产出，这些产出是后续营销原则的输入。首先，这个框架会根据顾客偏好划分出一个行业或产品类别中的主要细分市场。第一项产出通过回答两个问题描绘出潜在顾客的状况：市场能否划分为若干具有同质性的群体？每个潜在顾客群体想要什么？

第二项产出将关注点从整个市场转移到企业感兴趣的特定细分市场，并对每个细分市场进行详细描述。这些描述包括每个细分市场的价值或吸引力，以及企业在该细分市场中的相对优势。第二项产出回答了两个问题：企业将追逐哪个细分市场？企业如何识别出每个目标顾客群？

第三项产出是定位陈述（positioning statement），即回答三个问题的简短陈述。企业将基于该陈述来规划其内部和外部的营销组合。这三个问题是：

- 企业的目标顾客是谁？
- 企业将满足顾客的什么需要，为顾客提供哪些利益？
- 企业的供应物与竞争者的供应物相比有什么优势？

定位陈述既适用于整个企业，也适用于企业选择的每个关键目标市场。定位陈述集中反映了企业在一个目标市场中的定位战略。

营销原则 1 小结

制定营销战略的首要环节是将顾客、企业和竞争者（3C）作为输入，通过市场细分、目标市场选择和市场定位（STP）等输出来认识企业所处的环境。这个过程使得企业能通过找出若干同质顾客群来了解顾客的现状，从而评估自身的相对优势，并制定获取与维系顾客的战略决策。由于这个过程综合考虑了顾客的异质性、顾客吸引力和企业的相对优势，因此，其他所有决策几乎都是基于这个过程。

> 制定营销战略的首要环节是将顾客、企业和竞争者（3C）作为输入，通过市场细分、目标市场选择和市场定位（STP）等输出来认识企业所处的环境。

营销原则 2：顾客总是在变化的→顾客动态性管理

第一原理：顾客总是在变化的

在制定营销战略时，管理者除了要考虑顾客的差异（营销原则 1），还应考虑顾客的需要随时间而发生的变化（营销原则 2）。这些变化可能发生在顾客的个体层面，但综合反映了顾客、产品市场和情境等因素的变化。在某个时点上，企业可能基于顾客的需要和欲望与其产品或服务的匹配度对顾客进行归类并选择目标市场。但是，在该时点之后，顾客的需要很快就会变化。就算是在一个边界清晰的细分市场内部，个体需要也通常会朝不同方向或以不同速率变化。在未来的某个时刻，曾属于某个相对同质的细分市场的顾客会呈现出需要和欲望的分化，不再适合归为同一个细分市场。

以本科毕业生为例，这是一个相对同质的细分市场。面对这个受过良好教育、即将开始工作的消费群体，丰田和通用汽车等企业经常会有针对性地发出汽车促销信息。在随后的两三年间，"本科毕业生"这个细分市场中成员的发展道路会各不相同，有些全身心投入事业中，有些已经结婚并抚育或准备生育子女，有些回归学术环境并进入研究生院深造；有些已经购买了第一套房子，有些仍租房，有些搬回父母的住处。由此可见，那些曾短暂一致的潜在需要和购买偏好已朝各种方向分化。顾客的欲望与需要随时间而变化的过程表现为**顾客动态性**（customer dynamics）。

这些变化也可能表现为市场层面的顾客偏好演化并通常伴随着技术革新。在这种情况下，尽管每个顾客发生变化的速度有所差异，但是几乎所有顾客最终都会发生变化，因此，行动滞后的企业将会连同旧技术一起消亡。百视达（Blockbuster）是美国的一家影碟租赁公司。在消费者需租赁盒式录像磁带（VCR tapes）才能在家看电影的时代，百视达是盒式录像磁带租赁市场的领导者；当数字影碟技术（DVD）出现时，它迅速转向了数字影碟租赁业务。但是，它未能有效应对由自动租售机（如红盒子公司（Redbox））和邮寄租赁服务（如网飞公司（Netflix））的灵活性和便利性所带来的挑战。当视频直播流行时，它已毫无市场竞争力，遭到了致命一击。

让我们更系统地审视单个顾客的需要和偏好随时间而发生的变化。它们为什么会发生变化？顾客动态性的不同来源和驱动因素共同催生了这些变化。这些驱动因素可归为五类。

- 重要事件：单个顾客的需要和偏好可能因一些预期的或预料之外的事件而发生改变，例如，遭遇车祸、毕业、升职或从事新工作。
- 生命阶段：人们通常随着年龄的增长相对平稳地跨越生命周期的不同阶段（如单身→已婚→抚育小孩→青少年的父母→空巢者→退休），这会影响到他们购买产品或服务的优先级。[28]

● 知识/专长：随着顾客关于某项产品或服务的经验和知识的变化，顾客所看重的关键产品或服务属性会发生系统性变化，这称为**学习效应**（learning effect）。例如，一个乐手购买吉他时的选择标准（如价格、颜色、“看起来像吉他手 Slash 使用的那款”）会随着他对影响吉他的可控性和音质的各因素的了解而发生变化（如琴颈的宽度、品丝的材质、使用的木料）。

● 产品类别成熟度：学习效应所带来的变化不仅体现在单个顾客层面，也体现在产品市场层面。例如，数码摄影技术出现后，第一次购买照相机的消费者可能考虑像素、变焦比等相机属性，而过去只有专业摄影师才考虑这些属性。

● 对相关信息的日常曝光度：每个顾客都在充斥着各种信息的环境中制定决策。这些旨在影响顾客需要和偏好的信息可能来自不同的媒体、营销者、组织（如政府、行业协会、非营利组织）、朋友和熟人。例如，在过去一周内，你可能收到了如下与健康相关的信息：关于多吃蔬菜少吃甜点、戒烟、健身的建议，以及健身设备商发送的广告，朋友发来的健康食谱。你可能会忽视其中部分信息，也可能在其中一个或多个方面发生改变。一则来自公共服务部门的关于开展 30 分钟锻炼的倡议可能会促使你在餐后散步；然而，一份来自母亲的关于蔬菜的食谱却可能让你感觉这是一种唠叨，导致你产生逆反心理，并在一家汽车穿梭餐厅点一大份油炸食品。

由于顾客总是在不断变化的，除非一家企业的经营期很短，否则，忽视对顾客动态性的认知和处理将最终削弱营销战略的有效性。

由于顾客总是在不断变化的，除非一家企业的经营期很短，否则，忽视对顾客动态性的认知和处理将最终削弱营销战略的有效性。

营销决策：顾客动态性管理

企业通常要花相当长一段时间来实施营销战略才能获得相应的成果。因此，企业等到顾客表现出难以挽回的变化（如财务报告显示销售量下降）时才进行处理是不可取的。那么，企业应如何管理顾客动态性呢？

在一个细分市场中，企业对顾客动态性进行迅速回应和有效管理主要有三种方法。第一，企业从顾客生命周期、产品或行业周期的视角洞察顾客动态性。**顾客生命周期**（customer lifecycle）是指顾客随着年龄增长而产生的变化或迁移。这种变化或迁移不受产品和行业的影响。这种方法针对上述五类驱动因素的前两三类。**产品或行业周期**（product or industry lifecycle）是指在产品品类逐渐成熟的过程中可观测到的典型用户体验和行业的发展效应。这种方法不考虑个体因素导致的顾客动态性，针对上述五类驱动因素的第四类和第五类。这些生命周期分析方法简单易用，在诸多营销课程和教材中占据了主导地位。

然而，这种认为所有顾客和产品都会沿预计的生命周期曲线发展，企业可以在每个发展阶段制定最优营销战略的观点是有问题的，因为生命周期曲线基于顾客或产品的平均状况，并假设所有顾客和产品都以同样的方式变化。此外，这些不同的生命周期分析方法只侧重于对某个层面的顾客动态性驱动因素的分析，很少关注甚至是忽视同时存在于其他层面的驱动因素。然而，对某个企业的顾客和产品而言，顾客动态性的各种驱动因素对于分析和制定营销战略都是至关重要的。

第二，企业可借鉴营销原则 1 的方法来应对顾客动态性问题，即根据现有顾客（existing customers）可能的迁移模式对其进行细分。企业可采用**获取、扩张与保留方法**（acquisition，expansion，retention（AER）approach）来应对顾客动态性问题。第 3 章将详述这种方法。简言之，这种方法通过将现有顾客归入三个阶段，即近期获取的顾客、长期的顾客、失去的或即将失去的顾客，以分析顾客动态性以及他们的需要和偏好，从而使得企业能描述每个顾客群体的“人物形象”（persona）。即使不采用 AER 方法，管理者也可只对重要的人物形象（即企业目标市场中的典型顾客群体）进行命名和描述，刻画他们的需要和迁移路径，使这些特征可视化，以帮助管理者理解与管理顾客动态性，并在组织内部传播顾客动态性信息。

第三，为了在 AER 的不同阶段进行动态市场细分，企业可采用**顾客终身价值**（customer lifetime value，CLV）分析方法。这种方法是指根据顾客在其与企业保持关系期间的预期迁移路径，计算销售额与销售成本的折现值，从而得出每个顾客的财务贡献。CLV 方法能回应顾客异质性问题（营销原则 1），因为它计算了单个顾客或细分市场的价值，而不是假定所有顾客都是同质的。CLV 方法也能回应顾客动态性问题（营销原则 2），因为它不仅对获取与扩张阶段的现金流（销售额与成本）进行折现，而且考虑特定顾客的扩张与保留预期情况，以及细分市场的迁移轨迹。CLV 最大的优势在于为优化不同阶段的营销组合投资决策和资源分配提供了指引。

管理顾客动态性的输入-输出分析框架

管理顾客动态性的输入-输出分析框架如图 1－5 所示。营销原则 1 关注企业的整个市场，而营销原则 2 聚焦于企业的现有顾客，促使企业深入分析其顾客是如何变化的。

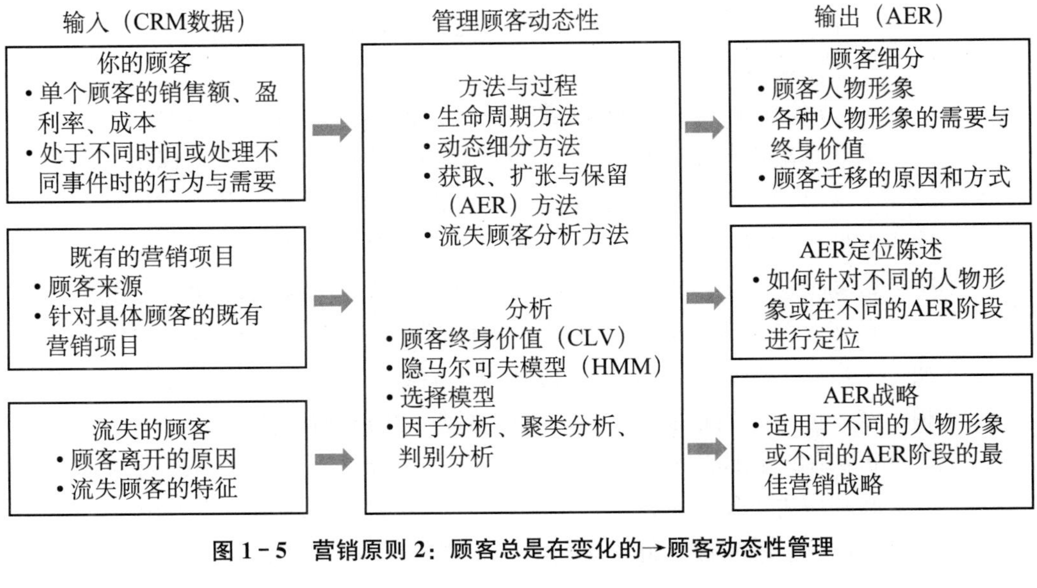

图 1－5　营销原则 2：顾客总是在变化的→顾客动态性管理

顾客动态性管理框架包含三项输入。第一项输入是关于现有顾客组合的数据，这无疑是最重要的。企业的顾客关系管理（CRM）系统通常可以随时提供这类顾客层面的详细数据，如财务会计数据（销售额、盈利率）、产品购买数据（时间、频率、产品迁移），以及人口统计数据（邮编、家庭规模、年龄）。一些更高级且稀有的数据甚至能展示顾客在生命周期不同时段的所思所想。这种数据很难由CRM数据库提供，而需要企业开展额外的一手数据收集活动（如调查、焦点小组访谈、观察）。

第二项输入不仅包括顾客对具体营销项目（如广告、新的促销活动、价格折扣、回报计划的礼品）的反应，而且包括这些营销项目的成本。如果营销项目与单个顾客的匹配数据难以获得，企业可以通过小规模的"A/B"实验法来获得相关数据。这种方法是指，企业将顾客随机分为两个规模相同的群体，对其中一个群体实施营销项目，对另一个群体不实施该项目，追踪该营销项目在这两个群体中的绩效随时间发生的变化。这种实验也可用以比较一个营销项目在不同顾客细分市场的有效性。设计合理的实验能可靠地判断一个营销项目的效用，以及该项目对处于生命周期不同阶段的顾客群的效用有何差异（第4章将详细介绍这种实验方法）。

第三项输入来源于流失顾客分析。对已经流失的顾客或显示出高流失风险的顾客（如顾客抱怨）进行深入剖析，有助于获知顾客离开的原因、流失顾客的去向（如停止使用该产品类别、转向购买价格低的竞争者产品、购买具有更多特性的竞争者产品），以及制定顾客挽回策略。这种分析也可以暴露一些无效的战略，例如，导致企业获得了非目标顾客，向目标顾客推送了不适宜的产品或服务，未能帮助顾客形成与品牌或员工的关系以减少顾客流失。

这些输入最终生成三项输出。第一项输出是对企业现有顾客组合的深入细分。这种细分能够展示顾客是如何随时间推移而变化的。通过描述顾客的人物形象、他们的需要与偏好、顾客何时及如何在不同人物形象间迁移，营销战略家得以回答下列重要问题：

1. 顾客在生命周期各阶段间迁移的关键诱因是什么？
2. 在顾客转换生命周期阶段时，他们购买什么产品和服务？原因是什么？
3. 他们何时停止购买？原因是什么？
4. 具有不同人物形象的顾客的终身价值（CLV）如何？

第二项输出与第三项输出是紧密相关的，即获取、扩张与保留（AER）的定位陈述与战略。它们反映了管理顾客动态性时的关键战略决策。这个针对具体的人物形象/细分市场找出企业期望的地位，并为达到这个地位制定战略的过程与企业在整个市场上进行定位的决策是类似的。营销原则2的特别之处在于它聚焦于企业的现有顾客，关注他们的人物形象与生命周期阶段所导致的差异，并整合了来自流失顾客的启示。因此，AER定位陈述要想有效，就必须与企业在市场上的总体定位相一致。但是，当企业尝试主动对顾客动态性进行管理时，可能会发现缺乏支撑具体分析和制定具体战略的相关数据，或相关数据过于笼统。从长期来看，企业应该追踪并获取更丰富的数据，使得管理者能够利用更可靠的战略来制定具体的营销决策（如顾客获取策略、品牌化行为、销售方式），以应对各种差距和错失的机会。

营销原则 2 小结

出于各种原因，顾客的需要和偏好总是在不断变化，因此，企业的营销战略必须应对顾客动态性，以避免企业被市场淘汰。未能有效满足顾客新需要的企业将会被那些能更好地满足顾客新需要的竞争者所取代。这条第一原理明确了顾客总是在变化的，并提供了一个顾客动态性管理的框架。具体而言，企业要识别和分析顾客如何迁移（即变化）、迁移的诱因是什么，区分顾客在不同阶段的需要，进而明确他们在各阶段感兴趣的产品定位。营销原则 1 确认了顾客需要的多样性，并侧重于选择合适的目标细分市场，营销原则 2 则侧重于对每个目标市场内部的分析，以理解如何通过掌握顾客需要多样性的演变，在顾客发生变化时获取与维系顾客。

营销原则 3：竞争者总是有反应的→可持续竞争优势管理

第一原理：竞争者总是有反应的

营销原则 1 和营销原则 2 主要关注的是企业的潜在顾客与现有顾客，这是因为理解和管理顾客的异质性与动态性可使得企业开发出与目标顾客的需要相匹配的定位战略，并在与顾客的长期互动中对这些需要进行管理。企业的目标市场选择及其定位战略是基于其相对于现有竞争者的优势而制定的，企业的长期成功与财务绩效取决于竞争者在当前和未来如何反应。不论一家企业如何有效地奉行营销原则 1 和营销原则 2，竞争者都将不断复制这家企业的成功，或者对商业流程和供应物进行创新以更好地满足顾客的需要和欲望。竞争者这种持续不懈的复制与创新努力就是营销管理者必须应对的第三个第一原理，即竞争者总是有反应的，营销管理者需构建和维持用以抵抗竞争性攻击的壁垒，这构成了营销原则 3。

实例

通用电气（美国）

广泛存在的竞争者反应似乎是显而易见的，历史上只有少数企业能够长期维持其领导者地位。1928 年列入道琼斯工业平均指数的前 30 家公司中，只有通用电气（General Electric，GE）是唯一一家仍然在列的企业。在此期间，通用电气在多次激烈的全公司变革中进行了重新定位。1929—2013 年，道琼斯指数的成分股企业由于破产、绩效差或其他原因先后更替了 56 次。这反映出这些企业未能成功应对市场挑战和竞争威胁。[29]

竞争者可从多个途径削弱一家企业的市场地位。第一，技术创新为推出新供应物提供了平台，可淘汰该企业现有产品（如半导体收音机）。第二，顾客的需要发生了变化，各种文化的、环境的或某些看似随机的因素使得该企业的品牌对顾客不再重要，甚或直接损害企业的绩效（如当消费者开始追求更健康的、全麦的新鲜面包时，美国的神奇面包（Wonder Bread）作为市场领导者遭受了命运的逆转）。第三，各类主体的创业活动与创造力源源不断地用以寻求不同的、更好的问题解决方案并提供新产品和服务（如优步（Uber）对出租车的取代）。在一些情境中，这些富有创造性的主体逐步取代市场领导者；在一些情境中，它们重新定义了市场。第四，竞争者不仅可以复制该企业的战略，而且可以在战略执行上做得更好。德国的扎姆韦尔三兄弟，马克（Marc）、亚历山大（Alexander）和奥利弗（Oliver）就是通过复制缤趣（Pinterest）、高朋网（Groupon）与爱彼迎（Airbnb）等成功企业的商业模式获得了数十亿美元的收入。[30]

技术、顾客和商业环境是在不断变化的，在这些变化中，一家企业的竞争者会不断创造满足顾客需要和欲望的新方式。竞争者的这些努力很可能瓦解该企业的市场地位。一家企业越成功，如销售额、利润和股票价格越高，竞争者就越会付出努力来挑战该企业的地位。

一家企业越成功，如销售额、利润和股票价格越高，竞争者就越会付出努力来挑战该企业的地位。

营销决策：可持续竞争优势管理

由于竞争者不断挑战企业的地位，管理者在制定营销战略时不能仅仅关注顾客当前的独特需要（营销原则 1）并管理这些需要随时间推移而发生的变化（营销原则 2），而且必须预计竞争者未来的反应，并构建防御壁垒以应对永不停歇的竞争性攻击（营销原则 3）。这些壁垒源自企业构建的**可持续竞争优势**（sustainable competitive advantage，SCA）。企业需针对每个目标细分市场构建 SCA。当顾客需发生变化时，企业需调整其 SCA 以保护该细分市场，或评估其是否应转向一个不同的细分市场。总体而言，企业通常将其大部分可自由支配的费用分配到营销活动上，以期通过 SCA 的三个关键营销来源（即品牌、供应物、关系）构建其 SCA：

● 品牌（brand）作为 SCA 的来源之一，在大规模的消费者市场中（如软饮料、啤酒、时尚品和汽车）是最有效的。企业大量投资于广告、公共关系和名人代言，以期在顾客心目中构建品牌知晓和品牌形象，从而匹配企业的定位战略。品牌可以通过多种方式创造 SCA，其中一种最简单的方式是利用品牌的高知晓度促使顾客依照品牌辨识度和习惯购买，以降低其认知努力。当品牌具有明确独特的含义时，顾客可能出于对社会地位的需要而购买该品牌以彰显他们的身份，或出于对品牌的强烈正面的依恋感而购买。如果品牌的感知形象与顾客的需要和欲望相匹配，那么顾客就会被该品牌所吸引。如果一个企业的品牌比竞争者品牌能更好地与顾客需要相匹配，那么该品牌可以提供可持续竞争优势。

● 供应物（offering）在很多市场上也是 SCA 的有效来源，如创新型产品或服务。这是因为创新型产品和服务可能破坏多个细分市场。企业将大笔资金投入研发（R&D）活动，就是为了开发创新型产品，并降低成本、增加配套服务，或从根本上改变顾客的体验。如果新供应物比现有供应物能更好地满足顾客需要或提供更好的价值，那么新供应物就能创造 SCA。这种方式要求新供应物的性能、创新或价值主张是顾客真正在乎的。

● 关系（relationship）在企业对企业（business-to-business，B2B）的业务活动、服务业或复杂商业环境中是特别有效的 SCA 来源。强化顾客与企业的销售人员或其他跨边界员工之间的关系可防止顾客流失，激发顾客的持续忠诚并确保卓越的财务绩效。[31]大多数 B2B 交易是相当复杂的，需要进行大量长期的双向沟通，卖方与买方间稳固的人际关系可用以在这些商业活动中构建必要的信任、合作和灵活性。因此，关系可以通过促进信任、承诺和人际互惠关系纽带等多种途径促成 SCA，使得商业活动适应变化的环境，并增进买方对于未来结果公平性的信心。

上述可持续竞争优势的三个来源是可叠加的，可以从顾客资产视角（customer equity perspective）对其进行评价。该视角认为，应将顾客视同其他重要资产，即与企业的土地、建筑物或设备一样进行测量、管理和最大化。企业的顾客资产（customer equity）是“企业所有顾客折现终身价值的总和”（p. 4）。[32]企业利用广告来打造强势品牌，利用 R&D（研发）投入来开发创新型产品，并在招募、培训和激励销售人员方面进行投入以构建持续的顾客关系，所获得的结果是品牌资产、供应物资产和关系资产，这三者共同提升企业的顾客资产。[33]

这三种资产的可叠加性可用**品牌、供应物和关系资产存量**（brand，offering，relationship（BOR）equity stack）来表示。对企业的顾客进行汇总得到的存量代表了企业总体的顾客资产。在顾客个体层面，顾客资产与顾客终身价值（CLV）相似。因而，CLV 分析方式适用于顾客资产视角，即 BOR 资产存量中的每一种资产都可以看作顾客未来折现现金流的增加额。与有形资产类似，BOR 资产也能产生资产回报，可通过投入创建，若不能永续使用可按时间折旧。第 4 章将详述基于 BOR 资产存量，运用顾客资产视角的管理框架。有效地利用具体的 BOR 战略来构建可持续竞争优势对营销战略是极其重要的，后续各章分别深入探讨了品牌（第 5 章）、供应物（第 6 章）和关系（第 7 章）的战略管理问题，以阐明如何获得可持续竞争优势来管理 BOR 战略。因此，第 4～7 章全部是关于营销原则 3 的，这反映出营销战略对企业 SCA 和最终财务绩效的重要意义。

可持续竞争优势管理的输入-输出分析框架

图 1－6 展示了可持续竞争优势（SCA）的管理框架。在该框架的三项输入中，前两项是营销原则 1 和营销原则 2 的输出，第三项是可能破坏企业现有和未来 SCA 的长期环境变化趋势。在这个框架中，最重要的输入可能是从前两个营销原则中得到的定位陈述。具体而言，来自市场细分—目标市场选择—市场定位（STP）过程的定位陈述明确了企业能比竞争者更好地吸引目标市场的产品或服务特性（如地位、价格、功能）。它指明企业应该投资以构建和维持其 SCA 的领域。获取、扩张与保留（AER）的定位陈述是营销原则 2 的输出之一，它也回答了类似的问题，但是更聚焦于企业现有的顾客，并描述了随着时间的变化，企业顾客群中每一种人物形象是什么，需要什么，为什么需要以及何时需要等。这两个定位陈述共同确定了品牌、供应物和关系（BOR）资产存量中的哪些方面能使企业在市场中赢得顾客，并随着顾客变化留住顾客。

第二项输入来自营销原则 2 的 AER 战略。AER 战略是按照生命周期阶段和人物形象来设计的，指导企业如何投资以获得并保留各类顾客。因此，AER 战略是对如何赢得/获取/保留顾客的精细化总结。然而，这些战略必须汇总，并按照品牌、供应物和关系来重新组织，以匹配营销人员构建 SCA 的方式。这个过程展示了 BOR 资产方格（第 4 章将详述）中的企业 BOR 资产存量。

第三项输入来自长期的环境（如技术、监管）变化趋势，这些趋势能破坏企业 SCA。这项输入能弥补企业只关注现有顾客和竞争者的缺陷。那些只关注现有顾客和竞争者的管理者经常未察觉到长期的变化趋势或环境中的非连续性变化。[34]

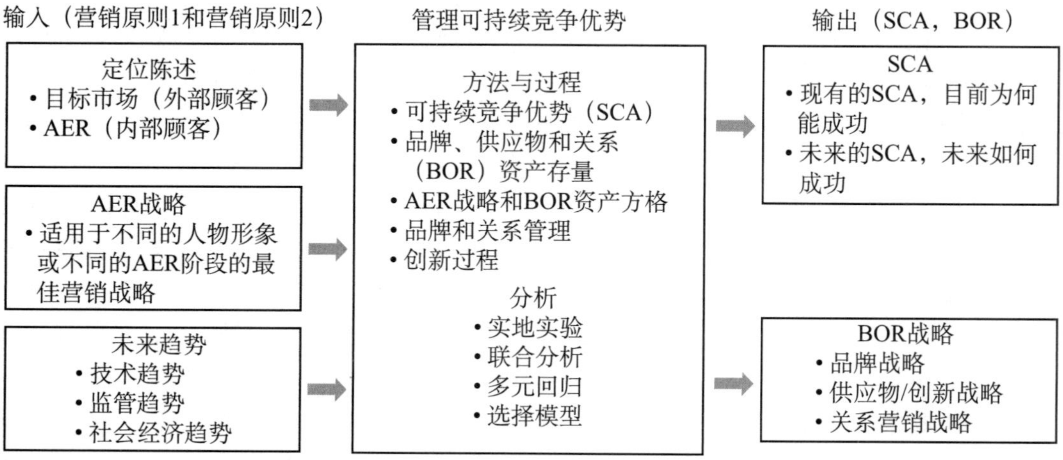

图 1－6　营销原则 3：竞争者总是有反应的→可持续竞争优势管理

SCA 管理框架有两项输出。第一项输出是关于企业现有和未来的 SCA 的描述。这种描述是对组织如何在竞争性市场上赢得顾客的总体陈述。这种对细分市场和人物形象的汇总有助于确保 SCA 的兼容性，并要求企业找出获得长期成功的核心基础。

第二项输出是品牌、供应物和关系（BOR）战略。这种战略立足于品牌、供应物和关系的类别，是对各细分市场和各人物形象的需求（考虑了顾客异质性）进行的汇总和重新组织，是随时间推移最有效的（考虑了顾客动态性）。营销项目通常覆盖多个人物形象和生命周期，因此，企业需要一个更高层次的战略来确保营销项目对多个顾客群的一致性和有效性。

这两项输出（SCA 和 BOR 战略）都是对总体层面的洞察，它们来源于各部分精细化的分析，经由整合和重新组织以支撑更有效的宏观层次决策。这种微观-宏观二重性对成功的营销战略而言是非常重要的，这是因为对顾客真实有效的理解发生于微观层面（以避免加总偏差），多数战略性和资源导向的决策发生于宏观层面（广告、研发、销售队伍战略和费用）。

这种微观-宏观二重性对成功的营销战略而言是非常重要的，这是因为对顾客真实有效的理解发生于微观层面（以避免加总偏差），多数战略性和资源导向的决策发生于宏观层面（广告、研发、销售队伍战略和费用）。

营销原则 3 小结

营销原则 1 侧重于分析市场上的顾客希望得到什么以及企业如何在市场中进行定位。营销原则 2 着眼于企业现有的顾客，分析顾客随时间推移而变化时，企业最有效的 AER 战略是什么。营销原则 3 体现了下一步，即在已识别的高价值的顾客细分市场中构建和维持有效的壁垒，以抵抗竞争性攻击。这些壁垒（或称为可持续竞争优势）可通过品牌、供应物和关系（BOR）资产的形式构建。

这三种 BOR 资产共同形成顾客资产。也就是说，企业可以像对待其他资产一样对其进行测量和管理，以提高企业的绩效。制定 BOR 战略的顺序会影响企业顾客资产的存量。首先，企业应当制定品牌决策，该决策受到企业总体定位目标的影响（营销原则 1 和营销原则 2）。其次，企业制定与供应物相关的决策，因为企业的产品和服务创新，以及研发努力都应该与企业的品牌战略和定位相匹配。最后，关系战略通常是最后才形成的，因为其涉及供应物的传递与体验。

营销原则 4：资源总是有限的→资源权衡管理

第一原理：资源总是有限的

第四个第一原理是资源总是有限的，这是管理者长期面临的问题。大多数营销决策要在多个目标之间进行权衡，这是因为用以实现这些目标的可用资源是有限的。将数千平方英尺（1 英尺＝0.3 米）的零售货架空间分配给某种选错了目标市场的产品，可能造成巨大的损失。例如，如果一家零售商在货架上摆满了紧身牛仔裤，而此时阔腿裤重新流行起来，人们就会感觉该零售商已经过时了。营销战略在品牌广告、新产品，以及扩充销售组织以强化关系之间分配的费用实际上来源于同一个有定额的资源库。一个企业只有这么多资源，因而一些重要的资源权衡是不可避免的。优化资源管理非常重要，因为营销资源提供了工作抓手，使得企业能执行其从营销原则 1、营销原则 2、营销原则 3 中得到的结论。

资源权衡是复杂且受到多种因素影响的，以下五个可能是最重要的影响因素：

● 资源冗余（resource slack）是指可被企业用来改变营销战略的资源。各企业在对营销的重视程度上存在较大的差异，大多数企业的资源冗余数量主要取决于经济状况和企业的财务绩效。

● 顾客需要的变化可能导致细分市场的规模和吸引力的变化，并改变企业所关注的目标细分市场的数量。这使得企业需要重新分配资源，以使企业当前的资源投入与各细分市场相匹配。

● 随着产品组合生命周期阶段的推移，企业可能会平衡其产品组合，引入多种能覆盖多个生命周期阶段并服务于多个目标市场的产品。

● 竞争者的进入或退出引发产品市场整体格局改变。当企业到达一个有利的市场位置，竞争者会很快采取对抗行动，以抵消该企业的优势带来的影响。这通常会导致围绕次级需求展开的竞争。也就是说，竞争者会从企业那里抢夺市场份额。这些竞争性行为与反应通常要求企业调整其资源分配。

- 营销活动的有效性会发生变化，这是因为顾客细分市场、价值观和品位都会随着产品的存续时间而改变，正如整体竞争状况和经济环境会发生变化。由于营销活动有效性的变化，资源的作用会增强或减弱。在这种环境中权衡资源分配是一件富有挑战性的事情。企业在不同的规划时点必须不断调整资源分配。在一些情形下，企业甚至必须颠覆那些曾经看似稳定的资源分配原则。

这些影响因素共同作用，使得企业在执行营销战略时亟须进行复杂的资源权衡，这就形成了营销原则 4。

在短期内，尤其是在垄断行业（如 20 世纪 60 年代至 90 年代的日报业），企业即使忽视了资源分配调整也可能提升销售。但是从长期来看，这种情况很少发生。在一个动态的商业环境中，多种因素同时影响企业的绩效，企业不可避免地要权衡多个营销选择。如果企业不能有效地管理这些复杂的资源权衡，就会面临风险，即丢失所有顾客细分市场或将大量市场份额拱手让给那些能有效分配资源的竞争者。

营销决策：资源权衡管理

关于资源总是有限的，以及有效的营销战略必须进行资源权衡管理的假设是营销原则 4，即最后一个营销原则。企业的资源权衡战略决定它在每个细分市场、AER 战略与 SCA 战略上分配多少资源。因而，该战略应当与企业当前的细分市场（营销原则 1）、维持企业当前的 AER 战略（营销原则 2）、支持企业所宣称的 SCA（营销原则 3）具有高度相关性。如果这些因素（如企业顾客细分市场或产品组合的构成发生变化、营销活动的有效性发生变化）导致需要进行新的资源权衡，企业就必须调整其战略以适应这些变化。企业的资源分配决策框架包括两个方法。

第一，当缺乏每项资源选择的效用的相关数据时，企业会采用**基于经验的过程**（heuristic-based process）来进行资源权衡。管理者根据直觉，运用简单的经验法则（rules of thumb）来解决资源权衡问题。这些经验可能建议提取一定比例的销售额作为营销费用。由于这种方式可以快速更改，因而它们在一些复杂的环境中很受欢迎。然而，大多数经验可能是不正确的。管理者仅仅依靠直觉判断什么是正确的资源分配，缺乏科学依据。例如，计算各细分市场的广告预算时采用所有细分市场的历史数据的平均数将会违反营销原则 1，因为这种方式假定广告对所有顾客群体的效果是一样的，而忽视了营销原则 1 所指出的顾客总是有差异的。如果该企业提取固定比例的销售额作为广告预算，则会违反营销原则 2，即忽视了顾客总是在变化的，因为这种方式假定广告现在与未来都具有同样的效果。

为改进该方式，企业可以通过一个“锚定与调整”（anchoring and adjusting）过程来不断修正其经验。例如，管理者根据初始的经验（即锚点）进行资源分配，观察到上一期决策的结果之后，在每个决策期都对决策进行调整。假如某条经验建议将销售额的 1%用于广告支出，在每个决策期，企业可以“照常营业”并将广告支出设定为销售额的 1%，或者对这个比例进行向上或向下的“调整”。在相对稳定的市场上这些方法是可行的，然而在一个异质性显著且销售波动大的不稳定市场中，这些简单的决策法则可能导致不佳的资源权衡决策。

第二，随着现代管理者计算能力的提高以及统计和数据管理技术的进步，采用**基于归因的过程**（attribution-based process）来进行资源权衡决策日益流行。企业能更好地查看历史数据，并评估各种营销资源的分配对销售额和利润等绩效的影响。历史数据为了解营销资源是否以及在多大程度上提升了经济绩效提供了丰富的信息。营销管理者通过运用得当的归因方式，可以回答一些重要的资源分配问题。例如：如果营销努力增加 1%，那么财务绩效将会改变多少（即营销弹性）？如果营销管理者使用多于一种的营销资源（这是最常见的情形），他们可以分辨出每种资源的相对影响，这对优化资源分配至关重要。

总之，资源总是有限的，因而企业的营销战略必须有效地分配资源，使得经营绩效长期最大化。第 8 章将专门讨论如何通过基于经验的过程和基于归因的过程进行有效的资源权衡。

资源总是有限的，因而企业的营销战略必须有效地分配资源，使得经营绩效长期最大化。

资源权衡管理的输入-输出分析框架

在图 1－7 所展示的资源权衡管理框架中，三项输入是前述三个第一原理的输出。第一，营销原则 1（顾客需要什么以及企业如何对自身进行定位）形成的定位陈述为若干项权衡提供了信息，如主要的目标顾客细分市场、要投入或放弃的主要产品、瞄准的主要市场区域，以及要构建和维持的主要相对优势。因此，这一输出构建了企业定位陈述的边界，是资源权衡管理框架的起点。

第二，营销原则 2 形成了 AER 定位陈述和 AER 战略，描述了企业顾客组合中每一类关键人物形象是什么、需要什么、为什么需要以及何时需要，以及不同人物形象和不同生命周期阶段最有效的战略是什么。营销原则 1 和营销原则 2 的输出共同框定了资源分配决策中的主要权衡（跨细分市场、产品、地区和相对优势的权衡）。也就是说，这些输入使得资源分配决策聚焦于那些能影响到在市场上赢得顾客并随着顾客的变化长期保留他们的关键资源权衡。

第三，营销原则 3 侧重于如何围绕顾客构建和维持可抵抗竞争性攻击的坚实壁垒，它的输出体现了企业的 BOR 战略，描述了品牌、供应物和关系投资的关键目标及其诸多权衡，以构建和维持企业的 SCA。

资源权衡管理框架包含两项输出，即计划和预算，以及营销绩效指标（marketing metrics）。

第一项输出涉及管理者制定的具体资源分配决策（体现在企业的年度营销计划和预算之中）。它包含三项子决策。

- 每项营销活动的预算或企业在营销活动中的投入规模。
- 按活动类别分配预算，即将营销预算按百分比分配给某项具体营销活动的各部分。
- 预算的时间跨度，即企业投入这笔营销预算所覆盖的时间范围。

企业在管理资源分配时需要依靠恰当的绩效指标以判断资源分配是否实现了目标。例如，基于财务比率的财务绩效指标（financial metrics）可以很容易地转化为净利润或投资回报率等货币化产出结果。营销绩效指标（marketing metrics）反映了顾客对企业产品的态度、行为和心态，可以通过知晓度、满意度、忠诚度和品牌资产等变量测量。与观念相关的绩效指标（mindset metrics）可用以回答营销为什么能成功等问题。第 8 章将列举多种与各项营销职能相关的营销绩效指标和财务绩效指标。

随着细分市场的变化，以及顾客或整个竞争态势的变化，绩效指标和资源分配决策需要不断调整。为此，第 8 章将提出一个将此管理框架中的输入转化为输出的包含五个步骤的过程。

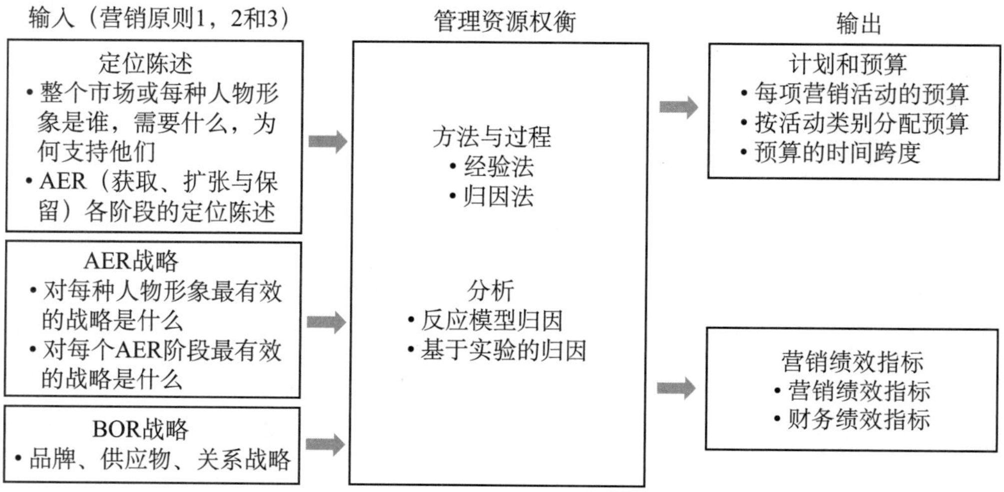

图 1-7　营销原则 4：资源总是有限的→资源权衡管理

营销原则 4 小结

营销原则 4 关注的是如何应对资源总是有限的这一长期存在的问题。优化资源管理是非常重要的。营销资源为企业实施从前三个营销原则中得到的结论提供了抓手。首先，为有效管理顾客异质性（营销原则 1），管理者必须确定市场细分和目标市场选择方式，随即需要依靠良好的系统和程序将资源恰当地分配给不同的细分市场。其次，为有效管理顾客动态性（营销原则 2），管理者需制定顾客获取、扩张与保留战略，为顾客提供覆盖全生命周期的服务。在这种情形下，需要有充足的营销预算来改进资源分配政策，以应对顾客发生的变化。最后，为构建可持续竞争优势（营销原则 3），管理者需调动各种资源来打造品牌、推出新产品、维持各种能确保牢固顾客关系的组织，这就要求为 BOR 战略配备明智的资源分配政策。

第 8 章将更详细地介绍资源权衡管理的两种方法。采用基于经验的方法，管理者将“锚点”作为初始决策依据，在每个决策期对这个锚点进行调整。基于归因的方法则更为科学，因为它依据历史数据对营销活动的有效性进行严谨的评估，以优化资源权衡决策。

实施四个营销原则

在本章的最后一部分，我们简要探讨如何在实践中实施这四个营销原则。每条原则都是独立的，都有各自的输入-输出结构。为了制定有效的营销决策，企业必须不断根据其战略采取行动，以构建相对于竞争者的优势，使该相对优势在顾客眼中变得更显著，并使企业在顾客发生变化且竞争者有所反应时长期保持这种优势。因此，为了成功实施这四个营销原则，管理者需要将它们整合到日常活动之中，构建起有效执行每个步骤、过程和分析的营销能力，并持续地迭代以改进各营销原则的实施。

整合四个营销原则

这四个营销原则所提供的解决方案是层级式的。执行某些原则时需要利用来自其他原则的解决方案。图 1－8 展示了这四个营销原则在实践中是如何相互关联的。方框内是非常重要的营销原则；椭圆形框内是这些营销原则各自的解决方案（或输出）。假设一家企业想通过针对顾客制定一套品牌与供应物战略来构建可持续竞争优势（SCA），那么这个品牌和供应物战略应该满足以下三个条件：

1. 该 SCA 所提供的价值是顾客在乎的。
2. 该企业在某个方面（不论是哪个方面）必须比竞争者做得好，以形成相对优势。
3. 该 SCA 必须是难以复制或替代的。

然而，如果一个企业既不知道它想追求哪个顾客细分市场，也不知道它可以如何独特地满足顾客的需要（相对于其他供应物而言），那么它不可能制定出一套有效的品牌和供应物战略。也就是说，该企业需要基于营销原则 1 的输出来开启 SCA 的构建（图 1－8 中的“定位陈述”）。此外，为构建经得住竞争性攻击的 SCA，企业需要应对顾客随时间推移而发生的变化，并了解顾客何时会开始或停止从它这里或竞争者那里购买。营销原则 2 的输出展示了顾客在各阶段转移时的触发事件，因此它是构建 SCA 时的一项重要输入（图 1－8 中的“AER 定位和战略”）。这种直观的分析也适用于制定营销原则 4 的方案，因为进行资源权衡要求对前三个营销原则都有清晰的认识。

构建营销分析能力

构建顾客分析（customer analytics）能力是企业成功实施四个营销原则的关键。顾客分析是一种应用技术与模型对顾客和市场数据进行分析，以理解顾客和服务顾客的方法。采用顾客分析的企业会依靠数据和分析方法来检测和改进其营销决策框架。有效使用顾客分析要求企业兼具数据能力（data capability）和分析方法能力（methodological capability）。企业可以通过搭建数据库来改进三方面的营销情报，从而提升其数据能力。第一，经济数据可帮助企业理解贸易环境和商业环境的变化。第二，顾客数据能展示顾客的需要和行为。第三，竞争数据能展示竞争环境

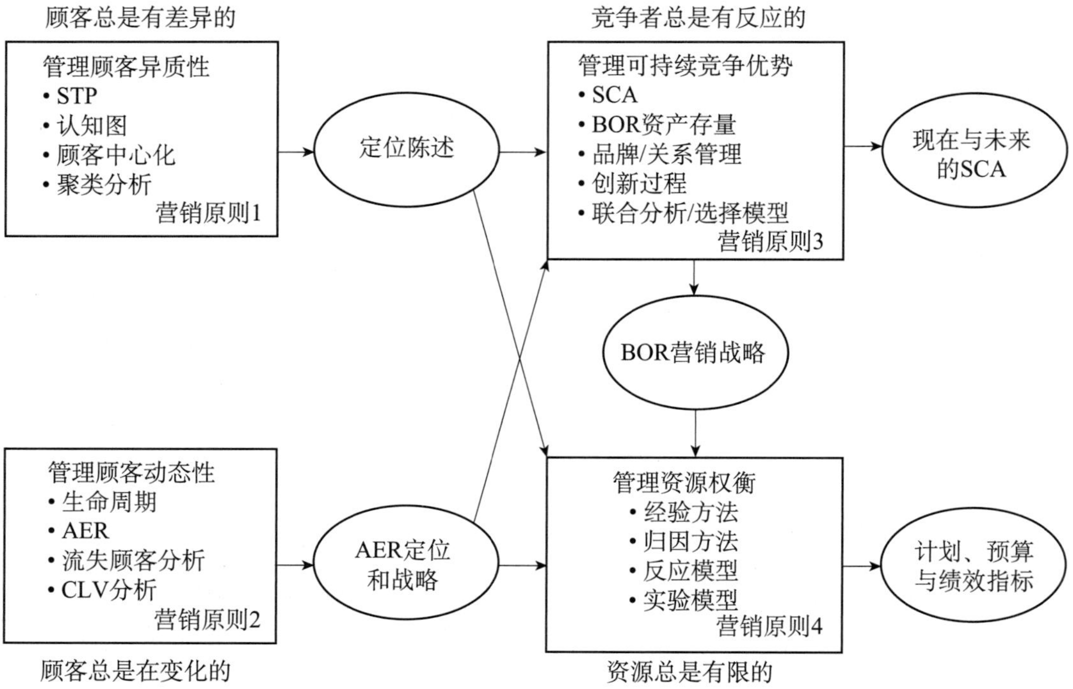

图 1-8　整合四个营销原则

中的威胁和机会。企业也需要通过掌握分析工具来构建分析方法能力。在前文关于每个营销原则的管理框架中已对这些分析方法进行了总结。数据能力和分析方法能力是成功实施四个营销原则的必备能力。

持续的迭代和改进

需要说明的是，企业不可能同时处理所有营销战略第一原理，因为它们是复杂且相互关联的。企业应该采用一种迭代的方式来整合这些原理。一个理想的方案或许能同时优化这些关键的第一原理，但是企业可能缺乏必需的时间、资源和技能去执行这个理想的方案。一种替代方式是，在保持其他原理不变的同时（尽管可能不是最优的），一次只优化一个原理，逐步完善整体营销。

利用 Markstrat 模拟软件进行练习

为了理解这四个营销原则及其是如何相互匹配的，我们推荐使用 Markstrat 等市场模拟软件来“实践”。Markstrat 模拟软件是一个包含实时决策的交互型学习工具。在该模拟软件中，学生团队或者商业人士团队会被分配到不同的虚拟公司中，通过制定一系列营销决策来开展竞赛。在每轮决策后，每个团队提交营销决策。然后，该模拟平台利用基于诸多真实企业的历史绩效得到的实证模型，判定每家虚拟公司的销售额、利润和市场份额。每个团队可以看到上一轮决策的结果，然后制定下一轮决策以继续在该模拟商业环境中竞赛。在这种决策环境中，参与者可以回顾营销报告，分析数据，进行决策，然后看到决策的结果。在每轮决策中，顾客和市场都会发生跨年度的变化，因而，参与者在几周之内就可以看到 5～10 年的市场变化。

每个团队的决策能映射出上述四个营销原则，以及本书中所介绍的多种工具和分析方法。每个团队将进行 STP 决策：选择目标顾客细分市场，评估认知图以制定定位战略（营销原则 1，顾客总是有差异的，因而团队必须管理顾客异质性）。随着时间的推移，顾客细分市场会因顾客期望的产品属性（功能、价格）、渠道偏好、市场规模或重要性的变化而发生变化（营销原则 2，顾客总是变化的，因而团队必须改变战略以管理顾客动态性）。此外，商业环境中包含处于生命周期不同阶段的成熟产品市场和新兴产品市场。由于每个团队可以看到其他团队的行动（选择目标市场、做广告、引入新产品）和结果（销售额、市场份额、股价），因而各团队是在一个实时的竞争环境中进行决策。各团队需要通过品牌、供应物和销售渠道来构建可持续竞争优势（SCA），以抵御来自其他团队的竞争性攻击（营销原则 3，竞争者总是有反应的，因而团队必须管理其 SCA）。最后，在每轮决策中，各团队都有一定的预算。因此，各团队在每轮决策中要在广告、新产品和销售组织之间进行资源分配决策（营销原则 4，资源总是有限的，因而团队必须管理资源权衡）。

这个模拟软件不仅提供了一个涉及四个营销原则诸多方面的模拟环境，而且提供了一系列报告和分析工具。参与者可以看到营销研究报告（认知图、调查）和分析技术（实验、联合分析）是如何影响各关键决策的。这对应于本书所介绍的决策方式中的诸多关键环节。

数据分析技术 1-1 更为详细地介绍了 Markstrat 模拟软件。该模拟软件为本书提供了一个优秀的配套软件，但读者不是必须使用该软件，市面上还有很多其他模拟软件可供选择，例如 Interpretive Simulation's PharmaSim，StratSimMarketing programs，Cesim's SimBrand 和 Marketplace Simulation's Strategic Marketing and Advanced Strategic Marketing。[35]我们之所以选择 Markstrat，是因为它很好地反映了本书中所介绍的决策方式，其他模拟软件同样对本书中所介绍的概念、方式和技术进行了整合。

数据分析技术 1-1

Markstrat：基于第一原理方式认识营销战略的练习工具

简介

Markstrat 模拟软件是一个包含实时决策的交互型学习工具，使用者可通过它更好地理解四个营销原则。

使用场景

- 练习运用四个营销原则制定有效的营销战略。
- 在真实环境中开展营销行动前，在模拟的环境中评估该营销活动的效果。

使用方式

Markstrat 为本书提供了配套软件，使读者通过练习和实施四个营销原则来增强对营销战略的直观感受。它可以在线订购和付费，网址是：web. stratxsimulations. com。

营销原则 1：企业应使产品满足不同顾客细分市场的需要并管理顾客异质性。

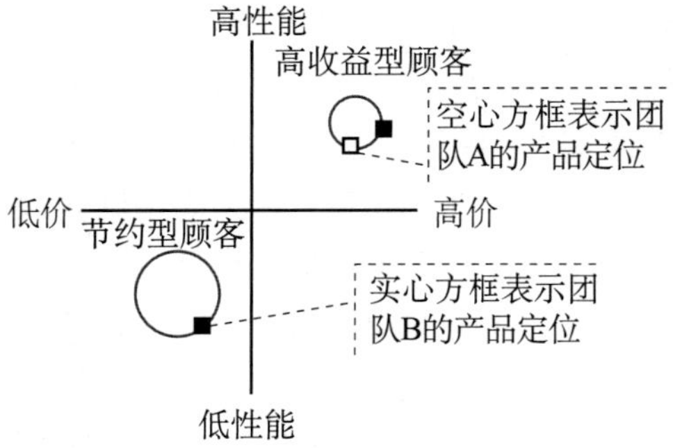

营销原则 2：随时间推移而调整战略，以适应变化的顾客需要。

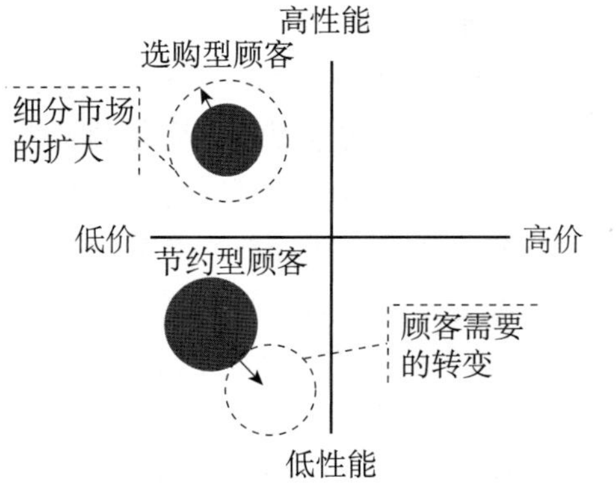

营销原则 3：引入新产品以创造可持续竞争优势（SCA），以抵抗其他团队的攻击。

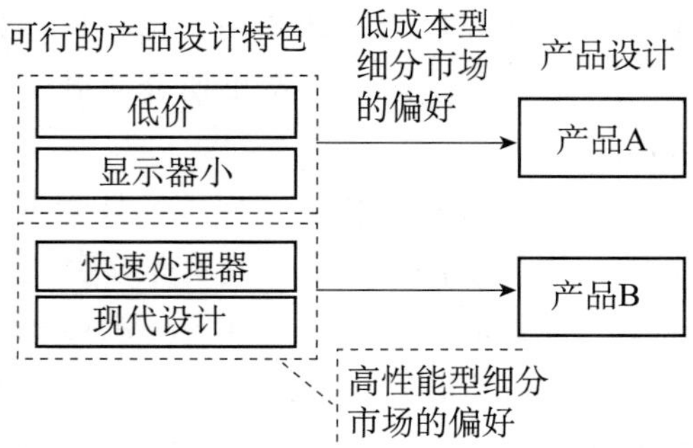

营销原则 4：管理有限的资源，在各营销组合要素和品牌之间进行资源权衡。

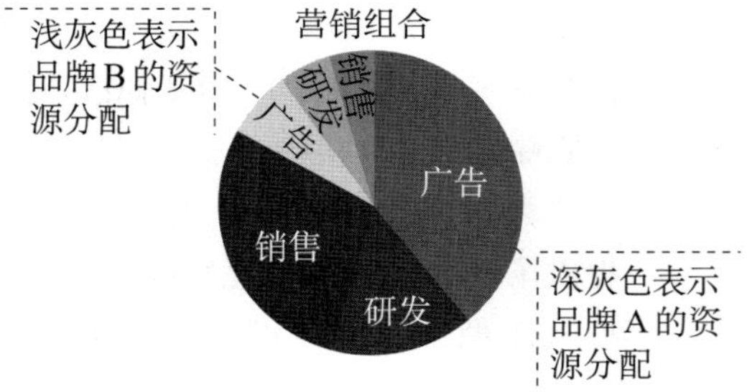

总　结

营销战略的教材通常会整合越来越多的营销分析工具、流程和研究技术，以评估与营销 4P 组合（产品、价格、渠道、促销）相关的各种商业现象，从而便于企业应对竞争者和执行具体的营销任务（市场细分、品牌化）。这种营销职能的视角虽然提供了大量分析框架和流程，却很少在什么时候使用这些工具、如何使用这些工具、哪些工具是最有价值的，以及这些工具如何相互匹配等方面提供总体性的指引。

本书提出了一种认识营销战略的简化方式，即营销决策主要应当解决所有企业在制定和执行营销战略时都会面临的基础性难题。这种第一原理方式的核心假定是企业通过评估顾客如何看待它们来构建可持续竞争优势。因此，营销战略是一系列旨在在顾客心目中构建与竞争者不同的可持续优势，从而为利益相关者创造价值的决策和行动。基于这种看待营销战略的视角，本书提出并详述了营销的四个基本问题和关键障碍，并将其称为营销战略的第一原理，即营销战略所基于的基本假设。

管理者在制定营销组合决策（产品、价格、渠道、促销）时所面临的首要且最基本的问题是顾客总是有差异的。顾客偏好受到多种因素的影响，包括：基本的个体差异、多样的生活体验、对产品功能的独特需求、渴望清晰的自我身份认同，以及曾经参与的旨在改变其偏好的说服性活动。这些因素的共同作用导致顾客偏好的巨大差异。因此，顾客异质性是所有企业在制定营销战略时必须考虑的基本问题（营销原则 1）。

管理者在制定短期和长期营销决策时所面临的第二个难题是顾客总是在变化的。顾客的动态性受到多种因素的驱动，包括顾客生活中的重要事件、所处的生命周期阶段、知识的变化、产品类别的成熟度，以及日常生活中所接触的新信息等。营销原则 1 关注企业的整个市场，以寻求企业在整个市场中应该聚焦的目标消费者或企业客户；营销原则 2 则聚焦于企业的现有顾客，促使企业深入分析其顾客是如何变化的。

竞争者持续不懈的复制与创新努力是营销管理者必须应对的第三个第一原理，即竞争者总是有反应的。营销管理者需构建和维持用以抵抗竞争性攻击的壁垒（营销原则 3）。这些壁垒源自企业构建的可持续竞争优势（SCA）。企业需针对每个目标细分市场构建 SCA。当顾客需要发生变化时，企业需要调整其 SCA 以保护该细分市场或转向不同的细分市场。

管理者在制定营销决策时面临的最后一个问题是资源总是有限的。资源权衡是复杂的且受到多种因素影响，如企业资源冗余的改变、企业的顾客细分市场、企业的产品组合、产品整体市场状况，以及企业营销活动的有效性。企业的资源权衡战略决定了它在每个细分市场、AER 战略与 SCA 战略上分配多少资源。因此，该战略应当与企业当前的细分市场、AER 战略、SCA 具有高度相关性。

总之，为了制定有效的营销决策，企业必须持续重视并优化其规划，以构建相对于竞争者的优势，使该相对优势在顾客眼中变得更显著，并使企业在顾客发生变化且竞争者有所反应时长期保持这种优势。管理者需要将这四个营销原则整合到其日常工作中，构建营销分析能力，并持续地进行迭代改进。

本章要点

- 营销战略是一系列旨在在顾客心目中构建与竞争者不同的可持续优势，从而为利益相关者创造价值的决策和行动。
- 本书提出了一种认识营销战略的简化方式，即营销决策主要应当解决所有企业在制定和执行营销战略时都会面临的基础性难题。

● 管理者在制定营销组合决策（产品、价格、渠道、促销）时所面临的首要且最基本的问题是顾客总是有差异的。顾客异质性是所有企业在制定有效的营销战略时必须解决的基本问题（营销原则 1）。

● 对顾客异质性进行管理的输入-输出分析框架涵盖了帮助管理者进行决策的方式、程序和分析工具。输入包括所有潜在顾客、你的企业、你的竞争者。它们共同构成了公司战略的运营情境。输出主要包括市场细分、目标市场选择和市场定位，以展示企业的供应物在目标市场上的相对优势。

● 管理者在制定短期和长期营销决策时面临的第二个问题是顾客总是在变化的。因此，营销原则 2 聚焦于企业的现有顾客，促使企业深入分析顾客是如何随时间推移而变化的。

● 管理顾客动态性的输入-输出分析框架将企业的现有顾客组合与顾客以往对具体营销项目的反应作为输入。输出是顾客细分、AER 定位陈述与 AER 战略，以帮助企业有效管理顾客动态性。

● 第三条原则是竞争者总是有反应的。此时，营销管理者需构建和维持用以抵抗竞争性攻击的壁垒，从而确保获得可持续竞争优势（营销原则 3）。

● 可持续竞争优势管理的输入-输出分析框架包括三项输入，即营销原则 1 的输出、营销原则 2 的输出和长期的环境变化趋势。它的输出是 SCA 和 BOR 战略。BOR 战略立足于品牌、供应物和关系，是对各细分市场和各人物形象的需求（考虑了顾客异质性）进行的汇总和重新组织，是随时间推移最有效的。

● 第四个营销原则是资源总是有限的，因此企业的资源权衡战略应当与企业当前的细分市场、AER 战略、SCA 具有高度相关性。这构成了营销原则 4。

● 在资源权衡管理的输入-输出分析框架中，输入是前述三个营销原则的输出；输出包括企业用以管理其资源分配活动的绩效指标，以及管理者为该时段制定的资源分配决策。

参考文献

[1] Oxford Dictionary (2015) Available at: https://en.oxforddictionaries.com/definition/first_principles (accessed 28 October 2016).

[2] Stevenson, A. (ed.) (2010) *Oxford Dictionary of English*, 3rd edn. Oxford: Oxford University Press.

[3] Von Clausewitz, C. (1832) *On War*. Translated by Howard, M. and Paret, P., 1976. Princeton, NJ: Princeton University Press.

[4] Chandler, A. (1962) *Strategy and Structure: Chapters in the History of American Industrial Enterprise*. Cambridge, MA: MIT Press; Kerin, R.A., Varadarajan, P.R. and Peterson, R.A. (1992) 'First-mover advantage: A synthesis, conceptual framework, and research propositions,' *Journal of Marketing*, 56(4), pp. 33–52.

[5] Porter, M. (1980) *Competitive Strategy: Techniques for Analyzing Industry and Competitors*. New York: The Free Press; Porter, M.E. (1985) *Competitive Advantage: Creating and Sustaining Competitive Performance*. New York: The Free Press; Hamel, G. and Prahalad, C.K. (1990) 'The core competence of the corporation,' *Harvard Business Review*, 68(3), pp. 79–91.

[6] Day, G.S. and Moorman, C. (2010) *Strategy From the Outside In: Profiting From Customer Value*. New York: McGraw-Hill.

[7] Kozlenkova, I.V., Samaha, S.A. and Palmatier, R.W. (2014) 'Resource-based theory in marketing,' *Journal of the Academy of Marketing Science*, 42(1), pp. 1–21.

[8] Gupta, S. and Lehmann, D.R. (2005) *Managing Customers as Investments: The Strategic Value of Customers in the Long Run*. Upper Saddle River, NJ: Wharton School Publishing.

[9] Gabriel, B. and Abouwer, T. (2013) 'Case study: Philips: Innovation and change management in global organizations: the case study of.' Available at: www.adaptivecycle.nl/index.php?title=Case_study:_Philips_:_Innovation_and_change_management_in_global_organizations:_the_case_study_of (accessed 23 September, 2015).

[10] Johnson, G. and Scholes, K. (1999) *Exploring Corporate Strategy*, 5th edn. New York: Prentice Hall.

[11] Bell, D.R., Chiang, J. and Padmanabhan, V. (1999) 'The decomposition of promotional response: An empirical generalization,' *Marketing Science*, 18(4), pp. 504–26; Hanssens, D.M. (2009) *Empirical Generalizations about Marketing Impact: What we have learned from Academic Research*. Cambridge, MA: Marketing Science Institute; Morgan, N.A. and Rego, L.L. (2006) 'The value of different customer satisfaction and loyalty metrics in predicting

business performance,' *Marketing Science*, 25(5), pp. 426–39; Sethuraman, R., Tellis, G.J. and Briesch, R.A. (2011) 'How well does advertising work? Generalizations from meta-analysis of brand advertising elasticities,' *Journal of Marketing Research*, 48(3), pp. 457–71; Tellis, G.J. (2003) *Effective Advertising: Understanding When, How, and Why Advertising Works*. Thousand Oaks, CA: Sage; Van Heerde, H.J., Gupta, S. and Wittink, D.R. (2003) 'Is 75% of the sales promotion bump due to brand switching? No, only 33% is,' *Journal of Marketing Research*, 40(4), pp. 481–91.

[12] Szymanski, D.M., Bharadwaj, S.G. and Varadarajan, P.R. (1993) 'An analysis of the market share–profitability relationship,' *Journal of Marketing*, 57(3), pp. 1–18.

[13] Slywotzky, A., Weber, K. and Wise, R. (2003) *How to Grow When Markets Don't*. New York: Warner Business Books.

[14] CMO (2014) 'CMO survey report: Highlights and insights.' Available at: http://cmosurvey.org/results/survey-results-august-2014/ (accessed 23 September, 2015).

[15] Kumar, N. and Steenkamp, J.B.E. (2013) *Brand Breakout: How Emerging Market Brands Will Go Global*. New York: Palgrave Macmillan.

[16] Rivkin, S. and Sutherland, F. (2004) *The Making of a Name: The Inside Story of the Brands We Buy*. New York: Oxford University Press.

[17] Krasnikov, A. and Jayachandran, S. (2008) 'The relative impact of marketing, research-and-development, and operations capabilities on firm performance,' *Journal of Marketing*, 72(4), pp. 1–11.

[18] Seitz, P. (2014) 'Sorry, cheapskates, apple iPhones to remain pricey,' *Investor's Business Daily*, 26 February; Apple, Inc. (2015) *Financial Information*. Available at: http://investor.apple.com/financials.cfm (accessed 23 September, 2015).

[19] Palmatier, R.W., Scheer, L.K. and Steenkamp, J.B.E.M. (2007) 'Customer loyalty to whom? Managing the benefits and risks of salesperson-owned loyalty,' *Journal of Marketing Research*, 44(2), pp. 185–99.

[20] Lodish, L.M. and Mela, C.F. (2007) 'If brands are built over years, why are they managed over quarters?,' *Harvard Business Review*, 85(7/8), pp. 104–12.

[21] Daly, J.L. (2002) *Pricing for Profitability: Activity-Based Pricing for Competitive Advantage*. New York: John Wiley & Sons.

[22] Berger, J. (2013) *Contagious: Why Things Catch On*. New York: Simon & Schuster.

[23] Kumar, V., Petersen, J.A. and Leone, R.P. (2007) 'How valuable is word of mouth?,' *Harvard Business Review*, 85(1), pp. 139–46; Reichheld, F.F. and Markey, R. (2011) *The Ultimate Question 2.0: How Net Promoter Companies Thrive in a Customer-Driven World*. Boston: Harvard Business Review Press; Wiesel, T., Skiera, B. and Villanueva, J. (2008) 'Customer equity: An integral part of financial reporting,' *Journal of Marketing*, 72(2), pp. 1–14.

[24] Leonard-Barton, D., Schendel, D. and Channon, D. (1992) 'Core capabilities and core rigidities: A paradox in managing new product development,' *Strategic Management Journal*, 13(S1), pp. 111–25.

[25] Zeithaml, V.A., Varadarajan, R.P. and Zeithaml, C.P. (1988) 'The contingency approach: Its foundations and relevance to theory building and research in marketing,' *European Journal of Marketing*, 22(7), pp. 37–64.

[26] Pfeffer, J. (2013) 'A deadly Silicon Valley habit: Chasing the latest fad.' Available at: www.bloomberg.com/bw/articles/2013-01-08/a-deadly-silicon-valley-habit-chasing-the-latest-fad (accessed 23 September, 2015).

[27] Holmes, E. (2011) 'Breeding a nation of chocoholics,' 30 November. Available at: www.wsj.com/articles/SB10001424052970204262304577068191047284320 (accessed 13 August, 2016).

[28] Keller, K.L. and Kotler, P. (2014) *Marketing Management*, 14th edn. Upper Saddle River, NJ: Prentice Hall.

[29] S&P Dow Jones Indices (2013) *Dow Jones Industrial Average Historical Components*. New York: McGraw Hill Financial.

[30] Ekekwe, N. (2012) 'When you can't innovate, copy,' 24 May. Available at: https://hbr.org/2012/05/when-you-cant-innovate-copy (accessed 23 September, 2015).

[31] Palmatier, R.W., Dant, R.P., Grewal, D. and Evans, K.R. (2006) 'Factors influencing the effectiveness of relationship marketing: A meta-analysis,' *Journal of Marketing*, 70(4), pp. 136–53.

[32] Rust, R., Zeithaml, V. and Lemon, K. (2000) *Driving Customer Equity: How Customer Lifetime Value is Shaping Corporate Strategy*. New York: The Free Press.

[33] Vogel, V., Evanschitzky, H. and Ramaseshan, B. (2008) 'Customer equity drivers and future sales,' *Journal of Marketing*, 72(6), pp. 98–108.

[34] Christensen, C.M. (2006) *The Innovator's Dilemma*. New York: First Collins Business Essentials.

[35] Interpretive Simulations, *PharmaSim*. Available at: www.interpretive.com/rd6/index.php?pg=ps4&sid=0 (accessed 8 October, 2015); Cesim SimBrand, *Marketing Management Simulation Game*. Available at: www.cesim.com/simulations/cesim-simbrand-marketing-management-simulation-game/ (accessed 8 October, 2015); Marketplace Live, *Compare Marketing Simulations*. Available at: www.marketplace-simulation.com/compare-marketing (accessed 8 October, 2015).

第 1 篇　顾客总是有差异的

管理者在制定营销组合决策（价格、产品、促销和渠道）时面临的首要的、基础的问题是：顾客总是有差异的。顾客通常在他们实际的或感知到的需要和偏好方面差异很大。甚至他们对一些基本日用品（如瓶装水）的需求也有所差别。因此，有效的营销战略必须对顾客异质性进行管理，这通常通过市场细分、目标市场选择和市场定位来实现。这种方式使得企业可通过识别可控数量的同质顾客群体来了解整体的顾客状况，从而有针对性地评估其相对优势，并就如何赢得这些顾客做出战略性决策。

第2章

营销原则1：顾客总是有差异的→顾客异质性管理

学习目标

- 理解并解释为什么顾客总是有差异的。
- 批判性地讨论为什么有效的营销战略必须进行顾客异质性管理（营销原则1）。
- 分析大众营销、利基营销和一对一营销之间的差异。
- 解释为什么利基营销和一对一营销往往比大众营销更有优势。
- 详细介绍STP（市场细分、目标市场选择、市场定位）顾客异质性管理方法。
- 解释细分为什么不应仅仅基于人口统计特征，还应包括顾客需要和欲望。
- 批判性地分析理想的市场细分的标准。
- 描述定位战略（包括定位陈述）对企业长期成功的重要性。
- 概述顾客中心化方法的优缺点。
- 解释STP和顾客中心化方法在顾客异质性管理方面的协同作用。
- 描述因子分析、聚类分析和判别分析的目标。
- 识别顾客异质性管理框架中的三项输入与三项输出。
- 理解顾客异质性管理的四个步骤（营销原则1）。

引 言

顾客总是有差异的

管理者在为企业制定战略营销决策时面临的首要的、最基本的问题是：顾客总是有差异的。这是一个最基本的假设，即顾客通常在他们实际的或感知到的需要和偏好方面差异很大。这可能看起来太基本而容易被忽视，但我们不可轻视这个问题的重要影响。不论是顾客需谨慎选择的产品或服务（如投资者有超过19 000种共同基金可选择）[1]，还是顾客常规购买的产品或服务（如一家杂货店可能会提供超过50 000种单品），企业都试图使供应物与不同顾客的偏好相匹配。[2]即使对瓶装水等日用品（commodity products），消费者的需求也有所差异。正如商店货架上的各种瓶装水组合所展示的那样，包含不同的品牌、规格、瓶子类型、有无气泡等。

有些企业向整个目标市场提供单一的产品而忽略顾客差异。这种方法在特殊情况下可能起作用，尤其是在竞争很弱或很少的情况下。但从长远来看，这种方法很少奏效。以汽车行业早期的标准模式为例。福特公司从“完全通用”（one-size-fits-all）的T型车中取得了巨大的成功，它的理念是：“你可以选择你想要的任何颜色，只要它是黑色。”这种方法在汽车产品生命周期的初始阶段是有效的，但是随着需求量迅速增加，竞争者开始提供差异化的产品，以更好地满足顾客的多样化需求。[3]福特公司显然必须应对这种变化。

福特在T型车上的经历不足为奇。在不同行业中，随着一个产品类别市场规模的扩大，竞争者往往会找到未开发的机会，找出现有产品未能满足其需要的顾客群，然后针对这些顾客提供更满足他们需要的供应物。此外，顾客在了解产品的价值后，会对该产品的不同款式形成不同的偏好。如果公司不能以新的或改进的供应物来回应顾客偏好，那么顾客就有充分的理由转向竞争者的产品。如果福特如今仍只提供黑色汽车，那它还会是一个成功的汽车制造商吗？

实例

西尔斯公司（美国）

西尔斯公司（Sears & Roebuck）是美国的一家大型零售商，它曾经拥有非常成功的全线产品邮寄目录业务。它每年印刷7 500万册目录，在旺季，每天的订单超过18万笔，年销售额超过2.5亿美元。[4]通过其标志性的西尔斯“大册子”（Big Book），该公司为农民提供种子和工具，为家庭提供家用电器，为孩子提供运动器材和玩具，几乎为所有人提供服装和鞋子。然而，在随后的几年里，其他企业发现并攻击了西尔斯顾客群中盈利的细分市场，推出了商品覆盖范围更小、面向更小且更同质的顾客群体的目录，从而分得一杯羹。例如，施莱默公司（Hammacher Schlemmer）提供专门涵盖工具和其他创新家居产品的目录，Spiegel向全职妈妈和女企业家出售时装和配饰，里昂比恩（L. L. Bean）向户外运动爱好者出售服装和用品。[5]西尔斯在这些细分市场上的销售收入一落千丈。竞争者常常追逐最有利可图的顾客群体，留给西尔斯的顾客群体大多分布在不太理想的市场，这些市场往往增长缓慢，盈利能力较差。西尔斯发现为剩下的无利可图的顾客服务更加困难，因为这些顾客的购买量较低，带来了更高的库存和采购成本。

西尔斯发现自己进退两难。如果它放弃一个产品类别的销售，就会损失更多收入；但如果保留某个产品类别的销售，就会形成净亏损，却又不得不这样做。与许多企业面临的情况类似，这种两难局面的出现是因为西尔斯没有有效地管理顾客异质性或顾客在需要、欲望和后续行为等方面的差异。最终，西尔斯停止发行其不再有利可图的“大册子”邮寄目录。这个例子讲的是西尔斯的邮寄目录业务，类似的情况在其他零售店时有发生。[6]

因此，企业的营销战略必须迎合顾客在某个产品类别中的偏好，否则竞争者最终会通过满足顾客未满足的需要而将他们带走——至少会带走一些有价值的顾客（即那些规模大、成长迅速、可获利的顾客）。这些例子中存在一个关键问题：为什么顾客的偏好会如此不同？为什么不是每个顾客都想要相同的咖啡、汽车或服装呢？了解顾客异质性的潜在来源是很重要的，因为它能为分析顾客实际的和感知的偏好差异提供令人信服的洞察。识别和利用顾客异质性是制定有效营销战略的关键。

识别和利用顾客异质性是制定有效营销战略的关键。

顾客异质性的来源

顾客在多种竞争性产品或服务之间的偏好，通常取决于顾客对各种产品或服务属性（如价格、花费的时间、耐用性）的欲望之和。顾客会在各种重要属性之间进行权衡（有意或无意），从而形成购买决策。顾客对某种产品或服务的偏好差异（需要、欲望和后续选择）源于多个潜在因素。这些因素的组合与交互作用导致了消费者间的偏好差异，如表 2－1 所示。

表 2－1　顾客异质性的来源

来源	描述	例子
个体差异	在特定领域，个体对环境做出的稳定且一致的反应。	最喜欢的颜色；大五人格特质——开放性、责任心、外倾性、宜人性、情绪稳定性。
生活经历	个体生活中独一无二的事件和经历对其赋予产品和服务的价值和偏好产生持久的影响，这最终会影响个人偏好，与个体差异无关。	一个在赤道附近长大的人通常会对辛辣食物有更大的偏好。这是因为在温暖环境中食物易变质，而各种香料在过去很长一段时间里被用来保存食物和掩盖味道。
功能性需要	个体基于个人情况，在各种功能属性之间进行的权衡。	他能支付多少钱（收入）？产品需要使用多长时间（质量、保修）？他什么时候会使用这个产品（电池供电、尺寸）？他是否需要特殊的使用功能（防水）？
自我身份/形象	顾客积极寻找他们认为会支持或提升他们想要的自我形象的产品。	骑摩托车的人通常穿皮衣（功能性和形象共同驱动）；哥特摇滚乐迷喜欢黑色，这反映出他们想与特定且与众不同的用户或社会群体形象保持一致的愿望。
营销活动	企业试图建立品牌和典型身份或含义之间的联系。	宝马之所以斥资 2 500 万美元让詹姆斯·邦德（James Bond）在电影《007：大破天幕杀机》（*Skyfall*）中驾驶一辆宝马，就是基于这样一种想法，即邦德的形象对许多潜在目标顾客（30～50 岁的男人）来说是梦寐以求的。

第一，顾客异质性最根本的来源可能是人与人之间的**个体差异**（individual

differences)，即在特定领域，个体对环境做出的稳定且一致的反应。[7]从心理上来看，人们是千差万别的，一种流行的分类方式将这些差异归结为“大五”（Big 5）人格特质，即开放性、责任心、外倾性、宜人性和情绪稳定性。另一个例子是消费者对颜色的偏好。颜色是许多产品的基本属性。研究表明，男性最喜欢的颜色为蓝色（占45%）、绿色（占19%）、黑色（占12%）、红色（占12%），而女性最喜欢的颜色为绿色（占28%）、蓝色（占25%）、紫色（占12%）、红色（占12%）。[8]因此，福特公司不应维持其成本效益高但只提供黑色产品的策略。因为这种策略只符合12%的男性的偏好，且黑色不属于女性最喜欢的五种颜色。类似地，人们喜欢的口味、质地、声音和气味各不相同。许多个体差异是与生俱来的，这种顾客异质性的重要来源适用于分析最同质化的产品。[9]

第二，生活经历是顾客异质性的来源之一。生活经历（life experiences）是指个体生活中独一无二的事件和经历对其赋予产品和服务的价值和偏好产生持久的影响，这最终会影响个人偏好，与个体差异无关。一些地理和文化环境因素有系统性的影响；其他因素也有影响，但作用方向并不明确。例如，一个人早期所看过的某些电视节目、当地社区发生的事件或特定作者和书籍等可能对他的世界观、冒险倾向或对某些奢侈品的消费倾向产生巨大影响。此外，一些基于个体差异的心理因素可能会与个体所处的环境相互作用，从而引起不同的反应。[10]因此，生活经历是顾客异质性的来源，但往往很难预测它们与偏好的实际联系。

第三，偏好异质性最直接的来源可能是个体对特定产品的功能性需要（functional needs）。这些差异能反映一个人在决策中基于个人情况对各种功能属性的重视程度：他能支付多少钱（收入）？产品需要使用多长时间（质量、保修）？他什么时候会使用这个产品（电池供电、尺寸）？他是否需要特殊的使用功能（防水）？更好的质量、更好的特性，以及额外的功能几乎一直是我们想要的，但是它们往往伴随着更高的价格或者在尺寸或重量上的牺牲，这使得企业无法制造出一种符合每个顾客偏好的“理想”产品。此外，企业通常在特定水平上生产产品（如100美元、3小时、4盎司），然而顾客对任何属性（价格、电池寿命、重量）的偏好处于一个连续的变动范围之中，因而，企业难以提供一个适当的产品组合来完全“匹配”众多顾客的偏好。

第四，顾客通常希望他们的购买能够支持其真实的或梦寐以求的自我身份/形象（self-identity or image）。[11]异质性的某些来源（如个体差异、生活经历）会影响顾客的潜意识的行为；然而，顾客购买与自我身份/形象相匹配的产品或服务的愿望，往往会引发更主动、有意识的决策过程。顾客积极寻找他们认为能够支持或提升他们想要的自我形象并满足其独特需要的产品。产品的形象可以来自其与偶像、名人、流行的东西、渴望的社会群体之间的联系。当然，有些人会寻求那些不流行的、明显与众不同的产品，以满足他们对独特性的渴望。[12]顾客在时尚品、住房、电子产品和汽车方面的多样化选择，往往是由他们对支持或增强自我身份/形象的欲望所驱使的。例如，骑摩托车的人通常穿皮衣（功能性和形象共同驱动）；哥特摇滚乐迷喜欢黑色，这反映出他们想与特定且与众不同的用户或社会群体形象保持一致的愿望。[13]

第五，顾客异质性的最后一个来源即营销活动（marketing activities）。营销活动是指企业试图建立品牌和典型身份或含义之间的联系。通过在产品和特定身份之间建立紧密的联系，营销人员能提升顾客购买与其渴望的自我形象相匹配的产品的可能性。例如，宝马之所以斥资2 500万美元让詹姆斯·邦德在电影《007：大破天幕杀机》中驾驶一辆宝马，就是基于这样一种想法，即邦德的形象对许多潜在目标顾客（30～50岁的男人）来说是梦寐以求的。[14]在其他情况下，营销人员会致力于开发新颖独特的品牌身份或者扩展现有品牌形象，以帮助区分本企业与其他企业的产品，而不是使产品与流行或典型的形象建立联系。沃尔特·汤普森（J. Walter Thompson）在多年未能进入亚洲市场后，将钻石作为"爱的象征"推向市场，开发了一种与东方文化决裂的品牌形象。在广告中，情侣们穿着西式服装，参与西方娱乐活动。[15]由此产生的钻石形象——现代和西方的，而不是传统和东方的——吸引了这个市场上的许多顾客。

在营销活动成功说服顾客接受一些特殊的符合他们身份的特征，或是认可某种重要的属性后，顾客的异质性就会增强。例如，沃尔沃关于汽车安全的广告提高了许多顾客在购买汽车时对安全的重视水平，这支持了沃尔沃的定位战略。几十年前，瓶装水大多是无差异的商品（低异质性）。在花费数百万美元开展市场营销活动之后，瓶装水如今已经与一系列属性联系在一起。例如，阿夸菲纳（Aquafina）的"纯净水，完美的味道"，箭头（Arrowhead）的"天生更好 & 100%山泉水"，水晶高山泉水（Crystal Geyser）的"自然好！"，斐济水（Fiji Water）的"天然工匠水"，依云（Evian）的"活得年轻"。

因此，营销战略不仅需要考虑顾客偏好差异的自然来源（如个体差异、生活经历、功能性需要、自我身份/形象），其本身也是顾客异质性的重要来源。营销人员努力使顾客偏好的"自然差异"更加突出，同时说服顾客重视新的属性（如环保、血钻石、美国制造），以建立新的购买偏好。2007—2013年间，希腊酸奶（Greek yogurt）的市场份额从1%上升到了36%，很大程度上是因为营销人员使美国顾客更加关注希腊酸奶的健康属性。[16]

强调新型或差异化购买属性的营销活动可形成顾客异质性，而且这种异质性会随着技术的进步更加明显。现代营销人员可以根据地理位置或特殊购买情境，向更小的顾客群体传达特殊的信息，并以更新且低成本的方式提供更多差异化产品。[17]移动营销技术意味着基于地理位置的营销不限于使用邮政编码，还可通过经纬度来识别位置，然后根据用户的确切位置推送消息。星巴克和7-11都使用这项技术来整合顾客偏好和位置信息。中国企业已将营销预算的28%用于现代移动技术。[18]

技术影响营销并不是新鲜事。回顾西尔斯邮寄目录的例子，技术的进步已注定了零售商给所有顾客邮寄相同的600页目录这一战略的命运。大批量印刷相同的商品目录所形成的规模经济受到能进行小批量印刷设备的打击。这些设备支持印刷数量少且成本低的商品目录。印刷和制造技术的改变使得利基型企业能够应对狭小的细分市场；顾客详细数据的可获得性支持更精确的目标市场选择；便捷的在线搜索目录使小企业能够绕过多个中间商（即零售商和批发商），服务于非常小的特殊顾客群体。[19]

顾客异质性：营销战略的基本假设

正如表2-1所示，多种因素以多种方式共同作用使顾客对产品和服务的偏好总是存在差异。因此，顾客异质性是所有公司在制定有效营销战略时必须解决的一个基本“问题”。企业如果假设所有顾客都是一样的，就可能导致失败，至少从长远来看是这样。这是因为竞争者将会用更合适的产品来更好地满足细分市场，从而使得企业陷入螺旋式下跌，即企业顾客的规模越来越小，利润越来越低，但服务成本越来越高（如西尔斯）。为制定有效的营销战略，企业必须将顾客偏好的变化作为制定营销战略时的一个潜在假设或第一原理——理论、体系或方法所基于的基本观念和假设。[20]顾客总是有差异的，因而有效的营销战略必须管理始终存在的顾客异质性，这是四个营销原则中的第一个。

营销原则 1：顾客总是有差异的，因而有效的营销战略必须管理始终存在的顾客异质性。

不过，在有些情况下，营销人员可以忽略某些顾客异质性因素，比如，电力公司的“完全通用”产品。电力公司由于拥有垄断权，可以忽略顾客偏好的差异。政府通常会给电力公司在特定地区提供电力服务的权利，因此，根据法律，没有竞争者会抢夺电力公司的业务，电力公司不需要将产品与顾客偏好相匹配。一家公司失去垄断权时，往往会发现很难着手进行顾客异质性管理，结果通常是顾客和销量都出现重大损失。

实例

美国电话电报公司（美国）

1984 年，美国电话电报公司（AT&T）失去了美国政府授予的作为唯一电信运营商的垄断权，开始面对市场上的直接竞争。在短短两年内，美国电话电报公司就不得不裁减了 27 400 名员工，损失了 32 亿美元的利润。到 1991 年，该公司的销售收入减少了 83%。[21]尽管美国电话电报公司的子公司西方电气（Western Electric）不再只提供经典的黑色拨盘电话机（好比汽车行业中的福特 T 型车），而且大约每十年就推出一款新型电话机，但对这个市场放松管制使许多新的致力于更好地满足顾客需要的竞争者得以进入。西方电气公司在 1995 年宣告关闭。这种从公有企业向私营企业的转变意味着打破垄断后顾客得到更多关注。这种模式在世界上的许多国家和地区被复制，如埃及在 2015 年采取的相关措施。[22]

优步进入高度监管的出租车市场（在美国受市政府而不是联邦政府监管）是一个类似的例子。一些企业在失去垄断地位后，可以通过加大对顾客需要的关注来适应新环境。澳大利亚最大的电信公司澳洲电信（Telstra）通过实施基于市场的管理，改变了以前基于产品的管理，在 2005 年成功地扭转了被动的经营局面。这种管理方式是指通过采用基于消费者需要的多细分市场方法，针对每一个细分市场提供产品，从而更深入地了解其顾客。[23]

这些例子强调了一个重要的观点，即在某些市场中，顾客异质性可能是潜在的或隐藏的。顾客在某些潜在的偏好上有所不同，但由于没有企业提供符合他们偏好的产品，这些偏好的差异尚未显现出来。在某些情况下，顾客甚至不知道自己有不同的偏好，因为他们没有可供评估的选项。这种**潜在顾客异质性**（latent customer heterogeneity）可定义为顾客欲望的潜在差异，这种差异在顾客偏好或行为中尚未显现或尚未被观测到。这种异质性可能源于法律的（政府法规、专利）、经济的（过高的价格、市场规模或成本）、技术的（只知道做某事的唯一方法）或创新的（没有企业已经识别并满足该需要）限制。星巴克创新地发现，顾客不论在咖啡还是在消费或体验的环境方面都有各种各样的潜在需要。通过仔细地识别和满足顾客的异质性需要，星巴克发展成一家价值 560 亿美元的公司。此前，咖啡被当作一种低成本的日用品来销售。[24]如果企业忽略潜在顾客异质性，能否长期成功将取决于那些限制潜在需要出现的因素。历史表明，这是一种冒险的战略。

如果我们认可顾客总是有差异的，即便这些差异有时是潜在的，也需要考虑这些差异对企业营销战略的影响。第一，如果一家企业忽略顾客异质性，不能提供满足顾客需要的产品，那么一旦市场成长得足够大、法律或技术壁垒被打破或创新型竞争者提供了更好的能满足顾客需要的产品，顾客就会转向新的解决方案。这种转变往往会使现有企业持有过量的基础设施和过高的成本，从而损害其财务绩效；如果销售额和利润也下降，那么企业的财务绩效将受到更大的损害。正如所预期的那样，竞争者首先瞄准的是利润最丰厚、增长最快的顾客群，而这些顾客群往往没有被很好地满足，这就使得企业在失去这些顾客时尤为痛苦。

第二，企业可能会努力瞄准“最佳”顾客细分市场，提供系列化的产品和服务，以尽可能满足不同顾客细分市场的需要。这种营销战略当然是有效的，但是对单个企业来说，同时满足所有顾客的需要通常会面临成本问题和其他障碍：在许多情况下，制造过程限定了企业产品的价格和性能，商店的地理位置和设计会将企业与特定的细分市场联系起来，而且跨细分市场进行品牌有效定位是非常困难的。当丰田想要瞄准豪华汽车细分市场时，它意识到延伸丰田的品牌形象不足以使其与宝马或奔驰进行竞争，于是推出了雷克萨斯，使用不同的展厅和截然不同的品牌形象，以满足豪华汽车细分市场的需要。宝洁公司在全球布料和家庭护理产品市场上占有 1/3 的份额，它拥有一系列的品牌（如 Ace、碧浪、Cheer、Dawn、当妮、金霸王、Gain、汰渍），各品牌拥有自己的品牌形象和特定产品属性，以满足顾客的异质性需要。[25]宝洁公司有意不向顾客强调它同时拥有这些品牌，以免顾客意识到这些产品通常在同一家工厂生产，从而支持其更鲜明的产品差异化。

第三，为了应对顾客异质性，企业可能会选择单一的、同质程度较高的顾客子群体，只以他们为目标顾客。一个真正的利基战略可能需要提供多种产品，但以单一的、同质程度较高的顾客子群体为目标顾客使得企业能在该细分市场中建立一个顾客都知道并尊重的强大品牌。这种聚焦可以使企业成为这类顾客的专家，这样它就可以预测变化，并且比那些聚焦于多个细分市场的企业更快地进行调整。这种以顾客为中心的方式或战略意味着，企业认可顾客的长期价值并将顾客置于所有主要业务决策的核心。这种利基方式是处理顾客异质性的一种有效方式，但它常常会限制企业未来的发展，因为它只局限于一两个细分市场。市场规模对未来增长的限制是丰田和本田都推出新品牌（分别是雷克萨斯和讴歌），实现从经济型向豪华型汽车细分市场扩张的主要原因之一。

企业处理顾客异质性的另一种方法是假定如果价格足够低，那么大多数顾客愿意放弃产品的许多属性，这与传统的低成本战略类似。这些企业试图确定哪些是核心的、必须具备的属性——通常是满足消费者功能性需要的属性，然后把所有努力都聚焦于在该产品类别中实现最低成本的供应。沃尔玛通常在一个类别中只提供2～3种产品，并规避许多增加成本的因素（如销售支持、门店气氛、门店位置）。它对价格敏感型顾客和在非身份地位型产品类别上的成功表明，这是一种可行的营销战略（也就是说，关注性价比和对价格敏感的富裕型购买者是沃尔玛的两个关键目标细分市场）。[26]与此相反的是，许多顾客愿意为获得额外的服务或不同的产品组合支付高额溢价。苹果在不断提高感知质量的同时弱化价格。此外，沃尔玛正面临着竞争者争夺价格敏感型的顾客细分市场的挑战。正如2014年高盛集团（Goldman Sachs）的报告所提到的那样：

> 顾客纷纷抛弃了这个大卖场经营的先驱者……沃尔玛的年销售额为4 690亿美元，虽然它没有倒闭，但已经连续五个季度出现销售下滑……顾客转向从好市多（Costco）和一元店等提供较窄范围商品种类的商店里寻求更好的交易机会。[27]

总之，顾客的偏好总是有差异的。尽管顾客的异质性可能是潜在的，但是从长期来看，法律、经济、技术或创新领域的变化会让顾客找到最符合其潜在偏好的产品或服务。因此，一个企业的营销战略必须考虑到顾客的异质性，否则其经营业绩将随时间的推移而受损。本章的后续部分将重点介绍可以帮助企业管理顾客异质性的方法、流程和分析工具。

顾客异质性管理方法

顾客异质性管理方法的演变

回顾过去的六七十年，我们可以深入了解顾客异质性管理方法的演变。自20世纪50年代以来，将顾客分成细分市场、选择目标细分市场、利用营销活动来改善企业在目标细分市场中的定位（或称STP分析）是一种通行的方式。随着时间的推移，企业瞄准越来越小的顾客细分市场。同时，细分标准得到完善，最初只有人口因素，在20世纪60年代发展到包括地理和行为因素，在70年代增加了心理因素。今天，这些数据通常结合在一起，企业在大数据方面的努力提供了高精确度的目标市场信息。

为展示这些趋势，我们根据当时最流行的顾客异质性管理方法，将20世纪大部分时间内的营销划分为三个有所交叉的时代：大众营销、利基营销和一对一营销。图2-1展示了这些顾客异质性管理方法的演变。

大众营销时代

大众营销（mass marketing）也叫作**无差异化营销**（undifferentiated marketing），是指通过大众媒体向整个市场传播同样的信息。采用这种营销战略的企业通

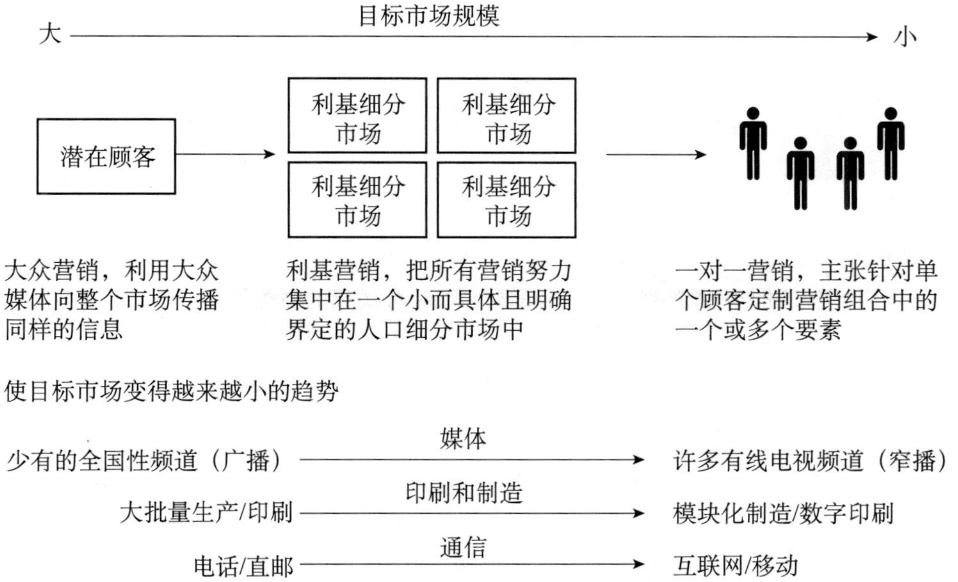

图 2－1　顾客异质性管理方法的演变

常认为覆盖的受众越多则销售收入越多，因而会忽视顾客异质性。随着广播和电视媒体的出现，大众营销流行起来，这些媒体拥有前所未有的向大量消费者传递相同信息的能力。例如，1949 年电视广告收入为 1 230 万美元，两年后这一数字增长了 10 倍。到 1960 年，电视达到 90%的家庭普及率。[28]大众营销不是个性化的，它假定每个人的偏好都是一样的。通常情况下，大众营销会产生相对较低的利润率和回应率，而且往往伴随着较高的竞争强度。20 世纪五六十年代，宝洁、可口可乐、麦当劳、通用汽车和联合利华等都是专注于大众营销的企业。但进入 21 世纪，大多数公司转向更具目标针对性的营销方式。宝洁全球营销总监詹姆斯·斯滕格尔（James R. Stengel）指出，该公司将不再对旗下任何品牌进行大众营销，“无论是汰渍、欧仕派（Old Spice）、佳洁士、帮宝适还是象牙肥皂（Ivory），我们的每一个品牌都是有针对性的”。[29]

利基营销时代

利基营销（niche marketing）是一种专注于对边界清晰且狭窄的消费者细分市场进行营销，以期通过专业化来获得竞争优势的营销战略。面对因忽视顾客差异而导致的问题，营销人员认识到利基营销（小微营销）战略在提升利润和抵御竞争方面更有效，相对于一家大众营销企业，采用利基战略时更是如此。利基企业通常会获得溢价，因为相对于大众营销而言，利基营销提供的是“稀缺”产品，而大众营销只是针对细分市场提供通用型产品，并不能提供与小顾客群体的偏好精确匹配的产品。例如，Eurosport Soccer 为足球狂热者提供他们最喜欢的球队的球衣、球鞋，甚至是当地俱乐部球队的定制装备；而这些商品在百货商店，甚至是 Sports Authority 和 Big Five Sports 等体育专卖店都没有销售。福克斯足球频道（Fox Soccer Channel）等体育频道为 Eurosport 等公司提供了绝佳的媒体（至少与美国全国广播公司（NBC News）或娱乐体育节目电视网（ESPN）相比是这样），以针对相对同质的顾客群体进行广告宣传。从广播向有线电视的转变及后者提供数百个频道的能力，可更好地支持利基营销或“窄播”（narrowcasting）。印刷技术和模块化制造中的类似进展也使得企业能够进行利基营销。此外，一些企业试图将大众营销和利基营销结合起来。诺德斯特龙和老佛爷百货公司（Galeries Lafayette）等百货商店虽然瞄准的是各种高端顾客，但后来增加了“店中店”，向特定的顾客细分市场推广利基品牌。

许多企业成功运用了利基营销，例如，云中漫步（Airwalk）专注于南加州的滑板运动者；露露柠檬（Lululemon Athletica）向女性销售运动服装和配饰；Zumiez 瞄准那些对冲浪、滑板和单板滑雪感兴趣的年轻消费者。在许多情况下，通过寻找和接触那些使用互联网和在线搜索的特定顾客，在线零售商可以非常有效地瞄准较小的利基市场。

一对一营销时代

当前这个时代的标志是企业转向一对一营销，试图将营销战略直接应用于特定的消费者。**一对一营销**（one-to-one marketing）是指企业对顾客群进行高度细分，使得每个目标细分市场只有一个顾客，并针对这个顾客定制营销组合中的一个或多个方面。[30]亚马逊网站试图通过记住每位顾客的偏好并向他们推荐符合其品位的书籍和音乐，成为一对一的营销者。《一对一的未来：每次建立一个顾客关系》（*The One to One Future：Building Relationships One Customer at a Time*）一书对这个时代进行了预测。在该书中，佩珀斯（Peppers）与罗杰斯（Rogers）建议，在这个新的商业模式中，企业应专注于顾客份额，即每次一个顾客，而不是专注于市场份额。[31]

从理论上讲，这是处理顾客异质性的最佳战略，因为它认识到所有顾客都是不同的，并提供独特的产品或服务来满足每个顾客的需要。技术的不断进步使得这种战略更为可行，但对大多数产品而言，与一家面向一个顾客群提供有针对性产品的企业相比，提供真正一对一解决方案的额外成本（对顾客来说是更高的价格）可能超过了顾客从一个最佳匹配产品中获得的额外收益。继续以足球为例，对比为个人定制球衣或球鞋与为一系列现有产品确定不同的颜色和图案，前者所导致的额外成本可能比其带来的额外好处更多。

技术的发展使这种战略得以实现且不断推进。互联网为一对一营销提供了一个强大的平台，企业可以根据每个顾客的浏览足迹对他们进行定向和重新定向。互联网还使得非常小的企业利用非常少的营销预算来覆盖一个大的地理区域。先进的搜索引擎甚至可以使顾客从一家不知名的企业找到一个独特的产品。媒体、通信和物流技术的变化也使这种战略得以实现。康卡斯特（Comcast）的聚光灯业务能够为特定用户的有线电视机顶盒提供独特的广告，其实验性的电视机顶盒甚至可以检测出房间里的人数和体重，以更好地向儿童和成人传递相应的信息。正如康卡斯特所指出的：“今天所谓的接触顾客和与顾客互动，不仅仅是指在电视上播放传统广告，还包括以你理想的顾客为目标，一对一地邀请观众与你联系。”[32]

在上述三个时代中，处理顾客异质性的基本方法是相同的，即聚焦于越来越小的顾客群体，这样随着每个群体被细分为更小的单元（直到聚焦于单个顾客），单元内顾客的需要会更加相似。这种趋势为什么会持续下来呢？首先，它使得企业提供的产品或服务更符合顾客的内在偏好（即给予顾客他们想要的东西）。在其他条件相同的情况下，目标细分市场越小，目标产品就越能满足该细分市场顾客的需要。

其次，通过聚焦于整体市场中的一个高同质性的顾客子群体，企业可以更好地预测未来的需要并发现新趋势，这使得它能比市场聚焦宽泛的竞争者更快地制定有针对性的解决方案。例如，如果一个设备供应商同时服务于多个市场（医疗、金融服务、制造业）中的客户，那么其中一个市场出现的新趋势（如新的医疗法规）将难以被发现和利用。这是因为这一类型的客户被大量不同的客户所掩盖。然而，如果一家企业的所有顾客都在同一细分市场中，那么企业就能迅速发现新出现的问题，因为这些问题可能影响到了大多数顾客，企业从而可以更快地解决问题。此时，企业推出新供应物也可能更容易且更成功，因为它会吸引大多数顾客。然而，那些市场聚焦宽泛的企业可能只是在并非所有顾客都渴望的方面进行改变。需要说明的是，企业并不需要只聚焦于一个顾客群以获得这些好处。一个企业可以由业务单元组成，每个业务单元都聚焦于一个顾客细分市场（以顾客为中心的结构）；然后将业务单元进一步细分为多个产品市场组，每个组聚焦于一个相对狭窄的顾客群体。[33]

> 通过聚焦于整体市场中的一个高同质性的顾客子群体，企业可以更好地预测未来的需要并发现新趋势，这使得它能比市场聚焦宽泛的竞争者更快地制定有针对性的解决方案。

在许多竞争激烈的市场中，企业会瞄准越来越小的细分市场。这种趋势只会在对提供更匹配的解决方案进行成本与收益权衡时受到约束。随着技术和成本权衡方法的进步，营销人员可基于既定的成本收益比，服务于可行的最小规模的顾客群体。例如，麦当劳正在从大众营销转向选择小微目标市场，将其在美国的电视广告支出减半，并将这些资源转移到针对小微目标市场的营销活动上，例如，“在西班牙酒吧的闭路体育节目……《高档》（*Upscale*）杂志、黑人理发店的定制杂志、富乐客股份有限公司（Foot Locker Inc.）的店内视频网络上打广告”。[34]

市场细分、目标市场选择和市场定位方法

虽然市场细分、目标市场选择和市场定位（STP）作为一种管理顾客异质性的方法自 20 世纪 50 年代起就得以应用，但是实施 STP 的工具和分析方法已发生了显著变化。在其最早期且最基本的形式中，管理人员在会见潜在顾客和现有顾客之后，根据印象来描述每个顾客群，他们通常会关注最易观察到的顾客人口统计特征（市场细分）。有了这些信息后，管理人员就可以选择他们认为能产生最多销售额和利润的细分市场（目标市场），然后针对该目标细分市场制定产品、价格、渠道和促销决策（市场定位）。

这个过程体现了 STP 方法的核心内容，但它有一些缺点。如果该方法仅仅基于管理者的想法，而不是实证分析，那么它可能是有偏见的：

- 通常，它基于管理者希望的“真实”情况，而不是真正的真实情况。
- 它反映了管理者在形成自己的想法时更偏重于顾客过去的偏好，而不是其现

在或未来的偏好。

● 它假设顾客之间的相似性高于一般水平。

● 它重点关注企业自身的顾客，而忽略了管理者很少遇到的大量尚未开发的顾客。

● 它将顾客人口统计特征（性别、年龄、收入）或购买记录作为主要的细分变量，因为这些数据容易被营销人员观察到。

市场细分

随着时间的推移，技术已经发展到可以处理 STP 过程中的多种潜在偏差。**市场细分**（segmenting）是将整个市场划分为若干群体的过程，每个群体中的潜在顾客对某类产品或服务具有相似的需要与欲望（例如对质量和服务保证的高度偏好，对商品花色的低需求），但每组顾客之间的差异较大。细分市场的重要性很少受到质疑，但有效进行市场细分的机制尚不明确。通常，管理者使用人口统计特征来描述顾客细分市场（如电视节目面向 21～45 岁的观众，B2B 市场中大型与小型工业企业客户），这易使他们误认为具有不同人口统计特征的群体就是细分市场。事实上，这些人口统计特征只是各细分市场顾客的描述符。

切记：市场细分的核心目标是识别具有相似需要、欲望和后续行为的顾客群。这些顾客非常相似，以致营销人员可以针对他们设计出一个解决方案并赢得他们的青睐。对于某些市场，顾客需求与人口统计特征密切相关。例如，卖婴儿配方奶粉时按简单的生命周期阶段细分市场可能会有用。但对大多数产品而言，任何单一的人口统计特征都不能说明谁对该产品有或没有需要或欲望。例如，特定年龄段的顾客可能对服装有一些共同偏好，但他们的偏好会受到个人品位、经历和功能性需要等因素的影响，这种差异远远超过其共同偏好，因而单单以年龄作为细分变量几乎没有什么用处。同样，由于行业标准和相似的最终顾客期望，同一行业中的商业客户（即企业）有一些共同的偏好。但是，一个商业客户的独特战略和背景可能会使得该企业强调成本控制而不是其他属性，而第二个企业可能会根据顾客服务做出选择，第三个企业则关注其与供应商关系的深度。需要再次说明的是，这并不是说行业不重要，而是说同一行业内企业的偏好差异远大于它们的相似性。因此，市场细分应聚焦于根据顾客的独特需要和欲望（细分的基础）而不是人口统计特征（细分市场的描述符）来区分顾客。

市场细分的核心目标是识别具有相似需要、欲望和后续行为的顾客群。

具有市场细分需求的企业如何通过媒体和分销渠道（能够覆盖和服务于按照人口统计特征分割的细分市场的渠道组织）走向市场呢？理想的过程是遵循一系列连续的步骤。真正的顾客细分市场是具有相似偏好（需要、欲望、行为）的顾客群体。因此，顾客研究可根据这些偏好来识别细分市场，如通过聚类分析（一种数据驱动的区分技术，可以将大量异质的顾客归入几个相对同质的顾客群）识别细分市场。然而，在现实世界中，企业很少能在销售前“奢侈”地对每一位顾客进行调查，以确定他们的个人偏好。企业可能会采集到一系列潜在相关的人口统计特征。一旦确定了每个顾客所属的“真实”细分市场，多元判别分析通常可利用若干人口统计特征来可靠地预测各细分市场的成员。

尽管单一的人口统计变量并不能预测细分市场的成员，但一组变量也许能够做到这一点，其效果至少比碰运气好。如果可以开发出一种模型，即只使用人口统计特征因素就可将受访者归入正确的细分市场，那么它将是非常有用的。如果这种研究基于代表市场真实状况的顾客样本，那么研究人员可以将该研究得到的归类公式应用于不属于初始研究样本的其他顾客。人口统计特征通常可以从相关研究机构得到。利用这些数据，企业可以预测顾客细分市场的划分情况，而不需要调查顾客的想法。

这一过程中有几个关键点：

1. 市场细分必须从市场中潜在顾客的一个随机样本开始，而不仅仅是企业的现有顾客。因为这是了解整个市场中该类产品或服务的顾客的需要的唯一方法，也是发现新兴或未开发市场的关键步骤。

2. 应根据顾客对产品类别的需要和欲望，而不是根据人口统计变量（年龄、性别）或规模（年销售收入）来对他们进行细分。了解顾客偏好对将他们的需求与解决方案相匹配至关重要。在很多情况下，人口统计数据很难反映顾客的真实偏好，它们仅仅是因为易于观察而被使用。

3. 确保一个群体中的顾客具有相似偏好是很重要的，但最理想的做法是使各个细分市场间的差异最大化，从而帮助该企业提供差异化产品，并避免其他企业因瞄准邻近的细分市场而开展竞争。

聚类分析（cluster analysis）是一种重要的数据驱动的分区方法，它可以识别并将大量异质性消费者或企业划分成若干相对同质的细分市场。聚类分析可以利用多种属性进行分析，在这里我们先考虑一个二维空间的例子。假设一家运动营养品企业发现购买营养棒的顾客会关注蛋白质含量和口味。一些顾客为了更高的蛋白质含量而放弃口味，一些顾客优先考虑的是口味而不是蛋白质含量，还有一些顾客倾向于两者的平衡。聚类分析基于顾客偏好，通过最小化个体顾客到聚类中心（center of a cluster）的距离，并最大化各聚类中心之间的距离，将个体顾客归类到该二维空间内给定数量的若干群组中。在真实的、更复杂的世界中，分类过程发生在多维空间中，该空间的维度数目取决于所使用的购买属性或偏好（价格、质量、大小）的数量。在聚类分析完成后，我们可根据市场细分的结果判定所得到的各个群组是否具有直观意义。

统计学家指出，如果聚类分析使用了反映同一个潜在因素的多个属性，其结果就会受到影响（即权重更大）。因此，在进行聚类分析之前，一个重要的步骤是对所有顾客偏好的指标进行**因子分析**（factor analysis），这取决于该项研究中所包含的指标数量。例如，一个新购物中心的潜在顾客在调查中可能会针对几个因素提供信息，如停车位数量、离家距离、营业时间，以及购物中心零售商数量。如果这四个问项的结果都用于聚类分析，那么，相对于零售商数量这一因素而言，前三个因素所反映的“便利性”这一高阶因素将获得更大的权重。如果营销人员首先对所有因素进行因子分析，那么结果有可能表明前三个因素实际上反映的是同一个独立因子——便利性。在这种情况下，只有便利性和零售商数量这两个因子才能用于聚类分析，以将潜在顾客归类到细分市场中。在进行其他分析之前，将潜在顾客的偏好降维至较少的独立因子，其意义在于通过合并相似的因素消除潜在的偏差。这使得结果对管理者更有用，因为重要的因子会变得清晰，而且不太可能是多余的。

多元判别分析（multiple discriminant analysis，MDA）是指以人口统计特征为预测指标，将被访者归入合适的细分市场中。如果能够建立一个足够精确的预测公式，那么这个归类过程就会增加市场细分的总体效用，因为研究人员只知道未来顾客的人口统计特征，而只使用这些人口统计数据就可以将他们归入合适的基于顾客需要的细分市场中。这样一来，目标顾客可获得一个更有效且更能满足需要的解决方案。

综上所述，因子分析是将相似的因素（购买属性）组合到一起，避免进一步分析中的偏差；聚类分析是将相似的顾客分组形成细分市场；多元判别分析是使用人口统计特征变量来预测顾客所属的细分市场，以便于选择目标市场和制定定位决策。数据分析技术 2-1 提供了关于因子分析的更多细节，数据分析技术 2-2 给出了聚类分析的详细描述。

数据分析技术 2-1

因子分析

简介

因子分析是一种数据降维方法，可用于识别较少数量的潜在因子，这些因子可用以解释大量观测变量的变化。

使用场景

- 将大量潜在顾客需要、欲望和偏好压缩成一组相似的特征。
- 降低预测变量之间的相关性。

使用方式

假设在顾客调查中测量了大量（例如 30 个）变量。因子分析将这些变量整合成较少数量（例如 3～4 个）的潜在因子集合；这些潜在因子能反映变量的本质含义。为确定保留的因子数目，要观察有多少个因子的特征值大于 1。变量与其因子之间的关联强度称为“因子载荷”（factor loading）。当一个测量变量的因子载荷大于 0.3 时，通常意味着它与该因子相关。我们将变量归类到其因子载荷最高的因子（如果某变量与因子 1 和因子 2 的因子载荷分别为 0.01 和 0.8，则将该变量与因子 2 关联）。最后，通过归纳每个因子对应的变量的共性来解读每个因子的含义。

实例

一家网站的经理从公司核心产品的八个方面对 1 000 位顾客进行了调查，收集了顾客满意度数据。下图展示了用三个因子进行因子分析后若干变量的因子载荷。因子 1 与产品多样性、产品特殊性和产品价格高度相关，可以解读为“产品”因子。因子 2 与现金返还和折扣相关，可以解读为“促销”因子。因子 3 与送货服务和顾客服务相关，可以解读为“服务”因子。这些因子可以用作细分市场分析的数据输入。该图还展示了与每个因子相关的核心属性。

属性	因子1	因子2	因子3
产品多样性	**0.665**	−0.016	0.017
产品特殊性	**0.681**	−0.056	0.006
产品价格	**0.638**	0.284	0.173
现金返还	−0.042	**0.712**	0.051
折扣	0.216	**0.781**	0.103
送货服务	−0.007	0.178	**0.752**
顾客服务	0.155	0.199	**0.739**

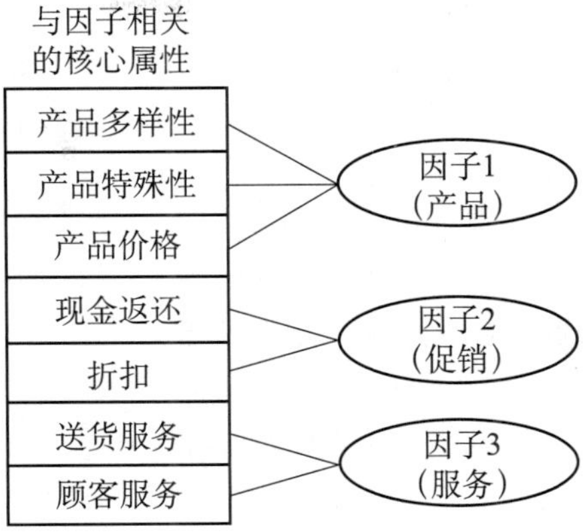

数据分析技术 2－2

聚类分析

简介

聚类分析是一种数据驱动的分区方法，它可以识别并将大量异质性消费者或企业划分成若干相对同质的细分市场。

使用场景

● 分析各个顾客子群体的共同偏好，从而阐明顾客间的异质性。

● 发现消费者的自然差异，并满足选定的目标细分市场的独特需要。

使用方式

聚类分析通常包括两个步骤：细分和描述。要执行这两个步骤，需要收集两种变量：基础变量（bases）和描述符变量（descriptors）。基础变量为根据消费者的差异细分消费者提供了条件，如期望的产品特性或价格。描述符变量用于描述并最终选择所得到的细分市场，如人口统计信息和地理信息。

1. 在细分步骤中，我们确定在基础变量（如产品偏好的评分）上具有同质性且与其他子样本明显不同的子样本。例如，一个群组中的顾客可能对质量有非常高的偏好且不介意支付高价，但另一个群组中的顾客可能非常重视价格并且拒绝支付高价。

2. 在描述步骤中，我们使用描述符变量来解释子样本如何有所不同，从而得到针对每个子样本的有效目标市场战略。例如，质量群组中的顾客多为 40 岁出头的男性，而价格群组中的顾客大多是 20 岁出头的女性。使用基础变量和描述符变量，我们可以发现顾客的差异，确定选择哪类顾客作为目标市场以及使用什么营销方案。

营销工程（Marketing Engineering）、SAS 和 SPSS 软件包是可以帮助实施上述细分步骤的工具，K 均值和分层聚类是进行聚类分析的常用方法。

在聚类分析完成后，我们可根据市场细分的结果判定所得到的各个群组是否具有直观意义。对细分结果的可靠性及其相应目标市场战略的评估应考虑以下重要标准：

● 可识别性。得到的细分市场是否反映了顾客细分市场的真实情况？可以使用描述符变量对每个细分市场进行刻画吗？

● 稳定性。得到的细分市场会随着时间的推移而迅速变化吗？

- 响应性。每个目标细分市场是否会对计划中的营销战略做出反应？
- 可行性。企业能通过细分市场计划实现预期的财务目标吗？

实例 1

假设有五个顾客，对他们的购买意愿进行评分（15 分制量表）。分层聚类过程基于旨在最小化误差平方和的 Ward 最小方差标准。它首先假设每个顾客都是一个群组。将顾客 3 和顾客 4 合并起来似乎是符合直觉的，因为他们有相似的购买意愿，而且信息的损失较少（树状图上的 0.5）。同样，将顾客 1 和顾客 2 合并在一起导致的信息损失也较少（4.5）。因此，五个顾客可以合并为三个细分市场（1，2），（3，4）和（5）。如果我们试图将（3，4）和（5）合并，那么信息损失（25.8）较高。因此，我们止步于得到三个细分市场（1，2），（3，4）和（5）。

顾客	购买意愿
1	3
2	6
3	10
4	11
5	14

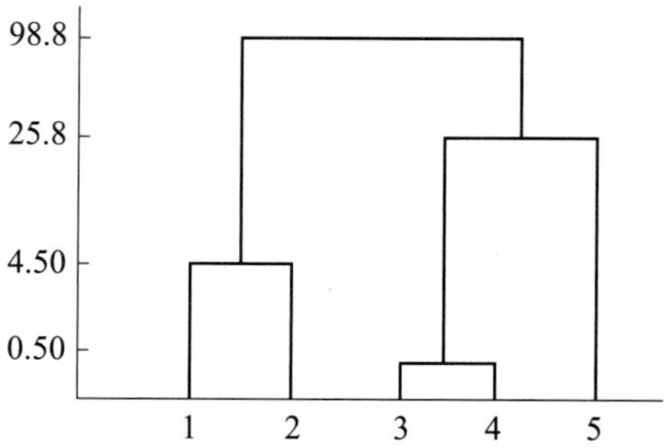

实例 2

一家企业对其广告产品进行年度顾客满意度调查，收集了顾客对产品价格、质量和分销的感知（5 分制量表）。为了提高顾客满意度和设计更高效的目标市场战略，企业对数据进行了旨在分区的聚类分析，从而确定了三个细分市场：对三个属性都不满意的消费者（细分市场 1），对三个属性都非常满意的消费者（细分市场 2），对质量和分销非常满意但对价格不满意的消费者（细分市场 3）。该表给出了每个细分市场的具体数据。

	价格	质量	分销
细分市场 1	1.82	1.97	2.95
细分市场 2	4.31	4.05	4.57
细分市场 3	2.75	4.45	4.32

目标市场选择

在根据顾客对特定产品或服务品类的购买偏好将潜在顾客细分为同质群体之后，营销人员需要选择目标细分市场。市场细分就像将市场分成多块馅饼，选择目标市场就像决定你要吃哪一块馅饼。具体来说，从市场吸引力和竞争力这两个维度对每个细分市场进行评估，有助于对目标市场进行选择。**市场吸引力**（market attractiveness）是对某细分市场的战略价值及财务价值的外部市场特征的刻画，例如规模、增长率、价值敏感度。一般来说，一个有吸引力的细分市场对所有在该市场竞争的企业具有同样的吸引力。**竞争力**（competitive strength）是与竞争者相比，一个企业在某个细分市场中维持市场份额的相对实力。这个维度是随着企业竞争情况的变化而变化的。这两个维度解释了三个关键的 C（顾客、竞争者和企业），是企业情境分析的核心。通过评估每个潜在顾客细分市场的市场吸引力和竞争力，管理者可以在企业占有该细分市场的欲望和能力之间进行权衡，然后选择一个或多个细分市场作为目标市场。理想的目标市场应符合以下六个标准：

1. 基于顾客的需要——顾客在乎。
2. 不同于其他细分市场——跨界竞争少。
3. 差异点与企业能力匹配——企业可以在资源约束条件下运营。
4. 可持续性——可以防止顾客转向竞争者。
5. 顾客是可识别的——可以找到目标顾客。
6. 财务价值——从长远来看是有价值的

市场细分就像将市场分成多块馅饼，选择目标市场就像决定你要吃哪一块馅饼。

企业通常同时选择多个细分市场并提供不同的供应物，以满足不同的顾客偏好，从而获得更大的市场份额。在某些情况下，企业可以将类似或相关的品牌应用于不同的供应物和价格点。例如，万豪酒店（Marriot）名下的万怡酒店（Courtyard Marriott）瞄准的是对价格敏感且频繁出差的商务旅行者，而其名下的万豪度假俱乐部酒店（Marriott Resort Club）瞄准的是高收入度假者。在一些情形下，两个细分市场可能是相互排斥的，这使得一个企业或品牌难以兼顾二者，正如嘉露葡萄酒公司（Gallo Winery）试图进入高端葡萄酒市场的失败案例所展示的那样。选择目标市场可帮助企业将工作重点放在那些具有相似性且与企业自身能力更匹配的顾客身上，从而管理顾客异质性。

通用电气矩阵（GE matrix）是一种帮助管理者对目标细分市场进行可视化展示并进行选择的分析工具。图 2－2 提供了一个运动服装企业目标市场分析的例子，其中纵轴表示市场吸引力，横轴表示企业在每个细分市场的竞争力，“气泡”的大小反映细分市场的规模。图中右上角的气泡表示“最佳”细分市场，而左下角的气泡表示“最差”细分市场。

市场定位

STP 方法的最后一步是提高企业在目标顾客心目中相对优势的过程。市场定位需要改变实际供应物（创新产品或降低制造成本）和感知供应物（建立新的品牌形象）。几乎所有营销组合决策，包括产品、价格、渠道和促销活动（通常称为 4P），都会影响企业在顾客心目中的市场定位。

几乎所有营销组合决策，包括产品、价格、渠道和促销活动（通常称为 4P），都会影响企业在顾客心目中的市场定位。

产品设计和性能可能是改变供应物市场定位最直接的方式。苹果和博士

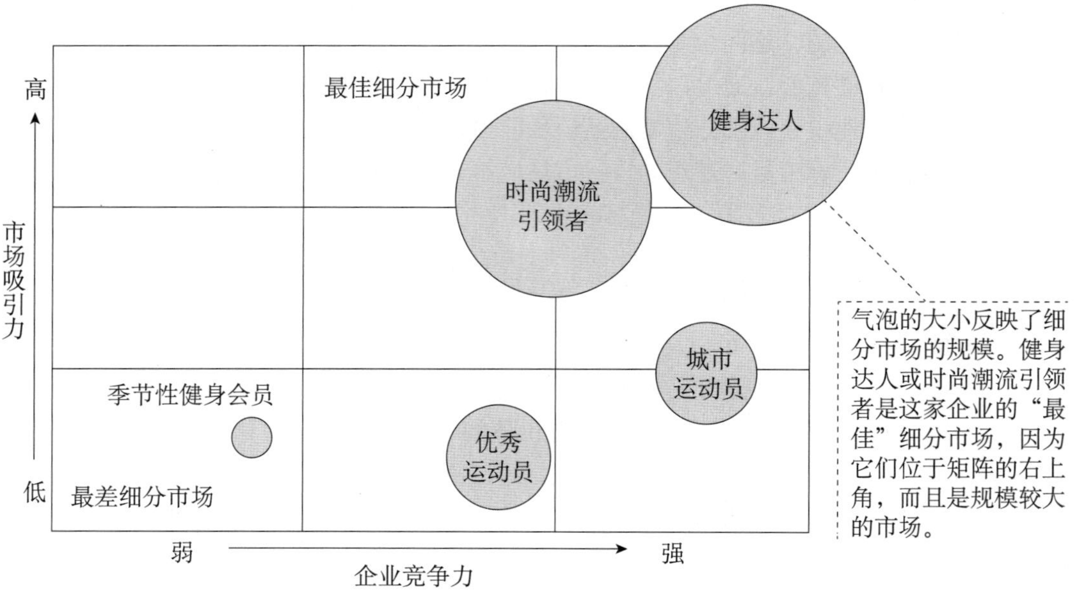

图 2-2　通用电气矩阵：目标市场分析工具

(Bose）等企业拥有高额研发预算，以实现它们追求的高性能、酷炫的形象，并且博得目标顾客的喜爱。当三星想要改变其电子产品在高端市场的形象时，它将产品从凯马特（Kmart）商店移走，因为三星的目标顾客对凯马特的看法可能与三星电子产品预期的市场定位不一致。许多高端零售商，如古驰和蒂芙尼，从未或很少对产品进行大减价，它们想要保持独一无二的品牌形象。虽然促销活动（如广告、公关活动）通常是无形的，但它们可以通过告知顾客特定的产品属性和通过改变顾客对产品的看法，从而改变产品在顾客心目中的地位。例如，20 世纪 50 年代，伊卡璐（Clairol）采用的广告词是：“是她……还是不是她？头发颜色如此自然，只有她的发型师才知道真相。”这个广告宣传活动不但极大地扩大了染发市场（短时间内销售量激增 8 倍），改变了人们对自己和他人头发颜色的看法，而且使伊卡璐在顾客心中占据了强势地位——它在今天仍然占据主导地位。[35]

市场定位还有助于企业管理顾客异质性，因为企业可以使用营销组合变量对其供应物的有形和无形元素进行定位或重新定位，以符合目标细分市场的偏好。一个市场定位精准的产品，应该为目标顾客提供相对于竞争者更合适的解决方案。在很多情况下，精准市场定位为企业应对未来的竞争性攻击提供了强大的防御壁垒。从本质上来看，目标市场选择是一个粗略的选择过程，即企业选择一个与它的供应物和现有品牌形象大致匹配的顾客细分市场。市场定位是一个不断微调的过程，企业可以用它来调整对供应物的认知并改变顾客的实际偏好或决策标准，以使企业的供应物与目标细分市场的偏好一致。市场定位战略的实施是一个长期的过程，可能需要数年。

为开发有效的市场定位战略并使其可视化，许多营销人员使用**认知图**（perceptual map)。认知图是一种利用市场细分过程中所使用的购买属性构建多维空间，并在该空间中描绘出顾客细分市场、竞争者以及企业自身位置的地图。图 2-3 是一个企业重新定位前后的认知图。**重新定位**（repositioning）是指企业转换其目标市场的过程。例如，看看阿贝克隆比 & 费奇（Abercrombie & Fitch）如何在 2012 年进行重新定位：

> 作为婴儿潮时代出生的人，我记得阿贝克隆比 & 费奇。这是一个非常传统的、户外的、面向狩猎俱乐部的品牌，有点像里昂比恩或奥维斯（Orvis）。今天，它成为一个完全不同的品牌，热烈而性感，面向青少年。事实上，不久之前，它因商场入口处出现的特色半裸模特而引发新闻报道争议。[36]

面对最近的销售下滑，这家零售商再次调整市场定位：去除服装上的标志，打开商店的灯光，给模特套上更多衣服。[37]

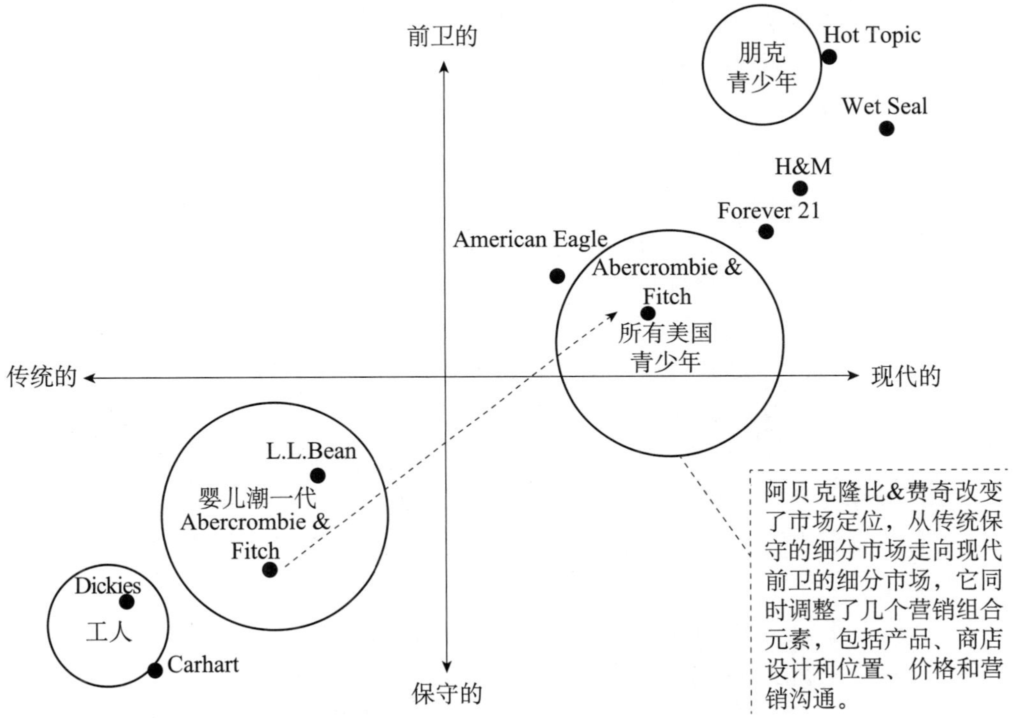

图 2-3　认知图：市场定位的分析工具

企业通常发现撰写**定位陈述**（positioning statement）有助于抓住能吸引企业目标顾客的关键营销决策。定位陈述中应解决三个问题：

1. 顾客是谁？
2. 产品或服务满足什么需要？
3. 为什么这种产品/服务是满足顾客需要的最佳选择（相对于竞争品或替代品）？

定位陈述的一个简洁模板是："对于［目标细分市场］，［产品/概念］提供了［利益］，从而［购买我们的产品而不是竞争者产品的充分理由］。"这个陈述将作为在企业内外制定产品或服务营销决策的路线图。在大企业中，各个员工群体都会设计或影响顾客感知，因此清晰的定位陈述对于协调每个人的决策和行动至关重要。如果销售组织、广告材料、渠道成员和产品管理之间存在不一致性，那么即使是设计良好的市场定位战略，其有效性也可能达不到预期。作为一个强大的外部和内部沟通工具，定位陈述为每个参与者提供了明确的指引，从而能最大限度地降低员工或外部供应商的决策与企业市场定位战略之间不一致的可能性。

家乐氏（Kellogg）的营养谷物棒的定位陈述为："对那些忙碌却想要健康饮食的人来说，营养谷物棒是一种在非常忙碌时仍可吃到的健康零食。这是因为营养谷物棒是用真正的水果和身体所需的谷物制成的，独立包装，你可以随时随地来一根。"[38]这个定位陈述回答了三个关键问题：谁——"那些忙碌却想要健康饮食的人"。什么——"营养谷物棒是一种在非常忙碌时仍可吃到的健康零食"。为什么——"营养谷物棒是用真正的水果和身体所需的谷物制成的，独立包装，你可以随时随地来一根"。

因此，STP 方法使得企业可以通过首先将潜在顾客细分为基于个人偏好的相对同质的群体来回应营销原则 1。这样一来，企业就能了解顾客偏好在市场上是如何变化的，并制定一份顾客异质性地图。细分市场的数量和规模决定了这张地图的精确度和复杂性。然后，企业选择有吸引力的细分市场作为目标市场，因为企业可以在那里进行强有力的市场定位。选择这个相对同质的目标细分市场意味着企业不需要满足其他非目标细分市场中的顾客偏好。这种聚焦使得企业能够有效处理顾客间的差异。当然，作为一种替代方案，企业可以将所有潜在顾客混合在一起，并尝试开发和推出一种符合所有顾客平均偏好的供应物。但是，在这种情况下，没有哪个顾客细分市场会得到充分满足。最后，企业开发并执行市场定位战略，该战略使得所有营销活动都与供应物的定位相适应，以匹配顾客偏好并影响顾客决策标准。最后的改进措施是确保企业的供应物是针对目标顾客的最佳解决方案。企业通常从相对简单的顾客异质性地图开始，随着时间的推移，这些地图会变得更加精确和复杂。加拿大皇家银行（Royal Bank of Canada，RBC）在 1992 年从三个细分市场起步。今天，它已有 80 多个每月更新且指导几乎所有营销和商业决策的细分市场。[39]

STP 过程也可以在企业内部不同的分析层次进行。例如，一家企业可以通过这一过程来确定它在整个市场中的地位。STP 过程也可以在企业每个主要产品或服务类别中进行，但是这些更详细、更低层次的 STP 分析必须符合和支持企业的总体市场定位。例如，本田应该有一个相对于其他汽车制造商的总体市场定位战略，也应该有一个针对小型货车产品线的市场定位战略。

顾客中心化方法

与进行 STP 分析相比，更连续且持续的顾客异质性管理方法是顾客中心化方法。顾客中心化方法是一种公司层面的经营观念。该观念认为顾客的需要是组织战略过程的中心，基于顾客需要所形成的洞察应在决策中得以使用。顾客中心化需要企业协调组织的多个方面，包括领导、结构、文化、指标、流程和战略，以使其与这一观念相匹配。顾客中心化关键的第一步是高层领导采用这种观点，并进行以顾客为中心的决策。然后，企业围绕同质顾客群体进行组织（即顾客中心化结构），并在每个顾客中心化的业务单元内使用相对同质的顾客作为输入来推动营销决策。

虽然 STP 方法支持了企业供应物应匹配顾客偏好（外部匹配）的观念，但是它没有说明企业内部的组织设计是否推动或支持了满足目标细分市场需要或符合市场定位战略的营销行动。实际上，顾客中心化方法成为一个推动因素或执行步骤，使得顾客偏好在 STP 过程之后得以在整个组织内部扩散。在 STP 方法建立外部匹配后，顾客中心化方法可以促进内部匹配。正如加拿大皇家银行的一位高管所描述的，将这两种方法结合起来的好处是："尽管很多企业声称自己是顾客中心化的，但只有加拿大皇家银行等少数几家组织基于顾客需要而不是自身需要来细分市场。通过使业务聚焦于满足顾客需要，加拿大皇家银行的市值从 6 年前的近 180 亿美元增加到如今的近 500 亿美元。"[40]

《财富》500 强企业中使用顾客中心化结构的企业已经增加了 50%以上。[41] 如图 2－4 所示，美国英特尔公司在 2005 年实现了这种转变并承诺："英特尔的结构重组将工程师、软件编写人员和营销人员集中到五个以市场为中心的业务单元中，即企业计算、数字家庭、移动计算、医疗保健和渠道产品（面向小型制造商的个人电脑），而不是建立专注于各分散的产品线的公司组织。"[42] 顾客中心化的企业不仅围绕顾客设置组织架构，还使用顾客中心化的指标（如净推荐值（net promoter score）、顾客满意度），并寻求建立能将顾客数据与企业各方面联结起来的各种流程。美国企业租车公司（Enterprise Rent-A-Car）的首席执行官安迪·泰勒（Andy Taylor）认为，通过测量和报告企业 5 000 个分支机构和地区的月度净推荐值，该企业得以坚持聚焦于顾客中心化。[43]

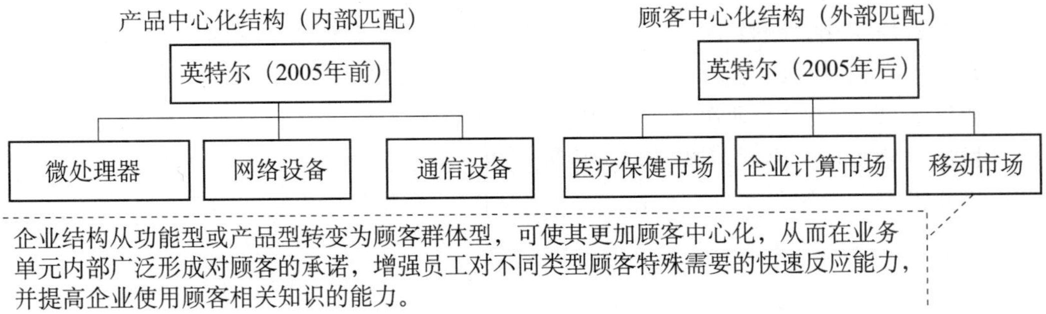

图 2－4　顾客中心化结构调整

顾客中心化有利也有弊。顾客中心化方法将业务实体与特定的顾客群体结合起来，提高了企业对每个顾客细分市场的认识和投入。共享的顾客相关知识使企业能很好地识别任何未被满足的需要，并快速有效地满足不断变化的需要。[44] 相比之下，那些缺乏这种匹配性的组织很难察觉到可能影响目标顾客细分市场的变化，这就可能降低它们对新趋势的反应速度。因为顾客中心化组织会形成更丰富的顾客知识和对每个目标顾客细分市场更高的投入，所以可提高顾客满意度和忠诚度。但是，由于复杂的内部组织和规模经济效益的丧失，顾客中心化组织需要更多资源来支持各项沟通和决策过程。此外，在顾客中心化组织中，重复工作和复杂性的消极影响通常会导致内部成本上升。

成功的顾客中心化依赖于强大的**市场导向**（market orientation），即全组织范围的市场情报生成、市场情报的跨部门扩散，以及对市场情报的全组织性反应。市场导向是构建顾客中心化从而提高企业绩效的重要形式。[45] 根据市场导向的界定方式，市场导向包含三个维度：

1. 情报生成——“我们经常与顾客会面以了解他们未来的需求。”
2. 情报扩散——“我们的员工之间经常就顾客的情况进行沟通。”
3. 反应能力——“我们对顾客需要反应迅速。”[46]

因此，市场导向意味着企业可以洞悉顾客偏好，在整个组织内传达这些偏好，并利用这些信息来明确顾客的需要，这些使得企业能更好地满足顾客需要。

实例

塞恩斯伯里（英国）

通过与顾客和员工沟通，英国第二大超市塞恩斯伯里（Sainsbury's）意识到，顾客的购买决策基于三个关键因素：产品质量、购物便利性和多渠道与超市建立联系。超市可以做出适当的反应，通过投资于研发来提高产品质量，将超市设在便利的位置，并投资于IT基础设施以改善顾客跨渠道的无缝转换。[47]

综上所述，顾客中心化使企业能增加对一个相对同质的顾客群体的了解和投入，支持企业更快地感知市场环境的变化并做出回应。这种持续实时的反应能力根植于组织的结构、文化和流程中，顾客中心化的度量指标可以快速反映出任何不匹配的地方。但是企业过于专注一个狭窄的顾客群体意味着可能忽视这个细分市场之外的其他变化。顾客中心化组织甚至会发展到过于聚焦于一个细分市场，从而无法客观地评估其他细分市场。除了这个缺点，顾客中心化还会产生较高的内部成本。通过STP方法，企业可以获得更全面的观点，并能更好地权衡目标细分市场与非目标细分市场。因此，顾客异质性管理的一种平衡方式是每隔几年在顾客和非顾客之间进行一次侧重于外部匹配的STP分析，顾客中心化组织进行持续快速的内部调整。

顾客异质性管理框架

图2-5展示了一个顾客异质性管理的组织框架，该框架整合了前述的方法和分析。为对潜在顾客进行市场细分、目标市场选择和市场定位（STP），该框架需要三种关键的输入。该框架生成三项输出，这三项输出是最后两个营销原则的输入。具体而言，该框架基于顾客偏好、目标细分市场，以及企业在每个目标市场中的定位战略的定位陈述，绘制出一个行业或产品类别的关键顾客细分市场。最后，本节将介绍使用此框架将输入转换为输出的操作步骤和实例。

顾客异质性管理框架的输入

第一项输入是指一个行业、地理区域、细分市场或产品类别中的顾客需要、欲望和偏好。企业通常会调查潜在顾客，以获取顾客在相关购买属性上的偏好（市场

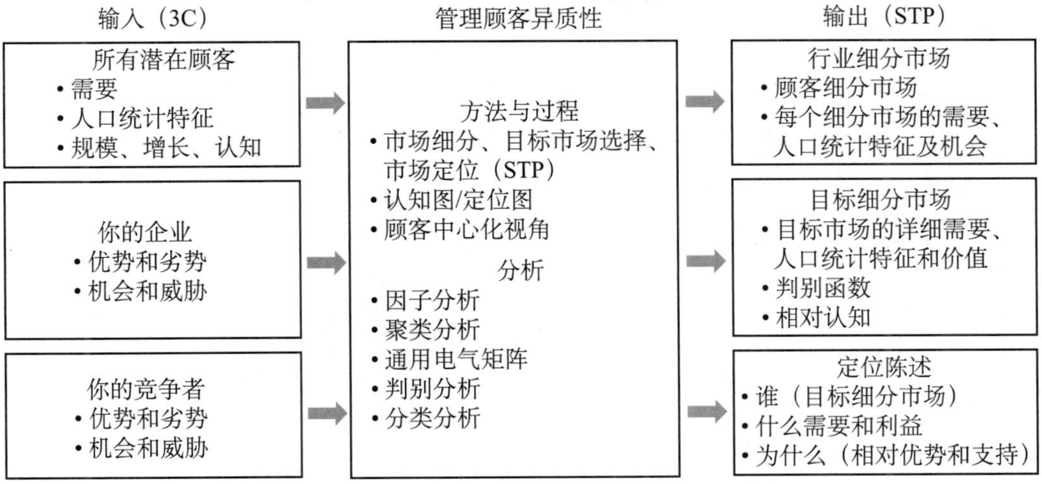

图 2-5　营销原则 1：顾客总是有差异的→顾客异质性管理

细分的基础）。进入新市场或经历剧烈的市场波动之后，企业应该从定性方法（焦点小组、访谈、市场观察）开始，确定所有相关的决策属性，然后获取各属性重要性的详细信息。人口统计信息（性别、年龄、收入、邮政编码）和细分市场描述符可以在实施顾客获取战略时用以识别目标顾客（见第 3 章）。在较大的市场或行业（如手机、汽车、零售）中，市场研究咨询师会进行通用的细分市场分析，并将结果出售给行业的参与者。

顾客可以提供他们对市场中特定企业和品牌关键属性的认知，这可用于绘制认知图。市场细分侧重于分析顾客对属性的偏好，而不考虑特定的企业或品牌；认知图则反映顾客在关键属性上对现有品牌的看法。最后，顾客输入有助于企业确定细分市场的吸引力，如增长率和价格敏感度等信息。这些关于吸引力的信息通常来源于多个渠道，包括顾客调查、营销行业报告和其他二手资料。

第二、三项输入具有相似性，但是一个侧重于企业自身，一个侧重于相关产品类别或行业中的竞争者。列明企业自身及其竞争者的优势和劣势有助于评估该企业的相对竞争优势，从而支持目标市场选择和市场定位。企业和竞争者的优劣势分析应覆盖可用来创造相对竞争优势的所有相关领域（即生产、技术、财务、营销、销售、研发、法律或其他领域）。在收集企业及其竞争者的优劣势信息时，企业应该同时关注经典的 **SWOT 分析**（SWOT analysis，优势、劣势、机会和威胁）中的机会信息和威胁信息。这四个因素都可以影响企业的目标市场选择和市场定位工作。（数据分析技术 2-3 描述了 SWOT 和 3C 分析框架。）例如，一家企业在包装零售的商品市场上开展业务，选择目标市场时，它可能认为 2.5 亿美元以下较小的细分市场比 2.5 亿美元以上较大的细分市场更合适，因为它意识到如果进入较大的细分市场，作为市场领导者的宝洁公司对它的威胁将增大。

总的来说，顾客异质性管理框架的输入代表了情境分析的 3C。顾客、企业和竞争者一起代表了公司战略面临的情境。企业的营销战略嵌入这种背景之中，因而必须既“适应”又“利用”顾客偏好与认知、市场趋势以及企业的相对优势。

数据分析技术 2-3

SWOT 和 3C 分析

简介

SWOT 分析评估企业的优势、劣势、机会和威胁。3C 分析评估顾客、竞争者和企业。

使用场景

- 通过确定有助于战略成功的关键内外部环境因素来评估战略营销决策。
- SWOT 分析评估内外部的经营特性，并考察当前和未来的情况。
- 3C 分析强调把重点放在这三个方面来获得竞争优势。

输入

- 外部（环境）因素：相关法律、竞争者的核心竞争力和市场份额、顾客人口统计特征的变化
- 内部（企业层面）因素：核心竞争力、市场份额、竞争优势

使用方式

SWOT 分析

内部		
	解释说明	战略启示
优势	目前优势，如优秀的财务业绩或知名品牌	利用这些优势开发新产品
劣势	目前劣势，如顾客反应速度慢	需要实施某些战略以消除这些劣势
外部		
	解释说明	战略启示
机会	未来机会，如可能对企业有利的环境因素	需要制定能利用潜在机会的战略
威胁	未来威胁，如日益激烈的竞争	需要制定能应对这些威胁的战略，如降低价格或增加促销

3C 分析

企业	顾客	竞争者
• 能力 • 愿望 • 资源	• 顾客是谁？ • 不同细分市场的需求是什么	• 竞争者提供什么？ • 我们能提供哪些竞争者不能提供的东西？

3C 分析的战略影响

- 企业可以提供什么来满足顾客需要？
- 企业如何找到比竞争对手更有利的定位？

实例

一家面包店的管理者想在镇上的某个社区开一家新店。他们对环境进行了 SWOT 分析和 3C 分析，以评估可能面临的障碍。

SWOT 分析

优势 基于知名且家庭烘焙的酵母面包而形成的差异	劣势 新店的停车位有限
机会 面包店旁边是杂货店，可带来许多潜在顾客	威胁 明显存在竞争，竞争者拥有忠诚的本地顾客群

3C 分析

企业	顾客	竞争者
该企业以家庭烘焙的酵母面包而闻名，但是生产成本非常高	潜在顾客主要是有小孩的高收入家庭	附近的竞争者包括一家甜甜圈店和一家提供多种当地烘焙食品的咖啡馆

顾客异质性管理框架的输出

顾客异质性管理框架采用一种或多种方法对三项输入进行处理，以生成三项输出（见图 2-5)。第一项输出是行业细分市场，它描述了行业细分的构成及每个细分市场中显著的购买偏好、人口统计特征和潜在需求机会。这个输出至关重要，它围绕两个关键问题描绘潜在顾客的状况：

1. 如何利用同质群体来描述市场？
2. 每个潜在的顾客群体渴望什么？

第二项输出将关注点从整个市场的状况转移到感兴趣的具体细分市场，从而可以通过对每个目标市场提供非常详细的描述来拓展第一项输出。这样做，企业可以洞察焦点细分市场的价值或吸引力、企业的相对优势，以及每个目标群体如何看待企业及其竞争者。企业可以根据偏好和人口统计特征的详细描述来识别目标顾客，这个“故事叙述”（story）过程是将顾客细分市场转化为一组统计量。因此，第二项输出回答了另外两个问题：

1. 企业将聚焦哪些细分市场？
2. 企业如何识别每组目标顾客？

判别和分类分析为识别目标顾客提供了实证方法。它们基于公开可用的数据，而不是基于调查或其他对新顾客不适用的方法（由于缺乏购买历史）。

判别分析利用市场细分的样本来构建模型，并利用该样本中可获得的人口统计特征来评估企业识别顾客群或细分市场的能力。市场细分依赖于顾客的购买偏好。判别分析试图根据基于人口统计特征的模型来识别顾客细分市场。该方法能估计一个顾客细分市场是否具有给定的人口统计特征的精确度。如果该精确度可以接受，则该判别函数可用于其他未经调查但具有相同人口统计特征的顾客，以在**分类分析**（classification analysis）中预测其所属的细分市场。这一过程对有效的顾客获取战略至关重要（见第 3 章)。数据分析技术 2-4 简要介绍了判别和分类分析方法。

第三项输出是定位陈述，即简短精练地回应三个问题的陈述。企业将基于该陈述规划其内外部的营销活动。这三个问题是：企业的目标顾客是谁？企业将满足顾客的什么需要和提供什么利益？为什么这种供应物具有相对优势？定位陈述既适用于整个企业，也适用于企业选择的每个关键目标市场。定位陈述集中反映了企业在一个目标市场中的定位战略。

将顾客、企业和竞争者（3C）这三项输入转化为市场细分、目标市场选择和定位陈述（STP）这三项输出的过程对于制定营销战略是至关重要的。它使得企业通过识别可控数量的同质顾客群体来了解顾客的整体状况，从而有针对性地评估其相对优势，并就如何赢得这些顾客做出战略性决策。几乎所有后续决策都建立在这一步的基础上，因为它解释了顾客异质性、顾客吸引力以及企业相对优势。

STP 方法反映了孙武在《孙子兵法》中的远见卓识：市场细分、目标市场选择和市场定位是通览各种地形（所有顾客细分市场）以“找出”最佳方法（目标细分市场），从而与敌人（竞争者）对抗并获得相对优势（差异化优势）的过程。[48]

数据分析技术 2-4

判别和分类分析

简介

判别和分类分析是用来判定各细分市场特征差异的多元统计方法。

使用场景

- 将大量顾客划分为具有不同特征的小群体。
- 对新顾客所属的子群体进行预测或分类，以便开展更有针对性的营销活动。

使用方式

判别分析通常用于描述哪些变量有助于区分两个或多个细分市场。假设通过先前的聚类分析，企业能够很好地了解每天要面对多少个细分市场。通过聚类分析，企业可以将每个顾客归入某个细分市场。例如，某个顾客被归入质量细分市场或价值细分市场。判别分析通常在聚类分析之后。使用判别分析的管理者需收集多个关于顾客的变量（如人口统计特征、常用的营销渠道）来描述某个顾客为什么属于某个特定的细分市场。

判别分析的因变量是一个分类变量（即顾客细分市场的编号），而自变量是顾客特征（如人口统计特征、常用的营销渠道）。判别分析方程式如下：

$$Y_1(x) = \beta_{11}x_1 + \cdots + \beta_{1k}x_k$$

$$Y_h(x) = \beta_{h1}x_1 + \cdots + \beta_{hk}x_k$$

在上面的方程中，企业共有 h 个细分市场，每个 $Y_i(x)$ 都是一个二元变量，如果一个顾客属于第 i 个细分市场，则 $Y_i(x)$ 为 1，否则为 0。企业总共使用 k 个人物特征画像变量（profiling variables），因此每个 x_i 表示一个自变量。判别分析的结果输出是权重 β_{ij}，它反映了第 j 个自变量对将顾客归入第 i 个细分市场的影响力。如果我们有 h 个细分市场和 k 个自变量，则将有 $h \times k$ 个权重值。

这里的权重可以看作与回归权重类似。权重的值越大，相应预测变量 x_i 与该细分市场之间的关联就越强。判别分析多用于企业遇到没有进行过聚类分析的顾客时。企业观察 x_i，并知道某些 x 更可能与某些特定细分市场相关联，这样一来，即使不进行聚类分析，企业也可以将这些顾客归入合适的细分市场。

实例

一家企业利用 2 000 名顾客构成的样本对产品的价格和质量进行聚类分析。该企业发现其顾客群中有两个主要的细分市场：一个细分市场的顾客对质量有很高的偏好，不介意支付高价（质量细分市场），另一个细分市场的顾客非常重视价格并拒绝支付高价（价值细分市场）。

为了进一步研究如何描述这些得出的细分市场，企业使用两个变量进行判别分析，即与顾客的业务往来年数（x_1）和市场价值（x_2）。每个细分市场估计的线性评分函数为：

质量细分市场：$0.52x_1-0.58x_2$

价值细分市场：$-0.12x_1+1.25x_2$

通过判别分析，企业能够解释每个细分市场代表什么。质量细分市场代表具有较小市场价值（负系数－0.58），并长期与企业保持业务关系（正系数 0.52）的顾客。价值细分市场代表具有较大市场价值（大的正系数 1.25），且与企业的业务往来时间较短（负系数－0.12）的顾客。该企业现在知道如何识别细分市场 1 和细分市场 2：企业只需通过直接观察一个顾客的市场价值及业务往来年数，就可将该顾客归入某个细分市场。

顾客异质性管理的过程

将输入转换为输出要经过一系列过程。本书将详细描述这一过程的每个步骤，每个步骤所包含的各种权衡和分析选项会使得该过程不像看起来那么简单。每个步骤中的权衡是指在精确度和简单性之间进行平衡。实际上，每个细分市场都可以进一步细分为更多子细分市场。但在某些时候，这样做会使 STP 分析非常复杂且难以理解和沟通，从而阻碍企业制定切实可行的营销战略。因此，初期的 STP 分析应该倾向于简单化。如果营销战略执行顺利，营销人员可返回 STP 分析并不断改进。

此外，对于基于 STP 和顾客中心化的顾客异质性管理过程，企业可根据具体情况跳过一些步骤。该过程可以应用于组织的多个层面（公司、地区、产品）。这一节将简要展示一个企业在单一产品类别中竞争的过程，大型组织可以根据需要在多个业务单元或类别中重复此过程。图 2－5 提供了该过程前三个步骤的可视化描述。

步骤 1：市场细分

在开始进行市场细分时，管理人员需要确定关键的购买属性，即潜在顾客对此类产品的需要和欲望。需要注意的是，管理人员不能只关注现有顾客，还应关注该产品所有潜在顾客。管理人员应考虑产品类别的稳定性和企业对该产品类别的了解。如果顾客的需要一直处于变化之中或出现一个新市场，企业可采用焦点小组讨论、访谈或观察方法了解潜在顾客，以避免企业因对顾客的关切点所持有的先入为主的想法而遗漏任何购买属性或新偏好。

列明购买属性之后，管理人员应该开始从潜在顾客的随机样本中收集有关这些属性对其购买决策重要性的信息。在顾客和一些 B2B 市场中，这种数据收集通常依赖于在线调查，也可以通过面对面的结构化访谈或拦截调查来完成，具体方式取决于潜在顾客的类型和可接触性。样本必须是随机的且能代表整个市场，以确保分析结果具有代表性。如果样本偏向于企业现有顾客或其他类型的被调查者（如具有特定的收入、年龄或性别），分析结果将不能反映真实的市场。在 B2B 市场中，企业必须整合来自采购中心（buying center）多个决策者的反馈信息，以全面了解其采购流程。

接下来，管理人员应该通过对相似的购买属性（因子分析）和相似的顾客（聚类分析）进行归类来分析数据，通常会得到 3～8 个相对同质的顾客群体。细分市场数量最终取决于分析结果以及企业理解细分市场和与多个细分市场进行沟通的能力。回顾数据分析技术 2－1 和 2－2 所提供的关于因子分析和聚类分析的详细描述。这些分析都指向顾客的需要和欲望，而不是人口统计变量；但是，当这些分析完成后，需要对每个细分市场的人口统计特征进行评估，以全面地描述这些细分市场。这一步骤有助于企业命名每个细分市场，便于在整个组织中传达各细分市场的信息。图 2－6 直观地展示了图 2－2 中的运动服装企业如何将其潜在顾客分为五个细分市场：健身达人、时尚潮流引领者、城市运动员、优秀运动员和季节性健身会员。

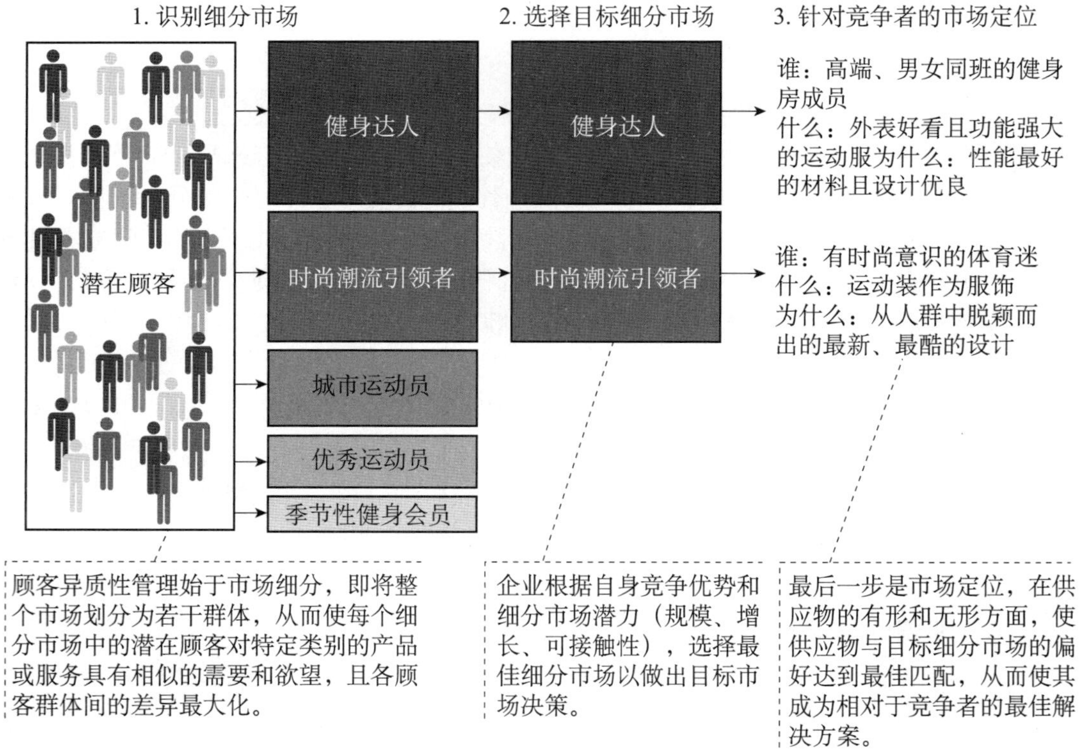

图 2－6 顾客异质性管理实例

企业可以自己收集和分析顾客数据，也可以聘请外部市场研究公司设计数据收集工具、收集数据并分析顾客数据。然而，将市场细分研究“外包”会带来一些顾虑：

1. 一些市场研究公司专注于特定行业或产品市场，这使它们能将研究成本分摊到多家企业。但它们同时为竞争企业提供同样的研究结果，因此相对于竞争者而言，没有哪家企业能在顾客细分或趋势方面获得独特或更及时的洞察。

2. 市场研究公司可能对一些未出现在汇总报告中的权衡或潜在子细分市场缺乏深入的见解，但这些信息对企业现行或未来营销战略是至关重要的。

3. 企业将市场细分研究“外包”的一个关键原因是它难以找到潜在顾客的合适样本，但市场研究公司面临同样的挑战。承认研究样本或结果的质量差并不符合这些市场研究公司的利益，所以它们可能不会正确地衡量研究结果的稳健性。

4. 良好的营销战略通常需要随着时间的推移进行多次迭代，因为企业会不断学习并将重要的见解整合到其战略中，然后不断收集有关新战略措施效果的反馈，如此循环前进。如果企业只是每隔几年收到一家市场研究公司关于不同顾客细分市场的报告，那么这种迭代过程就会停止。

步骤 2：目标市场选择

目标市场的选择过程紧随市场细分之后，即根据每个细分市场的吸引力和企业在每个细分市场的竞争力，确定企业想要经营的细分市场。企业必须确定一些因素及其权重来对细分市场吸引力和竞争力进行评分。在某些情况下，这种评分可以来自二手资料（如关于某些群体的规模和增长的人口普查数据）。在一些情况下，市场细分调查中的问题（如价格敏感度、增长率、企业品牌的相对感知）有助于选择目标市场。将管理者对某个细分市场的评价要素得分进行平均也可以反映出一些信息。最终，这些评分可以用于通用电气矩阵分析（见图 2－2）。

企业通常希望选择多个细分市场作为目标市场以获取更大的市场份额，但企业能够有效服务的目标市场数量是有限的。这是因为：

1. 顾客偏好可能是相互排斥的。比如，一个细分市场想要低价格和少量功能（价值细分市场），另一个细分市场想要高地位和专属性（追求地位细分市场）。企业难以建立符合所有群体偏好的品牌形象。

2. 企业可能受其核心能力和可用资源的限制。比如，一家在业内始终是追随者，主要提供优质服务和支持的企业很难成为技术领导者，因为它缺乏进行突破式创新的内部研发能力。

3. 如果企业试图经营过多细分市场，就会失去重点。企业最终不会专注投入或深刻认识任何一个细分市场，因为需要同时面对多个不同的细分市场。企业能否有效服务于某一细分市场的最终评判者是该细分市场的顾客——他们选择该企业而不是竞争者的产品。此外，一个企业在多个细分市场同时与多家企业竞争是很困难的，因为其他每个企业可能都只专注于特定的一个细分市场。

回顾图 2－6 中运动服装企业的可视化展示，我们发现该企业有两个目标细分市场：健身达人和时尚潮流引领者。这些细分市场是根据它们的吸引力以及企业相对于竞争者的优势确定的。

步骤 3：市场定位

目标市场选择和市场定位之间的界限通常是模糊的。许多用来评估竞争优势以选择目标细分市场的因素也影响到在该细分市场实施有效市场定位战略的难度。市场定位最简单的形式是对一个企业的供应物（有形和无形因素）进行调整，以匹配目标市场的偏好。因此，关键的第一步是确定渴望的属性和感知的属性之间的差距。如果差距太大或难以消除，即使一个细分市场看起来很有吸引力，企业可能也不愿意将它作为目标市场。如果决定将这一细分市场作为目标市场，那么企业必须认识到需要投入大量资源和时间来实施市场定位战略。

对顾客认知进行可视化展示有助于市场定位分析。认知图是一种很好的可视化工具，可以用来展示目标市场中各供应物之间的差距，以及企业的相对位置（见图 2-3）。绘制认知图所需的数据可能来自市场细分分析中使用的数据，通常还需要额外的数据输入。例如，只有在进行因子分析和聚类分析之后，企业才能知道或提炼出关键的购买属性，因此企业需要设计和开展新的调查。额外的数据收集也可以扩充企业在目标细分市场的样本量。理想情况下，只有特定目标细分市场中的顾客才会出现在该细分市场的认知图中。如果进行了额外的数据收集，那么企业可以简化初始调查，以提高顾客的应答率。这是因为那些试图一次性完成市场细分、目标市场选择和市场定位的调查都非常复杂，而企业通常很难找到足够多的人来完成这些非常复杂的调查。

为了绘制定位图，营销人员需要询问目标顾客这个细分市场中的企业对各种重要属性的满足程度，及其对每个产品或服务的整体购买偏好。有了这些信息，管理人员才可以绘制认知图，从而

1. 找出关键竞争者。
2. 确定关键产品属性的改变程度，以使该产品更受欢迎。
3. 将沟通计划对市场认知的影响可视化。

定位或重新定位涉及使用诸如 4P 等营销活动将企业或其供应物转移到目标细分市场的中心。企业应该同时考虑重新定位的好处（即离顾客想要的位置更近）和成本（即位置迁移所需的资源）。一家寻求定位为“年轻”品牌的企业可能需要在几个月的时间内投入大量资源做广告。最后一步是通过阐述顾客是谁、供应物应满足什么需要（关键购买属性）以及为什么这个供应物或企业最能满足需要（相对优势），为每个目标细分市场编写一份定位陈述。这是市场细分、目标市场选择和市场定位流程的关键。图 2-6 中的实例展示了运动服装企业两个目标细分市场各自的定位陈述的三个关键点。

步骤 4：构建顾客中心化

构建顾客中心化组织与执行 STP 过程不同，因为前者需要高层领导自上而下持久地投入，以在整个企业组织中建立顾客中心化的理念。顾客中心化要想成为真实可靠的、能引导转型变革并影响日常决策的理念，就必须渗透到企业的组织要素中，如领导、文化、结构、指标、流程和薪酬/奖励。每个要素的指导标准均应该关注目标顾客，从而调整决策以不断改进解决方案和顾客体验。为此，企业可先对每个组织要素进行内部核查，以找出企业未能关注到或未与目标顾客细分市场保持一致的地方。

构建顾客中心化组织与执行 STP 过程不同，因为前者需要高层领导自上而下持久地投入，以在整个企业组织中建立顾客中心化的理念。

杰夫·贝佐斯（Jeff Bezos）写给亚马逊股东的一封信体现了顾客中心化组织的精髓，以及它的一些好处[49]：

> 事实上，顾客中心化目前是我们文化的一部分。立足于顾客驱动的好处之一——也许有点儿微妙——是它有助于形成一种主动性。当处于最佳状态时，我们不会等待外部驱动力。在形势所迫之前，我们会形成内部驱动力去提前改善服务、增加产品价值和特征、降低价格并增加顾客价值、进行发明创造。我们在这些方面进行投资是出于对顾客的关注，而不是对竞争的反应。我们认为这种方式可以赢得顾客更多的信任并快速提升顾客体验，即使在我们已经成为领导者的领域。

正如这封信中所描述的，顾客中心化方法使企业实现内部驱动以满足目标顾客的需要，并与使企业“外部聚焦”正确的顾客（即目标顾客细分市场）的 STP 方法产生协同效应。这两种方法结合起来使得企业可通过将顾客拆分成同质化的群体，集中精力并激励整个组织满足那些选定顾客群体的需要，从而管理顾客异质性。其目标是使企业的愿景聚焦于顾客的特殊需要（而不是产品）。随着时间的推移，企业产品和服务会因倾听顾客声音得以改进。许多企业会向咨询公司支付大笔费用进行 STP 分析，然后将设计精美的幻灯片放在市场经理办公室的架子上，然而这对日常决策几乎没有影响。STP 过程只是给营销配上了“枪”，真正的顾客中心化才有助于企业在日常决策中扣动“扳机”。正如亚马逊首席执行官解释的那样，企业在“这些方面进行投资是出于对顾客的关注，而不是对竞争的反应”。

总　结

管理者在做战略性营销决策时面临的首要的、最基本的问题是，顾客总是有差异的。如果认为所有顾客都相同，那么这将是一条通向失败的道路，至少从长远来看是如此。因为顾客将转向那些业务更具针对性、能给目标顾客提供更合适的供应物的竞争者，这会使先前的企业只保留了那些对竞争者没有价值的顾客（如规模更小、对价格更敏感的群体）。许多因素会导致顾客偏好的差异。顾客异质性的最根本来源是基本个体差异。建立在基本差异之上的顾客异质性的来源是长期积累的各种生活经历。顾客对特定供应物的功能性需要也会改变其偏好。顾客通常希望他们的购买能支持他们真实或梦寐以求的自我身份/形象，这可以将他们推向一些特定的品牌，使其不受功能性需要的影响。最后，营销活动会改变顾客偏好，并使其与企业产品和品牌形象相匹配。这些方面都会使顾客偏好呈现出较大的差异，企业在制定有效营销战略时必须考虑这些差异。营销战略的这个基本假设（或称第一原理）认为，顾客总是有差异的，因此有效的营销战略必须管理始终存在的顾客异质性（营销原则 1）。

管理者可以使用两种协同的方法来管理顾客异质性。STP 方法根据顾客需要和欲望来定义顾客群体（市场细分），管理者选择他们认为将产生最大销售额和利润的细分市场（目标市场选择）。然后，管理者制定适合该目标细分市场的产品、价格、渠道和促销决策（市场定位），以获取市场份额。许多工具可以使STP过程更加准确和客观。例如，聚类分析可以让企业识别出具有相似需要和欲望的顾客群体；判别分析可以使用人口统计特征或其他可观察的变量，帮助企业识别顾客属于哪个目标细分市场。通用电气矩阵使管理者能够根据顾客吸引力和企业竞争优势，对目标细分市场进行可视化展示和选择。认知图可以通过在由市场细分过程中确定的购买属性所定义的多维空间中展示顾客细分市场、竞争者和企业的位置，形成有效的市场定位战略。伴随着市场细分和目标市场选择的发展跨越三个时代（大众营销、利基营销和一对一营销），企业专注于规模更小的、需要更相似的顾客群体。通过瞄准更小的细分市场，企业能够更好地满足顾客需要并承受竞争压力。

顾客异质性管理的第二种方法更具连续性和持续性。顾客中心化方法是一种公司层面的经营观念。该观念认为顾客的需要是组织战略过程的中心，基于顾客需要所形成的洞见应在决策中使用。虽然STP方法意味着企业供应物应匹配顾客偏好（外部匹配），但它没有说明企业内部的组织设计是否推动或支持了满足目标细分市场需要或符合市场定位战略的营销行动（内部匹配）。顾客中心化使企业增加对一个相对同质的顾客群体的了解和投入，支持企业更快地感知市场环境的变化并做出回应。但是，如果企业过于专注一个狭窄的顾客群体，它可能会忽视这个顾客细分市场之外的其他变化。随着时间的推移，企业的关键细分市场可能不再最具吸引力，或者可能出现其他提供新机会的细分市场。除了这个缺点，顾客中心化还会产生较高的内部成本。因此，每隔几年对所有潜在顾客进行一次侧重于外部匹配的STP分析，并结合顾客中心化进行持续快速的调整，可能是顾客异质性管理的最佳平衡方式。

图2-5展示了顾客异质性管理的组织框架，该框架整合了前述的方法和分析。为了对潜在顾客进行市场细分、目标市场选择和市场定位，该框架需要三项关键的输入。该框架生成三项输出，这三项输出是最后两个营销原则的输入。具体而言，该框架基于顾客偏好、目标细分市场，以及企业在每个目标市场中市场定位战略的定位陈述，绘制出一个行业或产品类别的关键顾客细分市场。

本章要点

● 营销战略的一个基本假设是：顾客总是有差异的。一个成功的营销战略必须管理和利用顾客异质性，因为如果竞争者识别出需要未得到满足的顾客，并提供更好的供应物，那么现有企业就有失去最佳顾客的风险。

● 顾客异质性的来源包括顾客的个体差异、生活经历、功能性需要、自我身份/形象，以及营销活动。这些因素共同作用导致顾客形成不同的偏好。

● STP方法是指企业首先根据顾客偏好和需要，将潜在顾客细分为相对同质的群体，从而管理顾客异质性。然后，企业选择具有吸引力的细分市场，并在其中建立强势地位。最后，企业制定并执行市场定位战略，将所有营销活动统一起来，使其供应物匹配顾客偏好。

● 顾客异质性管理方法的演变表明，随着时间的推移，企业瞄准越来越小的顾客细分市场（大众营销→利基营销→一对一营销）。

● 在经典的SWOT分析中，一并收集企业和竞争者的优势和劣势信息与机会和威胁信息。这四个因素可以为企业的目标市场选择和市场定位工作提供信息。

● 顾客中心化的顾客异质性管理方法更具连续性和持续性。这种方法是一种公司层面的经营观念。该观念认为顾客的需要是组织战略过程的中心，基于顾客需要所形成的洞见应在决策中使用。顾客中心化方法促进内部匹配；STP方法促进外部匹配。顾客中心化的企业可获得更丰富的顾客知识，并对每个目标细分市场进行更大的投入。

● 因子分析将类似的要素（购买属性）组合在一起，以避免进一步分析时的偏差；聚类分析将相似的顾客合并成细分市场；分类分析使用判别模型，只依据人口统计特征来预测细分市场的成员归属关系。

● 顾客异质性管理框架有三项关键输入和三项关键输出。这三项输入反映了情境分析的3C：顾客（需要和欲望）、企业和竞争者（优势和劣势）。输出是行业细分市场、目标细分市场和定位陈述。

数据分析案例

DentMax的顾客异质性管理

问题背景

口腔正畸医生依靠牙科影像技术获取口腔X光片，这有助于评估患者的口腔疾病。在过去的20年中，牙医似乎越来越依赖于数字化（而非模拟化）的口腔内传感器来诊断口腔疾病。数字传感器与模拟传感器相比有很多优势，医学期刊将其总结为“能够在屏幕上查看图像、计算机化图像存档、增强图像获取能力、减少辐射、快速获取图像而无须化学处理”。[①] 2012年全球数字X光设备市场的规模接近21.2亿美元，预计2017年达到24.4亿美元，其中66%的销售额来自美国。大部分销售额来自美国的部分原因是，大多数教育类牙医会议（参加该会议的牙医都知道如何使用数字X射线成像技术）在美国举行，牙医之间的影响提高了产品的受欢迎程度。

一个良好的口腔内数字X射线传感器有四个关键特性：

● 图像质量：保证轮廓鲜明、图像清晰的能力

● 诊断灵活性：能够到达口腔每个区域的能力

● 软件集成：将图像发送到可与病人共享的易于使用的图形界面的能力

● 技术援助：解释与口腔内放射线照相术使用有关问题的能力

DentMax成立于1973年，它是数字牙科X射线传感器市场的主要参与者。2004年，DentMax被认为是该类别中杰出的领导者，市场份额为32%。DentMax在市场上的主导地位得益于它的产品被广泛认为是质量最高的产品。DentMax的两个主要竞争者是DentMed和OxyMax，它们声称其X射线传感器具有很高的图像质量和诊断灵活性。但这两者还不能与DentMax匹敌。事实上，正如第三方机构提供的排名所展示的那样（见表1），DentMax在图像质量和诊断灵活性方面排名第一；DentMed被认为在图像质量而不是诊断灵活性方面具有中高质量；OxyMax被认为在诊断灵活性而不是图像质量方面具有中高质量。因此，DentMax将自己定位为一流品质公司，并

---

① Williamson, G. F. (2016) “Best practices and patient comfort with digital intraoral radiography”, accessed at: www. rdhmag. com/articles/print/volume-30/issue-10/features/best-practices-and-patient-comfort-with-digital-intraoral-radiography. html, 4/19/2016.

且不担心低价格和低质量的竞争者。如表 1 所示，DentMax 并不具有价格竞争优势。

表 1　　三家公司产品排名

	DentMax	DentMed	OxyMax
图像质量排名	1	2	3
诊断灵活性排名	1	3	2
低价格排名	3	1	2

2014 年，DentMax 确信它需要重新审视营销基础状况。一些新趋势在管理层内部引起了焦虑。首先，通过仔细分析过去 10 年的市场份额数据（见图 1），DentMax 意识到它已经损失了近 10% 的市场份额。DentMax 损失的 10% 的市场份额似乎既由其两个主要竞争者获得（它们获得大约 5% 的份额），也由市场上众多小型低价竞争者获得（它们获得大约 5% 的份额）。其次，DentMax 对这些小公司的增加感到担忧，因为这些竞争者主要提供质量差、寿命短的产品，旨在获取市场上靠“走量”的业务。最后，尽管 DentMax 的产品一直被认为质量最好，但它的市场份额在过去 10 年中惊人地下降，这让人感到困惑。这是否意味着 DentMax 错失了机会，竞争者的产品已满足了顾客的需要？或者并非市场上的所有顾客都想要优良的图像质量和诊断灵活性？DentMax 对此并不确定。

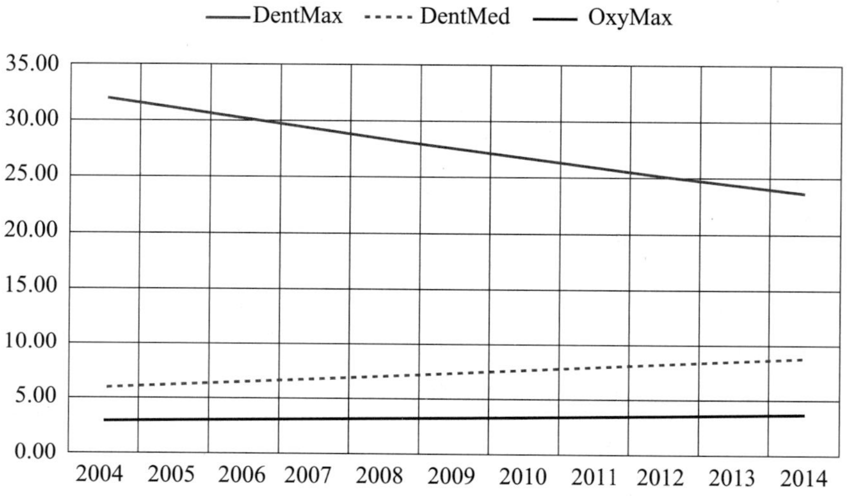

图 1　市场份额趋势

鉴于过去 10 年里的变化，DentMax 在考虑当前问题时，显然需要一种系统化的方法来重新审视行业现状、顾客和竞争者。

问题陈述

DentMax 的问题似乎是所有企业在制定营销战略时都会面临的首要的基本营销问题，即由于多种因素以多种方式协同作用，市场上的牙医总是有差异的。因此，DentMax 必须了解在整个行业中不同牙医的需要、欲望和偏好有何差异。在此基础上，DentMax 需要选择有吸引力的细分市场来建立强有力的地位，制定并执行市场定位战略，将所有营销活动统一起来，以便与牙医的偏好相匹配。因此，DentMax 发起了一项战略，旨在回答以下问题：

- 如何根据牙医的需要有效地细分牙科 X 射线口腔内传感器市场？
- 我们吸引的顾客来自哪些细分市场？在这些细分市场，我们如何才能实现强势定位？
- 考虑到我们能（不能）满足的需要，我们可以追求哪些细分市场？我们如何定位自己，以在这些新细分市场进行强有力的竞争？

2015 年，DentMax 决定开展一个市场细分和目标市场选择项目来回答上述问题并管理顾客异质性。通过市场细分，它试图确定关键购买属性，即牙医在做出购买决策时所评估的需要和欲望。此外，它试图确定牙医整个群体的异质性需要和欲望。它意识到不应只关注现有顾客，还要关注该产品的所有潜在顾客。因此，它想了解的是整个市场而不仅是现有顾客对牙科 X 射线口腔内传感器的需求异质性。挑战在于建立一个代表整个市场的数据库。

数据①

2015 年 DENTEXPO 国际牙科展会计划 3 个月后在芝加哥举办，这对 DentMax 来说意义非凡。DENTEXPO 历来是牙医和牙科行业服务企业最重要的年度营销活动。自 1982 年以来，DENTEXPO 由美国牙科协会（ADA）主办，旨在使牙医了解与其职业发展相关的各种问题（包括市场上最好的产品、最新的突破性技术），同时被打造成牙医专业领域的一个社交平台。调查显示，牙医参加 DENTEXPO 主要是为了解新产品、与其他牙医建立联系、增进对最先进牙科手术的了解，并与拥有良好业务关系的参展商会面。DENTEXPO 也是牙科行业企业的重要活动，可以展示它们的新产品、建立企业形象、培训牙医、收集竞争信息并提升员工士气。

DentMax 从三个来源收集数据以实现市场细分。第一，它获得了来自展会组织者 DENTEXPO 的数据。通过使用 RFID（无线射频识别）技术，DENTEXPO 可以随时追踪每位参会牙医。这种追踪技术可以让参展商知道每个参观者在它的展位以及竞争者的展位上花费的总时间。DENTEXPO 认为，这些数据将有助于参展商更好地了解谁参观了它们的展位，以及参观者在它们的展位上花了多长时间。这将有助于参展商制定策略，最大限度地延长参观者花在展位上的时间，从而使参观者与参展商保持更紧密的联系。DentMax 意识到，DentMed 和 OxyMed 2015 年会像往常一样展示它们的 X 射线成像产品。由于该市 35% 的牙医在为期三天的活动中至少有一天参会，而芝加哥的市场能代表 DentMax 产品的整体市场状况，因此 DentMax 希望利用 DENTEXPO 了解整个市场的状况。基于 RFID 技术，DentMax 获得了每个参与者（样本数量＝2 300）的以下变量：

- 在 DentMax 展位花费的时间，由每位参与者在 DentMax 展位花了多少分钟反映。
- 在 DentMed 展位花费的时间，由每位参与者在 DentMed 展位花了多少分钟反映。
- 在 OxyMax 展位花费的时间，由每位参与者在 OxyMax 展位花了多少分钟反映。

第二，DentMax 收集了牙医的名字，以及参观其展位的牙医（是与会牙医的子样本）的牙科诊所位置。它将这些细节与自己的销售数据库相匹配，以获取参观其展位的牙医的销售记录。由此，它可以判断参观其展位的牙医是否从 DentMax 购买过产品，购买了多少。DentMax 收集了以下变量：

- 从 DentMax 购买过产品的百分比。如果牙医曾经从 DentMax 购买产品，编码为 1，否则为 0。
- 历史销售指数。编码为从 0 到 100 的数字，其中 100 表示最大销售金额。
- 销售频率。编码为每年在 DentMax 下订单的数量。
- 关系长度。编码为 2016 减去最早的交易年份。
- 推荐人数。编码为牙医提供重要销售推荐（referrals）的总次数。

第三，根据参观其展位的牙医（是与会

① 这些分析基于 DentMax 案例的数据集，在数据分析技术 9-1 所介绍的 MEXL 软件中进行。

牙医的子样本）的名字，DentMax在展会结束一周后对他们进行了调查。在调查中，它获得了牙医关于以下问题的答案。对于每个问题，最低分为1分，最高分为7分。问题如下：

- 图像质量的重要性
- 诊断灵活性的重要性
- 软件集成的重要性
- 技术援助的重要性
- 价格的重要性
- 对电视广告的信任
- 对广播广告的信任
- 对互联网广告的信任
- 对牙科杂志广告的信任
- 对同行的信任

表2描述了所有变量及其定义。

表2 模型中的变量

	变量	定义
展会现场行为	在DentMax展位花费的时间	在DentMax展位花了多少分钟
	在DentMed/OxyMax展位花费的时间	在DentMed/OxyMax展位花了多少分钟
	在展会上花费的总时间	在展会上总共花了多少分钟
过去的购买行为	从DentMax购买过产品的百分比	如果牙医曾经从DentMax购买产品，编码为1，否则为0
	历史销售指数	编码为从0到100的数字，其中100表示最大销售金额
	销售频率	每年在DentMax下订单的数量
	关系长度	2016减去最早的交易年份
	推荐人数	牙医提供重要销售推荐的总次数
X射线成像产品需求	图像质量的重要性	回答的维度重要性（1为最低，7为最高）
	诊断灵活性的重要性	回答的维度重要性（1为最低，7为最高）
	软件集成的重要性	回答的维度重要性（1为最低，7为最高）
	技术援助的重要性	回答的维度重要性（1为最低，7为最高）
	价格的重要性	回答的维度重要性（1为最低，7为最高）
媒介信任	对电视广告的信任	回答的对信息来源的信任（1为最低，7为最高）
	对广播广告的信任	回答的对信息来源的信任（1为最低，7为最高）
	对互联网广告的信任	回答的对信息来源的信任（1为最低，7为最高）
	对牙科杂志广告的信任	回答的对信息来源的信任（1为最低，7为最高）
	对同行的信任	回答的对信息来源的信任（1为最低，7为最高）

行业细分市场的运用

DentMax试图通过这些数据来回答的第一个问题是：如何根据牙医的不同需要，有效地对牙科X射线口腔内传感器市场进行细分？

聚类分析概述

DentMax使用聚类分析来进行行业细分，即识别出在行为和偏好方面具有同质性的若干群组，各群组之间具有显著的差异。

群组的数量

下文将介绍DentMax进行聚类分析的结果。第一项任务是确定聚类群组的数量。该模型首先将每个顾客视为一个独立的细分市场。随后，它将找出两个细分市场/顾客，使得将它们合并在一起所导致的信息损失最少。该模型将继续合并细分市场/顾客，直到这种合并会导致不可接受的信息损失。图2所示的树状图展示了将顾客分到不同数量（范围从2到8）的聚类群组而导致的信息损失。直观来看，当从 4 个聚类群组到 5 个聚类群组时，出现了最多的信息损失，因此 DentMax 保留了 4 个聚类群组。对所有顾客进行聚类的另一种方法是仅使用调查数据来反映偏好，将销售和展位行为数据作为细分市场的描述符。

聚类群组的描述

在将所有牙医归入四个聚类群组后，DentMax 对每个聚类群组进行画像（profiling）。通过画像，DentMax 试图使用所有感兴趣的变量为聚类群组中的成员制作一幅“图片”。这些变量可能包括牙医在展位的行为、过去的购买行为，以及他们对调查问题的回答。表 3 中每个聚类群组变量的均值很好地展示了该群组的画像。下文将描述每个聚类群组。

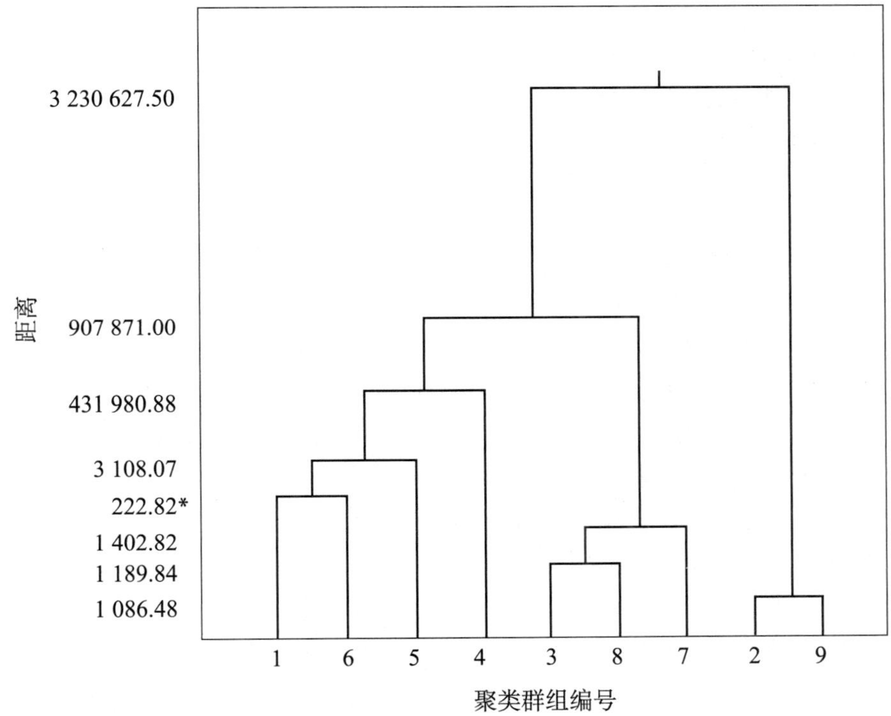

图 2　树状图

* 数据疑有误，原书如此。——译者

表 3　聚类分析结果

		忠诚者	可转换者	通用者	无兴趣者
	细分市场规模	12%	22%	49%	17%
展会现场行为	在 DentMax 展位花费的时间	45	36	12	6
	在 DentMed/OxyMax 展位花费的时间	26	78	21	11
	在展会上花费的总时间	130	180	150	60
过去的购买行为	从 DentMax 购买过产品的百分比	100%	45%	32%	6%
	历史销售指数	58	64	21	9
	销售频率	5.8	4.4	3.1	0.8
	关系长度	8.2 年	8.8 年	4.3 年	4.8 年
	推荐人数	12	2.3	0.5	0.03

续前表

	细分市场规模	忠诚者	可转换者	通用者	无兴趣者
		12%	22%	49%	17%
X射线成像产品需求	图像质量的重要性	6.6	6.1	5.1	3.8
	诊断灵活性的重要性	6.8	5.5	5.2	3.8
	软件集成的重要性	4.4	6.4	4.8	4.2
	技术援助的重要性	5.5	5.8	6.3	6.8
	价格的重要性	4.4	5.9	6.7	6.9
媒介信任	对电视广告的信任	5.1	4.4	4.6	3.8
	对广播广告的信任	4.2	4.6	4.5	3.6
	对互联网广告的信任	3.6	6.1	3.8	2.8
	对牙科杂志广告的信任	6.5	5.8	5.4	4
	对同行的信任	6.1	6.8	5.6	5.3

组成聚类群组1（12%）的牙医在展会现场花了两个多小时（130分钟），在DentMax的展位花了约1/3的时间（45分钟），在竞争者的展位花了约20%的时间（26分钟）。由此可知，这些牙医似乎对DentMax有利。观察他们过去的购买行为可以发现，聚类群组1中的所有牙医都从DentMax购买过产品，这些牙医的历史销售指数非常高（58），销售频率也很高（5.8）。此外，聚类群组1中的牙医和DentMax之间的关系长度平均为8.2年，这表明他们都是忠诚和可靠的顾客。调查显示，聚类群组1中的牙医高度重视图像质量（6.6）、诊断灵活性（6.8），中度重视软件集成（4.4）、技术援助（5.5）和价格（4.4）。对于产品信息，较之电视广告（5.1）、广播广告（4.2）和互联网广告（3.6）这些牙医似乎更信任牙科杂志广告（6.5）和同行（6.1）。鉴于优秀的销售记录，与DentMax市场定位的匹配性较高，在展位上花的时间较长，DentMax将这一聚类群组命名为“忠诚者”。

组成聚类群组2（22%）的牙医在展会现场花了3个小时（180分钟），但他们在DentMax的展位只花了20%的时间（36分钟），在竞争者的展位花了43%的时间（78分钟）。由此可知，这些牙医似乎对竞争者有利。观察他们过去的购买行为可以发现，聚类群组2的牙医中只有45%从DentMax购买过产品，但这些牙医的历史销售指数非常高（64），销售频率也较高（4.4）。此外，聚类群组2中的牙医和DentMax之间的关系长度平均为8.8年，这表明他们也是可靠和忠诚的。调查显示，聚类群组2中的牙医高度重视图像质量（6.1）和软件集成（6.4），也许还有价格（5.9），中度重视诊断灵活性（5.5）、技术援助（5.8）。与聚类群组1的牙医一样，对于产品信息，较之电视广告（4.4）和广播广告（4.6）这些牙医似乎更信任牙科杂志广告（5.8）和同行（6.8）；但与聚类群组1不同的是，这些牙医高度信任互联网广告（6.1）。鉴于优秀的销售记录，与DentMax市场定位的匹配性较高，在竞争者展位上花的时间较长，DentMax将这一聚类群组命名为“可转换者”。

组成聚类群组3（49%）的牙医是规模最大的，他们在展会现场花了150分钟，但在DentMax的展位只花了8%的时间（12分钟），在竞争者的展位花了约14%的时间（21分钟）。由此可知，这些牙医似乎对DentMax和竞争者都不利。观察他们过去的购买行为可以发现，聚类群组3的牙医只有32%从DentMax购买过产品，这些牙医的历史销售指数（21）为中等，销售频率（3.1）也是如此。此外，聚类群组3中的牙医和DentMax之间的关系长度平均只有4.3年，这表明他们不是非常忠诚或可靠的顾客。调查显示，聚类群组3中的牙医高度重视技术援助（6.3）和价格（6.7），而不是图像质量（5.1）、软件集成（4.8）和诊断灵活性（5.2）。与聚类群组1的牙医一样，对于产品信息，这些牙医也似乎更信任牙科杂志广告（5.4）和同行（5.6），而不是电视广告（4.6）、广播广告（4.5）或互联网广告（3.8）。鉴于他们不温不火的销售记录，与DentMax市场定位基本匹配，在展位上花的时间较短，DentMax将这一聚类群组命名为“通用者”。

组成聚类群组4（17%）的牙医在展会现场只花了60分钟，在DentMax的展位花了10%的时间（6分钟），在竞争者的展位花了约18%的时间（11分钟）。由此可知，这些牙医似乎对DentMax和竞争者都不利。观察他们过去的购买行为可以发现，聚类群组4的牙医中只有6%从DentMax购买过产品，这些牙医的历史销售指数（9）较低，销售频率（0.8）也是如此。此外，聚类群组4中的牙医和DentMax之间的关系长度平均为4.8年，这表明他们不是忠诚或可靠的顾客。调查显示，聚类群组4中的牙医高度重视技术援助（6.8）和价格（6.9），但不重视图像质量（3.8）、软件集成（4.2）或诊断灵活性（3.8）。聚类群组4的牙医似乎只信任同行对产品信息的反馈（5.3）。鉴于较差的销售记录，与DentMax市场定位不匹配，在展位上花的时间较短，DentMax将这一聚类群组命名为“无兴趣者”。

为了竞争优势的目标市场选择和市场定位

根据牙医的展会现场行为、过去的购买行为和产品偏好将他们细分为若干群体后，DentMax需要决定保留哪些细分市场，哪些新的细分市场可能成为目标市场。DentMax用两个广泛使用的标准来评价每一个细分市场。第一，根据牙医过去的购买行为评估每个细分市场的吸引力，即该细分市场是否具有战略意义和经济价值。第二，DentMax考虑其在每个细分市场的竞争力，这代表DentMax相对于竞争者在给定细分市场中保持市场份额方面的优势。基于这两个广泛使用的标准，DentMax评估了每个细分市场的价值。

忠诚者

在市场吸引力方面，忠诚者的得分很高。忠诚者不仅从DentMax购买过产品，而且似乎比大多数细分市场创造的销售额更多，购买相当频繁，与DentMax保持着长期的合作关系。在DentMax的竞争力方面，忠诚者的得分也很高。忠诚者似乎在DentMax的展位上花的时间较竞争者多；并且相比于其他产品属性，他们更重视图像质量和诊断灵活性，这是DentMax的优势所在。DentMax如何进一步加强针对忠诚者的市场定位？DentMax认为可以通过杂志进一步强化与牙医的联系，并利用同行反馈进一步加强与忠诚者的关系。然而，忠诚者细分市场规模较小（占12%的市场份额），这意味着DentMax还必须经营其他细分市场。

可转换者

增加市场份额的方案之一是经营可转换者细分市场。在市场吸引力方面，可转换者的得分也很高。可转换者不仅从DentMax购买过产品，而且似乎比大多数细分市场创造的销售额更多，购买也很频繁，与DentMax保持着长期的合作关系。但是，在DentMax的竞争力方面，可转换者的得分很低。尽管可转换者重视图像质量和诊断灵活性且这两个属性是DentMax的优势所在，但可转换者似乎在竞争者的展位上花了更多时间。DentMax如何进一步加强针对可转换者的市场定位，以便从竞争者手中赢得部分顾客呢？首先，DentMax注意到可转换者高度重视软件集成和技术援助。虽然DentMax的产品提供这些属性，但它开始反思自己可能从未向牙医提及产品的这些属性。因此，吸引更多可转换者的一种方法是向牙医强调这些属性。其次，它意识到可转换者更信任互联网广告，因此，DentMax决定利用互联网渠道吸引更多可转换者。

通用者

通用者提供了一个具有潜在吸引力但很棘手的机会。在市场吸引力方面，通用者的得分为中等水平。虽然有部分通用者从DentMax购买过产品，但是他们创造的销售额不多，没有频繁购买，与DentMax保持着短暂的关系。在DentMax的竞争力方面，通用者的得分也是中等水平。通用者似乎在竞争者的展位上花了更多时间，并且不那么重视图像质量和诊断灵活性，而这是DentMax的优势所在。DentMax如何进一步加强针对通用者的市场定位？首先，DentMax注意到通用者高度重视价格和技术援助。虽然DentMax可以提供技术援助，但它并不想降低价格以在市场上进行价格竞争。因此，吸引更多通用者的一种方法是强调向牙医提供技术援助。其次，它意识到通用者并不十分相信各种来源的信息，DentMax可能需要利用人员推销来吸引更多的通用者。

无兴趣者

DentMax决定避开无兴趣者。在市场吸引力和DentMax的竞争力方面，无兴趣者的得分都很低。他们创造的销售额很少，不经常购买，与DentMax保持着短暂的关系。他们没有在任何一个展位上花大量时间，并且不太重视图像质量和诊断灵活性，而这是DentMax的优势所在。最后，他们过于看重价格，这并不是DentMax的产品在市场上的优势。

解决方案总结

DentMax运用这种数据分析方法可以更好地了解顾客需求，更好地把握其在市场上的状况：

1. 目前市场中存在四类顾客，他们在购买行为、需要、产品偏好和对各种产品信息来源的信任方面存在差异。

2. DentMax在市场上赢得了部分可靠且忠诚的顾客（忠诚者占市场的12%），他们不但定期从DentMax购买产品，而且想要的正是DentMax所提供的。它还发现了强化该市场定位的可行方法。

3. DentMax可能选择一个很有前景的细分市场（可转换者），因为该细分市场中的顾客想要的和DentMax所提供的产品是相符的。但由于竞争者提供了更好的技术援助和软件集成，目前他们对竞争者的产品更感兴趣。DentMax认为数字X射线这一产品类别较新颖，将重点放在市场教育上可能会帮助它从DentMed和OxyMax那里赢得一些顾客。此外，它更好地理解了其市场份额5%的下降。DentMax可以在提供技术援助和软件集成的同时，基于其市场领导地位制定相关战略以赢得一些顾客。

4. 可转换者细分市场中的一些顾客将互联网作为重要的信息来源，因此，DentMax可以通过合适的渠道向顾客提供需要的产品信息。

5. 无兴趣者和通用者反映了DentMax不需要处理的异质性来源。这些顾客似乎更看重价格而不是质量，缺乏对DentMax的产品定位的兴趣或与之相匹配的产品需求。DentMax可以避免将资源投入不符合其核心价值主张的细分市场中。

因此，数据分析帮助DentMax解决了第一个基本营销问题，即顾客总是有差异的。

附录：数据集描述

数据概述

该数据集是一个模拟数据集，旨在模拟作者过去与企业合作时所使用过的类似数据集。数据包含 19 列 2 300 行。第 1 列包含被调查者的姓名（匿名），另外 18 列涉及学生在市场细分练习中使用的数据。

数据中变量的描述

数据集中的 18 个变量分为三种类型。前 3 个变量包含关于每个参与者的以下信息（使用 RFID 追踪器）：

- 在 DentMax 展位花费的时间，由每位参与者在 DentMax 展位花了多少分钟反映。
- 在 DentMed/OxyMax 展位花费的时间，由每位参与者在 DentMed/OxyMax 展位花了多少分钟反映。
- 在展会上总共花了多少分钟。

接下来的 5 个变量包含关于牙医（DentMax 的顾客）过去的购买行为的数据，来自 DentMax 的客户关系管理（CRM）数据库。它们是通过将从展会上获取的牙医身份信息与 DentMax 的 CRM 数据库中的数据进行匹配而得到的：

- 从 DentMax 购买过产品的百分比。如果牙医曾经从 DentMax 购买产品，编码为 1，否则为 0。
- 历史销售指数。编码为从 0 到 100 的数字，其中 100 表示最大销售金额。
- 销售频率。编码为每年在 DentMax 下订单的数量。
- 关系长度。编码为 2016 减去最早的交易年份。
- 推荐人数。编码为牙医提供重要销售推荐的总次数。

最后 10 个变量是由 DentMax 针对参观其展位的牙医（是与会牙医的子样本）开展调查而获得的。DentMax 记录下牙医的名字，在展会结束一周后对其进行了调查。这些变量包括：

- 图像质量的重要性
- 诊断灵活性的重要性
- 软件集成的重要性
- 技术援助的重要性
- 价格的重要性
- 对电视广告的信任
- 对广播广告的信任
- 对互联网广告的信任
- 对牙科杂志广告的信任
- 对同行的信任

表 3 中给出了变量描述和分析方法。为了获得聚类分析结果，学生可以直接在 Excel 中加载数据，并使用与市场细分分析相关的 MEXL 插件。学生应选择一个 5 组聚类的解决方案。根据所选择的分析类型，学生可能会发现一些变量之间高度相关，并且可能需要在数据中删除一两个变量。输出结果应如表 3 所示。

参考文献

[1] *The Wall Street Journal* (n.d.) 'Mutual Fund Screener.' Available at: http://online.wsj.com/public/quotes/mutualfund_screener.html (accessed 12 December, 2014).

[2] Olster, S. and Kowitt, B. (2010) 'Inside the secret world of Trader Joe's,' *Fortune*, 23 August.

[3] TheHenryFord.org (n.d.) *The Innovator and Ford Motor Company*. Available at: www.thehenryford.org/exhibits/hf/The_Innovator_and_Ford_Motor_Company.asp (accessed 23 September, 2015).

[4] Hendrickson, R. (1981) *The Grand Emporiums: The Illustrated History of America's Great Department Stores*. New York: Stein and Day; Hoge, C.C. (1988) *The First Hundred Years Are the Toughest: What We Can Learn from the Competition Between Sears and Wards*. Berkeley, CA: Ten Speed Press; Brisco, J. (n.d.) 'Sears Roebuck catalog.' Available at: www.encyclopedia.com/doc/1G2.3401803785.html/ (accessed 23 September, 2015).

[5] Hammacher Schlemmer (n.d.) 'History of Hammacher Schlemmer.' Available at: www.hammacher.com/Editorial/History (accessed 12 December, 2014); Spiegel (n.d.) 'About Us – Spiegel.' Available at: www.spiegel.com/info/About_Us

(accessed 12 December, 2014); L.L. Bean (n.d.) 'LL Bean – Our Story.' Available at: www.llbean.com/customerService/aboutLLBean/images/110408_About-LLB.pdf (accessed 12 December, 2014).
[6] Sears (n.d.) 'History of the Sears Catalog.' Available at: www.searsarchives.com/catalogs/history.htm (accessed 12 December, 2014); Lutz, A. (2013) 'The irreversible decline of Sears can be blamed on one thing.' Available at: www.businessinsider.com/sears-gave-up-on-customer-service-2013-2 (accessed 23 September, 2015); Sharf, S. (2014) 'Sears CEO: Retailer's loss, revenue decline "unacceptable".' Available at: www.forbes.com/sites/samanthasharf/2014/08/21/sears-ceo-retailers-loss-revenue-decline-unacceptable/ (accessed 23 September, 2015).
[7] Anderson, S., Pearo, L.K. and Widener, S.K. (2008) 'Drivers of service satisfaction,' *Journal of Service Research*, 10(4), pp. 365–81.
[8] Ellis, L. and Ficek, C. (2001) 'Color preferences according to gender and sexual orientation,' *Personality and Individual Differences*, 31(8), pp. 1375–9.
[9] Reed, D.R., Bachmanov, A.A., Beauchamp, G.K., Tordoff, M.G. and Price, R.A. (1997) 'Heritable variation in food preferences and their contribution to obesity,' *Behavior Genetics*, 27(4), pp. 373–87.
[10] Scarr, S. (1992) 'Developmental theories for the 1990s: Development and individual differences,' *Child Development*, 63, pp. 1–19.
[11] Puntoni, S. (2001) 'Self-identity and purchase intention: An extension of the theory of planned behavior,' *European Advances in Consumer Research*, 5, pp. 130–4.
[12] Chan, C., Berger, J. and van Boven, L. (2012) 'Identifiable but not identical: Combining social identity and uniqueness motives in choice,' *Journal of Consumer Research*, 39(3), pp. 561–73.
[13] Chan, C., Berger, J. and van Boven, L. (2012) 'Identifiable but not identical: Combining social identity and uniqueness motives in choice,' *Journal of Consumer Research*, 39(3), pp. 561–73.
[14] Felix, S. and Stampler, L. (2012) 'The evolution of James Bond movie product placement.' Available at: www.businessinsider.com/heres-how-james-bonds-relationship-with-product-placement-has-changed-2012.10?op=1#ixzz3Lv7X4vvq (accessed 23 September, 2015); Epstien, E. (2011) 'The stealthy world of brands,' *Ad Week*, 52(34), p. 22; Dudovskiy, J. (2013) 'BMW segmentation targeting and positioning.' Available at: http://research-methodology.net/bmw-segmentation-targeting-and-positioning/ (accessed 23 September, 2015).
[15] Epstein, E.J. (1982) 'Have you ever tried to sell a diamond?,' *The Atlantic*, 249, pp. 23–34.
[16] Polis, C. (2013) 'Greek yogurt food invasion continues as product is added to cream cheese, hummus and more,' 5 March. Available at: www.huffingtonpost.com/2013/03/05/greek-yogurt-food-product_n_2807818.html (accessed 15 December, 2015).
[17] Omogbadegun, Z. (2010) 'Emerging technologies (ICTs) & our businesses,' Women in Technology in Nigeria (WITIN) Conference.
[18] Moth, D. (2014) '20+ stats that show the state of mobile marketing in China.' Available at: https://econsultancy.com/blog/65895-20-stats-that-show-the-state-of-mobile-marketing-in-china/ (accessed 5 October, 2015).
[19] El-Ansary, A., Palmatier, R. and Stern, L. (2014) *Marketing Channel Strategy*. New York: Pearson Higher Education.
[20] Stevenson, A. (ed.) (2010) *Oxford Dictionary of English*, 3rd edn. Oxford: Oxford University Press.
[21] *LA Times* (1995) 'AT&T breakup II: Highlights in the history of a telecommunications giant,' *LA Times*, 21 September; Celtnet (2014) 'The history of AT&T.'. Available at: www.celtnet.org.uk/telecos/AT&T-Bell-4.php (accessed 24 December, 2015).
[22] Ali & Partners (n.d.) *Telecommunications in the Middle East*. Available at: www.mideastlaw.com/article_telecommunications_in_the_middle_east.html (accessed 9 July, 2015).
[23] Cansfield, M., Daley, E. and Ashour, M. (2009) 'Case study: Telstra's telecom marketing excellence,' 26 March. Available from: www.forrester.com/report/Case+Study+Telstras+Telecom+Marketing+Excellence/-/E-RES47557 (accessed 4 August, 2016).
[24] Schultz, H. and Gordon J. (2011) *Onward: How Starbucks Fought for its Life without Losing its Soul*. New York: Rodale; Forbes (n.d.) *Starbucks*. Available at: www.forbes.com/companies/starbucks/ (accessed 8 December, 2014).
[25] Procter & Gamble (2010) *2010 Annual Report*. Available at: www.pg.com/fr_FR/downloads/annual_reports/PG_2010_AnnualReport.pdf (accessed 23 September, 2015); McCoy, M. (2009) 'The greening game,' *Chemical and Engineering News*, 87(4), p. 13.
[26] GFK Custom Research (n.d.) *The Walmart Segmentation Lens*. Available at: www.knowledgenetworks.com/wmsl/ (accessed 27 December, 2014).
[27] Brody, B. (2014) 'Walmart: "Going to a very dark place",' *CNN Wire*, 30 July.
[28] Tedlow, R. (1990) *New and Improved: The Story of Mass Marketing in America*. New York: Basic Books.
[29] Bianco, A., Lowry, T., Berner R., Ardnt, M. and Grover, R. (2004) 'The vanishing mass market,' *Business Week*, 3891, pp. 60–8.
[30] Arora, N., Dreze, X., Ghose, A., Hess, J.D., Iyengar, R. et al. (2008) 'Putting one-to-one marketing to work: Personalization, customization, and choice,' *Marketing Letters*, 19(3), pp. 305–21.
[31] Peppers, D. and Rogers, M. (1996) *The One to One Future: Building Relationships One Customer at a Time*. New York: Currency Doubleday.
[32] Comcast Spotlight (n.d.) *Experience the Power of Comcast Spotlight*. Available at: www.comcastspotlight.com (accessed 27 December, 2014).
[33] Lee, J.Y., Kozlenkova, I.V. and Palmatier, R.W. (2015) 'Structural marketing: Using organizational structure to achieve marketing objectives,' *Journal of the Academy of Marketing Science*, 43(1), pp. 73–99.
[34] Bianco, A., Lowry, T., Berner, R., Ardnt, M. and Grover, R. (2004) 'The vanishing mass market,' *Business Week*, 3891, pp. 60–8
[35] Klara, R. (2013) 'How Clairol hair color went from taboo to new you: Hair dyeing shifts from shameful secret to $1 billion bonanza,' 28 February. Available at: www.adweek.com/news/advertising-branding/how-clairol-hair-color-went-taboo-new-you-147480 (accessed 22 January, 2016).
[36] Van Auken, B. (2012) 'Success and radical brand repositioning.' Available at: www.brandingstrategyinsider.com/2012/06/success-and-radical-brand-repositioning.html#.VJ8ffAz4 (accessed 23 September, 2015).
[37] Kapner, S. and Lublin, J.S. (2015) 'Abercrombie & Fitch dials back the sex,' *The Wall Street Journal*, 24 April.
[38] Brand And Package The Product (2011) 'Nutri-Grain by Kellogg's.' Available at: https://brandandpackagetheproduct.wordpress.com/tag/brand-positioning-statement/ (accessed 23 January, 2016).
[39] Dragoon, A. (2005) 'Customer segmentation done right,' 1 October. Available at: www.cio.com/article/2448413/it-organization/customer-segmentation-done-right.html (accessed 23 September, 2015).
[40] Dragoon, A. (2005) 'Customer segmentation done right,' 1 October. Available at: www.cio.com/article/2448413/

it-organization/customer-segmentation-done-right.html (accessed 23 September, 2015).

[41] Lee, J.Y., Sridhar, S., Henderson, C.M. and Palmatier, R.W. (2015) 'Effect of customer-centric structure on long-term financial performance,' *Marketing Science*, 34(2), pp. 250–68.

[42] Edwards, C. (2005) 'Shaking up Intel's insides,' *Business Week*, 3918, p. 35.

[43] Reichheld, F. (2003) 'The one number you need to grow,' *Harvard Business Review*, 81(12), pp. 46–55.

[44] Lee, J.Y., Kozlenkova, I.V. and Palmatier, R.W. (2015) 'Structural marketing: Using organizational structure to achieve marketing objectives,' *Journal of the Academy of Marketing Science*, 43(1), pp. 73–99.

[45] Kohli, A.K. and Jaworski, B.J. (1990) 'Market orientation: The construct, research propositions, and managerial implications,' *Journal of Marketing*, 54(2), pp. 1–18.

[46] Jaworski, B.J. and Kohli, A.K. (1993) 'Market orientation: Antecedents and consequences,' *Journal of Marketing*, 57(3), pp. 53–70.

[47] Vizard, S. (2014) 'Sainsbury's unveils new marketing plans as sales and profits drop.' Available at: www.marketingweek.com/2014/11/12/sainsburys-unveils-new-marketing-plans-as-sales-and-profits-drop/ (accessed 23 September, 2015).

[48] Tzu, S. (5th century BC) *The Art of War*. Translated by Griffith, S.B., 1963. Oxford: Clarendon Press.

[49] Bezos, J. (2013) *Letter to Amazon's Shareholders*. Available at: www.sec.gov/Archives/edgar/data/1018724/000119312513151836/d511111dex991.htm (accessed 23 September, 2015).

第 2 篇 顾客总是在变化的

管理者在制定营销战略时必须考虑到顾客的需要随时间而发生的变化。即使在一个边界清晰的细分市场内部，顾客的需要通常也会朝不同的方向或以不同的速率演化。在未来的某个时刻，曾属于某个相对同质的细分市场的顾客会呈现出需要和欲望的分化。因此，企业的营销战略必须管理顾客动态性，以免被市场淘汰。企业要识别和分析顾客如何迁移（即变化）、迁移的诱因是什么；企业要了解顾客在不同阶段的需要，进而明确他们在各阶段感兴趣的产品。

第3章 营销原则2：顾客总是在变化的→顾客动态性管理

学习目标

- 理解为什么有效的营销战略必须管理顾客动态性。
- 定义顾客动态性。
- 理解顾客总是在变化的以及顾客动态性要求细致的管理（营销原则2)。
- 详细讨论使顾客动态性变得更为重要的发展趋势。
- 描述顾客动态性的来源。
- 举例说明顾客动态性的每个来源。
- 批判性地分析管理顾客动态性的三种主要方法。
- 列举生命周期、动态细分（AER模型）和顾客终身价值（CLV）方法的利弊。
- 描述如何将隐马尔可夫模型（HMM)、选择模型和顾客终身价值作为管理顾客变化的工具。
- 解释流失顾客分析作为一种理解顾客动态性的方法的优缺点。
- 识别顾客动态性管理框架的三项输入和三项输出。
- 概述顾客动态性管理的五个步骤。

引　言

顾客总是在变化的

企业在制定短期和长期营销决策时所面临的第二个潜在挑战是，顾客总是在变化的。人们生活中的事件——毕业、结婚、就业、生孩子——都在改变着他们的购买习惯。一些企业已认识到这个营销原则，并将其内化于企业的成长战略之中。美国零售商塔吉特（Target）甚至利用顾客的购物数据来制定“怀孕预测”分数，并大致估计分娩日期，从而使每周的营销活动有效匹配顾客怀孕的每个阶段。塔吉特的总裁格雷格·斯坦哈费尔（Gregg Steinhafel）指出，“特别关注能吸引妈妈和宝宝这些特定细分市场的产品和类别”使得塔吉特在竞争激烈的零售业中保持了高于平均水平的增长率。[1]

然而，并非所有的顾客变化都是由事件驱动的，也可能是顾客潜在需要和欲望发生变化的结果。20 世纪 70 年代，随着越来越多的女性进入劳动力市场，以“英国淑女”形象著称的服装企业萝兰爱思（Laura Ashley）发现其 500 多家店铺的销售额都出现了下降。这种缓慢的文化变化使得萝兰爱思逐渐将目标顾客转向那些需要更实用的职业装的顾客，而不是需要浪漫的碎花连衣裙的顾客。最终，萝兰爱思采用管理层收购的方式，以 1 美元的价格卖掉了其在北美的所有零售店。[2]因此，“顾客总是在变化的”这个第一原理既代表机会也代表威胁，这取决于对它的理解和管理方式。

管理者制定营销战略时不仅必须考虑由于顾客内在差异（营销原则 1）而导致的顾客需要的静态变化，而且要考虑顾客需要随着时间推移而产生的动态变化（营销原则 2）。正如第 2 章介绍的那样，在任何特定的时间点，都可以根据顾客的需要和对特定产品或服务的欲望将其归入不同的群体，这是管理顾客异质性的常见方法。然而，即使归入同一个细分市场的顾客，其需要也会以不同的速率或朝不同的方向演变。在未来的某个时间点，曾经归入一个细分市场的顾客会形成非常不同的偏好。理解顾客以不同速率或朝不同方向迁移的原因，有助于企业制定管理顾客动态性的方法。也就是说，只有理解和识别顾客动态性（即顾客偏好随着时间推移而发生的变化）的来源，企业才有可能理解和管理顾客动态性。

即使归入同一个细分市场的顾客，其需要也会以不同的速率或朝不同的方向演变。在未来的某个时间点，曾经归入一个细分市场的顾客会形成非常不同的偏好。

顾客动态性的来源

顾客需要的变化是由多种因素引起的，顾客需要通常在不同的层次以不同的速度变化（见表 3-1）。第一，**离散的生活事件**（discrete life event）（如毕业、就业、结婚、生孩子或退休）会使单个顾客发生变化，这些事件对他们购买决策的许多方面产生直接影响。即使是顾客生活中较小的事件——比如看电视或外出就餐的次数变多，也可能会影响他们的品牌偏好。[3]如果经历过令人痛苦的离婚，一个人可能会避免其前任配偶最喜爱的品牌，以避免可能带来的心理困扰。[4]新毕业的大学生会改变他们对商店和品牌的偏好，因为当他们的角色从学生转变成员工时，他们的购物重点也发生了变化。[5]

第二，人们在成长过程中会缓慢地经历一个典型的生命周期，这会影响到他们对许多产品和服务的优先级的判断。为了满足顾客随年龄增长而不断变化的需要，营销人员发现了顾客在此过程中的各种心理和社会行为方面的变化。大多数顾客会变得乐于冒险或尝试新事物。营销中的生命周期框架可描述这些普遍的变化趋势。例如，年轻和单身的顾客往往关注那些承诺能使他们对潜在伴侣更有吸引力的产品

表3-1　顾客动态性的来源

描述	变化率	示例
个体层面		
离散的生活事件	即时	第一次当父母的人经常改变对汽车、度假和餐馆的偏好
随着年龄增长出现的典型生命周期或成熟度	缓慢的	随着年龄的增长，人们越来越倾向于规避风险，更加安于现状，因此更多地关注舒适度和健康
产品学习效应	中等	顾客在使用产品一段时间后，可能才会意识到他们想要什么样的专门的或高科技的功能
产品市场层面		
产品生命周期	中等	在早期，消费者可能更喜欢具有新功能的产品；在后期，消费者可能对价格更加敏感
环境层面		
经济、政府、产业或文化的变化	由慢到快	随着“健康食品”文化氛围的出现，作为对饮食担忧（如食物热量、钠、碳水化合物、麸质和脂肪）的回应，消费者对饮食的偏好随之改变

和服务（如古龙水、美容院和健身服务、专业设计的服装）。随着年龄的增长，顾客会更注重财务安全和人身安全。在人生的最后阶段，顾客在做购买决策时会变得比较保守，倾向于购买固定的品牌且更注重与卖家的关系。[6]虽然这些概括有助于认识顾客变化的一般规律，但它们都假设这些变化在所有消费者之间是没有差异的，实际上这种假设存在严重问题。

第三，顾客对最关键的属性的看法往往会发生系统性的变化，这取决于他们对产品或服务的经验和知识，这些经验和知识构成了学习效应。**顾客学习效应**（customer learning effect）是指顾客通过使用某产品而熟知该产品的过程。学习效应使得顾客因所增加的知识和体验而改变对产品不同属性的相对重要性的认知。[7]品牌经验同样影响着顾客未来的选择。[8]例如，习惯使用苹果产品的顾客可能更重视用户界面，并且不会考虑三星智能手机的新版本，即使三星手机提供了新功能也是如此。为了应对这些效应，一些企业努力在最初的“试机”（burn-in）或“上任”（onboarding）阶段就影响顾客。也就是说，为了吸引新顾客关注并使用企业的产品，企业设计了一些项目以确保与顾客在使用产品后的90天内进行一些互动。这些关系项目可使顾客有机会表达更高的满意度，购买额外的产品，并向朋友推荐该企业。[9]然而，有时学习效应会削弱顾客再次购买的意愿，例如，当顾客了解了一个品牌的特性并觉得它没有什么价值的时候。

第四，学习和经验引起的变化在顾客个人层面（如前所述）和产品市场层面都起作用。**产品生命周期**（product lifecycle）刻画了顾客购买依据和营销者行为随着产品品类逐渐成熟而发生的典型变化。例如，在推出新产品后，大部分新产品是通过试用购买销售出去的，营销人员通常会提供免费样品。当产品已经起步且发展速度加快时，顾客开始再次购买并通过口碑来影响其他人。企业这时可能不再提供免费样品，而是更多地关注维系顾客关系并推出顾客忠诚计划，制定更具竞争力的定价方案。这种观念是许多手机应用程序和视频游戏产品的营销战略基础，一些游戏产品生产商允许顾客在有限的时间内免费使用产品，当成熟的游戏在他们的生活中占据了重要地位后，顾客就会愿意付费，以实现继续玩游戏并在游戏中获得特殊地位的目的。

第五，顾客是在不断变化的环境中制定决策的。各国政府、行业贸易组织、非营利组织和营销人员一直在努力通过各种传播媒体来改变观念和规则。一些缓慢变化的文化事件采用代际标签或描述（如婴儿潮、千禧一代）的形式，以展示出生于不同时代的人之间的巨大差异。这些因素可以通过与其他因素的相互作用直接或间接地影响一个人的发展轨迹。例如，千禧一代生活在充满了技术因素的环境中，但与此同时，这代人正在经历离散的生活事件，比如成为父母。对于那些试图向年轻父母出售高科技产品来帮助他们的孩子获得安全或娱乐的营销人员而言，这些因素的相互作用具有重要的意义。此外，即使受到相似的环境因素的影响，在某个时间点具有相似偏好的消费者群体也可能随着时间的推移而分化。墨西哥卷饼快餐店（Chipotle）等企业已经意识到这种由多种因素引起的变化的影响，例如：

> 消费者的口味和偏好、消费模式和人口趋势的变化可能导致销售量下降……销售额可能会受到消费者偏好变化的影响，其中包括消费者对食物热量、钠、碳水化合物或脂肪等的偏好。这些变化可能导致消费者放弃我们的菜单而转向其他的食物。[10]

顾客动态性的这五个来源以累积的方式同时发挥作用，从而决定了顾客的需要和欲望是如何随着时间而变化的。如表 3－1 所示，一些顾客动态性的来源对消费者有直接的影响（如生第一个孩子、广为宣传的产品故障等），一些来源可能需要经历数十年的时间才会对消费者产生影响（如个人净资产、社会对吸烟的规范、关于房屋面积的文化趋势等）。此外，有些来源具有相反的影响。因此，它们对任何单个顾客的净影响是难以确定的。

顾客动态性：营销战略的基本假设

假设你正在创业。在花费时间和精力了解市场后，你可以通过“完美”匹配的产品和精心设计的定位战略进入一个新的且相对同质的目标细分市场。由于你的产品为这个新兴细分市场提供了最佳解决方案，而且其他成熟品牌的供应商并没有关注这个细分市场，所以你的销售额增长迅速。为了满足顾客日益增长的需要，你建立了更多的工厂、开发了更多的销售渠道并投资品牌建设。当然，这一切都是基于你有针对性的定位战略。

然而，随着一系列因素开始影响你的目标市场中的顾客，他们开始朝不同的方向迁移。一些顾客的财富增加了，他们想要价格更高并且更独特的产品，他们不再购买你提供的广泛流行的产品。一些顾客在使用产品一段时间后，更倾向于拥有一些专业化的且具有高科技功能的产品，而这些功能由一家小规模利基供应商提供。你可能会考虑添加这些额外的功能，但是你的企业已经发展壮大，这个小细分市场已不值得浪费企业的时间，而且你的工厂没有可以生产这些具有独特功能产品的设备。当你意识到现有顾客的平均年龄在增加时，你会产生更大的担忧。那些曾经被认为新鲜和酷炫的产品逐渐失去声望，一部分顾客似乎认为你的企业的品牌形象不再是他们想要的。

有一天你会意识到，你的企业已经定型，而你的顾客和其他顾客都已经发生了变化。专注于小规模新兴顾客群体的小型企业正盯着你现有的顾客。你的销售收入已经达到顶峰并开始下降，你却不知道要继续关注哪些顾客或顾客群体。你在生产设施和品牌建设方面的各种投资可能变成障碍和转换成本（品牌形象、销售渠道冲突），使得你更加难以获取某些特定的顾客。

上述这种情况是相当普遍的。只有垄断者或市场壁垒高筑的企业才能忽略现有顾客的变化。大多数企业必须了解、预测和调整以保留现有顾客，并满足顾客未来的需要。请从这个角度考虑以下两家汽车制造商的例子。

实例

通用汽车（美国）

通用汽车未能很好地管理其别克品牌的顾客动态性。随着顾客需要的变化，许多现有顾客逐渐转向其他供应商，别克只留下越来越少的年长的顾客。这意味着别克的顾客动态性管理出了问题。别克的品牌最终与老年人联系在了一起。尽管别克进行了重新定位，其平均顾客年龄仅从 62 岁下降到 59 岁。这在所有汽车品牌的平均顾客年龄中排第二。它的销售额降至十年前的一半。[11] 总的来说，别克未能很好地管理其顾客动态性。

与之相反的是本田。本田意识到随着顾客的年龄增长和净资产的增加，他们会寻求更昂贵、更有声望的汽车。尽管这些顾客表示对本田高度满意，但他们并没有再次购买本田车。相反，他们正在转向奢侈或高端品牌。基于对顾客需要已发生变化的认识，本田开发和推出讴歌系列产品，将其作为面向具有不同需要的顾客的高价豪华车。本田没有利用现有的经销商网络，而是在北美推出了 60 家新的经销商，以支持其讴歌汽车业务。这些经销商提供高端的设施以塑造顾客想要的品牌形象。讴歌在短短几年内成为美国最畅销的豪华汽车品牌之一。[12]

顾客总是在变化的。对这种动态性缺乏关注和理解将导致企业经营业绩不佳。因此，营销人员必须分析顾客当前的需要，以便对整个市场进行细分并选择目标市场，从而形成有效的定位战略（营销原则 1）。随着现有的和潜在的顾客发生变化，这种静态细分必须扩展到包含动态性。一些营销战略需要数年才得以实施，因而，直到顾客动态性的影响出现在企业财务报告中才采取行动为时已晚。事实上，顾客偏好随着时间的推移而发生变化是所有营销人员都要面对的基本问题，也是营销战略的第一原理之一。顾客总是在变化的，有效的营销战略必须对顾客动态性进行管理（营销原则 2）。本章的后续部分将重点介绍顾客动态性管理的方法、分析工具和指引框架。

营销原则 2：顾客总是在变化的，有效的营销战略必须对顾客动态性进行管理。

顾客动态性管理的方法

顾客动态性管理方法的演变

回顾过去的30年，我们可以更深刻地理解顾客动态性管理方法的演变。技术的快速革新、通信速度和广度的增加，以及许多制约变革的传统文化障碍的消失，共同提高了顾客发生变化的速度。例如，电话在20世纪初面世，它花了几十年的时间才进入50%的家庭；而在20世纪末，手机在不到5年的时间里便达到了同样的普及水平。[13]

技术的快速革新、通信速度和广度的增加，以及许多制约变革的传统文化障碍的消失，共同提高了顾客发生变化的速度。

实例

克里格公司（美国）

克里格公司（Keurig）是单杯咖啡制作系统的主要生产商。在其成立仅14年后，美国29%的市场就采用了克里格公司的这种系统。这种快速的发展是值得特别关注的，因为它发生在已经很成熟的咖啡市场上。[14]

目前，新兴顾客细分市场或新业务的进入壁垒有所减少。顾客变化更快，他们希望企业反应也更快。许多初创企业竞相寻找顾客的迁移点或变化点，从而发现市场切入点。优步在2009年成立时的目标是“破解旧金山可怕的出租车问题”，在短短的5年时间里，它已经扩展到200多个城市，如今企业估值约为410亿美元。[15]

总的来说，顾客动态性管理方法可分为三类。这些方法的每一个进步都是在寻求对变化做出更快的反应，并确保更好地满足较小顾客群体的需要——这是营销实践中的两个主要趋势。图3-1总结了不同的方法及其优缺点。

生命周期方法

20世纪五六十年代，研究人员提出将生命周期作为了解顾客、产品和行业动态的一种方法。生命周期的概念源自生物学领域，它是指所有生物都经历不同的成长阶段，生物在这个迁移过程中的位置决定了其生存期间的许多方面。根据研究重点的不同，生命周期视角应用于许多层面的分析，形成了顾客、产品和行业的生命周期模型。[16]具体而言：

● 顾客生命周期：20世纪60年代，营销人员尝试从生命周期的视角去预测购物行为和消费决策制定[17]，经济学家开始将其作为家庭支出的决定性因素。[18]这种

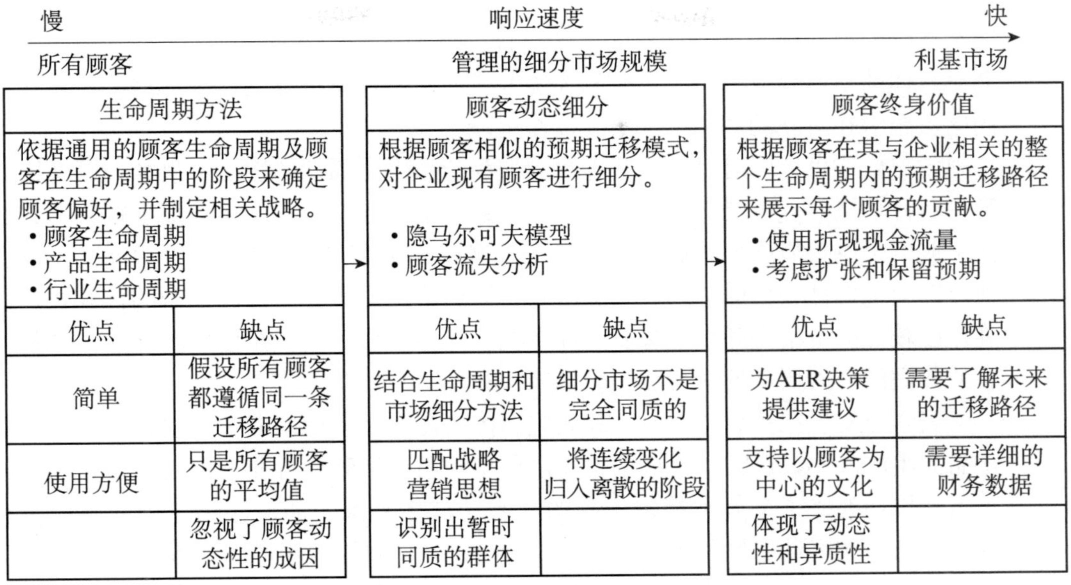

图 3－1　顾客动态性管理方法的演变

视角旨在展示个体年龄增长以及发生与年龄有关的里程碑事件（如上学、结婚、退休）时，个体会发生哪些典型的变化。营销战略的设计侧重于满足个体在各阶段的需要。

● 产品生命周期：这是三个生命周期模型中最流行的模型。这种产品层面的方法认为产品在被社会接受的过程中经历四个典型的阶段：导入期、成长期、成熟期和衰退期。因此，企业每种产品的营销战略都应该反映该产品在其发展过程中所处的阶段。在导入阶段，企业可能会向早期用户和意见领袖提供免费试用品，以强化口碑并加快传播过程；在衰退阶段，企业可能缩减营销支出以降低衰退产品的成本。

● 行业生命周期：行业生命周期包含五个阶段：

1. 早期阶段，确定范围和边界。
2. 创新阶段，旨在创建“主导设计”（dominant design）。
3. 淘汰阶段，以规模经济为标志，小型参与者被迫退出。
4. 成熟阶段，企业关注市场份额和现金流。
5. 衰退阶段，整个行业的销售在衰退。[19]

尽管经济学家通常研究行业生命周期，但是营销人员却往往忽视它，这是因为行业生命周期的大部分影响会体现在产品生命周期之中，企业可以更早地察觉到并做出反应。另外，营销人员通常在产品层面制定预算（如广告、折扣）。一些行业协会会进行一些投资。例如，在“喝牛奶了吗?”（Got Milk）宣传活动中，美国乳制品行业努力提高消费者的购买量，以扭转因消费者偏好变化而导致的行业下滑趋势。[20]

每个生命周期模型都以相似的方式处理顾客动态性，但其汇总层面不同。例如，在顾客生命周期中，可以对跨多个产品和企业的顾客进行汇总，以识别顾客随年龄增长而发生的与产品差异无关的平均变化或迁移。这种随着时间推移而产生的变化通常用不同的年龄段来展示。顾客生命周期主要是展示了表 3-1 中所示的顾客动态性的前两个来源（离散的生活事件、典型生命周期阶段）。但是顾客生命周期对具体的学习效应、产品效应和环境效应的判断是不精确的，因为这些效应在不同的甚至潜在对立的"周期"中发挥作用。

学习效应可以同时反映顾客生命周期和产品生命周期的影响。例如，顾客购买第一台计算机时，可能选择配备售货员讲解的全服务零售商，从它那里购买一台性能一般但提供售后服务的机器。当这个顾客变得更有经验并且有了独特的需要后，他可能会根据计算机的使用方式和功能，转向从网上零售商订购定制的计算机，以确保以较低的价格得到真正想要的计算机。这种迁移反映了在任何产品品类中都存在的典型的个人层面的学习和经验效应。

当学习发生在社会层面时，其效应会体现在产品生命周期中。也就是说，随着产品品类的成熟，产品生命周期将展示典型的用户经验和行业发展效应。然而，产品生命周期忽略了个人和特定产品的顾客动态性来源（即关注第三个和第四个来源，但忽略顾客动态性的第一个和第二个来源）。例如，在产品市场层面，在产品导入阶段，几乎所有个人电脑的销售都需要高水平的销售支持，如美国的无线电音响城（Radio Shack）等零售商店的店员所提供的销售支持。[21]但是，随着这个产品不断"成熟"，即使是新顾客也觉得自己有足够的知识和信心在网上购买个人电脑，并且在没有销售支持的情况下做出设计决策（如戴尔的在线购物体验）。具有更多专业知识的顾客可能会直接购买独立的组件，然后装配自己的计算机。最终，顾客对无线电音响城销售支持服务的需要在很大程度上会消失，当零售商无法跟上这些顾客动态性的步伐时，无线电音响城就会消失。

使用生命周期方法来管理顾客动态性的最大优点之一是其简单性和易用性，这可能解释了为什么它在市场营销课程和教材中仍然如此流行。图 3-2 展示了一个通用的产品生命周期及其所包含的四个阶段。

这种方法假定所有顾客或产品都遵循预定的生命周期曲线，据此为每个阶段提供最佳的营销战略指引。然而，考虑到多方面的原因，这样做是有问题的。尤其是它使用的是所有顾客或所有产品的平均值，并假设（是不准确的）所有顾客和产品都会以相同的方式演变。如果企业顾客组合中的不同顾客朝不同方向迁移，那么，平均值就不能准确预测顾客对中等互动环境中中等价位的产品的需求。例如，有些顾客正处于职业上升期，因此需要在高互动环境下购买更昂贵、功能更多的产品；有些顾客有了孩子，因此试图降低购买成本并尽量节省时间，需要在低互动环境下购买。那么，依据这个平均值制定的营销战略将不能吸引这两个细分市场，最多只能满足现实中极少数顾客的需求。

使用通用的生命周期方法，管理者会在大量的顾客、产品和行业中进行平均，从而对事物如何变化形成一个总体的了解。但是这不能为特定的顾客或产品市场提供可行的指导。例如，千禧一代（出生于 1977—2000 年间）是历史上最多样化的一代，一些研究人员认为只用六个细分群体就可描述他们。基于他们对技术、营销、媒体习惯以及人生观等问题的回答，这些研究确定了以下细分群体：千禧主流（hip-ennial），千禧妈妈（millennial mom），反千禧世代（anti-millennial），科技玩家（gadget guru），绿生活家（clean and green millennial），老派一代（old-school

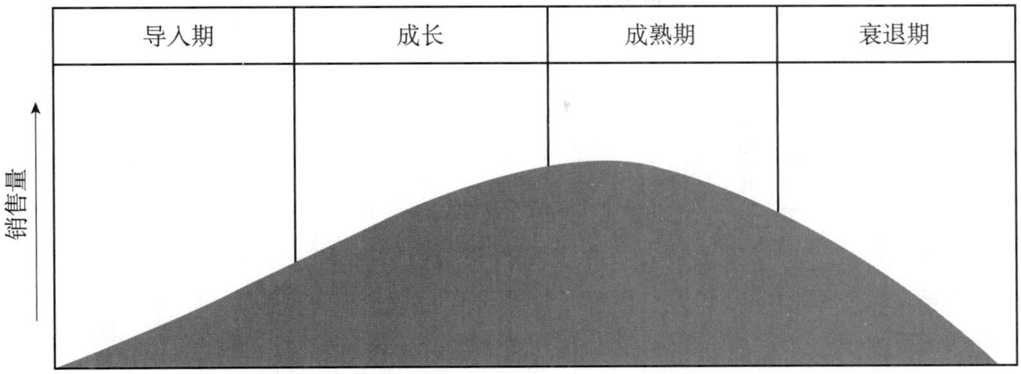

	导入期	成长	成熟期	衰退期
各阶段描述	• 产品刚刚在市场上推出时，顾客通常会认为该产品是有风险的。 • 大多数的功能仍然不为顾客和卖家所知。 • 价格高。 • 卖家侧重于寻找新顾客并鼓励其试用产品。	• 产品获得市场认可，销售额迅速增长。 • 顾客对产品更加熟悉并对自己想要的功能更加了解。 • 卖家侧重于保留顾客，并形成重复销售。 • 顾客对价格越来越敏感。	• 产品被广泛接受，但是因为新用户数量减少，产品的增长开始放慢。 • 市场竞争激烈，一些企业会退出。 • 激烈的价格竞争会降低利润。 • 一些卖家侧重于利基市场，以避免竞争压力。	• 破坏性竞争以及消费者不断变化的需要和欲望导致产品销量下降。 • 企业的销售额和利润下降。 • 成本较高且没有独特优势的企业会退出市场。 • 市场通常会合并，只剩下较少的供应商。

图 3-2　典型产品生命周期

millennial)。[22] 营销人员如果基于这种泛泛的年龄和偏好分组来确定顾客对企业特定产品的需求，结果可能是令人失望的。

每类生命周期都不能对同时存在的其他若干顾客动态性来源提供深入的分析。事实上，与企业特定顾客和产品相关的各种顾客动态性来源，对于制定有效的营销战略都是至关重要的。

顾客动态细分方法

生命周期方法的一个演变是将营销原则 1 的一些见解用于解决顾客动态性问题，并按照一个预期相似的迁移模式标准来细分企业的现有顾客。例如，我们可以预见，在与企业打交道的三个阶段中，顾客之间具有相似的动态性，如图 3-3 所示。这种基于动态性的细分有时称为获取、扩张、保留模型（acquisition，expansion，retention（AER）model），因为它展示了顾客会进入企业并随着时间的推移而不断积累，但同时有些顾客会慢慢离开。它也被非正式地称为“浴缸模型”（bathtub model），以刻画顾客像水一样流入和流出浴缸。

顾客首次评估一家企业时首先会了解其产品，以及如何与该企业建立联系。因此，**获取阶段**（acquisition stage）始于顾客与企业的第一次接触。这通常发生在第一次购买行为之前，此时的准顾客（prospective customers）和早期顾客具有相似的需要。与某个产品市场中的所有潜在顾客相比，这些准顾客更具有同质性。他们已经从一家或几家企业自行选择了供应物，因此其个体差异的变化较小（即顾客动

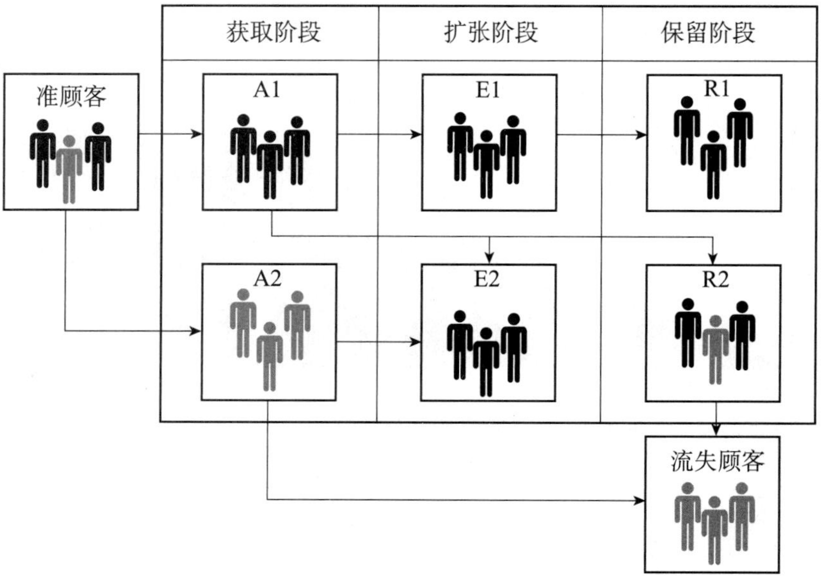

图 3－3 顾客动态细分方法（AER 模型）

态性的前两个来源）。例如，相较于所有汽车经销商的全体购物者，在保时捷经销店购物的顾客更具有相似性，因此，他们未来的动态性可能更加相似。

在顾客获取阶段之后，企业对顾客的管理从**顾客上任**（customer onboarding）开始。顾客上任是指一个有计划地将新顾客导入企业的过程。该过程旨在提升顾客的长期满意度与忠诚度。它始于顾客与企业的第一次互动，可能持续 3～6 个月——这取决于顾客与企业互动的复杂性。成功的顾客上任可以降低成本，增加交叉销售，提高保留率。[23]正如西雅图的一位银行经理在 MBA 课程中所讲述的那样，对其新的网上银行顾客来说，通过一个“健康检查”（health check）电话对顾客进行核实，明显地提高了顾客在一年后的保留率。然而，如果 6 个月后才打这个电话，那么它对保留率基本不会产生影响。顾客上任的相关研究表明，在初始评估阶段（当顾客仍在评估供应物时），良好的顾客服务对顾客的未来轨迹有重要的影响；在顾客确定了他们的行动路线后再提供良好的顾客服务，其效果较差。[24]

在顾客与企业进行一段时间的交易后，顾客的需要和欲望会不断变化。企业可根据他们的迁移模式或不断变化的需要将他们细分成不同的群体，以应对这种变化。在**扩张阶段**（expansion stage），企业试图向现有顾客进行追加销售或交叉销售，并加强与现有顾客的接触。英国在线零售商 ASOS 发现 50%的订单是在手机上完成的，它将大于 5%的销售收入用于营销活动，以支持其数字营销和移动营销活动，旨在强化与现有顾客群的互动，建立他们的忠诚并扩大销售。[25]然而，扩张策略不能仅仅关注销售额和利润率的增长，同样需要预测和适应顾客未来的迁移路径。这种方法有助于防止成熟的顾客转向竞争对手的供应物，当竞争对手的供应物所提供的产品属性在顾客心中变得更加重要时更是如此。例如，金融服务行业已经确定了一个典型的顾客迁移路径。在这个迁移路径中，一个大学高年级的顾客通过“轻松注册”获得信用卡后成为银行的新客户。当他们开始从事第一份工作时，往往需要更多的金融服务和个人交互，包括汽车融资和支票账户等。这个扩张阶段是至关重要的，如果信用卡发行商未能在这些顾客刚毕业时提供其他服务，那么竞争对手就可以趁机将他们转换成自己的信用卡业务顾客。

最后，与企业长期相处之后，即使顾客正在使用最能满足他们需要的供应物，顾客与企业之间的关系也有可能停滞不前，特别是在日用品和体验式服务方面，消费者往往只是因为新事物的一点差异性就想去尝试（如餐馆、度假胜地、服装、咖啡店）。

倘若企业与顾客之间没有牢固的关系纽带（relational bond），即使企业增加了与顾客互动的广度和深度，顾客也可能转向竞争对手。**保留阶段**（retention stage）主要是应对那些由于核心供应物不匹配或变化的生活事件引发的想要迁移的顾客，或者是那些一直有转换倾向、想“另谋高就”（greener pastures）的顾客。一些顾客保留策略旨在增加顾客转向竞争对手所需的转换成本（如具有高额取消成本的服务合同、自定义的数据格式）。这种方式在短期内通常是有效的，但随后会引发顾客的激烈反应。令顾客不舒服的依赖感和“锁定”感最终会破坏他们的忠诚，给他们趁机传播负面口碑并离开的理由。目前，手机和有线电视提供商正面临着多年前签订的合同和捆绑交易所带来的负面影响。低满意度和低忠诚度促使顾客积极寻求替代品以“冲破束缚”（cut the cord）。

保留顾客的其他方法包括将产品（如哈雷戴维森、宝马）与个人身份联系起来以提高品牌忠诚度，或者建立顾客与企业员工（如家庭医生、发型师）之间的关系，从而使他们的互动看起来不仅仅是商业交易。顾客与企业的品牌和一线员工（如销售人员）之间的关系常常是顾客转换的最大障碍。[26]

依据获取、扩张与保留（AER）阶段对顾客进行细分主要有以下优势：

1. 在许多方面，这种方法是生命周期视角的一种自然二阶近似（natural second-order approximation），它将顾客异质性管理（营销原则 1）的细分方法应用于顾客动态性管理（营销原则 2）。

2. 通过将顾客划分成图 3－3 中的三个阶段来管理顾客动态性，符合企业对各个阶段营销行为的看法和执行方式。例如，一些企业设置一个独立小组来负责顾客保留，并给这个小组配备专门的人员、预算和绩效指标，以更好地保留现有顾客。

3. 较之其他识别具有相同迁移模式的群体的细分标准，顾客在企业的顾客组合中暂时所处的位置通常是相对有效的标准。[27]

尽管企业可以从顾客动态细分（而不是假设所有企业的所有顾客都以相同的方式迁移）中取得更大的成效，但是，从大的方面来看，营销原则 1 中的顾客细分方法和基本生命周期方法的优缺点依然存在。例如，不论一个企业在每个阶段分出多少个细分市场，同一个细分市场中的顾客总会有所不同。AER 三阶段方法只是在三个离散的时间阶段分别对顾客的变化进行管理和评估，然而，顾客的变化实际上是一个长期且连续的过程。

隐马尔可夫模型分析

实证建模人员开发了一种技术来克服 AER 三个离散的时间段的缺点。如果一个企业拥有能够反映顾客在多个时间段内行为的数据，这个企业就可以使用该技术。具体而言，**隐马尔可夫模型**（hidden Markov model，HMM）依据顾客过去行为的变化来识别顾客所处的“状态”（states），并对顾客在这些不同状态之间转换的可能性建模。[28]隐马尔可夫模型中的状态描述了顾客在不同时间点可能表现出的不同类型的行为（如大笔消费、频繁消费）；状态之间的转换体现了顾客（或顾客群体）可以在任何时间从一种状态转换到另一种状态的观念。这种方法事先并不知道状态的数量和企业顾客组合分析中出现的特定迁移路径。数据分析技术 3－1 提供了隐马尔可夫模型的概述，包括它的简介、使用场景、使用方式以及实例。

数据分析技术 3－1

隐马尔可夫模型分析

简介

隐马尔可夫模型（Hidden Markov Model，HMM）揭示了顾客行为的状态，以及这些状态演变的方式。由于每个状态都对某些顾客群体在其与企业关系中的共同行为进行了刻画，因此隐马尔可夫模型分析是动态细分的一种形式。

使用场景

- 了解顾客与企业关系的动态性状态。
- 动态地细分顾客群体。
- 预测顾客可能会何时改变状态，因为这可能意味着其对企业更高或更低的价值。
- 确定何时主动建立顾客关系。

使用方式

顾客与企业的关系可能存在于几个未被观察（或隐藏）的状态中，这种关系在每个状态中都有一定的存在概率。顾客的行为随着状态的变化而变化，因此“强”状态中的顾客会比“弱”状态中的顾客消费得多。在隐马尔可夫模型中，顾客从一种状态转到另一种状态的概率是有限的，并受到企业营销努力的部分影响。例如，广告可能会使顾客从较弱的状态转到较强的状态。

将顾客行为（如购买）和企业行为（如营销）作为输入，隐马尔可夫模型有以下五种输出：

1. 数据中可能存在的状态（或动态性状态）的数量。
2. 顾客处于每种状态的初始概率。
3. 转移概率，即顾客从一种状态转到另一种状态的概率。
4. 一个行为的条件概率，假定顾客的状态是隐藏的。
5. 市场营销对顾客的状态转移的影响。

实例

为了动态地细分校友捐赠行为，并调查哪些营销活动对捐助者捐款有促进效应，ABC 大学进行了隐马尔可夫模型分析，并确定了三个隐藏的状态：休眠状态（对应于没有捐赠），偶尔状态（对应于不经常捐赠），活跃状态（对应于频繁捐赠）。在低营销努力情况下，休眠顾客在下一个阶段保持休眠状态的概率为 90%，活跃顾客有 33%的概率在下一个阶段成为偶尔捐赠的顾客。但是在高营销努力下，休眠顾客在下一阶段进入偶尔状态的概率为 57%，活跃的顾客只有 25%的概率在下一阶段进入偶尔状态，这两个结果都对 ABC 大学有利。

转变：低营销努力

	休眠	偶尔	活跃
休眠	0.90	0.10	0.00
偶尔	0.08	0.55	0.37
活跃	0.02	0.33	0.65

转变：高营销努力

	休眠	偶尔	活跃
休眠	0.40	0.57	0.03
偶尔	0.03	0.50	0.47
活跃	0.00	0.25	0.75

在这里提供另一个动态性细分的例子。我们使用了346个B2B顾客提供的纵向面板数据，这些顾客提供了6年来与某个名列《财富》企业500强的供应商之间的关系数据。[29]这项应用隐马尔可夫模型的研究，旨在识别供应商与其渠道合作伙伴的关系随时间推移而发生的变化，并确定这种关系在不同状态之间迁移的驱动因素。通过这些数据和隐马尔可夫模型，该研究得出了如图3-4所示的四种关系状态。

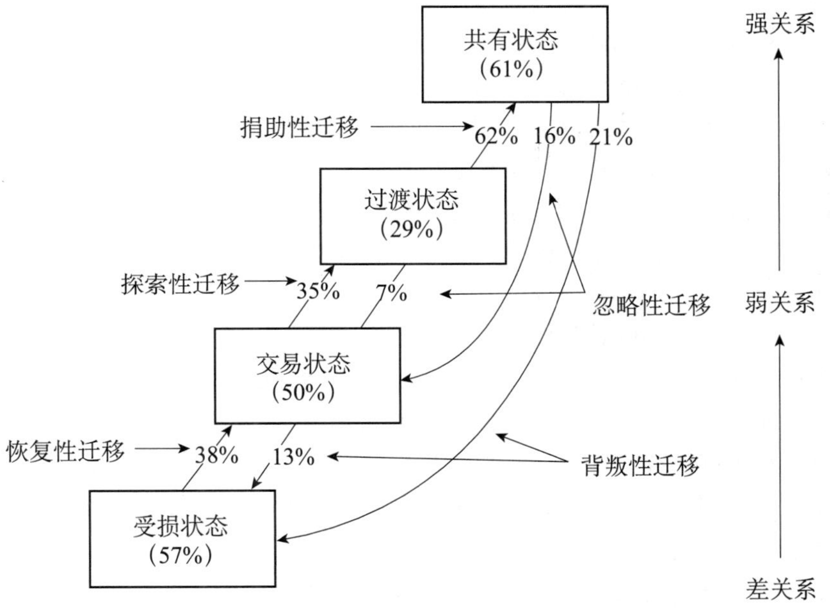

图3-4 隐马尔可夫模型分析：关系状态和迁移路径

注：百分比表示每年顾客迁移或保持关系的数量。

资料来源：Zhang, J., Watson, G., Palmatier, R. W. and Dant, R. (2013) "Integrating relationship marketing and lifecycle perspectives: Strategies for effective relationship migrations," *Marketing Science Institute Working Paper Series*, 13-121, pp. 1-48; Zhang, J., Watson, G., Palmatier, R. W. and Dant, R. (2016) "Dynamic relationship marketing," *Journal of Marketing*, 80 (5), pp. 53-75.

第一，在交易状态（transactional state）下，这些关系反映了低水平的顾客信任、顾客承诺、顾客依赖和关系规范。对于供应商来说，一半的顾客关系处于这种状态。在这个状态下，顾客只提供中等水平的合作、利润或销量增长。此外，尽管有35%的顾客会转到更强的关系状态，但是仍然有大约一半的顾客会一直保持这种状态，并且有13%的顾客会转到更弱或受损的关系状态。这就跟第一次约会一样，交易状态在为顾客提供一些价值的同时，也提供了让顾客评估这段关系的机会；但是，这会让他们以更加开放的心态去考虑其他可能提供更多价值的选择。

第二，如果顾客沿着积极的迁移路径进入过渡状态（transitional state），那么他们只会短暂地停留在这个状态。也就是说，每年大约有 2/3 的顾客会离开这个状态。尽管如此，它仍然代表了一个独立的状态，因为当顾客留在这个状态时，会表现出更大的利润潜力、合作意愿和销量增长。他们的关系规范正在显著地变化——比其他方面的变化高 3～5 倍。这就意味着在这种状态下，特定的关系交换规则（而不是合同）在引导双方的交互。按照上文关于约会的比喻，这个状态就像是订婚状态。双方都已经认定对方有望成为未来的利益方，也向对方提供了一些承诺，正迈向更密切的联系，但是仍然有一些在必要时可以考虑的替代选择。

第三，进入“结婚”状态。也就是说，在共有状态（communal state）中，信任、承诺、依赖和关系规范的水平比其他任何状态中都高，这种关系产生了良好的合作和利润。这个状态是有“黏性”的：每年有 61%的顾客停留在这个状态。但是，如果一些事情发生改变，特别是当一方认为另一方有违规的情况发生时，双方都不会回到上一个较弱的状态，事实上，他们会直接转到受损状态。

第四，受损状态（damaged state）与“分居”或者离婚前的状态相似。在受损状态中，虽然顾客往往仍有较高的依赖程度，但是会产生低水平的信任和承诺，以及极低水平的关系规范与合作。想要从受损状态中恢复关系是困难的，以至于一半以上的顾客年复一年地停留在受损状态。他们即使从受损状态中恢复，往往也只能进入交易状态。此时的关系可能并没有受损状态时那么差，但如果不是因为顾客的高依赖度，许多关系可能就会结束了。这类似于想要离婚的人仍然需要互动来共同抚养孩子。

这个示例中的数据确定了五个“典型”（prototypical）的路径，以展示顾客与企业关系在四种状态之间的迁移。图 3 - 4 中隐马尔可夫模型的结果阐明了这些关系可能改善（探索、捐助、恢复）或衰退（忽略、背叛）。试想顾客从交易状态向过渡状态的迁移。这个迁移需要进行探索，因为合作方在探索创造价值的潜力，也在展示他们愿意公平地分享回报的意愿。除了识别价值机会和建立规范，沟通和能力策略可以提高这一探索性迁移机制的有效性。

对于迁移到共有状态的关系，这个机制要确保更高的信任、顾客承诺和关系规范，从而使关系纽带更牢固。捐助性迁移（endowment migration）意味着，随着合作伙伴之间建立强大的关系纽带和日益增长的依赖性，顾客对企业的依赖性会大幅度增加（比其他变量高出 2～3 倍），这一切都源于他们在交换关系中所付出的不可收回的投资。在商业关系中，当绩效达到最高水平时，**关系投资**（relationship investments）就变得至关重要。关系投资反映了合作伙伴所投入的时间、资源和精力，这种投资使双方能够充分发挥它们创造价值的能力。[30]

最后，过渡状态和共有状态到交易状态的变化展示了忽略性迁移过程。在这种模式中，状态变量会由于消极的忽视（通常表现为缺乏沟通）而衰减。忽视会增加使关系返回交易状态的可能性。如果没有消极的忽视，这种迁移过程可能是因为遭到有目的的行为的损害，比如冲突或不公正，这意味着背叛。这些多个路径组合的情感共振效应会对关系造成极大的损害。

上述示例使用隐马尔可夫模型展示了动态细分的众多好处。这种细分的重点在于顾客与企业关系的状态和状态的变化。在分析顾客消费的状态和顾客迁移的常见触发机制方面，买家与卖家的关系状态可能比来自企业关系管理数据库中的行为数据（如购买量、购买频率、产品选择）更具推广性。但是，其方法和形式是类似的。

流失顾客分析

流失顾客分析（lost customer analysis）是一个功能强大的事后诊断工具。最简单的形式是，企业与已经离开的顾客联系并找出他们离开的原因，然后有针对性地解决问题，从而确保其他顾客不会由于同样的原因离开。来自流失顾客的数据通常信息很丰富，因为这些顾客了解企业及其产品、服务和人员。在这点上，他们与那些从未使用过该企业产品且对其实际性能知之甚少的潜在顾客或非顾客不同。现有顾客很可能提供有偏差的回复，因为他们担心任何一个负面评价都可能损害现有关系。但是，流失顾客已经投入了时间和精力去做出改变，这就意味着他们可能更愿意分享他们在与企业的关系中所遇到的问题。

流失顾客分析是一个功能强大的事后诊断工具。最简单的形式是，企业与已经离开的顾客联系并找出他们离开的原因，然后有针对性地解决问题，从而确保其他顾客不会由于同样的原因离开。

然而，当企业想从流失的顾客那里收集数据的时候，这些顾客已经离开了。而且，通常情况下，企业只有在出现大量的流失顾客后，才会认识到这些顾客的流失不是正常的顾客流失，而是反映出企业存在一定的问题。企业对问题的响应时间可能会相当长，这取决于问题本身及其特点。其风险在于许多顾客在企业解决问题之前就流失了。最终，在流失顾客的分析中能观察到的唯一变化就是顾客离开（退出迁移）。然而，许多其他可能对企业的销售额和利润产生重大影响的顾客变化和企业行为（如获取阶段的顾客上任、扩张阶段的交叉销售）仍然不被关注。

尽管如此，流失顾客分析的三个步骤仍很有吸引力，因为它们提供了对企业优点和缺点的深刻见解：

1. 企业定期联系流失的顾客，以确定他们流失的原因、去向，以及潜在的修复策略。

● 一些客户较少的 B2B 企业会拜访所有的流失顾客。

● 大多数 B2C 企业，要么定期对流失顾客进行抽样分析，要么使用某项标准来确定需要访问的顾客。

● 在理想情况下，联系顾客的人应是一位中立的、没有与顾客进行过互动的员工。与流失顾客接触过的销售人员不应成为联系人，因为他们可能是顾客流失的原因。如果与顾客接触过的员工成为联系人，顾客就不太可能提供诚实的答案。

2. 如果流失的顾客不在企业的主要目标市场中，那么企业可以：

● 改变顾客获取标准，以避免为不合适的顾客支付获取成本。当企业对员工吸引“新”顾客进行奖励时，这一点尤其重要。

● 评估顾客扩张战略以开辟一个新的子细分群体。这么做的前提是用“新”产品来吸引这些顾客是有财务和战略意义的。如前所述，本田推出讴歌在很大程度上是为了确保它有一个可供顾客选择的产品，以满足正在从本田迁移到竞争对手豪华汽车品牌的顾客的需要。

3. 如果流失的顾客在企业的目标市场中，那么企业应该：

- 如果涉及一些明确的产品或服务的失败，应直接解决问题。
- 如果顾客流失的基准水平过高（即顾客流失不是由任何具体问题引起的，而是由于普遍缺乏忠诚度），则实施保留策略来建立品牌和关系忠诚度。第 5～7 章将详细介绍一些关于顾客保留的干预和营销策略，这些策略对于每类问题或顾客群都可能是有效的。

作为一个强大的诊断工具，流失顾客分析应该被整合到顾客的动态细分方法中。**选择模型**（choice model）有助于对流失的顾客进行分析，并能在整个 AER 阶段进行分析。因为它可以综合利用顾客特征、顾客过去的行为、企业的营销行为等数据来预测顾客选择/反应（如参与、交叉购买、离开）的可能性。数据分析技术 3 - 2 对理解个体顾客选择的工具——选择模型分析进行了概述。

数据分析技术 3 - 2

选择模型分析

简介

选择模型是一个数学模型，它可以预测顾客出现可观察到的选择或反应的可能性如何受到企业的营销干预和顾客特征的影响。

使用场景

- 在面对许多产品选择时，确定顾客最有可能的选择。
- 确定影响顾客选择可能性的最重要的因素。
- 根据顾客选择的驱动因素的相似性，进行顾客细分和目标顾客选择。
- 根据顾客的选择，模拟各种产品的潜在市场份额。

使用方式

在选择模型中，假设每个人都会从几个产品中获得一个未被观察到的特定产品，个人会选择提供最大效用的产品。选择模型中的因变量是二元的，即每个人选择或不选择产品。假定每个产品的吸引力源自一组有限的属性（如品牌名称、价格）。选择模型中的自变量是每个产品属性的强度。例如，产品 1 可能具有低价格，产品 2 可能具有高价格。

该模型使用两项输入（因变量和自变量）来估计以下几项输出：

1. 它提供了顾客选择某个产品的每个属性的权重（或系数）。这就提供了影响顾客选择可能性的最重要的因素。

2. 它具有预测性。例如，当我们只能观察产品属性时，可以使用模型提供的属性和权重来预测一组新顾客可能做出的选择。这就使得企业可以根据不同选择的可能性进行顾客细分和目标顾客选择。

3. 该模型可以将所有顾客在面临所有产品时所做出的选择汇总，从而模拟出一个产品品类的市场份额。这可以帮助管理者更好地规划营销工作。

实例

一家零售商计划在其漂白剂品类中引进漂白剂的自有品牌（C品牌），而该漂白剂品类已有两个全国性品牌（A品牌和B品牌）。负责商店品牌的管理者拿到了所有零售店面关于A品牌和B品牌的交易数据，如销售额、价格和促销活动等。利用选择模型，管理者分别获得了关于价格和促销活动的权重和弹性系数。当A品牌的价格上涨1%时，A品牌的销量下降2.7%，但B品牌的销量上升1.6%。当B品牌的价格上涨1%时，B品牌的销量下降3.7%，但A品牌的销量上升1.2%。当A品牌和B品牌的促销强度（连续两周降价10%）都提高1%时，它们的销售额分别增加8%和6%。该模型与数据高度拟合，因此零售店的管理者对结果充满了信心。另外，管理者获知频繁的价格促销活动和低价确实会使市场份额显著增加。

因此，零售商经理决定在引入自有品牌（C品牌）时，将其定位为低价的通用型漂白剂（价格比A品牌和B品牌低20%），并进行更加频繁的价格促销活动（比A品牌和B品牌多20%）。此次引入自有品牌的目标是抢夺A品牌和B品牌的市场份额。在此品类中，价格会对销售产生重大的影响（从选择模型中得出）。

顾客终身价值方法

顾客终身价值的顾客动态管理方法通常与AER动态细分方法结合使用，前者更像是一种改进完善，而非一种完全独立的方法。顾客终身价值（customer lifetime value，CLV）通过确定每个顾客销售额与成本额的折现值，来反映顾客在其与企业的关系中各个预期迁移路径上总的贡献。顾客终身价值考虑了顾客异质性（营销原则1），因为它是在个体顾客或细分市场层面计算的，而不是假设企业所有顾客都具有相同的经济价值。它还考虑了顾客动态性（营销原则2），因为它对获取和扩张阶段的现金流量（销售和成本）进行了贴现计算，并对顾客或细分市场预期迁移轨迹中的交叉销售和保留预期进行了整合。

计算顾客的终身价值需要基于单个顾客或细分市场的特征，以及大量的单个顾客或细分市场层面的财务数据，从而对未来可能的迁移路径有深入的了解。顾客终身价值分析的成效将证明为数据收集付出的努力是值得的。

实例

顾客终身价值方法（澳大利亚和新西兰）

一项对澳大利亚和新西兰的255个首席营销官和市场总监进行的调查发现，那些回答“总是衡量每个顾客的终身价值”的营销人员，其年度营销预算平均增长了16%；相比之下，那些回答“没有衡量顾客终身价值”的营销人员没有增加任何营销预算。该调查还显示，75%的营销人员正在积极地开展与顾客终身价值相关的工作，这表明他们对顾客终身价值方法越来越感兴趣。[31]

使用顾客终身价值方法来管理顾客动态性有多方面的优势，包括有助于从顾客层面在不同的 AER 阶段之间进行权衡和制定资源分配决策。例如，许多企业有一些特殊的计划来获得新的顾客，如给予专门发现者（special finder）费用或佣金、首次购买给予折扣，以及鼓励员工或现有顾客推荐其他顾客。这种获取新顾客的努力往往影响保留率和 CLV，但营销决策并没有考虑到这种关联性。例如，银行的顾客获取活动表明，在激励结束后，只有 1/3 以这种方式获得的新顾客仍留在企业。因此，一些企业采用不同的团队、指标、策略和预算来实现顾客获取和保留，从而将获取、扩张和保留工作分开。总体而言，单独对顾客获取和保留进行优化并不是最理想的。[32]

相比之下，CLV 提供了管理者所需的所有信息，以便管理者做出最佳的获取、扩张与保留决策。企业可以知道在顾客生命周期的各阶段，每个顾客分别值得企业付出多少努力（成本、时间），而顾客获取或保留的数量或比例并不能提供这些信息。接下来，所有的 AER 战略都可以聚焦于使得 CLV 最大化，这就从本质上解释了三个阶段之间的关系，以及顾客的异质性和动态性。

顾客终身价值的另一个优势指向的是企业的整体文化，但它并不太明显。CLV 方法鼓励企业将利润看作每个顾客整体价值的总和，而不是各地区各产品线收入之和。因此，顾客成为企业思维的核心，企业将根据顾客对企业长期价值的影响来评估各项市场营销决策。从顾客开始并围绕顾客开展工作——CLV 的顾客中心化视角有助于确保开展有益的实践，而不是只将“以顾客为中心”作为使命陈述中的口号。通过 CLV 方法，企业不仅能够更快地发现和响应顾客和市场的变化，而且能够更好地管理其顾客的动态性。

一家以产品为中心的企业根据产品盈利能力来衡量其业务水平，而一家以顾客为中心的企业则以顾客盈利能力为基础来衡量其业务水平。

假设这两家企业都卖灯泡。随着节约能源的意识日益增强，一些顾客的需要和欲望发生了变化，以产品为中心的企业不太可能感知到任何具体的顾客变化，因为只有对绿色产品更感兴趣的顾客才有可能发生变化。其他类型的顾客可能会继续购买相同的常规产品。政府可能鼓励大部分消费者购买节能产品。直到许多顾客做出改变时，这种累积效应才会在产品线盈利能力的衡量指标上反映出来。然而，对一个顾客中心化的企业来说，这种变化几乎马上就会被发觉，这是因为从具有环保意识的顾客那里获得的实际利润与企业先前预期的 CLV 有所差异。企业一旦发现了这些变化，诊断出变化的原因相对简单，因为企业可以确定用以计算 CLV 的哪些输入发生了改变（如获取成本、销售水平、利润率、保留率）。

若干简化措施使 CLV 的计算更加直接。数据分析技术 3-3 描述了计算顾客终身价值的方程并提供了一个简单的例子。假定边际贡献率和营销成本不随时间而变化，那么第 i 个顾客的以货币单位（美元）体现的 CLV 可简化到只需要五项输入[33]：

1. M_i——第 i 位顾客的利润（美元）（销售额×利润率）
2. C_i——第 i 位顾客的年营销成本（美元）
3. r_i——第 i 位顾客的保留率（%）
4. d——折现率（%）

5. A_i——第 i 位顾客的获取成本（美元）

提高利润率和保留率，同时降低获取成本、年营销成本和折现率，都会提高第 i 位顾客的终身价值。简化公式还展示了 CLV 如何整合来自获取（A_i）和保留（r_i）阶段的数据。理想情况下，CLV 分析是在顾客个体层面进行的。然而，企业通常先针对具有相似顾客或相似人物形象的顾客群计算 CLV，然后，在细化 CLV 的输入时扩大群体的数量。一些金融机构追踪了 100 多个内部顾客细分市场的顾客终身价值，为其顾客组合提供了更细致的洞察。

实例

加拿大皇家银行（加拿大）

加拿大皇家银行（RBC）经过长时间的评估发现，医学生是具有高 CLV 的顾客。因此，RBC 实施了一项计划，以便在顾客职业生涯早期满足他们的需要。例如，为他们提供信用卡、助学贷款、新业务贷款等。第一年，RBC 在这个细分市场中的市场份额从 2%上升到 18%，这些顾客创造的平均销售额几乎是普通顾客的四倍[34]，而且这些顾客的忠诚度很高，这降低了流失的风险。总而言之，这个细分市场代表了高 CLV 的顾客，有针对性的获取、扩张与保留战略使得企业可以更好地管理这些有价值的顾客，并贯穿他们从“学生”到开展医疗业务，再到取得职业成功的全过程。

几十年来，直销商一直使用 CLV 的简化版来寻找目标顾客，以寄送那些昂贵的邮购目录。它们使用了三种随时可得到的顾客行为信息：

1. 最近一次的购买时间（recency），或距上次购买的时间。
2. 购买频率（frequency），上期购买的频率。
3. 购买金额（monetary），上期购买的货币价值。

可根据 RFM（最近一次的购买时间、购买频率和购买金额）变量过去一年的情况将顾客归入一系列群组中（不是通过建模，而是通过排序归类）。依据每个群体中少数顾客的测试邮件所获取的利润值，直销商只将目录邮寄给那些投资回报达到可接受水平的群体。正如预期的那样，在一对一测试中，基于 CLV 的方法始终优于 RFM 技术。在一项研究中，24 个月内，基于 CLV 方法所创造的价值比基于 RFM 方法所创造的价值高出 45%。[35]

数据分析技术 3-3

顾客终身价值分析

简介

这种方法量化了顾客未来的盈利能力。它将企业或产品层面的利润率分解到顾客层面，促进了顾客中心化。

使用场景

- 当确定哪些顾客值得获取和保留时。
- 确定营销项目的目标顾客，以最大限度地提高企业营销投资的回报率。
- 了解顾客对企业的“真正”价值，包括利润和成本。

使用方式

顾客终身价值是指与顾客关系的货币价值，它基于关系的现值和预计的未来现金流量进行预测。其计算过程主要有以下三个步骤：

1. 估算剩余的顾客生命周期或顾客可能与企业保持关系的年数，通常需根据保留率计算。

2. 预测顾客在预计生命周期内的净利润。

3. 计算未来利润总量的净现值。由于 CLV 根据顾客的盈利能力对顾客进行排名，因此可引导营销活动聚焦于具有高价值的顾客。计算 CLV 的简化公式如下：

$$CLV_i = \frac{M_i - C_i}{1 - r_i + d} - A_i$$

式中：

CLV——顾客终身价值；

M_i——第 i 位顾客的利润（美元）（销售额×利润率）；

C_i——第 i 位顾客的年营销成本（美元）；

r_i——第 i 位顾客的保留率（%）；

d——折现率（%）；

A_i——第 i 位顾客的获取成本（美元）。

现有顾客和潜在顾客都可以根据其预计的长期利润或 CLV 进行细分。下图展示了一个由不活跃顾客（负的 CLV）、活跃顾客（正的 CLV）和高活跃顾客（非常高的 CLV）组成的企业 CLV 分布图。该图的右侧突出显示了企业最活跃的顾客。在顾客保留阶段的营销活动中，企业可以使用这样的分布图来识别和选择最有利可图的顾客。

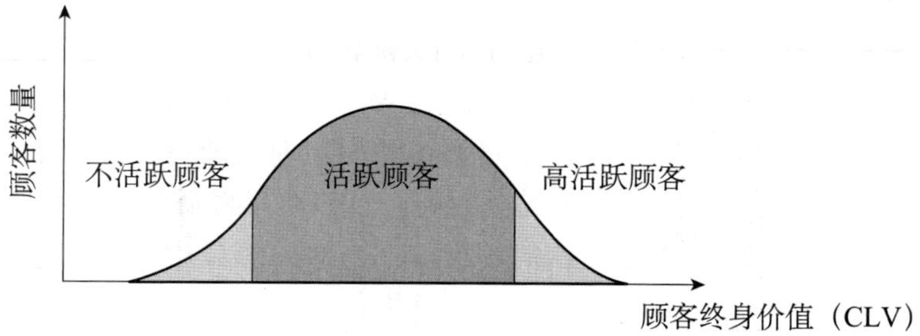

实例

一家有线电视公司的经理想通过估算家庭层面的 CLV 来确定获取布雷特（Brett）家族是否有战略意义。经理估计，企业将花费 65 美元（A）让布雷特家族转换服务提供商，并且每年将花费 10 美元来保留他们（C），布雷特家族每年将产生 100 美元的利润（M）。预计保留率（r）为 65%，目前折现率（d）为 5%。根据公式的计算结果来看，布雷特家族的顾客终身价值（CLV）是 235 美元。这意味着，按净利润来算，布雷特家族对该有线电视企业来说是有利可图的。

顾客动态性管理框架

图 3－5 提供了一个顾客动态性管理框架，以整合本章所介绍的方法。这个框架对企业现有顾客进行动态细分并评估先前 AER 战略的有效性需要三项关键输入。如果说营销原则 1 关注的是整体市场，以缩小企业要选择的消费者或企业客户范围，那么营销原则 2 只关注现有顾客，以了解他们是如何随着时间而变化的。顾客动态性管理框架最后生成三项输出。具体而言，该框架确定了企业现有顾客的人物形象、顾客迁移的方式和原因，以及企业如何在不同的 AER 阶段针对每种人物形象进行市场定位。此外，它还描述了在每个阶段对每种人物形象最有效的 AER 战略。这三项输出将成为最后两个营销原则的输入。本章将概述使用此框架将输入转换为输出的步骤和实例。

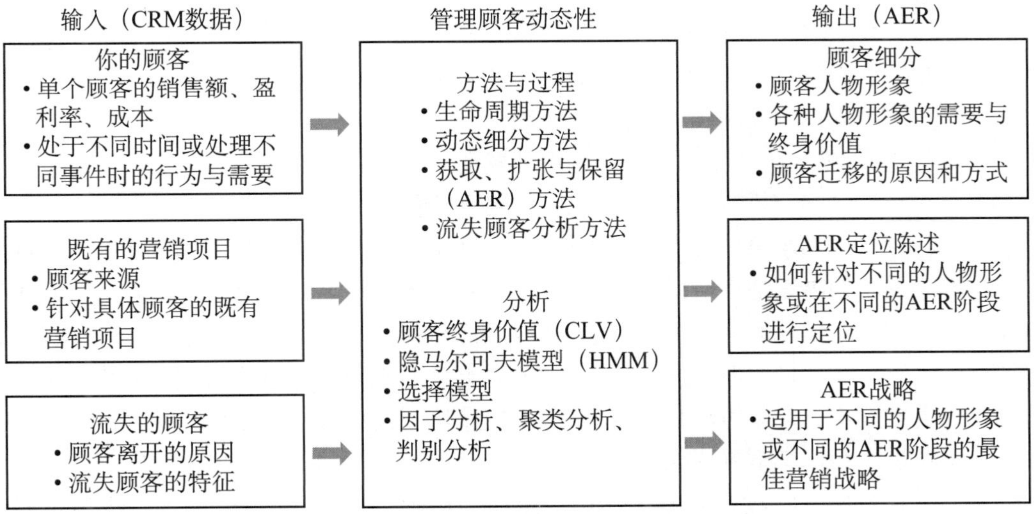

图 3－5　营销原则 2 的框架：顾客总是在变化的→顾客动态性管理

顾客动态性管理框架的输入

在动态性管理框架的三项输入之中，第一项也是最重要的输入是企业现有的顾客组合。在理想情况下，企业的顾客关系管理（customer relationship management，CRM）系统为动态细分提供了顾客层面的详细数据。财务会计（销售额、盈利率）、产品购买（时间、频率以及产品迁移）和人口统计特征（邮编、家庭规模以及年龄）数据一般很容易获得，但是，顾客在不同阶段的想法和感受等信息很难获得，因为这些数据通常来源于顾客关系管理数据库之外的渠道（如调查、焦点小组）。

第二项输入是与顾客过去对具体营销项目的反应和各营销项目的成本相关的数据。在某些情况下，将营销项目（广告、新促销、价格折扣、回报计划的礼品）与个体顾客对接不可行。但企业有其他办法。企业可以选择两个规模相同的顾客群体，对其中一个群体实施某营销项目，而对另一个群体不实施该项目。然后，企业在一个时间段内追踪有无该营销项目对这两个群体的作用。这种测试方法可以展示出营销项目对处于不同生命周期时点的不同顾客人物形象有何差异化的效用。

第三项输入是从流失的顾客那里收集到的定性和定量的信息，这些信息揭示了顾客流失的原因、流失的方向以及潜在有效的恢复策略。这些信息还可用以找出哪些 AER 战略是无效的。例如，导致企业获得了非目标顾客的战略，向目标顾客追加销售或交叉销售了不适宜的产品或服务，未能帮助顾客建立与品牌或员工的关系。流失顾客分析所得到的信息可以与前两项输入所得到的信息进行三角化验证（triangulated analysis）或比较。虽然这些信息中的大部分可能是冗余的，但它们不易受到管理偏见或其他要素的影响。

顾客动态性管理框架的输出

顾客动态性管理框架应用一种或多种方法和分析来管理顾客动态性，从而产生三项输出。第一项输出是企业对顾客人物形象和预期迁移路径的描述，用以理解顾客变化的方式，具体包括：

1. 重要生活事件。
2. 顾客在生命周期的不同阶段购买的产品和服务。
3. 顾客不再购买的时间与原因。
4. 顾客在生命周期不同阶段的感受。
5. 具有不同人物形象的顾客的终身价值。

第二项与第三项输出紧密相关，它们代表了顾客动态性管理的重要战略决策。其中关键的决策是，根据从动态细分和 CLV 分析中获得的见解，确定在 AER 不同阶段如何针对各种顾客人物形象进行企业与产品的市场定位。这一输出会形成 AER 定位陈述。在许多方面，这与企业在整个市场上针对目标顾客进行定位是类似的；但是前者更聚焦于企业的现有顾客，并关注他们的人物形象与生命周期阶段所导致的差异。不过，AER 定位陈述要想有效，必须与企业在市场上的总体定位相一致。

最后一项输出是基于 AER 战略概述哪些营销战略可能或者已经对不同的顾客人物形象和不同的阶段最有效。因此，AER 战略的重点在于回答如何做（how），而 AER 定位的重点在于回答是什么（what）。随着企业开始主动管理顾客动态性，这些战略可能会显得有点笼统，因为它们不是基于“硬数据”（hard data）。但是随着时间的推移，企业会逐渐发现差距，并且开始收集和分析更多的数据，这些战略将因此变得更加可靠。

顾客动态性管理的过程

为了将顾客关系管理、营销方案和顾客输入数据转化为动态细分、AER 定位陈述和 AER 战略，管理人员应该遵循一系列步骤。

顾客动态性管理的过程是有先后顺序的，事实上，它往往是迭代的，即从一个步骤中得到的结果会使得企业返回上一步，以重新考察其先前的明确或隐含的各种约束。当然，这个过程需要收集和分析额外的数据。每个步骤都可以使用一些方法或分析技术，为了简洁和易于阐述，在此只概述大多数企业可能遵循的过程。

步骤 1：动态细分

根据顾客关系存在的时间和其他相关数据可将现有顾客划分到 AER 不同阶段中。在将顾客划分到三个 AER 阶段之后，企业可使用调查数据和 CRM 数据，并应用第 2 章（数据分析技术 2-1）提到的聚类分析技术对现有顾客进行分析。获取阶段的顾客是指最近获取的顾客。对于那些评估阶段较长的供应物，企业应在分析中增加潜在顾客或即将购买的顾客。扩张阶段的顾客（即有经验的用户）已经了解企业及其产品，有兴趣评估其他服务、购买更高性能的产品，或者逐渐识别一些不断变化的需要和欲望。保留阶段的顾客显示出潜在的流失迹象（如重购频率较低、购买量较少、不满意的评价较多等）。如果他们仍然符合企业的目标，企业应当采取额外的干预措施对其进行管理。在这一步骤中，每个阶段的细分市场数量应控制在 3～5 个，以使得整个流程和后续的执行过程对管理者而言更加简单直观。

步骤 2：迁移路径和触发事件

每个 AER 阶段的细分市场都需要连接在一起，以展示顾客随着时间而迁移的情况。在某些情况下，几乎没有分岔的路径（branching）。一组顾客可能沿着相同的路径以不同的速率迁移，这取决于他们的个人情况（如结婚时间、孩子的情况）。顾客通常会随着时间的推移而分化出不同的人物形象。通过分析 CRM 数据库中顾客行为变化的信息，企业可以发现这些联系（见图 3-3）。在某个特定的顾客与企业初次接触之后，CRM 数据可能会最初将其放入 A1 细分市场（获取阶段，细分市场 1），但是后来将其放入 E1 细分市场（扩张阶段，细分市场 1）。也就是说，这个顾客随着时间的推移从 A1 迁移到了 E1 细分市场。顾客调查和焦点小组为丰富企业 CRM 数据库中的数据提供了方法。通过评估 CRM 系统和/或调查样本中的相对百分比和平均迁移时间，企业可以用百分比和年数来标记每条迁移路径，这提高了企业对每条迁移路径相关的频率和时间的洞察力。

定性数据有助于确定顾客迁移的触发事件或发生机制，从而回答关于为何发生变化的问题。顾客迁移的原因是特定事件（婚姻、新采购经理），还是经验或学习效应（掌握基本型号的产品后渴望获得更高性能的产品），还是自我形象的改变（追求地位、追求业绩），还是顾客感到无聊而准备尝试另一种产品？确定触发事件的快捷方式是拜访、电话联系或调查那些发生典型迁移的顾客，询问他们购买行为发生变化的原因。当然，方式取决于企业及其顾客组合的特点和规模。分析的结果将为制定 AER 战略提供关键信息。例如，许多企业认识到，第一个孩子的诞生会触发顾客迁移，使得顾客对企业产品的需要发生巨大变化。这样一来，一旦顾客有了第一个孩子，企业就能推出有针对性的顾客扩张策略。

定性数据有助于确定顾客迁移的触发事件或发生机制，从而回答关于为何发生变化的问题。顾客迁移的原因是特定事件（婚姻、新采购经理），还是经验或学习效应（掌握基本型号的产品后渴望获得更高性能的产品），还是自我形象的改变（追求地位、追求业绩），还是顾客感到无聊而准备尝试另一种产品？

企业经常对其拥有的顾客数据的质量或广度感到不满意。为了解决这一问题，许多企业采用顾客忠诚或奖励计划。这些计划便于企业获得个人层面的纵向数据。虽然拉斯韦加斯的赌场已经充分使用了这种方法，但许多行业（如航空、零售、酒店等）中的企业只是在顾客使用会员卡时才收集详细的纵向数据。此外，企业可以购买有关其顾客的数据，将这些数据与企业拥有的详细的交易数据进行整合。如果一家企业能够在多个时间段内收集大量顾客的详细信息，那么它就可以应用一些更强大的分析技术，如隐马尔可夫模型（见数据分析技术 3-1）。这种分析技术能根据基本数据将顾客分配到细分市场/状态中，并将细分市场/状态连接起来，以确定顾客在各状态之间迁移的概率。

实例

Proximus（比利时）

比利时的电信企业 Proximus 面临的一个难题是缺乏详细的顾客数据。它针对该难题采用的创造性解决方案是将其忠诚计划游戏化。“游戏与黄金”（Play & Gold）这一忠诚计划使得用户可以通过在手机上玩游戏来获得奖励，如免费通话时间、折扣和免费短信等。这使得 Proximus 能够收集有关顾客的电话号码、电子邮箱、出生日期和姓名等信息，预付费的移动顾客的这些信息是难以获得的。该计划取得了巨大的成功，超过30%的预付费用户成为该游戏的月度活跃用户。[36]

步骤 3：细分市场和迁移的顾客终身价值

企业在弄清顾客组合的动态之后，应该确定每个细分市场中顾客的终身价值，并估算每个顾客迁移所带来的 CLV 变化，以便调整 AER 各阶段投资的优先级。数据分析技术 3-3 介绍了 CLV 的分析方法和所需数据。在理想情况下，动态细分和计算 CLV 将在顾客层面进行，但很少有企业具有足够的数据或精密的会计流程在这个分析层面跟踪或分配成本。在实践中，企业可以使用每个动态细分市场（或 HMM 分析中的状态）和迁移路径的平均值或典型值进行计算。当每个细分市场中典型顾客的 CLV 确定后，两个相连接的细分市场的 CLV 数值之差就可在一定程度上反映该迁移路径的效应。

从这点来看，企业至少要对最重要的动态细分市场和迁移路径进行标记。每个标记的名称应该反映细分市场或迁移路径的显著特征、触发事件或机制，以及相对重要性。动态细分市场一旦被命名就可称为人物形象，因为它们能体现关键特征，可以以视觉呈现的方式帮助管理者理解、记忆，并在整个组织中传达顾客动态性（图 3-6 以可视化的方式展示了动态细分结果的例子）。企业可以根据细分市场的重要性（如 $CLV_{典型}$ × 该细分市场中的顾客数量）和某迁移路径的年度转型量级（如 $CLV_{迁移路径的变化}$ × 每年迁移的顾客数量）来对各种人物形象进行排序，从而确定 AER 战略和随后的营销支出优先级。

步骤 4：AER 定位陈述

针对每个人物形象的简短定位陈述应该可以简洁地回答以下几个关键问题：

- 这个人物形象对应的顾客是谁？

- 产品/服务满足此人物形象的什么需要？
- 为什么这个产品/服务是满足这个人物形象需要的最佳选择？
- 应该如何修改产品/服务，以满足这个人物形象的需要？
- 顾客什么时候进入和离开这个人物形象（触发或迁移机制）？

AER 定位陈述与企业的整体定位陈述之间有一些差异：

1. AER 定位陈述向内聚焦于现有顾客，而不是向外聚焦于外部市场中该产品类别的所有顾客。

2. AER 定位陈述更关心如何随着时间的推移来满足顾客变化的需要，而不是如何击败竞争对手来赢得顾客的初次购买。

3. AER 定位陈述强调"何时"的问题，详细阐述触发事件和迁移机制，而这些在企业的整体定位陈述中并没有阐述。

然而，这两种类型的陈述所带来的好处可能是相似的，因为简短的陈述为执行各种向顾客营销产品或服务的决策提供了路线图，特别是当从事顾客动态研究的员工与执行特定 AER 项目的员工不是同一群人时（这在企业中非常常见）。

如果可能的话，AER 定位陈述和 AER 战略中共同顾客的人物形象标签应该组合在一起进行描述，以降低复杂性并传达一些重要的共性。共同的描述性名称如果配上标签，则可以体现各种人物形象在各个阶段间迁移（从获取到扩张再到保留阶段）的实质。例如，一个注重供应物环保性的人物形象，在不同的阶段可能被标记为注重预算的绿色环保人士、注重地位的绿色环保人士、流失的绿色环保人士。虽然当顾客开始出现分化并迁移到独特的细分市场时，标签、AER 定位陈述和 AER 战略应该是不同的，但是，AER 定位陈述和相应的 AER 战略应该组合在一起。

步骤 5：AER 战略

基于 AER 定位陈述、对动态细分的洞察，以及以往营销活动的效果（即管理框架中的输入部分），企业应制定一套相应的 AER 战略。AER 定位陈述界定了目标，AER 战略则描述达到目标的过程或方法。这些战略仍然按照不同的阶段来设计和组织，以配合企业管理营销的方式。这也意味着企业认可某一特定阶段的某些营销手段（如电视广告）是无法针对不同人物形象的。具体来说，企业在顾客获取阶段不仅要为所有人物形象制定获取战略，而且要保持各营销项目差异化以使其对某些特定的人物形象更有效，从而确保企业供应物的规模性和定制性。流失顾客分析的结果和改正措施能提供一些可整合和应用到 AER 战略之中的重要见解，这些见解通常可用于扩张和保留战略中。

如果有很多人物形象，那么 AER 战略要在这些人物形象之间进行权衡。因此，制定 AER 战略应该遵循已经排序的 AER 定位陈述，以呼应不同的人物形象和迁移所产生的价值。以往的研究为 AER 战略设计中的这些权衡提供了一些通用的指引[37]：

- 优化 CLV 的战略既不能使顾客获取率最大化，也不能使顾客保留率最大化。
- 对顾客 AER 战略的投资呈现出边际效益递减的规律。
- 在 AER 战略中投资不足比投资过多所带来的问题更多，投资不足会导致更低的 CLV。

● 相对于顾客获取阶段的投资分配不当，顾客保留阶段的投资分配不当会对长期绩效产生更大的负面影响。

第5～7章将详细介绍品牌化、新产品开发，以及使用关系营销来提高AER战略有效性的营销策略、项目和战略。最后，需要指出的是，不能指望利用一个一次性的、深入的研究项目就可解决营销原则2的难题。理解和管理顾客动态性是一个迭代的过程，必须成为企业日常营销实践的一部分。新的见解或结果经常会超出正常工作范围，企业应当定期将其整合到顾客动态性管理框架之中。当结果达不到目标时，企业可借助一些具备专门技术的小举措，使结果可以整合到总体框架中。小实验往往是解决关键问题的有效技术。

理解和管理顾客动态性是一个迭代的过程，必须成为企业日常营销实践的一部分。新的见解或结果经常会超出正常工作范围，企业应当定期将其整合到顾客动态性管理框架之中。

顾客动态性管理实例

酒店动态细分实例

为了举例说明如何应用AER模型对企业的顾客进行动态细分，我们将AER模型应用于图3-6中的企业。这个可视化的归纳展示了ABC酒店的动态细分和最常见的迁移路径。获取阶段的顾客是在过去6个月中所获取的顾客；扩张阶段的顾客是在6～18个月前与企业第一次交易的顾客；保留阶段的顾客是与企业交易超过18个月的顾客。通过利用销售数据和每个阶段的小样本顾客调查数据对顾客进行聚类分析，ABC酒店在获取、扩张与保留阶段分别划分了两个细分市场。

在顾客获取阶段，学习者（learners）往往每年去若干次酒店，每年大约花500美元。他们重视信誉和安心，对价格不敏感。这个细分市场主要由35～50岁的高收入男性组成。相比之下，一次性顾客（one timers）往往每年只光顾一次酒店，每年大约花300美元。他们重视便利性和折扣，光顾酒店主要是为了参加当地的会议。一次性顾客包括男性和女性，他们拥有中高等收入，年龄大多在25～34岁。

顾客扩张阶段包括经常访问酒店并感到满意的顾客（satisfied customers），他们每年大约花费1 000美元，享用酒店提供的辅助服务（即餐厅、水疗中心、健身房）。他们的偏好与学习者类似，他们重视信誉和安心，对价格不敏感。另一个扩张阶段的细分市场是升级的顾客（upgraded customers），他们平均每年光顾酒店两次，平均花费约750美元。如果在他们初次光顾期间提供一些升级服务，他们往往会再次光顾。

在顾客保留阶段，忠诚者（loyalists）会定期光顾酒店，每年消费约1 500美

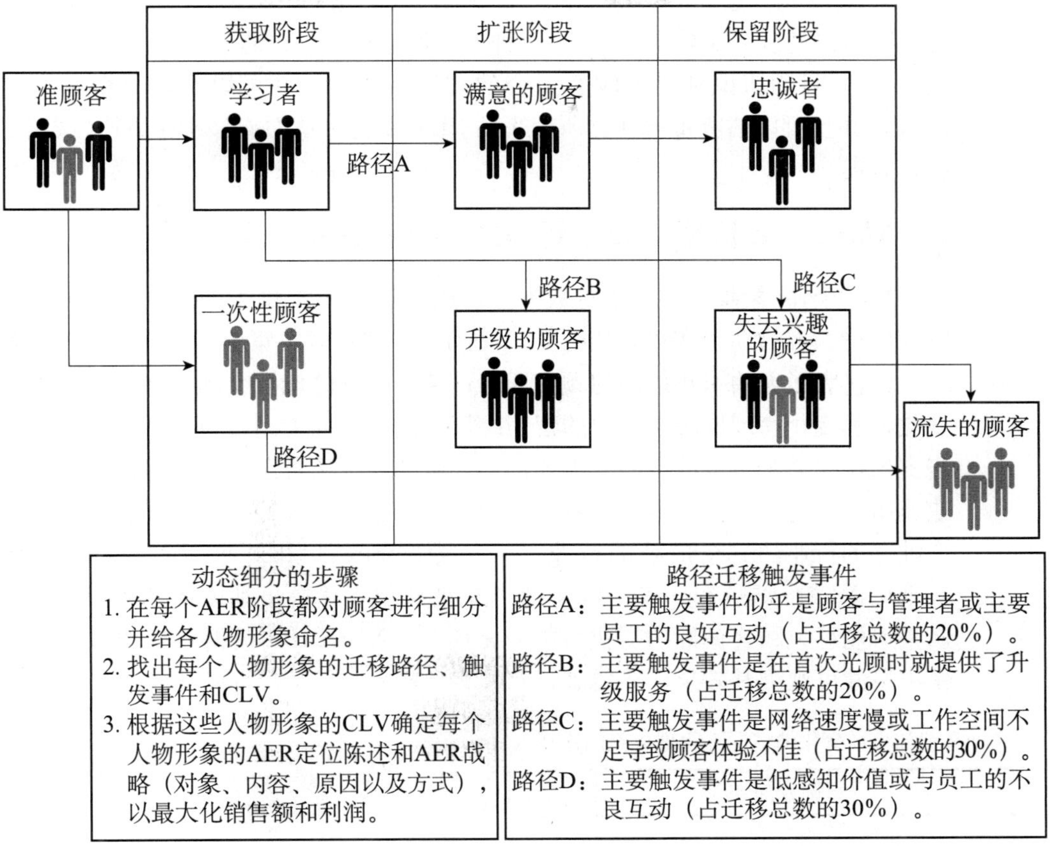

图3-6　酒店动态细分实例

元，一般至少享用三种辅助服务，如高尔夫球场、水疗中心、沙龙和健身房等。失去兴趣的顾客（bored customers）很少光顾酒店，而且在光顾前会不断搜寻最高的价格折扣。

通过连接AER的每个阶段，ABC酒店确定了四条最常见的迁移路径。路径A（占顾客迁移总数的20%）展示了学习者转移到满意的顾客，然后转移到忠诚者。该迁移路径主要的触发事件似乎是顾客在第一次光顾时与管理者或关键员工的积极互动。如果员工能在顾客每一次光顾的前一天和后一天主动接触他们，那么顾客通常会对该企业表达更高的满意度，并在一年中在该酒店消费更多。路径B（占顾客迁移总数的20%）展示了学习者转移到升级的顾客。该迁移路径主要的触发事件是在顾客首次光顾时为其提供升级服务。路径C（占顾客迁移总数的30%）展示了学习者转移到失去兴趣的顾客，这似乎是因为互联网速度和工作空间方面的顾客体验较差。最后，路径D（占顾客迁移总数的30%）展示了一次性顾客转移到流失的顾客，这是他们对酒店的低感知价值或与酒店员工的不良互动导致的。

从ABC酒店的例子中可以得到以下几点启示：

1. 在每一个AER阶段都会有一些人物形象可提供更好的长期收入，这意味着存在实施AER战略和将顾客转移到更好状态的机会，至少可以优化营销投资。

2. 实施AER战略的时机非常关键，因为在某些情况下，ABC酒店没有第二次机会（即第一次访问时的待遇）。

3. 触发积极迁移的关键事件或抑制消极迁移的关键事件（关系互动、升级服务、互联网速度、工作空间），对每种人物形象都是不同的。

当 ABC 酒店识别出其顾客组合的动态性之后，就可以确定每个顾客群体的 CLV，并且可以估算每种迁移所带来的 CLV 变化，从而能够考虑 AER 战略的优先投资方案。

Markstrat 模拟：做出管理顾客动态性的决策

Markstrat 模拟软件（参见数据分析技术 1-1）提供了一个交互式的环境来观察和应对顾客的动态变化，如图 3-7 所示。[38] 在每轮决策中，顾客细分市场都会迁移，这代表了大约一年之内的顾客迁移；细分市场的规模会随着顾客偏好的变化而变化，其变化速度取决于企业的营销决策。例如，如果同行业中的许多企业将其广告支出投向某个特定的产品或市场，那么该细分市场将以牺牲其他细分市场为代价快速增长。这表明了营销组合决策对行业和产品动态性的影响。模拟环境里包含两个独立的行业：一个成熟的行业（标记为 Sonites）和一个新兴的行业（标记为 Vodites）。在成熟行业中，顾客动态性的变化要慢于高度活跃的新兴市场。因为在新兴市场里，顾客偏好的变化可能非常明显。Markstrat 模拟软件中管理者执行营销决策并可观测其效果，还能观察到顾客、产品和行业层面变化。

在顾客细分市场变化的情况下管理成熟的市场（Sonites）

细分描述	
高收入者	• 高收入水平 • 要求性能和便利性 • 购买昂贵的产品
专业人士	• 个人和专业的用途 • 寻找高质量、高性能的产品 • 买得起昂贵的产品
储蓄者	• 对花钱持谨慎态度 • 对便宜、较便利的产品有需求 • 未来的增长率可能会超过预期
购物者	• 通过对比来获得丰富的产品知识 • 要求高性价比 • 对价格非常敏感

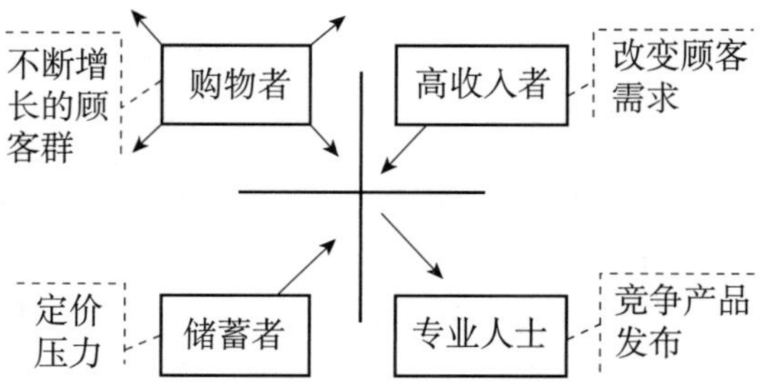

在典型顾客细分市场出现的情况下管理新兴的市场（Vodites）

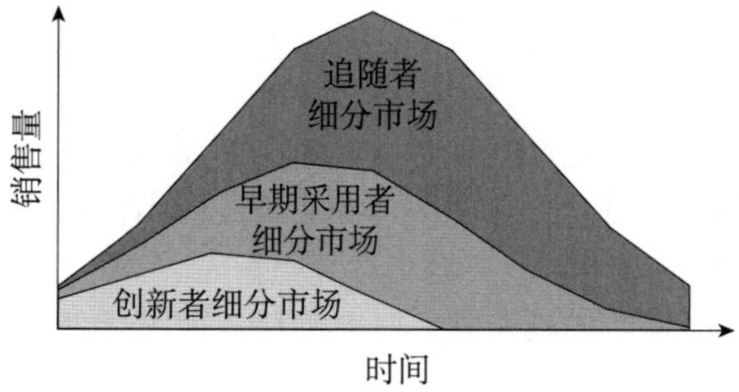

图 3-7 Markstrat 模拟：处理顾客动态性的决策

总　结

顾客总是在变化的，因而顾客动态性是无法避免的。因此，营销人员需要理解和管理不断变化的需要，以制定有效的战略。顾客动态性有五个来源，这些来源经常在不同的层面以不同的速率发挥作用，这使得管理顾客动态性成为难题。个体顾客可能会因离散的生活事件（如婚姻、生育、退休）而发生变化，这些变化会直接影响他们购买决策的多个方面。在这些明显的变化下，随着年龄的增长，顾客会沿着典型的生命周期相对缓慢地移动（如较少冒险、使用较多财务手段）。随着消费者获得关于产品类别的经验和知识（学习效应），个体的变化会发生在产品层面。此外，学习和经验可以超出顾客个人层面在社会层面发挥作用。例如，产品生命周期被广泛认可，它展示了随着产品类别或行业细分市场的成熟而发生的顾客购买标准的典型变化。最后，每个顾客都处在一个不断变化的环境（法律、人口、文化）中，各种外部力量都在试图改变他们的看法和行为（如环境的可持续性）。顾客总是在变化的，以及有效的营销战略必须管理这些永远存在的顾客动态性共同构成了营销战略的另一个第一原理（营销原则 2）。

顾客动态性的管理方法可分为三类。每一次管理方法的进步都是为了更快地应对变化，并聚焦于更小的顾客群体，这是市场营销实践长期的共同主题。第一种方法是生命周期方法，它可以识别出顾客随着个体成熟而呈现出的典型或平均变化（顾客生命周期）；对于产品市场来说，产品会经历导入、成熟和最终的衰退（产品生命周期）；行业会经历出现、成长和衰退（行业生命周期）。生命周期方法的优点是易于理解和应用。但是它假设所有人或产品都遵循相同的生命周期曲线，而这种情况通常是很少见的。有的人结婚早，有的人结婚迟；有些产品成长或衰退得快，有些则慢。因此，根据顾客平均动态性得出的营销战略并不理想。此外，管理者必须同时考虑顾客和产品变化的影响，因为那些只关注顾客生命周期或者只关注产品生命周期的企业会因此而忽视顾客动态性的另一个重要来源。

处理顾客动态性的第二种方法是顾客动态细分方法（正如 AER 模型所示）。在这种情况下，营销人员将营销原则 1 中的一些见解用于解决顾客动态性问题。具体来说，在顾客与企业交互期间，将企业的现有顾客归入三个阶段（获取、扩张和保留），这样不仅可以对时间上相似的顾客进行分组，也可以让营销人员在每个阶段识别不同的人物形象和不同的迁移路径。这种方法本质上是对生命周期视角的二阶近似。虽然它忽略了特定顾客之间的差异性，但是它将细分方法应用到顾客动态性管理中，承认了顾客在不同时间阶段存在系统性的变化。将顾客组合划入 AER 的三个不同阶段并对其进行细分，可能存在问题，因为顾客的变化通常是连续的，而这种方法将顾客细分到离散的特定的时间阶段。

细分方法之一是隐马尔可夫模型（HMM）。隐马尔可夫模型是一种实证分析技术，可以识别顾客状态并确定各状态间的迁移概率，从而有助于企业根据数据呈现出的暂时状态和迁移路径进行动态细分，而不是局限于划分为 AER 的三个阶段。

流失顾客分析可以整合到顾客的动态细分方法中，以确定最有害的顾客变化（即背叛）的潜在原因，然后回溯解决问题。但是，这种回溯性的分析并不能预测顾客的动态性。它只有在变化发生后才能对其进行调查。

处理顾客动态性的第三种方法是顾客终身价值方法（CLV）。它通常与 AER 细分或 HMM 动态细分结合使用。CLV 建立在顾客的期望购买情况和整个生命周期的迁移路径的基础之上，通过确定与顾客相关的销售和成本的折现价值来展示每个顾客的财务价值。它最大的优势在于提供了一种前瞻（而不是回溯）的方式，使得企业能在各个阶段和营销组合投资中做出最佳的权衡和资源分配决策。

图 3－5 中的顾客动态性管理框架整合了本章所描述的所有方法和分析。这个框架需要三项关键输入来对企业现有顾客进行动态细分，并评估 AER 战略的有效性。如果说营销原则 1 关注的是整体市场，以缩小企业应选择的顾客或企业客户范围，那么营销原则 2 只关注现有顾客，以了解他们是如何随着时间而变化的。顾客动态性管理框架产生三项输出，这三项输出是最后两个营销原则的输入。具体来说，这个框架确定了企业现有顾客的人物形象、顾客迁移的方式和原因，以及企业如何在不同的 AER 阶段针对每种人物形象进行市场定位。此外，它还描述了在每个阶段对每种人物形象最有效的 AER 战略。

本章要点

● 在制定营销决策时，企业面临的第二个潜在挑战是顾客总是在变化的。这既可能是机会，也可能是威胁，取决于企业对其理解和管理的程度。

● 顾客动态性有五个来源。顾客个体因离散的生活事件而变化，并随着年龄的增长经历典型的生命周期。顾客学习效应随着顾客获得与产品品类相关的知识而产生。学习和经验效应也在社会层面上起作用。最后，每个顾客都处在一个不断变化的环境之中，其中充满了试图改变顾客感知和行为的外部因素。这些来源同时起作用并累积形成顾客动态性。

● 由于技术和沟通方式的迅速发展，顾客变化的速度在提高，顾客期望企业缩短响应时间。

● 管理顾客动态性有三种方法：生命周期、顾客动态细分和顾客终身价值方法。

● 生命周期方法提出顾客、产品和行业都将经历相似的生命周期，这个方法可用于在不同阶段为营销决策提供信息。这个方法可能存在一些问题，因为它假设变化率是平均值。

● 用 AER 模型进行顾客动态细分的方法认为，顾客获取阶段始于顾客与企业有接触（顾客上任）。扩张阶段发生于企业试图向顾客追加销售或交叉销售，并且增加与顾客的交互性时。保留阶段意味着让那些倾向于转向竞争对手的顾客留下来。

● 隐马尔可夫模型可以发掘各种顾客状态，以反映一系列随时间变化的顾客行为。一个状态类似于一个消费者细分市场，描述了一群消费者在与企业产生关系的某些阶段的共同行为。隐马尔可夫模型使动态细分成为可能。

● 流失顾客分析是一个强大的诊断工具，可以整合到顾客动态细分方法中。它通常采用数理选择模型，利用来自企业营销干预和顾客特征两方面的数据，预测顾客选择或反应（如加入、交叉购买或离开）的可能性。

● 顾客终身价值旨在基于顾客在与企业

的关系中预期的迁移路径，展示每个顾客的真实贡献。这种方法可为企业提供有利的指导，以便企业在不同的AER阶段之间进行权衡和制定资源分配决策。它可以改变一个企业的文化，因为它主张将利润看作每个顾客的终身价值的总和，而不是产品线收入的总和。因而，企业就会更加关注顾客，进而侦测和响应市场变化。

- 顾客动态性管理框架有三项输入：顾客的数据、营销项目的数据和流失顾客的数据。它产生三项输出：顾客细分、AER定位陈述和AER战略。

数据分析案例

TKL预判和防止客户流失的策略

问题背景

TKL是美国一家领先的电子元件产品经销商。TKL使用现场销售队伍向三个主要行业细分市场的客户销售产品：建筑、工业，以及原始设备制造商（original equipment manufacturer，OEM）。TKL的买家来自全球，美国的买家创造的销售额占其总销售额的75%以上。电子元件行业是一个成熟的行业，TKL和另外四个市场领导者的销售额不到整个行业的40%。数以千计的区域性竞争对手使这个行业严重分化。区域性竞争对手主要以低价策略进行竞争，几乎为当地所有市场提供服务。因此，TKL在每个区域市场都面临来自当地和小型经销商的激烈竞争。一个严重分化且竞争激烈的市场意味着客户流失率长期居高不下，并且每个竞争者都会拥有大量的流失/不活跃的客户。

在过去的十年里，这个传统的充满变数的行业发生了剧烈的变化。虽然在产品层面没有出现根本性的创新，但随着产品品类的成熟，客户逐渐成长起来并且获得了与产品品类相关的经验和知识（前文所述的"学习效应"）。例如，大多数买家意识到，区域性的竞争者擅长使用低价策略，而全国性的竞争者擅长提供更高的产品质量和更长时间的售后保障。另外，由于大多数购买属于重购或修正重购，这些购买者意识到，他们可以要求企业提供更周到的销售服务，如更短的产品交付期和网上购买渠道。而且，随着购买企业年轻化，以及年轻一代越来越不喜欢制造或建筑行业的工作，TKL感到其产品与买方工作人员知识的差距越来越大。年轻一代的买家对在采购环境中使用互联网技术感到舒适。

2015年年初，TKL开始担心其市场地位。TKL的各项关键绩效指标并不乐观（见表1）。TKL的平均市场份额（所有地区）与四年前的21%相比下降了8%；年销售额从11亿美元下降到9亿美元；利润额从1.6亿美元下降到1.4亿美元；它在客户获取和保留方面都面临困难。2010年，它的客户获取率一直很高，但到了2014年，客户获取率减少了一多半（降为4%）。而且，TKL难以留住客户，在过去的四年里，客户流失率从12%上升到了18%。

表1　　TKL市场地位的动态性

	2010年	2014年
市场份额	21%	13%
年销售额	11亿美元	9亿美元
利润额	1.6亿美元	1.4亿美元
客户流失率	12%	18%
客户获取率	9%	4%

考虑到相对于其他行业如高科技行业，这个行业在经济大衰退（Great Recession）时期就表现出较差的复苏迹象，TKL感到一丝慰藉。毕竟在过去的四年中，整个行业的利润下降了15%。但是TKL不想归咎于整个行业都受到了冲击，而是想以积极主动的方式弄清客户变化的趋势。首先，它参考

了第三方研究企业提供的关于买方重视的关键产品属性的排名。表 2 中的评级为 TKL 提供了初步的信息。虽然 TKL 稳定地保持着市场上最具价格竞争力的供应商的地位，但它在售后保障方面从第 3 名降到了第 4 名。它在交货速度和销售支持方面的下滑更严重：交货速度从第 6 名降到第 8 名，销售支持从第 8 名降到第 12 名。

表 2　TKL 客户感知的动态性

	行业排名（2010 年）	行业排名（2014 年）
价格	1	1
售后保障	3	4
交货速度	6	8
销售支持	8	12

TKL 确信它正在遭受产品属性（这里同时体现了产品和服务的属性）排名下降的影响，但它不知道该如何从经济角度对其进行量化。此外，数据显示，2010—2014 年，虽然 TKL 每年都会获取 1 万个新客户，但是同时有 2.5 万个不活跃或表现不佳的客户。考虑到市场的变化，TKL 并不确定应该对哪些客户实施获取和扩张战略。但是 TKL 确信通过制定一个系统的客户获取战略可获得很大的潜在收益。

问题陈述

正如第 3 章所阐述的，顾客总是在变化的，企业如果不了解和应对这些动态性将会导致业绩不佳。因此，营销人员需要扩大静态细分的范围（如 DentMax 案例所展示的），以适应顾客随着时间的推移而变化的观念，因为他们与企业的关系的确发生了变化。顾客的偏好会随时间而变化是所有营销人员面临的状况，因此有效的营销战略必须管理这些顾客动态性（营销原则 2）。TKL 似乎也面临着所有企业在制定营销战略时都会面临的第二个基本营销问题，即多种因素以多种方式共同影响顾客，使所有顾客都在市场上发生变化。因此，TKL 必须分析顾客的哪些需要、欲望和偏好对于吸引顾客（顾客上任）和增加销售（顾客扩张）是最重要的，以尽量减少顾客流失和不活跃的顾客。TKL 启动了一个战略性项目，旨在回答以下问题：

- 在获取和扩张阶段，客户最需要或最渴望哪些产品属性？
- 如何有效地细分电子元件的买家市场，以便决定：
  - 对哪些客户实施获取策略？
  - 对哪些客户实施扩张策略？
- 鉴于客户的细分市场，TKL 应如何修正其目标市场和定位战略以管理顾客动态性？

2015 年，TKL 决定实施一个基于选择的动态细分和目标市场选择项目，以回答上述问题并管理顾客动态性。通过细分，TKL 试图确定获取客户时所需的关键购买属性，并在未来三年内改善这些关键属性。

数据[①]

作为第一步，TKL 将其分析工作的重点放在交流发电机这一品类上。如果第一步所做出的努力能获得成功，它就可以将该分析方法推广到其他品类。TKL 首先向其分析团队求助，要求团队提供一个针对两种客户的综合样本数据库：1 000 名“最近获取”的客户（即 2014 年年末获取的）和 1 000 名扩张阶段的客户（即三年前获取的）。

TKL 的第一项任务是尝试对客户被获取（相对于未被获取）的概率进行建模。然而，这 1 000 名被获取的客户的数据只能部分地反映 TKL 客户获取成功的情况。因此，它在客户名单列表中构建了一个没有被企业获取的客户群。这个客户群要么从 TKL 的竞争对手那里购买产品，要么根本没有购买

① 这些分析基于 TKL 案例的数据集，在数据分析技术 9-1 所介绍的 MEXL 软件中进行。

过产品。然后，TKL采用分层随机抽样的方式，从那些与被获取客户来自同一地区的非获取客户中抽取了1 000个样本。因而，TKL用以构建客户获取模型的数据来自2 000名客户，其中被获取的客户1 000名，未被获取的客户1 000名。TKL还收集了以下变量的数据，以反映促进客户获取的各因素。

● 价格：在客户考虑购买时，向客户提供的交易价格。

● 售后保障：在客户考虑购买时，向客户提供的产品保修天数（若未做到，则100%退款）。

● 交货时间：在客户考虑购买时，向客户承诺的交货时间。

● 销售支持：在客户考虑购买时，区域分部中销售支持人员的数量。

● 行业集团：一个虚拟变量，用于确定潜在客户是否属于建筑业、工业或OEM。

● 企业规模：潜在客户组织中的员工数量。

● 集中式采购中心：一个虚拟变量，用于了解买方组织是否拥有集中式（1）或分散式（0）采购中心。

TKL的第二项任务是尝试对三年前获取的客户构建一个概率模型，以反映其现在是否仍为企业的客户（即扩张其交易范围）。再次考虑到1 000名被获取的客户的数据只能部分地反映客户获取成功的情况，它构建了一个被其成功获取却未被成功保留的客户群。然后，TKL采用分层随机抽样的方式，从那些与被保留客户来自同一地区的未被保留客户中抽取了1 000个样本。因而，TKL用以构建客户保留模型的数据来自2 000名客户，其中扩张组1 000名，退出组1 000名。TKL还收集了以下变量的数据，以反映促进客户保留的各因素。

● 价格：三年内向客户提供的平均价格。

● 售后保障：三年内向客户提供产品保修的平均天数（若未做到，则100%退款）。

● 交货时间：三年内向客户承诺的交货时间。

● 销售支持：三年内区域分部销售支持人员的数量。

● 行业集团：一个虚拟变量，用于确定客户是否属于建筑业、工业或OEM。

● 企业规模：客户组织中的员工数量。

● 集中式采购中心：一个虚拟变量，用于了解买方组织是否拥有集中式（1）或分散式（0）采购中心。

各个变量的定义见表3。

表3　　数据中的变量

变量	定义
获取	用来判断客户是否被获取的虚拟变量，若是赋值1，否则为0。
扩张	用来判断客户是否处于扩张阶段的虚拟变量，若是赋值1，否则为0。
价格	在客户考虑购买时，向客户提供的交易价格。
售后保障	在客户考虑购买时，向客户提供的产品保修天数（若未做到，则100%退款）。
交货时间	在客户考虑购买时，向客户承诺的交货时间。
销售支持	在客户考虑购买时，区域分部中销售支持人员的数量。
行业集团	一个虚拟变量，用于确定潜在客户是否属于建筑业、工业或OEM。
企业规模	潜在客户组织中的员工数量。
集中式采购中心	一个虚拟变量，用于了解买方组织是否拥有集中式（1）或分散式（0）采购中心。

动态细分的运用

TKL试图通过数据回答的第一个问题是：在获取和扩张阶段，客户最需要或最渴望哪些产品属性？

在讨论获取和扩张战略选择模型的结果之前，我们需要简要描述选择模型。在选择模型的设定中，每个人都被假设会从几个产品中获得一个未被观察到的特定产品效用，个人会选择提供最大效用的产品。选择模型中的因变量是二元的：每个人选择购买或不购买。在获取模型中，客户决定购买（因此被TKL获取）或不购买。在扩张模型中，客户可以选择在三年后继续购买（因此成为TKL的“扩张”客户），或者停止购买。TKL产品的吸引力源自一组有限的属性，包括价格、售后保障、交货时间和销售支持等。在某些行业中，具备一些特定统计特征的客户有更高或更低的可能性被获取或者进入扩张阶段。模型中使用了两种输入（因变量和自变量）来估计影响顾客选择某个产品的每个属性的权重（或系数）。这提供了影响顾客选择可能性的最重要的因素。

获取模型的结果

表4中的获取模型的结果显示，统计意义上显著且负向的价格系数意味着价格的上涨对获取的概率（相对于未被获取）有负面影响。统计意义上显著且正向的售后保障系数意味着售后保障天数的增加对获取的概率（相对于未被获取）有积极影响。交货时间的变化对获取的概率（相对于未被获取）没有统计意义上的影响。统计意义上显著且正向的销售支持系数表明，销售支持的增加对获取的概率（相对于未被获取）有积极的影响。在行业特征方面，与OEM相比，企业在建筑业和工业获取客户的概率更高。大型企业（基于企业规模）显示出较高的获取概率，但是获取概率不受企业是否拥有集中式采购中心或分散式采购中心的影响。

表4　获取选择模型的结果

变量	系数估计	标准偏差	t值	P值
价格（单位：1 000美元）	−0.046	0.005	−8.745	0.000
售后保障	0.046	0.003	17.892	0.000
交货时间	−0.002	0.011	−0.191	0.848
销售支持	0.062	0.022	2.752	0.006
行业集团（建筑）	0.614	0.152	4.033	0.000

续前表

变量	系数估计	标准偏差	t值	P值
行业集团（工业）	0.411	0.143	2.875	0.004
企业规模（单位:10）	0.013	0.004	3.668	0.000
集中式采购中心	−0.082	0.102	−0.800	0.424
常数-1	1.487	0.562	2.645	0.008
基线				

扩张模型的结果

表5中的扩张模型的结果显示，统计意义上不显著的价格系数意味着价格的变动对于扩张的概率（相对于退出）没有显著影响。统计意义上不显著的售后保障系数意味着售后保障天数的变动不会影响扩张概率（相对于退出）。交货时间的缩短对扩张的概率（相对于退出）有统计意义上显著的正向影响。统计意义上显著且正向的销售支持系数意味着，销售支持的增加对于扩张的概率（相对于退出）有正向的影响。在行业特征方面，与工业相比，建筑业和OEM的扩张概率更高。而且，大型企业（基于企业规模）显示出较高的扩张概率，当企业拥有集中式采购中心而非分散式采购中心时，客户的扩张概率更高。

表5　扩张选择模型的结果

变量	系数估计	标准偏差	t值	P值
价格（单位：1 000美元）	−0.004	0.005	−0.855	0.393
售后保障	0.000	0.002	0.394	0.694
交货时间	−0.190	0.014	−13.711	0.000
销售支持	0.069	0.022	3.204	0.000
行业集团（建筑）	0.333	0.104	3.216	0.001
行业集团（OEM）	0.483	0.177	2.731	0.006
企业规模（单位:10）	0.013	0.003	4.020	0.000
集中式采购中心	0.336	0.097	3.470	0.000

续前表

变量	系数估计	标准偏差	t 值	P 值
常数-1	−0.048	0.461	−0.103	0.918
基线				

为了竞争优势的目标市场选择和市场定位

TKL 面临的第二个主要问题是：如何有效地细分电子元件的买家市场，以确定对哪些客户实施获取策略，对哪些客户实施扩张策略。

为了回答这个问题，TKL 试图从预测的角度应用其基于历史数据建立的选择模型的结果。当我们只观察产品属性时，可以使用模型提供的属性和权重来预测一组新顾客可能做出的选择。这使得企业可以根据不同选择的可能性进行市场细分和目标市场选择。TKL 使用这些系数来计算与产品属性相关的弹性，即在产品属性变化 1%时，客户获取所增加或减少的百分比。弹性在这里是很有用的，因为它是反映产品属性影响的无量纲的指标，使得对产品属性的对比更容易和直接。

根据获取概率进行市场细分

根据获取模型的结果，TKL 获知了一些具有统计显著性的系数，如价格、售后保障和销售支持等。价格和销售支持似乎是获取模型中最重要的驱动因素，其次是售后保障。在了解高获取概率组的关键驱动因素后，TKL 试图找出这些客户是谁，以便为其具备低价格、高销售支持和高售后保障特征的供应物选择目标市场。TKL 在先前的分析中发现，相对于 OEM 来说，建筑业和工业中的大型企业的获取概率更高。因此，从获取模型的结果来看，那些高获取率的细分市场应该是 TKL 营销名单中具有这些特征的企业。

根据扩张概率进行市场细分

根据扩张模型的结果，TKL 获知了一些具有统计显著性的系数，如交货时间和销售支持等。销售支持和交货时间似乎是最重要的驱动因素。在获知高扩张概率组的关键驱动因素后，TKL 试图找出这些客户是谁，以便为其具备高销售支持和短交货时间特征的供应物选择目标市场。TKL 在先前的分析中发现，相对于工业来说，建筑业和 OEM 中的企业扩张概率更高。而且，大型企业（基于企业规模）表现出更高的扩张概率，拥有集中式而非分散式采购中心的企业表现出更高的扩张概率。因此，从扩张模型的结果来看，那些高扩张率的细分市场应该是 TKL 营销名单中具有这些特征的企业。

实施不同的获取和扩张战略

TKL 面临的第三个主要问题是："基于客户的细分市场，TKL 应如何修正其目标市场和定位战略以应对顾客动态性?"为了得到这个问题的答案，表 6 总结了获取与扩张阶段各要素的重要性。首先，为了获取客户，TKL 应该关注价格和售后保障；而为了进行客户扩张，TKL 应该强调其销售支持和交货时间。这里的关键词是"强调"—— TKL 不应该认为价格在扩张时不重要，而是说，当客户随着时间而变化时，价格的相对重要性（与交货时间相比）下降了。因此，TKL 应该根据客户关系存续时间的变化来修正其目标市场战略。

表 6　结果汇总

	对客户获取的重要性	对客户扩张的重要性
价格	高	低
售后保障	中	低
交货时间	低	高
销售支持	高	高
企业规模的优先级	大	高
集中式采购中心的重要性	低	高
建筑业的客户	高	高
工业的客户	高	低
OEM 的客户	低	高

其次，相比 OEM，获取战略对建筑业和工业的大型企业客户来说更有吸引力；但

是相比工业，扩张战略对建筑业和 OEM 设有集中式采购中心的大型企业来说似乎更有吸引力。这种认知对于 TKL 来说是至关重要的，因为获取战略与扩张战略应当聚焦于那些最有可能达成交易的企业客户。因此，TKL 逐渐转变其组织结构，并采用更细化的市场细分和目标市场选择战略，从而应对客户不断变化的问题。

解决方案总结

上述案例的数据分析使得 TKL 能够更好地了解客户需要的变化，从而能更深入地了解其目前在市场上的地位。

1. 通过分别对最近获取的和扩张阶段的客户进行分析，TKL 获知了客户在获取和扩张阶段最想得到的产品属性。

2. TKL 了解到它已经在市场上把自己定位为具有较强价格竞争力的企业，这种定位有助于其获取客户。但是，随着时间的推移，客户对价格的偏好降低了。因此，TKL 需要随着时间的推移改变其针对客户的营销重点。此外，它还发现了使用不同产品属性来进一步巩固其市场地位的切实想法（表 6）。

3. TKL 了解到可以针对不同行业的细分市场分别做出客户获取或客户扩张的努力。例如，相对于 OEM 而言，建筑业和工业的大型企业的获取概率更高；建筑业和 OEM 的企业扩张概率高于工业的企业。

4. TKL 在销售支持能力方面的排名已经从第 8 位降到了第 12 位，它可以使用基于模型的证据来支持其为提升销售支持能力付出努力。因此，数据分析导向的工作帮助 TKL 解决了第二个营销基本问题——客户总是在变化的。

附录：数据集描述

数据概述

该数据集是一个模拟数据集，旨在模拟作者过去与企业合作时所使用过的类似数据集。该数据包含两个表，一个表格用以分析顾客获取（2 000 行×9 列），另一个表格用以分析顾客扩张（2 000 行×9 列）。每个表格都可在单独的 Excel 电子表格中找到。在每张表中，第一列是被访者的姓名（匿名），另外八列是预测获取概率（表 1）或扩张概率（表 2）的数据。

数据中变量的描述

在获取和保留数据集中，数据集中的八个变量（省略受访者姓名）可分为两种类型。获取表格中的第一个变量是一个虚拟变量，是客户被获取（1）还是不获取（0）。扩张表格中的第一个变量是一个虚拟变量，是客户处于扩张模式（1）还是不处于扩张模式（0）。接下来的七个变量分别是用于预测获取和扩张概率的数据，如下所示。

变量	定义
价格	在客户考虑购买时，向客户提供的交易价格。
售后保障	在客户考虑购买时，向客户提供的产品保修天数（若未做到，则 100%退款）。
交货时间	在客户考虑购买时，向客户承诺的交货时间。
销售支持	在客户考虑购买时，区域分部中销售支持人员的数量。
行业集团	一个虚拟变量，用于确定潜在客户是否属于建筑业、工业或 OEM。
企业规模	潜在客户组织中的员工数量。
集中式采购中心	一个虚拟变量，用于了解买方组织是否拥有集中式（1）或分散式（0）采购中心。

案例中的表 3 列出了变量的描述。学生如果想获得模型的结果，可以直接下载 Excel 表格中的数据，并使用与客户选择有关的 MEXL 加载项（Logit）。学生应该将获取和扩张分析作为两个独立的选择模型，即运行顾客获取分析的选择模型会得到如表 4 所示的结果，运行顾客扩张分析的选择模型会得到如表 5 所示的结果。

参考文献

[1] Duhigg, C. (2012) 'How companies learn your secrets,' *The New York Times*, 19 February.

[2] BBC News (1999) 'Laura Ashley shops sold for a dollar,' *BBC News*, 29 April; Sull, D. (1999) 'Why good companies go bad,' *Harvard Business Review*, 77(4), pp. 42–52.

[3] Lee, E., Mathur, A. and Moschis, G. (2003) 'Life events and brand preference changes,' *Journal of Consumer Behavior*, 3(2), pp. 129–41.

[4] Lee, E., Mathur, A. and Moschis, G. (2003) 'Life events and brand preference changes,' *Journal of Consumer Behavior*, 3(2), pp. 129–41.

[5] Yang, H. (2011) 'College student's apparel shopping orientation changes in relation to life events,' MS thesis, Louisiana State University.

[6] Palmatier, R.W. (2006) *Relationship Marketing*. Cambridge, MA: Marketing Science Institute.

[7] Leonhard, D. and Schüßler, E. (2013) 'Theorizing path dependence: A review of positive feedback mechanisms in technology markets, regional clusters, and organizations,' *Industrial & Corporate Change*, 22(3), pp. 617–47.

[8] Carpenter, G.S. and Nakamoto, K. (1988) 'Market pioneering, learning, and preference,' *Advances in Consumer Research*, 15, pp. 275–9.

[9] Troake, J. and McAdam, P. (2008) *Customer Relationship White Paper. Growing Customer Relationships: 90 days that make it or break it*. Xerox Global Services and BAI Research.

[10] Chipotle (2009) 'Changes in customer tastes and preferences, spending patterns and demographic trends could cause sales to decline.' Available at: www.wikinvest.com/stock /Chipotle_Mexican_Grill_(CMG)/Changes_Customer_Tastes_Preferences_Spending_Patterns_Demographic_Trends (accessed 27 January, 2016).

[11] Cain, T. (2012) 'Buick brand sales figures.' Available at: www.goodcarbadcar.net/2012/10/buick-brand-sales-figures-usa-canada.html (accessed 27 January, 2016); Colias, M. (2011) 'Buick, shooting for young, affluent buyers, scores marketing deal with NCAA,' 15 March. Available at: www.autonews.com/article/2011315/RETAIL03/110319939/1259 (accessed 27 January, 2016); Libby, T. (2012) 'Buick goes against trend and attracts younger buyers.' Available at: http://blog.ihs.com/buick-goes-against-trend-and-attracts-younger-buyers (accessed 27 January, 2016).

[12] Krebs, M. (2006) 'A short history of Japanese luxury cars,' *Bloomberg Businessweek*, 22 May; Chambers-Williams, G. (2008) 'Acura revs up the TL for '09,' 21 September. Available at: http://blog.sfgate.com/topdown/2008/09/21/acura-revs-up-the-tl-for-09/ (accessed 29 January 2016); Acura (n.d.) *Advance*. Available at: www.acura.com (accessed 26 January, 2016).

[13] McGrath, R. (2013) 'The pace of technology adoption is speeding up.' Available at: https://hbr.org/2013/11/the-pace-of-technology-adoption-is-speeding-up/ (accessed 27 January, 2016).

[14] Statista (2014) 'Method of preparation among U.S. past-day coffee drinkers by type (2014 statistic).' Available at: www.statista.com/statistics/320339/method-of-preparation-among-us-past-day-coffee-drinkers-by-type; Lerner, J. (2003) 'Keurig has some ideas brewing about consumer market,' 9 June. Available at: www.bizjournals.com/boston/stories/2003/06/09/newscolumn1.html?page=all (accessed 29 January, 2016).

[15] Kalanick, T. (2010) 'Uber's founding.' Available at https://newsroom.uber.com/ubers-founding/ (accessed 29 January, 2016); Fleisher, L., MacMillian, D. and Schechner S. (2014) 'Uber snags $41 billion valuation,' *The Wall Street Journal*, 5 December.

[16] Bauer, B. and Auer-Srnka, K.J. (2012) 'The life cycle concept in marketing research,' *Journal of Historical Research in Marketing*, 4(1), pp. 68–96; Wells, W. and Gubar, G. (1966) 'Life cycle concept in marketing research,' *Journal of Marketing Research*, 3(4), pp. 355–63; Rich, S. and Jain, S. (1968) 'Social class and life cycle as predictors of shopping behavior,' *Journal of Marketing Research*, 5(1), pp. 41–9; Ghez, G. and Becker, G. (1975) *The Allocation of Time and Goods over the Life Cycle*. Cambridge, MA: National Bureau of Economic Research; Stampfl, R. (1978) 'The consumer life cycle,' *Journal of Consumer Affairs*, 12(2), pp. 209–19; Arndt, J. (1979) 'Family life cycle as a determinant of size and composition of household expenditures,' *Advances in Consumer Research*, 6, pp. 128–32; Wagner, J. and Hanna, S. (1983) 'The effectiveness of family life cycle variables in consumer expenditure research,' *Journal of Consumer Research*, 10(3), pp. 281–91.

[17] Wells, W. and Gubar, G. (1966) 'Life cycle concept in marketing research,' *Journal of Marketing Research*, 3(4), pp. 355–63; Rich, S. and Jain, S. (1968) 'Social class and life cycle as predictors of shopping behavior,' *Journal of Marketing Research*, 5(1), pp. 41–9.

[18] Arndt, J. (1979) 'Toward a concept of domesticated markets,' *Journal of Marketing*, 43(4), pp. 69–75; Wagner, J. and Hanna, S. (1983) 'The effectiveness of family life cycle variables in consumer expenditure research,' *Journal of Consumer Research*, 10(3), pp. 281–91; Rouse, M. (2007) 'Customer life cycle definition.' Available at: http://searchcrm.techtarget.com/definition/customer-life-cycle (accessed 27 January, 2016).

[19] Inc. (n.d.) 'Industry life cycle,' Inc.com. Available at: www.inc.com/encyclopedia/industry-life-cycle.html (accessed 27 January, 2016); Investopedia (2006) *Industry Lifecycle Definition*. www.investopedia.com/terms/i/industrylifecycle.asp (accessed 27 January, 2016).

[20] California Milk Processors Board (2014) *Got Milk? News and Events*. Available at: www.gotmilk.com/#/news-events (accessed 27 January, 2016).

[21] Newitz, A. (2015) 'Farewell, Radio Shack, and farewell to the twentieth century,' 3 February. Available at: http://gizmodo.com/farewell-radio-shack-and-farewell-to-the-twentieth-ce-1683513865 (accessed 27 January, 2016).

[22] FutureCast (2012) 'At last, a millennial segmentation,' April. Available at: www.millennialmarketing.com/2012/04/at-last-a-millennial-segmentation/ (accessed 29 January, 2016).

[23] Accenture (2011) *Smarter Onboarding: The Key to Higher Client Retention and Cross-Sell*. Available at: www.accenture.com/us-en/~/media/Accenture/Conversion-Assets/DotCom/Documents/Global/PDF/Industries_5/Accenture-Client-Onboarding2011.pdf

[24] Che, H., Erdem, T. and Öncü, T.S. (2008) 'Consumer learning and evolution of consumer brand preferences,' *Quantitative Marketing and Economics*, 13(3), pp. 173–202; Troake, J. and McAdam, P. (2008) *Customer Relationship White Paper: Growing Customer Relationships: 90 days that make it or break it*. Xerox Global Services and BAI Research.

[25] Mortimer, N. (2016) 'Asos to invest deeper in social content as half of orders now made on mobile,' 12 April. Available at: www.thedrum.com/news/2016/04/12/asos-invest-deeper-social-content-half-orders-now-made-mobile (accessed 5 August, 2016).

[26] Palmatier, R.W. (2008) *Relationship Marketing*. Cambridge, MA: Marketing Science Institute; Palmatier, R.W. and Steinhoff, L. (2014) 'Understanding loyalty program effectiveness: managing target and bystander effects,' *Journal of the Academy of Marketing Science*, 44(1), pp. 88–107; Yohn, D.L. (2014) 'Great brands aim for customers' hearts, not their wallets,' *Forbes*, 8 January.

[27] Weinstein, A. (2002) 'Customer retention: A usage segmentation and customer value approach,' *Journal of Targeting, Measurement and Analysis for Marketing*, 10(3), pp. 259–69.

[28] Netzer, O., Lattin, J.M. and Srinivasan, V. (2008) 'A hidden Markov model of customer relationship dynamics,' *Marketing Science*, 27(2), pp. 185–204.

[29] Zhang, J., Watson, G., Palmatier, R.W. and Dant, R. (2013) 'Integrating relationship marketing and lifecycle perspectives: Strategies for effective relationship migrations,' *Marketing Science Institute Working Paper Series*, 13–121, pp. 1–48; Zhang, J., Watson, G., Palmatier, R.W. and Dant, R. (2016) 'Dynamic relationship marketing,' *Journal of Marketing*, 80(5), pp. 53–75.

[30] Palmatier, R.W., Gopalakrishna, S. and Houston, M.B. (2006) 'Returns on business-to-business relationship marketing investments: Strategies for leveraging profits,' *Marketing Science*, 25(5), pp. 477–93.

[31] Williams, A. (2016) 'Report: Sharper customer lifetime value measurements attract bigger marketing budgets,' 5 July. Available at: www.cmo.com.au/article/602843/report-sharper-customer-lifetime-value-measurements-attract-bigger-marketing-budgets/ (accessed 5 August, 2016).

[32] Gupta, S., Hanssens, D., Hardie, B., Kahn, W., Kumar, V. et al. (2006) 'Modeling customer lifetime value,' *Journal of Service Research*, 9(2), pp. 139–55.

[33] Gupta, S. and Lehmann, D.R. (2005) *Managing Customers as Investments: The Strategic Value of Customers in the Long Run*. Upper Saddle River, NJ: Wharton School Publishing.

[34] Dragoon, A. (2005) 'Customer segmentation done right,' 1 October. Available at: www.cio.com/article/2448413/it-organization/customer-segmentation-done-right.html (accessed 4 August, 2016).

[35] Kumar, V. and Rajan, B. (2009) 'Profitable customer management: Measuring and maximizing customer lifetime value,' *Management Accounting Quarterly*, 10(3), pp. 1–18.

[36] Glagowski, E. (2015) 'Proximus: From loyalty to engagement,' 1 April. Available at: www.peppersandrogersgroup.com/view.aspx?DocID=35307 (accessed 4 August, 2016).

[37] Kumar, V., Thomas, J. and Reinartz, W. (2005) 'Balancing acquisition and retention resources to maximize customer profitability,' *Journal of Marketing*, 69(1), pp. 63–79.

[38] Markstrat (2015) *Participant Handbook*. Available at: web.stratxsimulations.com (accessed 28 September, 2015).

第 3 篇　竞争者总是有反应的

不论一家企业如何有效地管理顾客异质性和顾客动态性，竞争者都将不断复制这家企业的成功，或对商业流程和供应物进行创新以更好地满足顾客的需要和欲望。既然竞争者总是有反应的并坚持不懈地进行复制与创新，那么管理者必须不断构建和维持用以抵抗竞争性攻击的壁垒。管理者可通过打造高质量的品牌、传递创新的供应物和开发强势的顾客关系来构建与具体的细分市场相关的竞争优势。

第4章 营销原则3：竞争者总是有反应的→可持续竞争优势管理

学习目标

- 解释营销原则3以及企业为何需要构建可持续竞争优势（SCA）。
- 界定SCA。
- 识别和讨论营销战略能形成SCA的三个条件。
- 详细描述SCA的三个来源：品牌、供应物和关系（BOR）。
- 解释竞争者破坏企业SCA的方式。
- 理解企业管理SCA的方法的演变过程。
- 批判性地讨论利用实验来分析BOR战略影响的优势。
- 描述顾客资产视角。
- 概述获取、扩张与保留（AER）与品牌、供应物和关系（BOR）资产方格的组成元素和重要性。
- 识别SCA框架的三项输入和两项输出。
- 详细介绍管理SCA的三个步骤。
- 评估制定有效的营销战略所需的微观-宏观二重性。

引　言

竞争者总是有反应的

前两个营销原则聚焦于企业的潜在顾客和现有顾客，以理解和管理顾客的异质性和动态性。随后，企业可以制定定位战略以满足目标顾客的需要，并随着企业与这些顾客的互动而长期追踪其需要。每家企业都需要根据自身相对于竞争者的优势来选择目标市场和定位战略，这些战略的有效性取决于竞争者对它们的反应。无论一家企业如何有效地运用营销原则 1 和营销原则 2（运用这两个营销原则也许对企业很有效），竞争者都会不断复制这些成功的战略，或创新业务流程和供应物以更好地满足顾客现有和未来的需要和欲望。由于市场上所有企业都在不断努力复制和创新，因而竞争者总是有反应的，这就构成了管理者面临的第三个挑战。要应对这一挑战，企业需要构建用以抵抗竞争性攻击的壁垒，以形成可持续竞争优势（sustainable competitive advantages，SCA）。这是营销原则 3 所关注的问题。

管理者在制定营销战略时，不仅需要考虑顾客的异质性和动态性，还需要预测竞争者现在及未来的反应，从而建立起防御竞争性攻击的壁垒。为了获得长期成功，管理者需要预测竞争并通过建立一个无法摧毁的市场地位（或 SCA）来准备应对竞争。这在市场营销中是至关重要的，就像孙武在公元前 5 世纪为军事将领提供的著名建议一样[1]：

> 故用兵之法，无恃其不来，恃吾有以待之；无恃其不攻，恃吾有所不可攻也。（孙武，《孙子兵法》）

竞争者总是有反应的，因此企业必须管理自身的 SCA，以实现和保证长期的成功。虽然这条第一原理看起来很简单，但是构建强大的 SCA 以使企业在很长一段时间内能承受来自多个企业的竞争性攻击是非常困难的。1928 年道琼斯指数（Dow index）名单上的 30 家上市企业，目前只剩下通用电气公司一家企业。该企业在多次激烈的全公司变革中进行了重新定位。通过这些变革和努力，通用电气每次都建立了全新的 SCA 以抵御下一轮的竞争。随着美国经济的发展，道琼斯指数中企业名单的变化很好地展示了美国经济发展历程中所出现的不同竞争态势。当美国还是一个专注于商品生产和开采业的发展中经济体时，领先的企业主要包括美国制糖公司（American Sugar）、标准石油公司（Standard Oil）和美国钢铁公司（US Steel）。在制造业时代，固特异轮胎公司、波音公司和通用汽车公司走到了最前列。最近的发展使得基于信息、金融和服务行业的企业不断涌现，其中包括微软公司、维萨公司（Visa）和威瑞森公司（Verizon）。[2]为适应这些变化，通用电气从一家工业产品企业转型为一家以服务为基础的企业，而后转变为一家“电子工业企业”以应对现代市场的发展。[3]由此可以看出，通用电气在此过程中不断构建了多样且新颖的 SCA。

这些转型是明显的。在四个营销原则中，管理 SCA 可能是最难的。许多获得成功的企业曾在某个时点成为所在行业的领导者，但未能建立持久的 SCA。

鉴于 SCA 如此重要且难以构建，企业似乎应该从聚焦竞争者开始营销工作。但企业不能这样做，企业必须先基于目标顾客群建立起牢固的地位，然后才能围绕该地位构建 SCA。如果企业仅聚焦于竞争者，虽然有可能会击败它们，但这只能发生在市场上没有其他顾客的情况下。柯达和宝丽来利用它们的品牌、专利和技术创新在即时摄影和胶片市场上竞争了几十年。数码摄影的出现让它俩都被击败了，2012 年它们先后申请了破产保护。这既反映出它们无法对顾客需要和技术的变化做出响应，也反映出它们不愿意舍弃自身的胶片业务。柯达和宝丽来花了几十年的时间互相竞争，但最终都失败了，是因为它们的顾客转向一种新技术。[6]由此可见，

实例

特易购（英国）

英国食品杂货业巨头特易购（Tesco）是全球第三大零售商。尽管它在英国一直经营得很好，但当它试图调整战略以应对其他地区的市场竞争时，它的 SCA 还不足以让它参与竞争。该企业在 2012 年离开日本之后，于 2013 年将其位于美国加州的所有食品杂货店转让给了一家美国投资企业并退出了美国市场。当然，失败的原因是复杂的，关键是该企业对如何在这些目标市场上建立 SCA 缺乏认识。特易购认为其竞争者（如沃尔玛、全食超市（Whole Foods））未能提供足够好的一站式购物体验。因此，它推出了大型商店并配备了丰富的商品品类，以使顾客一次购物就能满足全部需要。但许多美国顾客将购物视为一种娱乐方式，他们更喜欢光顾供应物品类较少（但每一品类中花色品种丰富）的商店；而且，美国人每周光顾商店的平均次数要比英国人多。[4] 此外，特易购高估了顾客对当地品牌的偏好程度，其自有品牌占据了店内产品类别的一半，而竞争者拥有更多的全国性品牌。[5] 在这种情况下，在英国市场良好运作的 SCA 未能确保特易购在其他国际市场中构建起应对竞争的壁垒。

只关注竞争者往往会让企业对顾客需要和欲望的变化视而不见。

只关注竞争者往往会让企业对顾客需要和欲望的变化视而不见。

若把市场营销看作一场战役，那么争夺顾客就是战斗的主要原因。无论是现在还是可预见的未来，由于顾客能创造销售和利润，因此他们必须受到保护。如果顾客不是首要的考虑因素，那么企业就没必要参与竞争。一旦企业选择加入战斗，就必须确保有足够的防御设施，即通过强有力的 SCA 比竞争者更快且更有效地满足顾客细分市场的需要。当竞争者尝试一种新的战术时，战场就会发生变化，企业必须调整其 SCA 以保护顾客细分市场；否则，它就得放弃战斗，转而进入一个新的战场以争夺不同的顾客细分市场。

可持续竞争优势

强有力的 SCA 有多个来源。一个企业具备可持续竞争优势是指它能在相同的产品和服务类别中，比同行业的竞争者创造更多的顾客价值，而且那些竞争者难以复制其有效的战略。[7] 一个好的 SCA 应满足以下三个标准[8]：

1. 顾客在乎此 SCA 带来的利益。
2. 企业做得比竞争者好，形成相对优势。
3. SCA 必须难以复制或替代，即使竞争者拥有大量的资源也是如此。

第一，如果企业构建的 SCA 不是顾客想要的，那么该 SCA 是没有价值的。例如，赛格威公司（Segway）进行了革命性的产品创新，开发出技术先进的电动滑板车，并享有专利保护和品牌知名度。但是，这些交通工具在个人消费者中的市场是有限的，所以赛格威构建的进入壁垒（即专利、技术、品牌）的价值并不大。优步也进行了革命性的产品创新，以一种新的方式将司机和顾客匹配起来，以减少顾客等待的时间和支付的车费，这两个因素是顾客非常在乎的。因为顾客总是在变化（营销原则 2），当顾客不再在乎一个企业的现有 SCA 时，它便会失去价值。在过去的某个时间点上，百视达依靠其以品牌、零售地点和供应商关系为基础的 SCA 曾主导影碟租赁行业，但网飞提供了一组不同的属性，可以更好地满足顾客的潜在需要（即时性、无滞纳金、多样性），这导致百视达的 SCA 基本过时。[9] 当顾客不再关心某些 SCA 时，这些 SCA 就会失去保护企业免受竞争性攻击的能力。因此，企业在构建 SCA 之前，必须首先聚焦于顾客，因为只有当能带来相当大的经济价值的顾客群体在乎这些 SCA 所提供的价值时，它们才有效。

第二，在成熟的产品或细分市场中，以某种方式表现出企业可以比竞争者更好地发挥 SCA 是至关重要的。在快速成长的细分市场中，产品稀缺且需求旺盛，即使只提供基本款产品的企业也会经营得很好。但随着细分市场的成熟和需求的停滞，企业往往开始争夺顾客，那些欠佳的企业无法在硬碰硬的竞争中胜出。欠佳的企业缺乏相对优势，这意味着它们容易受到竞争的影响。这一过程类似于企业垄断权的丧失。企业过去优良的财务业绩并不总能表示其拥有 SCA。

实例

马鲁蒂（印度）

马鲁蒂（Maruti）主导了印度汽车市场近 30 年，这主要是由于当地法律限制外国企业进入。随着市场的开放，大众和福特等新企业的加入导致马鲁蒂竞争压力的增加。这表明马鲁蒂一直都无法进行自我革新，不能为印度更年轻、更富裕的中产阶层服务。无独有偶，伊朗乳业公司（Pegah）作为奶制品市场的早期进入者，确立了市场领导者的地位。然而，Kalleh 等新进入者大力投资品牌建设和新产品开发，由此带来的竞争侵蚀了伊朗乳业公司的先发优势和市场份额。

第三，难以复制是任何 SCA 的基础。是什么让 SCA 难以复制呢？新产品可能比现有产品更能满足顾客的需要，但如果竞争者很容易复制这一新产品，那么创新者很快就会被打败。诸多行业先驱失败的例子表明，如果未能建立 SCA，它们将被后来的进入者超越。20 世纪 90 年代初，网景浏览器（Netscape Navigator）在互联网浏览器市场的份额超过 90%，股价超过 170 美元。但它的优势并不是特别难以复制，所以当微软开始通过捆绑操作系统提供免费的浏览器（Internet Explorer）时，网景走向了衰败。到 20 世纪 90 年代末，网景的股价已跌至不到其峰值的 10%。[10] 友人网（Friendster）是美国第一个社交平台，比脸书（Facebook）早出现几年，但最终也走向了衰败。美国 TiVO 公司是数字视频录像机（DVR）的早期领导者，但它几乎没有设立竞争壁垒以阻止有线电视公司将同样的功能整合到已有的有线电视机顶盒中。

因此，以一种新理念进入市场并不足以设置壁垒，在财力雄厚的市场领导者意识到创新者进入的威胁，并投入资源以保护其现有顾客的销售时更是如此。为了使 SCA 难以复制，企业常常寻求基于营销的来源（market-based sources）以构建 SCA。

基于营销的可持续竞争优势来源

在营销领域，SCA 的来源可以分为三类：品牌、供应物和关系（见表 4－1）。这三类来源可为营销人员提供一些优势。每一类来源背后都有大量完善的研究，它们对能产生顾客忠诚，高筑壁垒且满足 SCA 三个条件的营销活动和战略进行了探索。

企业已在这些来源上投入了大量资源，并在财务报告中将这些投资作为关键资产（如广告、研发、销售费用）。企业通常将这三个 SCA 来源的管理分配给不同的团队以便对每种来源进行单独管理。每一种来源都有优点和缺点，企业的 SCA 最终反映这三种来源的协同组合，这样 SCA 在某些特定的市场或商业环境中可能会更有效。

表 4－1　基于营销的可持续竞争优势来源

来源	防止复制的壁垒	最有效的市场	实例
品牌	品牌形象存在于顾客脑海中，很难复制，并使顾客产生习惯性购买行为，还能彰显顾客的身份	大型消费者市场（软饮料、啤酒、时尚品、汽车）	宝马、安海斯－布希（Anheuser-Busch）
供应物	成本效益、性能优势、分销渠道	大部分市场，以技术为基础的业务（软件、电子产品）	苹果手机、博士音响、特斯拉
关系	力争形成很难建立或复制的信任、承诺和人际互惠关系纽带	B2B 市场、服务、复杂产品（测试设备、理发服务、金融服务）	爱德华·琼斯（Edward Jones）、格兰杰（Granger）

参照表 4－1，下文将概述 SCA 的三个来源，并在后续章节中分别对每一个来源进行详细描述（第 5 章介绍品牌，第 6 章介绍供应物，第 7 章介绍关系）。

品牌作为 SCA

在大规模的消费者市场（如软饮料、啤酒、时尚品、汽车）中，将品牌作为 SCA 通常是最有效的。企业大量投资广告、公共关系和名人赞助，以期在顾客心目中构建与它们的定位和战略相匹配的品牌知晓和品牌形象。这些品牌通过多种机制建立 SCA。最简单的方式是利用品牌的高知晓度促使顾客依照品牌标识和习惯进行购买，以减少其认知努力。当品牌具有明确独特的含义时，顾客可能出于对显示地位的需要而购买该品牌以彰显他们的身份，或出于对品牌强烈的依恋而购买。根据 SCA 的第二个条件，如果一个品牌能够比竞争者的品牌更好地满足顾客需要，那么这个品牌就可形成相对优势。此外，品牌是难以复制的。第 1 章提到，桂格燕麦的首席执行官说：“如果这家公司被拆成两部分，即使我只能拿走品牌、商标和商誉，而你拿走所有的实体，我也将比你发展得更好。”[11]

品牌咨询企业提供的证据表明，若一家企业想要复制可口可乐的品牌，那它需要花费 815 亿美元。[12]百事和其他可乐企业的产品可能在口味盲测中胜出，但很多人仍然购买可口可乐而不是其他软饮料。品牌通常是在潜意识层面发挥作用的，它能在客观因素（如口感）之外改进相关的体验。

品牌咨询企业提供的证据表明，若一家企业想要复制可口可乐的品牌，那它需要花费 815 亿美元。[13]百事和其他可乐企业的产品可能在口味盲测中胜出，但很多人仍然购买可口可乐而不是其他软饮料。品牌通常是在潜意识层面发挥作用的，它能在客观因素（如口感）之外改进相关的体验。

正如可口可乐公司一位高管解释的那样："即使可口可乐公司在一场灾难中失去所有与生产相关的资产，企业也会生存下来。但如果所有的顾客都突然失去记忆，忘记了有关可口可乐的一切，企业就会倒闭。"[14]品牌存在于顾客心目中，很难被复制，因而品牌是一个非常有价值的 SCA。

供应物作为 SCA

将供应物（如创新型产品或服务）作为 SCA 也是可行的，因为全新的或创新的产品或服务有可能改变细分市场。企业将大笔资金投入研究和开发活动，就是为了开发最新的或最具创新性的产品，并降低产品成本、增加配套服务，或从根本上改变顾客的体验。如果新供应物能比现有供应物更好地满足顾客需要，而且顾客在乎这些新特性，一个强有力的 SCA 就会出现。例如，由于印度和中国的中产阶层规模扩大，家装市场在这些国家实现了惊人的增长。紧接着，Foyr 和 Furdo 这样的初创企业使用技术为在线购物者提供了房屋的三维虚拟导览，顾客可以在虚拟世界中对房屋进行装饰。借助这项技术，顾客可以获得不同装饰风格的信息，并能以较低的成本、较快的速度在数百种装饰中进行选择。与那些提供二维装饰效果图的传统竞争者相比，这种创新技术提供了一个良好的 SCA。

然而，在某些情况下，企业必须首先投入时间和资金来解释新功能，甚至是告诉顾客他们"需要"这些新功能。全新的和创新的供应物并不必须是更好的，至少在顾客看来是这样。新产品的失败率大约为 60%[15]，产品失败的首要原因是顾客并不需要新产品。[16]有多种技术（联合分析）可帮助企业设计出符合顾客特点的产品，或在产品上市之前进行市场测试（参见第 6 章）。但即使是最好的设计和最好的营销技巧也有可能失败。埃德塞尔牌（Edsel）汽车成为"营销失败"的同义词。尽管福特花了 4 亿多美元研发这款汽车，但它从未真正吸引过顾客，在面市三年后便退出了市场。[17]新可口可乐（New Coke）提供了一个更鲜活的例子，可口可乐试图迎合顾客所宣称的对甜味配方的偏好，却遭到顾客的反感。正如一个研究人员所解释的：

> 可口可乐是一款口感很好的汽水，但是它的真正价值在于它强大的、讨人喜欢的、独特的品牌联想：美国、友谊、怀旧等。在改变配方的过程中，企业放弃了这些价值来源 [本书称之为 SCA]，顾客的反应自然是强烈的、情绪化的，而且是可以预测的。[18]

当一家企业克服重重困难推出一款能比其他产品更好地满足顾客需要的新产品时，它可能会发现自己很容易受到早期追随者或跟风型竞争者的威胁，因为它们很快就会复制成功企业的想法。早期追随者可以评估第一批顾客对新产品的感知，然后对产品进行细微的改进，以更好地满足顾客需要；而此时，先行者企业已经推出了产品，并投资设计了针对现有产品的生产流程。因此，保持相对于早期追随者的优势是特别困难的，因为追随者可从多种途径获益，如搭便车效应（free-rider effect）、技术和市场不确定性的消除、技术和顾客需要变化的识别，以及经常限制企业变革的惯性。[19]一项对先行者企业的调查显示，许多烜赫一时的企业很快就被它们的早期追随者超越，如Reynolds International Pen公司（圆珠笔）、Bow-mar工具公司（手持电子计算器）、Osborne公司（便携式电脑）和Royal Crown可乐（不含咖啡因的健怡可乐）。[20]在中国，优酷和新浪微博通过提供类似YouTube和推特（Twitter）的服务引领了各自的市场。在德国，火箭网络（Rocket Internet）明确表示其致力于复制已存在的互联网服务，在许多情况下，它甚至将仿制的产品卖给原创者。[21]

新产品是否难以复制取决于创新的类型。在某些情况下（如万艾可（Viagra）这样的药物），企业可以为它的创新申请专利，以防止竞争者抄袭，因此它拥有合法的SCA。但专利并不是在所有行业都可行，在某些情况下，专利很容易被绕开，专利只能推迟竞争。即使在制药领域，专利也是有期限的，因此出产新药的企业须明确其基于专利的SCA的有效期。尽管如此，在市场上第一个推出新产品会带来一定的优势，比如创新的品牌形象、强大的关系纽带、成本优势，或者其他能帮助先驱者留住顾客的转换壁垒。在某些情况下，将供应物作为SCA可促使企业不断开发新产品。这样一来，SCA就反映了该企业实现一系列成功创新的能力，而不是只能抵御竞争者对其产品创新的攻击。

关系作为SCA

在B2B行业、服务行业和复杂供应物的情境中，将关系作为SCA最有效。强化顾客与企业销售人员或其他跨边界员工之间的关系可防止顾客流失，激发顾客的持续忠诚，并确保卓越的财务绩效。[22]例如，B2B交易往往是复杂的，需要紧密的双向沟通，时间跨度较长，强劲的人际关系可以帮助买方和卖方建立信任、合作和灵活性。除此之外，与消费者市场相比，B2B市场中的顾客通常较少，广告发挥的作用不大。关系可通过更高层次的信任、承诺和人际互惠关系纽带产生SCA，以使交易适应环境的变化，即使在没有明确的合同约定的情况下，也可增进买方对未来结果公平性的信心（参见第7章）。[23]

关系同样满足SCA的标准。具体而言，顾客在乎的是关系所带来的好处，例如信任、适应性和合作，以及可能伴随人际关系而产生的内在享受。[24]关系销售组织和客户服务人员往往是阻止竞争者进入的最佳壁垒。对于美国高端零售商诺德斯特龙，销售助理是一个强大的SCA，因为这些销售助理和顾客之间的关系往往可持续多年。在金融服务领域，跳槽的客户经理大约会带走其原有客户中的30%。这种SCA会给企业带来一些困惑。企业可能认为顾客是对企业忠诚的，但事实上，他们只与企业的销售人员紧密联系在一起。一项针对300多家B2B企业的忠诚度研究表明，鉴于客户与销售人员之间的关系纽带，跳槽的销售人员平均会带走26%的购买量。[25]

因为构建关系通常需要数年时间，所以关系很难复制，这使得关系成为持久的

SCA。回顾B2B销售人员的例子。销售人员的离职可能使顾客关系面临风险，因此，企业希望在更换销售人员后重新确立顾客关系，然而找到合适的销售人员并非易事，因为这个销售人员必须找到一种方法以提供价值或超过前任销售人员给顾客创造的价值。如果销售的是成熟的产品或日用品，顾客感觉到先前建立的关系复杂性和风险较低，那么他们可能只依赖于交易型的交换形式，而不是投入时间和精力去培育新的关系。从这个意义上说，即使是牢固的关系也不能完全改变顾客的趋势和偏好。最近的一项行业调查显示，75%的B2B行业中的顾客表示他们更倾向于从网上购买，而不是与销售人员直接交流；当他们明确知道自己想买什么产品时，这一比例上升到93%。[26]随着互联网日益普及，小型竞争者开始通过网站和移动应用程序来促进交易型销售，对大型企业（拥有大规模的销售队伍）形成攻击。作为世界上最大的在线食品订购平台之一，美食熊猫（Foodpanda）不断寻求为东南亚和欧洲的顾客提供更好的网站界面，这样不仅顾客可以更轻松地订购食品，而且企业可降低成本。[27]

这三种可持续竞争优势的来源（品牌、供应物和关系）是可以叠加的，它们经常协同发挥作用以使企业在市场中拥有强大的地位。

这三种可持续竞争优势的来源（品牌、供应物和关系）是可以叠加的，它们经常协同发挥作用以使企业在市场中拥有强大的地位。

实例

星巴克（美国）

星巴克是一个高质量的品牌（价值54亿美元），顾客对其有很强的依恋，这是因为它提供了一种咖啡饮料和特殊店面环境相结合的独特供应物。[28]在这种环境中，顾客通常会与当地咖啡店的员工建立关系，员工会记住顾客的喜好或者通过名字认出他们。因此，顾客通常会舍近求远去另一家相同的咖啡店，从他们最喜欢的咖啡师那里买咖啡。这些SCA都是从有效的BOR战略中产生的，它们共同作用以提高顾客的忠诚度，对竞争者而言这些壁垒是很难突破的。在星巴克，品牌会被高素质的员工强化；这些员工都受过良好的培训和激励（通过医疗和退休福利等方式）去与顾客建立良好的关系。星巴克没有采取特许经营的战略，而是始终保持对每一家店面的控制，以确保独特的供应物为顾客提供独特的体验，并通过基于顾客关系为顾客量身定制的独特供应物优化顾客体验。此外，星巴克继续创新其产品（如茶瓦纳（Teavana）茶产品）和基于技术的服务（如移动支付）来保持在这一产品类别中的SCA。

竞争反应：市场营销战略的基本假设

在星巴克的例子中，它在市场上的地位似乎是不可取代的：高质量的品牌，强有力的供应物，发展良好且旨在促进顾客和员工之间关系的员工文化。但是，实践证明，任何企业都不能完全依赖静态的SCA，不可能不需要重大的调整和持续的投资就经得住时间的考验。竞争者会以多种方式超越一个企业的 SCA，从而取代该企业，包括：

- 技术创新，它为竞争者提供了推出颠覆性产品的平台。
- 对文化、环境或其他因素影响的顾客欲望加以利用。
- 个人创业，以不断寻求更好的解决问题的方法。
- 通过“跟风”提高现有执行过程的效率。

技术创新是推出新产品的强大基础，它将使现有产品或服务过时。谷歌地图手机应用（Google Maps Navigation）几乎提供了 GPS 设备的所有功能，并且可以免费安装到智能手机上。通腾公司（TomTom）和佳明公司（Garmin）的股票价值在谷歌地图手机应用推出之后的几个月内就分别损失了近 85%和 70%。[29]另一个例子是，Skype 网络电话目前已占国际长途电话的 1/3 以上，严重打击了传统电信运营商。

你能说出这家美国企业的名字吗？

- 全球最大的高速公路连锁餐厅
- 餐饮特许经营的先驱
- 最坚定的参与者和最高的品质
- 连锁餐饮中最成功的实例

这些说法均来自 1960 年的出版物。

此外，顾客的欲望会随着文化、环境甚至一些看似随机的因素的变化而变化，这可能使得品牌不再对企业的业绩产生积极影响，甚至损害企业业绩。例如，1957 年法案批准建立美国州际高速公路系统时，豪生连锁餐饮公司（Howard Johnson）迅速利用顾客行为发生变化的机会，超越了当时的其他餐饮企业。豪生在高速公路出口匝道附近购买了数百块土地，从而成为餐饮业最坚定的参与者，拥有最高的品质（参见上面的专栏）。1965 年，豪生通过向长途旅行者始终如一地提供品质上乘的食品，获得了比麦当劳、汉堡王和肯德基更高的销售额。[30]但是对于这个拥有标志性的橘黄色屋顶的品牌来说，当顾客偏好发生变化时，这种“始终如一”很快就变成了一种负担。新一代的旅行者开始认为这些供应物是“平淡无味”的，相比之下，快餐是不同的、快速的、流行的。顾客开始转向麦当劳和其他快餐店，豪生的顾客在不断老化，最终导致该连锁店的失败。如今，随着人们更注重健康饮食，麦当劳面临一种新的偏好。伴随着这些变化，长期以来作为麦当劳 SCA 的品牌遭受了一些损害，大众媒体（如 2004 年的纪录片《超码的我》（*Super Size Me*））质疑超大份炸薯条等产品对健康的危害时更是如此。这种质疑使麦当劳不再销售超大份炸薯条。[31]

有创造力的、多元化的个体也在不断试图找到不同的或更好的方法来解决问题并提供新的产品或服务。这些努力有时会使市场领导者被取代，甚至可能重新定义市场。即使没有具体的技术创新，这种转变也可能发生。太阳马戏团（Cirque du Soleil）用音乐和舞台表演替代了大型动物和顶级演员，从而取代了在马戏团娱乐细分市场中名列前茅的林灵兄弟（Ringling Bros.）和巴纳姆与贝利（Barnum &

Bailey）马戏团。这种重新定位或重新包装往往不需要技术创新，被称为“蓝海”（blue ocean）战略（参见第 6 章）。[32]

竞争者也可能复制一家企业的供应物，并更好地执行该企业的战略。这种“跟风”战略的优势在于可使企业有选择地提供供应物的不同属性，从而降低成本或瞄准一个新兴的增长型细分市场。腾讯是世界上最大的互联网服务企业之一，其战略是复制成功企业的东西。[33]

总之，技术、顾客和商业环境在不断变化，竞争者不断尝试创造新的方式来满足顾客的需要和欲望，这些都有可能扰乱企业的 SCA 和市场地位。一个企业越成功，竞争者就会越努力地去攻击它的地位。正如史蒂夫·乔布斯（Steve Jobs）所说：“利润吸引了模仿者和创新者。”因此，即使形成了以技术为基础的垄断，苹果公司也会随着时间的推移降低价格，以减少竞争者的反应。[34]但是，由于竞争者总是有反应的，企业需要建立和调整它们的 SCA 以抵御竞争性攻击，这就是营销原则 3。

营销原则 3：竞争者总是有反应的，因此有效的营销战略必须管理企业的可持续竞争优势（SCA）。

下文将介绍一些管理可持续竞争优势的方法、分析工具和总体框架。第 5～7 章将更详细地讨论 SCA 的三个基于营销的来源。

管理可持续竞争优势的方法

营销中可持续竞争优势的演变

企业构建 SCA 的方式随时间的推移而演变（见图 4-1）。在过去三千年的大部分时间里，将牢固的顾客关系作为 SCA 的来源是惯例。[35]在工业时代之前，商业交易发生于当地市场，农民和工匠直接把产品卖给当地的顾客。这些“生产者”通常既是制造商又是零售商，而且大多数“生产者”只服务于一个小的地理区域，这使得生产者和顾客之间的人际关系成为抵御竞争最有效的壁垒。类似地，在交换非当地生产的产品时，人际关系可促成商人之间的信任。因此，只有在具有信任关系的群体（如“丝绸之路”沿线的商人）之间才会产生贸易活动。[36]

工业革命改变了交换的特征。制造商依靠与大规模生产相关的规模经济性，以低成本生产出大量产品，这些产品需要在更大的地理区域内运输、储存和销售。顾客随着工作的转换开始离开农业地区来到城市，这种变化形成了对货物运输和储存（服务于这些新兴的人口稠密的城市）的需要。此外，大规模生产也形成了对大力度促销的需要，以期为大量生产的产品创造足够的需求。

工业化导致了大量“中间商”（middlemen）的出现，它们主要集中在运输、仓储、销售和零售领域。[37]这些新渠道围绕产品质量和价格进行竞争，市场交换变得更具交易性，这使得品牌作为区分产品并标识供应物质量的一种手段愈发重要。随

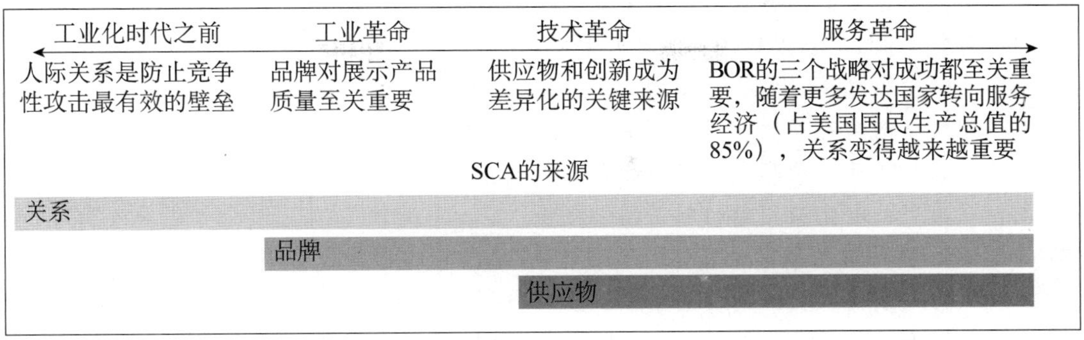

SCA来源的影响因素

• 生产者既是营销人员又是零售商 • 销售人员在地理位置上接近顾客 • 实例：鞋匠、农民和裁缝依赖其与顾客的直接关系；丝绸之路上的贸易商依靠与其他贸易商之间的信任来交换货物	• 大规模生产创造了规模经济 • 在空间上分散的顾客 • 中间商的出现 • 大量的供应形成了对大力度促销的需要 • 实例：品牌建立在强大的家族名称之上，如法拉利、彭尼和吉列，以彰显品质并与竞争者区分开来	• 从有形产品转向数字产品和知识产品 • 快速的技术变革和动荡 • 实例：苹果和谷歌都专注于技术创新，已经超越可口可乐，成为最有价值的品牌	• 去中介化消除了生产者和消费者之间的中间商 • 经济从以产品为中心转向以服务为中心 • 实例：IBM转向销售业务解决方案而不是设备；汇丰和富国银行等金融服务企业继续发展

图 4－1　营销中可持续竞争优势管理方法的演变

着中间商销售的大规模生产的产品数量增加，长期的个人关系作为 SCA 的唯一或主要来源的有效性削弱了。许多早期的“品牌”是家族的姓氏，实际上是基于店主与顾客良好的关系对企业的典型关系进行品牌化，例如，法拉利、兰博基尼、彭尼、福特、阿迪达斯、阿贝克隆比 & 费奇、本 & 杰里、宾利、金宝、吉百利、香奈儿、摩根大通、爱立信、吉列、杰克丹尼、雅马哈、铃木、苏富比。

技术革命始于 20 世纪 50 年代末，旨在实现从模拟和机械技术向数字计算机和数字刻录技术的转变。技术革命使得 SCA 的关键来源更聚焦于创新型产品。[38]现代的许多首席执行官认为创新对企业未来的竞争力至关重要，创新是 SCA 的重要来源，不论是保持现有的位置，还是扩展到新的市场，创新都是必需的。2013 年最具价值的品牌排名的变化明确地展示了这种转变，即从基于品牌知晓和品牌形象的 SCA 转变到基于创新型供应物的 SCA。可口可乐公司在连续十多年位列第一之后，被苹果公司（排名第一）和谷歌（排名第二）超越。这两家“最有价值”的企业都将技术创新而不仅仅是品牌知晓或品牌形象作为其 SCA 的关键来源。[39]

随着时间的推移，SCA 的主要来源发生了变化：从早期市场中的关系到工业革命形成中间商和零售商之后的品牌，再到技术革命明显破坏现有行业和企业之后的创新型供应物。但需要指出的是，每个新 SCA 都是添加到前一个 SCA 之上，而不是替代前一个 SCA。苹果公司利用创新（如 iPod、iPhone）在市场上为便携式音乐播放器和手机开拓了市场，但它同时投资于品牌建设，以保护其基于技术的业务，因为它知道竞争者试图复制其技术创新。对于苹果公司以及大多数科技企业而言，专利只是一种拖延战术，而不是市场准入的长期壁垒，因为竞争者可以通过很多方法来达到同样的目标。苹果公司在其供应物中增加了服务元素（如购买音乐和云存储空间），以提高顾客的转换壁垒。

随着时间的推移，SCA 的主要来源发生了变化：从早期市场中的关系到工业革命形成中间商和零售商之后的品牌，再到技术革命明显破坏现有行业和企业之后的创新型供应物。

一些研究人员认为发达国家正在经历新的“SCA 革命”，其原因在于向服务经济的转变。[40]按照美国政府的分类，相比实体产品，服务业目前的规模约占美国经济总量的 85%。[41]服务通常是由同一个组织生产和交付的，因此，服务往往会消除中间商（称为“去中介化”）并加强生产者和消费者之间的联系。此外，服务比产品更无形、更不持续、更容易消逝，且更难以评价，因此，顾客更依赖于卖家的跨边界工作人员，有时甚至需要顾客和卖家共同生产（co-production）。[42]这些更紧密的互动使顾客与卖家之间的关系更加重要，供应物的无形性意味着与关系信任相关的利益更加重要。[43]因此，随着服务经济和知识经济的兴起，关系重新成为 SCA 的重要来源，这意味着随着时间的推移，SCA 的演化会出现一个完整的循环。

尽管 SCA 的关键来源处于变化之中，但这三种来源（品牌、供应物和关系）始终是一个建立在另一个基础之上，并协同工作以决定企业的 SCA。顾客资产视角可用于展示这种叠加的效果，并提供一个用于测量 SCA 的框架。因为它反映了 SCA 的品牌、供应物和关系（BOR）来源所带来的长期利益。

顾客资产视角

顾客资产视角（customer equity perspective）建议将顾客视为企业的财务资产，并认为顾客应该像其他重要的资产（如土地、建筑、装备、知识产权）一样进行测量、管理和最大化。一个企业的**顾客资产**（customer equity）是其所有现有顾客和未来顾客的终身价值总和。[44]如果一家企业利用广告来打造强势品牌，利用研发投入来开发创新型产品，并在招募、培训和激励销售人员方面进行投资以构建持续的顾客关系，那么它将增加品牌资产、供应物资产和关系资产。这些不同形式的资产共同构成企业的顾客资产，它们往往是抵御竞争性攻击的最强壁垒。

然而，会计师对这些资产的处理方式与企业财务报表中的其他有形资产的处理方式截然不同。例如，将营销成本作为年度费用就（错误地）意味着营销支出带来的所有利益都发生在同一年。而且，营销支出未被视为构建资产的投资，反而作为一项在年底完全支出的费用出现在企业的利润表中。这种处理方法显然是不准确的，相关研究和实践已证实了品牌和关系资产会持续很长一段时间，并且可创造出重要的 SCA。

让我们通过对比认识这一点。当英特尔花 10 亿美元建设一家生产下一代微处理器的新工厂时，它会将这个成本分摊到 30 年中，这样每年都只有一部分成本对应当年的利润。剩余的成本作为资产保留在企业的资产负债表上。当英特尔在其“内置英特尔”（Intel Inside）营销活动上花了 10 亿美元时，这笔成本会从当年的利润中全部扣除，这就忽视了品牌推广活动所带来的 SCA 长期利益。事实上，这种长期利益也并未出现在英特尔的资产负债表上。为了解决这一明显的问题，一些企业开始使用品牌资产指标来展示营销支出所带来的利益。通过追踪品牌资产随时间发生的变化，企业可认识到由强大的品牌所形成的 SCA 的相对规模。营销支出可形成资产的视角展示了企业如何从 BOR 投资中获取 SCA，这就是顾客资产的视角。

为进一步说明这个视角，图 4－2 提供了顾客购买啤酒的例子。如果一个名不见经传的调酒师把啤酒倒在没有标识的杯子里，并请顾客给它定价，那么这个定价就代表了供应物的价格，也就是产品性能或产品价值的价格。如果调酒师将啤酒倒入杯子中时展示了啤酒的品牌，那么顾客给出的定价与未展示啤酒品牌时的定价的差值就代表了品牌的价值。如果顾客最喜欢的调酒师在谈论他们感兴趣的话题时倒入了有品牌标识的啤酒，并且重温他们长期友好的关系，那么，顾客此时的定价与前一个定价的差值就反映了关系资产。图 4－2 显示了这三种资产如何组合形成一个具有可叠加性的品牌、供应物和关系资产存量（brand，offering，relationship (BOR) equity stack)。如果对企业的所有顾客进行汇总，那么得到的存量就代表了企业总体的顾客资产。

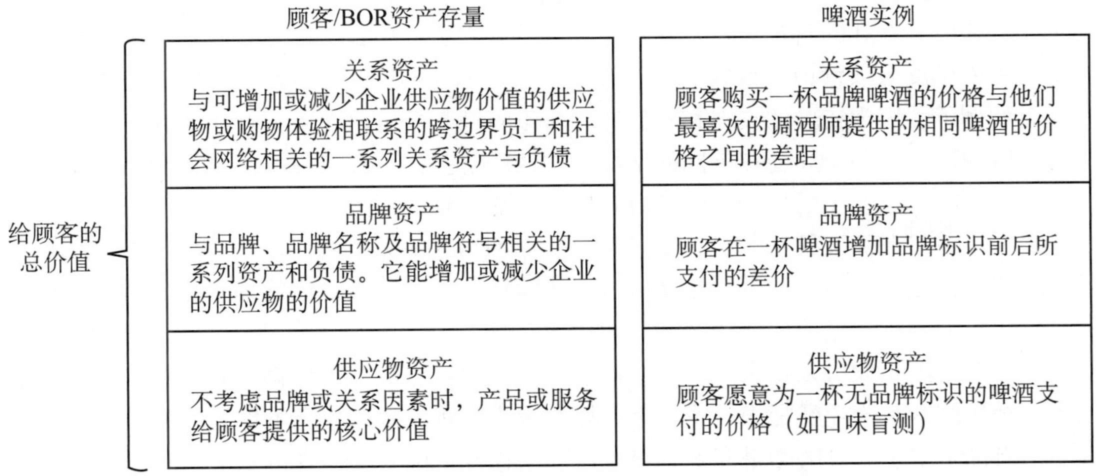

图 4－2　顾客资产视角：品牌、供应物、关系资产存量

作为对这种从投资视角（而不是会计视角）来看营销的支持，一项基于 1960—2010 年发表的近 100 项实证研究的元分析（meta-analysis）表明，在人员推销方面的投资可为企业带来正向递增的经济效益。[45] 如果该企业的产品处于生命周期的早期阶段或者在欧洲（而不是美国）销售产品，那么这种经济效益更为明显。总体来看，当前阶段的投资会在未来一段时间内带来收益，为关系资产的投资者带来多期回报。

在个体顾客层面，顾客资产类似于顾客终身价值（CLV）。把所有顾客的资产加在一起就可得到企业整体的顾客资产。从这个意义上讲，顾客资产视角非常适合使用 CLV 分析方法（参见第 3 章）。这是因为每一种基于市场的资产（market-based equity）都可看作顾客长期折现现金流的一种附加值而加以评估。蒂芙尼所拥有的强大的品牌资产是顾客愿意为其珠宝支付更高价格的主要原因，这种额外的利润扩大了每位顾客的终身价值。然而，如果蒂芙尼停止对其品牌进行投资并削减营销支出，其品牌资产将会贬值，就像一个被忽视的废弃制造厂的资产会减少一样。

因此，BOR 资产与有形资产是相似的。两者都可产生资产回报，可以通过投资来建立；如果不加以维持，它们就会随着时间的推移而贬值。许多企业使用自己的指标或行业指标评估企业的品牌价值。这些指标可为企业确定其构建品牌资产的成果提供有用的中间指标（intermediate metrics）。一旦企业制定一种衡量顾客资产的方法，就可以运用多种分析技术来理解哪些营销投资和战略产生了最重要的资产（如多元回归，参见第 7 章），以及如何优化其投资（如反应模型，参见第 8 章）。

BOR 资产与有形资产是相似的。两者都可产生资产回报，可以通过投资来建立；如果不加以维持，它们就会随着时间的推移而贬值。

为分析不同的 BOR 投资对财务的影响，一个简单有效的方法是采用实验分析技术，而不是利用中间指标。**实验**（experiment）随机将顾客分成几组（如实验组与对照组），从而为因果关系的检测提供强有力的支持。例如，随机选择的实验组会经历一个新的营销项目，而对照组则没有经历该项目。那么，这两组销售额的差别就可反映该营销项目的效果。数据分析技术 4－1 提供了关于实验的概述和详细的例子。因为实验的成本相对低廉，所以营销人员可以在正式推出营销项目之前进行测试。许多企业会在不同的市场上测试广告宣传、新产品发布以及销售组织变化的影响，以在全面推开之前了解它们是否能达到预期的商业目标。

虽然**自然实验**（natural experiment）对因果关系的检测较弱，但不失为一种有效的技术。自然实验是有选择地（而非随机地）对某一群体施加营销刺激，从而对比不同营销战略的效应的实验。假设某企业的一个竞争者已进入三个区域的市场。此时，该企业可以指定一个区域销售产品的价格与竞争者保持一致；第二个区域的销售团队承诺免费配送；第三个区域的销售团队不做改变。不同地区销售量的差异有助于揭示哪种战略最有效。但是，如果这些地区有实质性的差异（如规模、品牌强度、销售的产品类型），企业则需要考虑这些变量，以“控制”这些因素引发的销售差异，从而分离出营销战略的影响。也就是说，在一个真实的实验中，顾客随机分配到不同的组，其他因素也随机分布；但是在自然实验中，顾客不是随机分配的，营销人员需要控制变量来解释相关差异产生的原因。

顾客资产视角要求企业在常规财务会计过程之外建立和维持相应的“顾客中心化的会计过程”。这值得吗？企业使用顾客资产会计和 BOR 资产存量主要有三个理由。首先，BOR 资产通常是企业 SCA 的主要来源。正如前文所提到的桂格麦片公司和可口可乐公司的高管所讲述的，利润的关键来源是品牌，而不是那些被详细追踪的有形资产。因此，一个更好的问题可能是：数百名会计紧盯着账簿、编制季度业绩报表、年度业绩报告以跟踪企业的土地、建筑和存货，然而这些因素却不是企业长期业绩的关键决定因素，那么这么做是否合理？在一家企业收购另一家价格高于有形资产的“账面价值”（book value）的企业时，典型的会计指标可以显示其品牌资产，因为在该交易中，顾客资产会被记录在资产负债表中，并被视为“商誉”

进行分摊。但是，定期的财务报表通常并未显示顾客资产，这在很大程度上是因为顾客资产的无形性使得它难以衡量。风险规避（和成本规避）的企业宁可不衡量顾客资产，也不愿意先对其进行测量，然后对测量指标的异常性和矛盾性进行公开讨论。

其次，为了制定最优决策，企业需要一个框架来衡量、跟踪和报告顾客资产。企业的许多决策都涉及权衡，如在 BOR 战略和非营销投资（生产工厂）之间的权衡、在三个 BOR 之间的权衡、在同一资产类别的不同营销项目之间的权衡（如足球赛赞助商选用球衣广告还是网络横幅广告），以及随着时间推移的权衡（今年和明年）。为了理解这些权衡，管理者需要能跟踪每项投资效果的系统。一些高管不愿投资于营销活动，因为无法“看到”其效用。为了在会计系统中显示营销投资的回报，会计系统应当在将营销费用计入当年成本的同时，在未来的许多年里都估计其相应的结果。然而，将具体的营销努力与销售和利润的变化联系起来是很困难的。如果没有系统的方式来证明这些联系，企业在那些难以衡量的领域往往会投资不足。

最后，有效的顾客资产系统本身就是 SCA。假设你是一名品牌经理，在一家与联合利华相竞争的大众消费品（consumer packaged good，CPG）企业工作。你的企业不像联合利华那样对 BOR 投资持有顾客资产视角。你的年度奖金取决于你的销量增长和利润。你计划几年后离职。你的经验表明，如果削减品牌的广告，销量不会马上减少，因为强大的品牌资产会继续吸引顾客重复购买。这些广告费的削减在你的报告中会表现为明显的成本降低。因削减广告支出而形成的成本下降将增加该品牌在当年的利润，这样一来，你的利润指标将会表现很好。你拿到巨额奖金，然后跳槽。然而，从长远来看，联合利华的表现将超过你的企业，因为联合利华的品牌经理会额外得到基于品牌资产的奖励，因而他们会做出更有效的 BOR 投资决策。这种逻辑已成为 CPG 企业建立品牌指标并利用财务指标和品牌资产指标共同设定业绩目标的主要驱动因素。

企业每天都在不同的管理层次做出并非最理想的营销决策，在经济低迷时期尤其如此。当然，期望企业准确地衡量各广告媒介组合的广告反应并据此优化每一时段的广告预算和资源分配，显然是不切实际的。但是，不断有证据表明，企业甚至不愿为其 BOR 战略配备新的营销方式。业界人士反映，大多数企业仍然不确定是否采用互联网广告，不知道如何改变它们的广告战略以拥抱互联网。[46]在经济衰退期，当顾客需求萎缩时，BOR 战略可给企业提供一个真正的机会（而不是通常认为的威胁）去证明最好的选择是什么。然而，在经济衰退期，很多企业却不断降低在 BOR 战略上的投入，从而丧失了获得最大化利益的机会。[47]

考虑一下企业是如何在现实中设定广告支出的。一家 CPG 企业可能依据行业平均水平设定广告支出，然而这违反了营销原则 1，因为这种方式假设广告对所有顾客群体的作用都是一样的，忘记了顾客总是有差异的。另一家企业可能将广告支出设定为销售额的一定比例，然而这违反了营销原则 2，因为这种方式假设广告在现在和未来可产生同样的效用，忽视了顾客总是在变化的（通常，广告在产品刚上市时可发挥更大的作用）。联合利华从顾客资产视角出发，根据广告对其创建的品牌资产指标的影响，在不同的产品品牌和时间上分配广告预算。通过这种方式，联合利华可以发现哪个营销项目对品牌资产的影响最大，广告投入的作用何时开始减弱，以及哪个品牌对广告投入的反应最明显。对于大多数 CPG 企业来说，广告是一项巨大的投资，而品牌资产是抵御竞争者的关键壁垒。因此，联合利华的顾客资产方法代表了一种重要的 SCA，特别是相对于那些依据行业平均水平或销售额的一定比例来制定预算的竞争者。

许多企业的主要 SCA 来自其 BOR 投资和战略，但 SCA 还存在其他来源，如大量且低成本的财务资源、人力资源战略和运营流程。然而，这些方面超出了营销战略的范畴。下一节所介绍的管理框架将聚焦于如何利用 BOR 资产存量来执行顾客资产视角方法。

数据分析技术 4-1

营销实验

简介

营销实验测试顾客如何对市场决策做出反应，同时排除了将实验组与对照组进行比较时可能存在的混乱。

使用场景

- 确定特定的 BOR（品牌/供应物/关系）投资与顾客或企业的绩效之间是否有直接的因果关系。
- 根据财务影响（如销售额提升），在一组 BOR 投资战略和策略中进行选择。

使用方式

实验试图建立自变量（如 BOR 投资）和结果之间的因果关系。因果关系意味着：

1. 自变量和结果变量共变（如网站上的价格降低 10%，在线销售额增加）。

2. 自变量的变化早于结果变量的变化（如在降价促销活动开始之后对在线销售额进行测量）。

3. 可以排除对测量到的效果的其他解释。

为了确保建立合理的因果关系，营销实验需要良好的设计：

1. 设计合理的实验组。实验刺激应当反映对测试的 BOR 因果关系的精确陈述（如多给销售人员支付多少佣金可以提高其销售额）。实验组由接受该实验刺激的被试（如销售人员）组成。

2. 设计一个对照组，对照组的随机因素保持不变（如给另一组销售人员的佣金保持不变）。

3. 实验组和对照组在其他方面必须大致相同（如规模、人口统计特征、销售动机、经历）。为了达到这一标准，大多数实验采用随机分配的方法设置实验组和对照组。在统计意义上，随机分配意味着所有被试都有相同的概率接受实验刺激。

在下面的方程中，

$$Y_i = \beta_1 I_j + \beta_2 X_i + \varepsilon_i$$

式中，Y_i是针对第 i 个顾客的因变量。如果第 i 个被试被分配到实验组，那么标志变量 I_j 编码为 1，否则为 0。β_1 反映的是实验刺激的效果。向量系数 β_2 反映的是在非随机分配的实验中，被试或环境中任何需要控制以确定因果实验效果的特征。ε_i 反映随机统计误差。

当实验完成后，如果 β_1 具有统计意义上的显著性，就意味着实验刺激是有效果的。根据分析目的的不同，实验可以“只有后测”（after-only），它测量的是在顾客接触到营销行为之后，营销行为对顾客行为的影响；实验也可以有“前测和后测”（before-and-after），以衡量顾客在接触营销活动前后的营销活动效果。

实例

DFG 是一家花卉递送公司，正在举办季度营销预算会议。该企业在年度广告上花了 25 万美元，一位经理质疑这是否合理或者 DFG 是否超支。在随后的讨论中，一些经理坚持认为，地方性的电视广告对创造品牌资产和利润至关重要；而其他人则认为企业支出过度。

为了解决这一难题，DFG 决定开展一次控制实验。首先，为了确保建立合理的因果关系，它将实验刺激界定为下个季度 50 个选定的区域性市场（实验区域）的地方性电视广告支出增加 10%；将另外 50 个区域性市场作为对照组，在这些市场中，地方性电视广告支出保持不变。DFG 还收集了实验开始前一季度（T_0）和实验开始后一季度（T_1）的品牌知晓、品牌回忆和销售额数据，分别计算实验组和对照组的 T_0 与 T_1 之差（即前测和后测）。为了确保效度，DFG 针对实验组和对照组控制了人口统计特征（收入、受教育程度、年龄、种族和性别）和经济特征（购买力、零售渗透率、互联网普及率）。品牌知晓指标的方程为：

$$（品牌知晓的）改变 = \beta_1 I_j + \beta_2 X_i + \varepsilon_i$$

（品牌知晓的）改变是在第 i 个区域的品牌知晓 T_1（减去 T_0）的变化。如果第 i 个区域被分配到实验组，那么标志变量 I_j 编码为 1，否则为 0。β_1 是实验效果。向量系数 β_2 体现该销售区域任何需要进行控制以确定因果实验效果的特征。ε_i 反映随机统计误差。

该企业获得三个回归方程，以分别反映地方性电视广告支出增加（相对于对照组）导致的品牌知晓、品牌回忆和销售额的变化。各回归方程中的相关关系都是显著的。DFG 增加地方性电视广告支出（相对于对照组）后，实验组中各销售区域的品牌知晓、品牌回忆和销售额分别增长了 1.5%、3.2%和 3%。

DFG 每年的销售额为 2 500 万美元。这个实验增强了企业决策者的信心，因为地方性电视广告支出对销售的增长确实发挥了作用。从这个例子可以看出，通过实验化解了 DFG 的内部冲突。

可持续竞争优势管理框架

可持续竞争优势管理框架整合了上文提到的方法和分析（见图 4－3）。该框架有三项输入，其中有两项是营销原则 1 和营销原则 2 管理框架的输出。第三项是可能会影响企业现有和未来 SCA 的长期趋势。具体来说，营销原则 1 关注市场中顾客或企业的需求，以及该企业应该如何在这个市场中定位；营销原则 2 关注企业的现有顾客，分析哪种 AER（获取、扩张、保留）战略在顾客发生迁移时最有效。

自然地，下一步就是围绕顾客建立和保持强大的优势，以抵御现在和将来的竞争性攻击，这是营销原则 3 的实质。SCA 管理框架有两项输出：对企业现有和未来 SCA 的描述，以及构建和维持这些 SCA 的 BOR 战略。

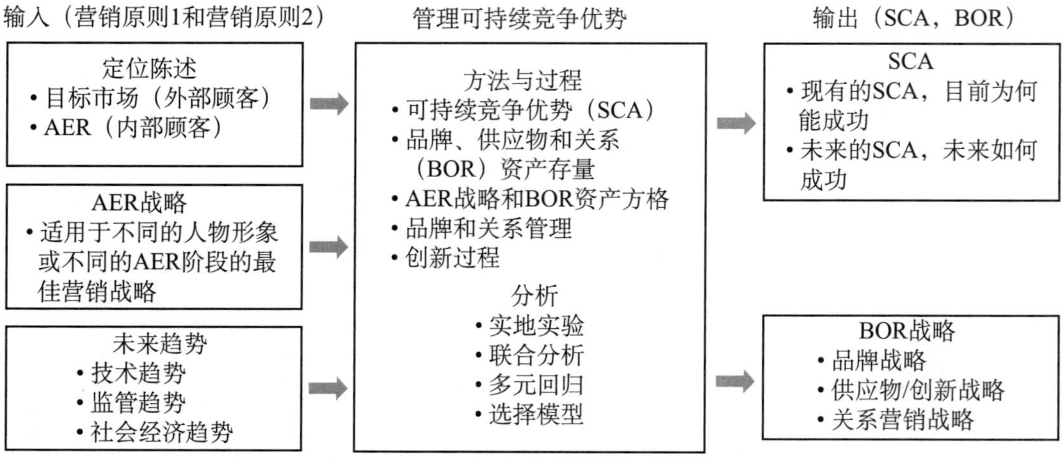

图 4-3　营销原则 3：竞争者总是有反应的→可持续竞争优势管理

可持续竞争优势管理框架的输入

在这个框架的三项输入中，第一项是最重要的，它是从前两个营销原则中得到的定位陈述。也就是说，营销原则 1 中的定位陈述回答了三个关键问题：

1. 顾客是谁？

2. 产品或服务能满足什么需要？

3. 为什么这个产品或服务是满足顾客需要的最佳选择（相对于竞争者）？

它体现了 STP（市场细分、目标市场选择、市场定位）过程的结论。在评估顾客的需要和偏好后，管理者选择目标细分市场，以强调或识别某些能比竞争者更好地吸引目标细分市场的产品特性或场景（地位、价格、性能）。定位陈述回答的第三个问题是连接营销原则 3 的关键，它确定了企业在哪些方面可以超越竞争者。定位陈述还明确指出了企业应该在何处投资以构建和维持其 SCA。如果产品具有独享性和高地位的特征（如蒂芙尼珠宝、法拉利汽车），那么企业需要对其品牌进行投资，避免折扣定价或促销，并在高端零售环境中陈列产品。

营销原则 2 输出的 AER 定位陈述聚焦于企业现有的顾客，详细回答了现有顾客组合中各种人物形象是谁、是什么、为什么、何时等问题。除了定位陈述和 AER 定位陈述独特的聚焦点（AER 定位陈述聚焦于现有顾客而不是该市场中所有顾客），它们还有两个不同之处：

1. AER 定位陈述更关心如何随着时间的推移满足顾客变化的需要，而不关心如何击败竞争对手来赢得顾客的初次购买。

2. AER 定位陈述强调“何时”的问题，详细阐述了触发事件和迁移机制，而典型的市场定位陈述并没有阐述这一点。

这两种定位陈述一并指明了 BOR 资产存量的哪些方面是企业在整个市场中赢得顾客的关键，以便随着顾客的变化长期留住这些顾客。

该框架的第二项输入是来自营销原则2的AER战略。定位陈述界定了目标，AER战略则描述了实现这些目标的过程。AER战略是按照发展阶段和人物形象进行组织的，为企业如何投资以获取和留住顾客提供了关键指导。战略必须按照品牌、供应物和关系的类别进行汇总和重组，以匹配SCA的来源（即企业的BOR资产存量）。

该管理框架的第三项输入是长期的技术趋势、监管趋势和社会经济趋势，它们显然可以破坏任何组织的SCA。例如，移动电话的发展打乱了大多数企业营销战略的多个要素，如如何增加顾客的参与度，应该采用什么渠道销售产品。有了第三项输入，该管理框架可避免企业因只关注现有顾客和竞争者而无法注意到外部环境中的长期趋势或不连续的变化。[48]

实例

布鲁塞尔航空公司（比利时）

布鲁塞尔航空公司（Brussels Airlines）是比利时的国家航空公司。它的首席信息官（CIO）西蒙·拉姆金（Simon Lamkin）曾强调针对不断变化的技术趋势调整营销模式的重要性。针对航空公司采用新技术的要求，拉姆金说："我们必须进行数字化改造，以便为顾客提供良好的航空旅行体验。我们允许他们在网上预订并在移动设备上完成他们需要做的一切。"[49]

可持续竞争优势管理框架的输出

该框架基于这三项输入，应用一种或多种SCA管理方法，产生了两项输出（第5～7章将详细地讨论）。第一项输出是对企业现有和未来的SCA的描述。这种描述需要清楚地说明成为SCA的三个条件：顾客在乎它；企业比竞争者做得更好；它很难复制或替代。这项描述SCA的输出实际上提供了一种高层次的声明，以阐明该组织将如何随着时间的推移在市场中获胜。这种描述建立在所有单个目标市场和人物形象基础之上，以确保其具有兼容性；它还要求企业将其作为获得长期成功的核心基础。通过明确企业可持续的、长期的竞争优势的来源，高层领导者可以更合理地进行必要的投资和管理。对企业整体的SCA进行投资和管理是高层管理团队的职责之一。营销战略是SCA的关键要素，但并非SCA的全部。[50]也就是说，由品牌、供应物和关系形成的相对优势是营销战略对企业整体SCA的贡献。

SCA管理框架的第二项输出是详细的BOR战略。BOR战略立足于品牌、供应物和关系，是对各细分市场和人物形象的需要（考虑了顾客异质性）所进行的汇总和重新组织，能最有效地应对顾客随时间推移的变化（考虑了顾客动态性）。例如，通过对AER不同阶段的多个人物形象的需要进行整合，企业可以识别出最有效的整体品牌战略。这是很重要的，原因如下：首先，企业不可能针对每种人物形象或在顾客获取和保留的各个阶段分别制定不同的品牌战略，主要是因为品牌战略常常是相互排斥的（如天天低价与专享地位）。营销项目通常覆盖多种人物形象和阶段，因此，企业需要一个更高层次的战略来确保多个品牌战略的一致性和有效性。其次，从成本、员工能力和执行的角度来看，在所有阶段为所有人物形象分别制定BOR战略是低效的。

这两项输出（SCA和BOR战略）都是总体层面的洞察，它们来源于各局部精细化的分析，经由整合和重新组织以支撑更有效的宏观层次的决策。这种微观-宏观二重性对成功的营销战略而言是非常重要的，这是因为对顾客真实有效的理解发生于微观层面（以避免加总偏差），而多数战略和资源决策发生于宏观层面（如广告、研发、销售队伍战略）。

可持续竞争优势管理的过程

将定位陈述、AER战略和未来趋势转变为SCA和BOR战略并不是一个简单的过程。它需要将不同阶段不同人物形象的各种详细见解进行汇总，以找出最有效的品牌、供应物和关系战略来构建和维持企业的SCA。这个过程还需要考虑一些发展趋势，以确保企业建立的SCA在现在和未来都是有意义的。图4－4总结了这个过程的简化步骤。

将定位陈述、AER战略和未来趋势转变为SCA和BOR战略并不是一个简单的过程。它需要将不同阶段不同人物形象的各种详细见解进行汇总，以找出最有效的品牌、供应物和关系战略来构建和维持企业的SCA。

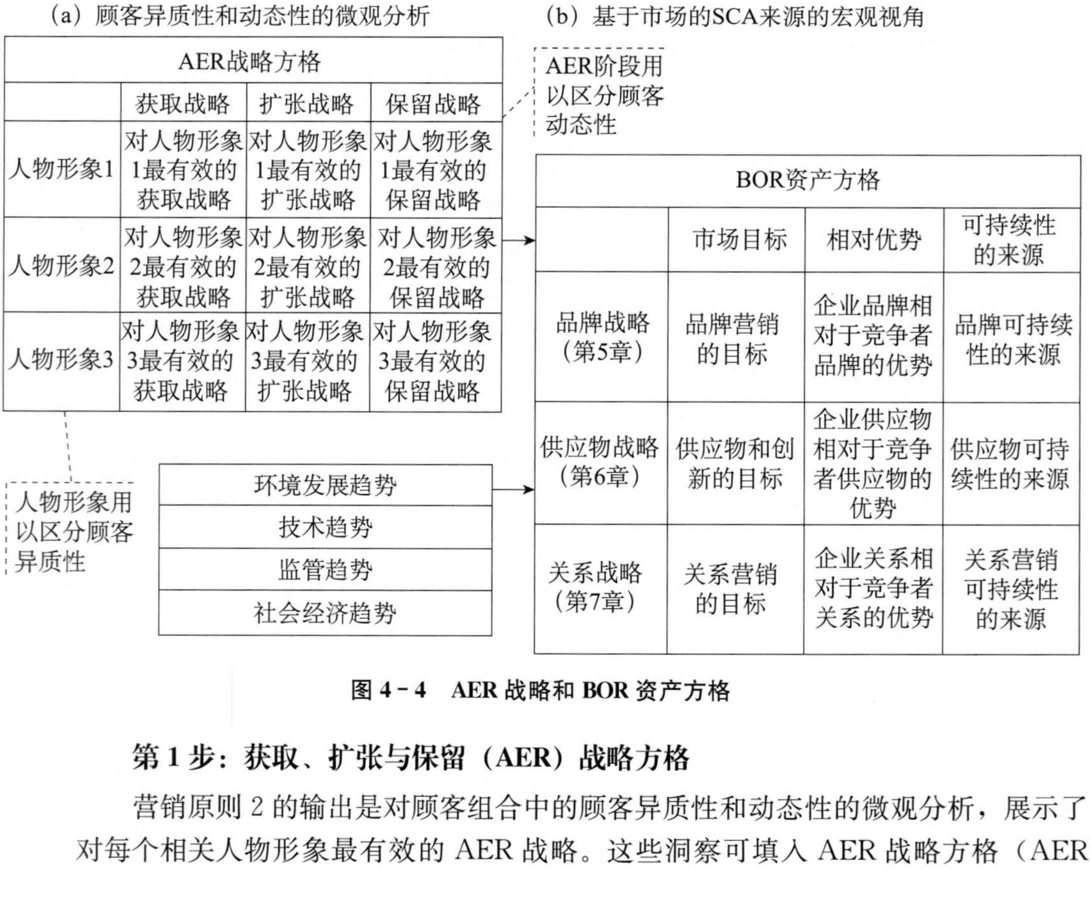

图4－4　AER战略和BOR资产方格

第1步：获取、扩张与保留（AER）战略方格

营销原则2的输出是对顾客组合中的顾客异质性和动态性的微观分析，展示了对每个相关人物形象最有效的AER战略。这些洞察可填入AER战略方格（AER strategy grid），以发现具有影响力的 BOR 战略，如图 4－4（a）所示。这个方格中的每个单元格都描述了在一个时间点上对各种人物形象最有效的战略。例如，对于人物形象 1 最有效的获取战略可能是现有顾客的口碑；对人物形象 2 最有效的获取战略可能是给最近搬到这家零售商附近的居民发送邮件。

第 2 步：关键趋势

除 AER 战略之外，管理者还应该考虑到关键的环境趋势（如长期的技术趋势或监管趋势），以确保在 BOR 战略上的投资能形成现在和未来的 SCA。虽然在忽略长期环境变化趋势的情况下，企业也可能投入资源来构建一个品牌形象或创新型产品，但是这些品牌形象和创新型产品并不代表 SCA。例如，向网络数字媒体的转变是一种普遍的技术和消费趋势；那些在开发 BOR 和 SCA 战略时忽略了该趋势的传统书店可能已经失去了相关业务。另一个例子是，美国部分州不对网上销售征税，这导致许多互联网企业把总部搬到那里。

第 3 步：品牌、供应物和关系（BOR）资产方格

将 AER 战略方格和关键的环境趋势作为输入，可完成 BOR 资产方格（BOR equity grid），以描述 BOR 战略的三个关键信息，如图 4－4（b）所示。第一个信息是市场目标，它来自定位陈述和与具体营销战略最相关的 AER 战略。此信息展示了与营销领域相关的顶级目标（即品牌、供应物、关系）。它要求从不同的人物形象和 AER 战略中找出共同且重要的方面，这些方面在各自的 BOR 营销领域能得到支持。例如，哪些品牌目标（知晓、形象、含义）能最好地支持所选择的 AER 战略和整体定位战略？（这一步骤将在企业的供应物战略和关系战略中重复执行。）

BOR 资产方格中的另外两个信息所关注的点对于构建 SCA（相对于竞争者的优势）和长期维持 SCA（可持续性的来源）至关重要。因此，BOR 资产方格提供了一个高层次的归纳，展示了现在和未来，企业在实现自身定位目标和抵御竞争性攻击的同时，应该通过 BOR 战略达到什么目标。

图 4－4 简要地展示了将顾客异质性和动态性的微观分析转化为基于市场的 SCA 驱动因素的宏观视角的过程。实际上，它是一个复杂的迭代过程，通常随着时间的推移而变化。它还要求高层管理者做出多种战略权衡。

制定 BOR 战略和建立顾客资产存量遵循一种自然的逻辑顺序：

1. 一个企业应该进行品牌决策，这受到企业整体定位目标（来自营销原则 1 和营销原则 2）的影响，在很大程度上决定了企业如何在整个市场和现有顾客中进行定位。

2. 企业可以聚焦于供应物决策、产品和服务的创新，研发工作需要同时支持品牌战略和企业的定位目标。

3. 关系战略通常是最后确定的，因为它们涉及供应物的交付和体验。

当企业的供应物含有大量服务元素时，这种决策顺序是很明显的。因为在这种情况下，跨边界工作人员对于顾客体验和企业的整体价值主张至关重要。接下来的章节将按照这个顺序对品牌、供应物和关系展开详细的讨论。

总 结

不论一家企业如何有效地奉行前两个营销原则，竞争者都将不断复制这家企业的成功战略或对供应物进行创新，以更好地满足顾客现有和未来的需要和欲望。也就是说，竞争者总是有反应的，这是营销管理者必须通过建立和维持防御壁垒来解决的第三个难题（营销原则 3）。管理者必须同时关注顾客的需要和竞争者的行为，也要预测竞争者未来的行动，这样企业才能建立起抵御竞争性攻击的壁垒。这些壁垒要成为企业的可持续竞争优势，必须满足三个条件：顾客在乎此 SCA 提供的价值；企业必须比竞争者做得更好；该 SCA 必须难以复制或替代。

基于营销的 SCA 来源主要包括三类：品牌、供应物和关系（BOR）。随着时间的推移，基于营销的 SCA 的主要来源逐渐由关系演进到了工业革命时期的品牌，再演进到技术革命时期的创新型供应物。发达国家正在见证 SCA 的下一场革命，以应对向服务经济的转变。服务是无形的、不持续的、易消逝的，比产品更难评价，因此顾客与卖家跨边界人员之间的关系变得更加重要。

从顾客资产视角来看，顾客是一种资产，每个顾客都是一个利润中心。企业应该跟踪并管理该利润中心，以提升企业业绩。如果一家企业利用广告来打造强势品牌，利用研发投入来开发创新型产品，并在销售人员方面进行投资以构建持续的顾客关系，那么它将增加品牌资产、供应物资产和关系资产。这些不同形式的资产共同构成了企业的顾客资产，这些资产的组合构成了企业抵御竞争性攻击的壁垒。然而，营销支出很少被视为企业资产负债表上的资产。尽管有研究表明，BOR 资产可以持续很长一段时间，并且代表着重要的 SCA，但它通常被视为一种支出。

可持续竞争优势 SCA 管理框架有三项输入：前两项来自营销原则 1 和营销原则 2，第三项是可能会影响企业现有和未来 SCA 的长期趋势。也就是说，营销原则 1 关注市场中顾客的需求，以及企业应该如何在这个市场中定位；营销原则 2 专注于企业的现有顾客，分析哪种 AER（获取、扩张、保留）战略在顾客发生迁移时最有效。该框架生成两项输出，即对企业现有和未来 SCA 的描述，以及构建和维持这些 SCA 的 BOR 战略。这两项输出都来源于各局部精细化的分析，经由整合和重新组织以支撑更有效的宏观层次的决策。这种微观-宏观二重性对成功的营销战略而言是非常重要的，这是因为对顾客真实有效的理解发生于微观层面，而多数战略和资源决策发生于宏观层面。

管理 SCA 涉及三个关键步骤。首先，来自营销原则 2 的洞察应该填入 AER 战略方格，以发现具有影响力的 BOR 战略。方格中的每个单元格都描述了在一个时间点上对各种人物形象最有效的战略。其次，管理者应该考虑关键的环境趋势，以确保在 BOR 战略上的投资能形成现在和未来的 SCA。最后，将 AER 战略方格和关键的环境趋势作为输入可完成 BOR 资产方格，并描述每个 BOR 战略的三个关键信息：基于定位陈述和 AER 战略的关键目标，相对于竞争者的优势，以及可持续性的来源。BOR 资产方格提供了一个高层次的归纳，展示了企业在实现自身定位目标和抵御竞争性攻击的同时，应该通过 BOR 战略达到什么目标。

BOR 战略决策的一种自然的逻辑顺序始于品牌决策，这取决于企业的整体定位目标（营销原则 1 和营销原则 2）。然后，企业可以聚焦于供应物决策，因为产品和服务的创新，以及研发工作不仅应该支持它的定位目标，还应该支持它的品牌战略。关系战略通常是最后确定的，因为它涉及供应物的交付和体验。

本章要点

- 竞争者总是有反应的。企业必须通过建立和维持可持续竞争优势（SCA）来应对竞争性攻击。
- 顾客产生销售额和利润，企业必须保护他们，以抵御竞争者的持续攻击。尽管 SCA 非常重要，但企业必须首先在目标顾客群中建立差异化的定位，然后才能围绕这个定位建立 SCA。
- 每个 SCA 必须满足三个条件：顾客在乎此 SCA 提供的价值；企业必须比竞争者做得更好；该 SCA 必须难以复制或替代。
- 在营销领域，SCA 的主要来源是品牌、供应物（创新型产品或服务）和关系（BOR）。强有力的 SCA 使用这三者的组合来强化企业对顾客的差异化和有针对性的吸引力。
- 实验可以揭示 BOR 投资的因果关系。它主要涉及将顾客随机分配到多个具有不同 BOR 投资水平/设计的群组，包括实验组和对照组，以尽量减少潜在的混乱。
- 竞争者有很多方法来削弱一家企业的 SCA，包括技术创新、利用顾客欲望的变化、找到更好的解决方案，以及推出“跟风”且更高效的供应物。
- 顾客资产视角意味着顾客应该被视为资产，应该像管理资产那样管理和跟踪顾客，以提高企业的绩效。对品牌、供应物和关系的投资是顾客资产的重要来源。
- 在 SCA 框架中有三项输入：营销原则 1 输出的顾客的需求，以及企业应该如何在这个市场中定位；营销原则 2 输出的在顾客发生变化时最有效的 AER 战略；环境的长期趋势。
- SCA 框架有两项输出：对该企业现有和未来的 SCA 的描述，以及用来构建和维持这些 SCA 的 BOR 战略。
- 管理 SCA 的三个关键步骤包括构建 AER 战略方格、对关键环境趋势的分析，以及构建 BOR 资产方格。
- 技术趋势、监管趋势和社会经济趋势不断变化。企业的竞争者不断寻找新的方法来满足顾客的需要和欲望。这些变化都有可能威胁企业的市场地位。

数据分析案例

Exteriors 公司应对竞争者的攻击

问题背景

Exteriors Incorporated（EINC）公司于 1921 年在美国弗吉尼亚州成立，是美国一家领先的房屋屋顶面板制造商。该公司拥有 5 000 多名员工，为房屋建筑商和中间承包商提供房屋屋顶的解决方案。EINC 一直把自己定位为市场上的优秀供应商，因为尽管它的价格是市场上是最高的，但它尽其所能提供最高质量的产品。EINC 在房屋屋顶行业率先推出了几项产品创新。例如，它是第一家将重量/单位面积增加到 220 磅/平方米（1 磅约为 0.45 千克）的企业，而当时的行业标准是180磅/平方米。通过增加屋顶面板的厚度，它为顾客（房屋所有者和房屋建筑商）提供了有更长的使用寿命和对环境压力有更大承受力的产品。2013年的市场调查显示，它生产的屋顶板材被证明是美国市场上最耐用的产品，这一看法在近30年里保持不变。EINC的产品在颜色、质地和美感方面所呈现出的多样性是无可匹敌的。EINC的内部报告显示，它的产品品种数量几乎是与它最接近的竞争者的三倍。因此，EINC成为市场上最受追捧的制造商，近98%的顾客在满意度和整体体验方面对其给予了高度评价。它提供了市场上范围最广的产品，是顾客在没有提示的情况下能够回忆起来的为数不多的品牌之一。因此，根据第三方市场研究公司的报告，该公司拥有品牌资产最高的品牌。

然而，房屋屋顶板材行业正在发生重大变化，在2000—2014年尤其明显：

1. 随着巴西、中国和印度建筑业的迅速发展，市场对屋顶产品的需求在过去20年里激增。许多新的制造企业进入市场，并在产品的强度和耐用性、品种、易安装性和价格等方面挑起了竞争。

2. 这些外国企业进入美国市场，它们很快就发现EINC在产品质量方面是最优的。因此，它们将注意力集中在提供比EINC产品更易于安装的低价产品上。通过采用低价，它们逐渐侵蚀EINC的市场份额。EINC的市场份额从2000年的76%下降到了2014年的58%。

3. 这些企业把价格压得很低，为了在美国获得市场份额似乎采用了亏本销售产品的战略。

4. 经济衰退极大地降低了2009—2012年间的新房屋建筑量，低价销售的企业迅速受益，因为低价正是美国那些意欲降价的房屋建筑商所需要的。这些房屋建筑商通过降价可以缓解来自购房者的定价压力，以便从中获益。

5. 市场在2013年开始复苏，房屋建筑量回升到了2004年的水平。外国制造商意识到仅仅靠低价已无法获得更多的市场份额。

外国竞争者将产品的保修期从10年缩短至8年，以促使新房屋所有者在当前的低价与未来8年保修的成本之间进行权衡，企业因此获利。正如外国商家预测的那样，低价格和短保修期的组合使它们保持了相对于EINC的市场优势，而且这种竞争性战略正在缓慢而持续地对EINC无可匹敌的市场领先地位产生负面影响。

2014年，EINC召开了销售总监、研发总监和市场调研总监参加的战略营销会议，讨论如何应对竞争威胁。EINC计划在2016年推出一个新的屋顶面板产品以应对市场竞争并保护其差异化的竞争优势。新的屋顶面板产品将面向那些采用其传统屋顶产品的建筑商。它试图通过在顾客需要的产品属性方面做得更优秀，以削弱外国制造企业在市场上的攻击。

然而，销售、研发和市场研究团队对什么是最好的新产品有不同的看法。销售总监强调降价10%。销售总监说，EINC已经失去了与顾客的联系，经济衰退大大提高了顾客的价格敏感性，以至于即使是最好的品牌也不得不降低价格来参与竞争。此外，销售团队认为他们经常作为跨界人员与顾客接触，顾客说EINC的价格太高了。但是，这与研发总监的观点恰恰相反。研发总监认为，尽管产品价格不菲，但EINC的差异化竞争优势是它的优质产品。研发团队确信，他们开发的新产品在美感和预期寿命方面都优于其他产品，至少比大多数竞争者的产品高出一个标准差的水平，他们坚信该新产品是EINC未来的最佳选择。市场调研总监不同意销售总监和研发总监的意见。市场研究团队认为，没必要降低价格，也不需要对产品的技术属性进行重大投资。与之相反，他们认为关键属性是承包商的使用体验。市场研究团队认为，考虑到EINC在市场上的知名度和领导地位，大多数承包商面临的是重购决策，而不是第一次从 EINC 购买产品的决策。市场研究团队认为，重购决策的关键是屋顶的安装过程。外国制造商大大改善了承包商的安装体验，将安装时间从平均两周减少到大约一周。

因此，在设计新产品时，EINC 面临着不知如何设置众多产品属性组合的困境。此外，所有的建议似乎都充满了不确定性。降价会正向影响 EINC 的市场份额，但会损害顾客对 EINC 的长期看法，意味着 EINC 正在稀释其品牌形象。投资数百万美元来改进产品的美感和预期寿命当然会提高产品的质量，但顾客会更喜欢它吗？通过缩短安装时间来提高安装人员的满意度也会带来低运营利润导致的成本问题。因此，EINC 确实面临着由竞争引起的棘手的营销难题。

问题陈述

竞争者总是有反应的。如果不能了解和应对竞争者的攻击，企业将出现经营业绩不理想的状况。因此，企业必须通过建立和维持可持续竞争优势来应对竞争性攻击。正如本章所述，基于营销的 SCA 来源主要分为三类：品牌、供应物和关系（BOR）。

EINC 知道其品牌资产的重要性，品牌资产曾帮助 EINC 收取高溢价，提高销售量，降低成本，并使竞争者难以抢夺其业务。如果新产品改变其典型的高价格特征，将向市场发出一个信号，即 EINC 正在改变其品牌在市场上的形象。

EINC 敏锐地关注到了它的供应物资产。供应物资产是指在不考虑品牌或关系因素时，产品或服务给顾客提供的核心价值。当企业的供应物与竞争者的供应物（即跟风的供应物）没有区别时，该企业几乎没有供应物资产或 SCA。因此，大多数企业努力开发区别于竞争者产品的创新型供应物，以或多或少地形成一些相对优势。EINC 在供应物资产方面一直处于领先地位，因为它不断尝试开发创新型的产品，以领先于外国竞争者。开发一种寿命更长且更美观的新产品可增加其供应物资产。

EINC 还希望通过新产品构建其关系资产。关系营销致力于改善与交易方的关系（如体验）并建立关系资产，以期最终改善财务绩效。缩短安装时间有助于提高安装人员的满意度，促进他们未来的购买行为，从而提升 EINC 的财务绩效。因此，EINC 认识到构建 SCA 涉及在新产品中进行品牌、供应物和关系资产的正确组合。为了构建 SCA，EINC 决定采用科学的顾客导向的方法来设计新产品，根据顾客的市场反馈推出产品，从而保护其竞争地位。EINC 发起了一项战略行动，旨在回答以下问题：

- 在 EINC 期望的新产品中，品牌（价格）、供应物（预期寿命、美感）和关系（安装速度）各属性的相对重要性如何？
- 顾客愿意为预期寿命、美感和安装速度支付多少钱？

数据①

调查

第一步，EINC 的分析工作聚焦于对 BOR 的关键驱动因素的验证。它计划在新产品开发之前进行更严格的分析，以确定第二步中各属性的相对重要性。因此，在第一步中，EINC 让其市场研究团队对 20 个顾客进行调查，以了解他们如何看待四个关键属性的重要性：价格、预期寿命、美感和安装速度。

表 1 展示了调查结果。20 个顾客对这四个属性的重要性进行评分，其中 1 代表最不重要，7 代表最重要。如表 1 所示，价格被认为是最重要的（平均值为 6.8），然后依次是安装速度（6.6），预期寿命（6.5）

① 这些分析基于 EINC 案例的数据集，在数据分析技术 9-1 所介绍的 MEXL 软件中进行。

和美感（6.1）。这对 EINC 来说既是好消息也是坏消息。调查得到的分数都很高，这表明顾客认为这四个属性都重要。然而，这些重要性的分数都很高意味着这些属性之间的区分度较低。

表 1　　属性调查结果

产品属性	重要性得分的平均值
价格	6.8
安装速度	6.6
预期寿命	6.5
美感	6.1

联合分析模型

第二步，EINC 进行联合分析（conjoint analysis）。联合分析是一种理解在属性之间进行权衡的重要性的好方法。联合分析的基本假设是，顾客不能可靠地表达他们在形成偏好时如何对产品单个特征的权重进行判断。联合分析可以通过一个结构化的过程，要求顾客对若干产品进行评估（或选择），从而推断出各产品特征的相对权重。联合分析认为，产品由多个共同为顾客提供利益的属性组成。例如，购买房屋屋顶板材的顾客可能会考虑品牌（价格）、供应物（预期寿命、美感）和关系（安装速度）属性。当 EINC 决定开发一个新的屋顶板材产品时，不能仅仅询问顾客关心的是什么属性，因为大多数顾客会说他们想要所有属性都最好的产品。但是，企业可以模拟这种权衡过程。顾客想要更好的美感还是更长的预期寿命？这种权衡反映了顾客是如何真实地做决定的，因为很少有顾客买得起所有属性都最好的产品。因此，在联合分析过程中，分析师不会直接询问顾客产品属性的重要性，而是使用更真实的环境，要求顾客评估不同的场景或产品配置，这些场景或配置都包含多个产品属性。然后，分析师从顾客给每种场景的评分中推断出每个产品属性的重要性，以反映出顾客对产品的总体偏好。

然后，EINC 要确定它希望测试的不同属性组合。它选择的平均寿命组合有三种水平（低阻度、中阻度和高阻度），美感组合有两种水平（没有缺陷、最小的缺陷），安装速度组合有两种水平（自下单起的 1 周，1.2 周或 1.5 周），价格组合有三种水平（价格指数[①]为 8、9 和 10）。接下来，EINC 需确定 9 种产品包（product bundle），以体现这四种产品属性不同水平的组合，并获得顾客对每个产品的整体评估，而后将这些评估分解成顾客给予每种属性在各水平上的部分效用值（part-worth value）。在实际的联合分析中，每个顾客按百分制评价 12 个产品包，100 分表示最需要的产品包。这里隐含的想法是，顾客可以提供对整个产品的评分（这将导致对产品属性的权衡取舍），却无法直接对产品属性进行评分。表 2 展示了产品属性的组合，表 3 展示了 9 个产品包。

表 2　　属性设计矩阵

属性	水平 1	水平 2	水平 3
预期寿命	低阻度	中阻度	高阻度
安装速度	1 周	1.2 周	1.5 周
美感	没有缺陷	最小的缺陷	
价格	8	9	10

表 3　　产品包

属性	产品包 1	产品包 2	产品包 3	产品包 4	产品包 5	产品包 6	产品包 7	产品包 8	产品包 9
预期寿命	低阻度	低阻度	低阻度	中阻度	中阻度	中阻度	高阻度	高阻度	高阻度
安装速度	1 周	1.2 周	1.5 周	1 周	1.2 周	1.5 周	1 周	1.2 周	1.5 周
美感	没有缺陷	没有缺陷	最小的缺陷	最小的缺陷	没有缺陷	没有缺陷	没有缺陷	最小的缺陷	没有缺陷
价格	10	9	8	9	8	10	8	10	9

① 为保密，使用价格指数代替真实的价格。

部分效用值的分析结果

EINC 收集了来自 20 个受访者（负责产品决策）的联合分析数据，以评估每个产品属性的潜在价值或部分效用值。联合分析估计出的部分效用值可为许多问题提供答案，如哪些产品配置是最优的。

表 4 展示了根据联合分析得到的每个产品属性在各水平上的平均部分效用值。从预期寿命来看，相对于最低水平（低阻度）的基准值 0，中阻度产品的部分效用值是 11.95，高阻度产品的部分效用值是 35.85。因此，高阻度产品是最受欢迎的。更有趣的是，顾客对高阻度产品（相对于中阻度产品）的偏好要远远大于对中阻度产品（相对于低阻度产品）的偏好。从安装速度来看，相对于最慢水平（1.5 周）的基准值 0，中等安装速度的产品的部分效用值是 15.2，而高安装速度的产品的部分效用值是 37.65。这表明，高安装速度是首选，而且顾客对高安装速度的产品（相对于中等安装速度的产品）的偏好要远远大于对中等安装速度的产品（相对于低安装速度的产品）的偏好。从美感来看，相对于最小的缺陷的基准值 1.35，没有缺陷的产品的部分效用值是 7.55。这表明有最小的缺陷的产品并不比没有缺陷的产品更受欢迎。从价格来看，相对于最高价的产品的基准值 0，中等价位的产品的部分效用值是 5.25，低价产品的部分效用值是 17.45。

表 4　　受访者部分效用值的均值

预期寿命	预期寿命	预期寿命	安装速度	安装速度	安装速度	美感	美感	价格	价格	价格
低阻度	中阻度	高阻度	1 周	1.2 周	1.5 周	没有缺陷	最小的缺陷	8	9	10
0	11.95	35.85	37.65	15.2	0	7.55	1.35	17.45	5.25	0

支付意愿的分析结果

根据顾客的评分，EINC 估计了每个产品属性的部分效用值。利用顾客对每个产品的部分效用值的估计，EINC 可以估计在产品包中非价格属性的支付意愿。直观来说，在有高价产品（部分效用值＝0）的情况下，顾客更喜欢低价产品（部分效用值＝17.45）。因此，价格指数为 8 和 10 的产品之间的部分效用值差异为 17.45，这意味着一个价格指数单位等于 8.725 个部分效用值单位（10－8＝2 个价格指数单位＝17.45 个部分效用值单位，即 1 个价格指数单位＝8.725 个部分效用值单位）。这意味着：

- 低预期寿命产品（部分效用值＝0）和高预期寿命产品（部分效用值＝35.85）之间的部分效用值差异是 35.85 个单位。EINC 估计，顾客愿意为高预期寿命产品多支付 35.85/8.725＝4.11 个价格单位。
- 低美感的产品（部分效用值＝1.35）和高美感的产品（部分效用值＝7.55）之间的部分效用值差异是 6.2 个单位。EINC 估计，顾客愿意为高美感的产品多支付 6.2/8.725＝0.71 个价格单位。
- 低安装速度的产品（部分效用值＝0）和高安装速度的产品（部分效用值＝37.65）之间的部分效用值差异为 37.65 个单位。EINC 估计，顾客愿意为高安装速度的产品多支付 37.65/8.725＝4.32 个价格单位。

表 5 总结了分析结果。该结果突出了预期寿命和安装速度的重要性，同时量化了产品包中每个属性的收益。

表 5　　对新产品的支付意愿

属性	“低”与“高”水平之间的价格单位差异
价格	2.00
预期寿命	4.11
美感	0.71
安装速度	4.32

修改 BOR 战略以防御竞争性攻击

综合来看，当 EINC 统一审视这些属性时，它意识到，预期寿命最高（高阻度）且能在一周之内安装完的产品所获评价最高。有趣的是，美感并不像 EINC 原来认为的那样重要。同样，价格的部分效用值并不像预期寿命和安装速度的部分效用值那么高，这表明顾客对价格并没有像对其他产品属性那样敏感。

研究结果将如何改变 EINC 的 BOR 战略？回想一下，EINC 正在努力寻找品牌、供应物和关系属性的合理组合。首先，EINC 知道其品牌资产的重要性，品牌资产曾帮助 EINC 收取高溢价，提高销售量，降低成本，并使竞争者更难以抢夺其业务。上述分析结果显示，由于顾客对价格不像设想的那样敏感，因而不需要降低新产品的价格。因此，企业可以保持高价格以及在市场中的高端定位。其次，EINC 敏锐地意识到它在供应物资产方面一直处于领先地位，因为它不断尝试开发创新型产品，以领先于外国竞争者。通过开发一种寿命更长且更美观的新产品，它可增加供应物资产。然而，上述分析结果显示，预期寿命的改变比美感的改变更可取。这一点已经传达给研发总监。最后，EINC 希望通过新产品增加关系资产（安装体验）。上述分析结果表明，缩短安装时间有助于提高顾客满意度，促进顾客未来的购买行为。

因此，EINC 来源于品牌、供应物和关系资产合理组合的 SCA，将包括保持高价格、更长的预期寿命，以及更短的安装时间。它还可以依据顾客对预期寿命的支付意愿来制定新的定价政策，向那些想要更快安装速度的顾客收取更高的价格。

解决方案总结

案例中所讨论的数据分析使 EINC 通过了解顾客需要的变化更好地掌握其目前在市场中的地位，从而在面对竞争者的攻击时：

1. 它能够利用通过数据分析得到的理由统筹管理团队中来自营销、研发和销售团队的对开发新产品的观点。虽然每个管理团队都将各自团队的贡献看作产品成功的驱动因素，但是 EINC 能够使用顾客中心化的方法来设计新产品。

2. 针对之前的观点，它能够在产品发布之前，基于来自顾客的反馈开发一个产品的品牌、供应物和关系属性的组合，这些因素共同决定产品的成败。分析结果尚未表明是否只用某一项战略就能够对抗竞争威胁，因而，EINC 需要调整所有的 BOR 战略并使用数据分析方法来确定合理的 BOR 组合。

3. 通过联合分析，它可以识别出给定的产品能够产生足够增量价值的细分市场。例如，在供应物资产进入生产过程之后，企业才了解到相较于产品更具有美感，顾客更偏好产品的预期寿命。当然，这很难未卜先知，也很难脱离客观证据加以论证。但是，在进行数据分析之后，可以依据顾客对预期寿命的支付意愿来制定新的定价政策，以确定哪些顾客细分市场可以为更长的预期寿命和更快的安装速度支付更高的费用。从这个例子可以看出，在数据分析方面所付出的努力帮助 EINC 解决了第三个营销难题，即竞争者总是有反应的。

附录：数据集描述

数据概述

该数据集是一个模拟数据集，旨在模拟作者过去与企业合作时所使用过的类似数据集。该数据包含一个 Excel 表，其中第一个数据表是关于联合分析的，第二个数据表包括向被调查者展示的 9 个不同的产品包，第三个数据表展示了 20 个被调查者按百分制对 9 个产品包的评分。

数据中变量的描述

联合分析包括三个部分。第一部分称为研究设计，它是所考虑的产品属性及其各水平的描述符。EINC 考虑了四个关键属性：价格、预期寿命、美感和安装速度。除了美感只有两个水平以外，其他每个属性都有三个水平。下面的 Excel 表给出了属性及其水平。

属性	水平 1	水平 2	水平 3
预期寿命	低阻度	中阻度	高阻度
安装速度	1 周	1.2 周	1.5 周
美感	没有缺陷	最小的缺陷	
价格	8	9	10

（续前表）

基于属性水平的组合，EINC 向 20 名被调查者展示了 9 种不同的产品，每种产品都是不同属性的组合。这是数据中的第二个数据表。

属性	产品包 1	产品包 2	产品包 3	产品包 4	产品包 5	产品包 6	产品包 7	产品包 8	产品包 9
预期寿命	低阻度	低阻度	低阻度	中阻度	中阻度	中阻度	高阻度	高阻度	高阻度
安装速度	1 周	1.2 周	1.5 周	1 周	1.2 周	1.5 周	1 周	1.2 周	1.5 周
美感	没有缺陷	没有缺陷	最小的缺陷	最小的缺陷	没有缺陷	没有缺陷	没有缺陷	最小的缺陷	没有缺陷
价格	10	9	8	9	8	10	8	10	9

20 个被调查者按百分制对这 9 个产品包进行评价，结果包含在最后一个数据表中。

学生如果想获得模型的结果，可以直接下载 Excel 表格中的数据，并使用与联合分析（估计偏好的部分效用值）有关的 MEXL 加载项，以得到如表 4 所示的结果。

参考文献

[1] Tzu, S. (5th century BC) *The Art of War*. Translated by Griffith, S.B., 1963. Oxford: Clarendon Press.

[2] CNBC (2014) *The History of the Dow 30*. Available at: www.cnbc.com/2014/07/02/history-of-dow-30.html (accessed 23 July, 2014).

[3] Maddox, K. (2015) 'GE's new CMO: How to market a digital industrial company,' *Advertising Age*, 7 October.

[4] Neill, J. (2013) 'Tesco's foray, and failure, in the U.S.,' *Advertising Age*, 4 October.

[5] Silverthorn, S. (2010) 'Tesco's stumble into the U.S. market,' *Harvard Business School Working Knowledge*, 25 October.

[6] Chopra, A. (2013) 'How Kodak and Polaroid fell victim to the dark side of innovation.' Available at: http://betanews.com/2013/12/12/how-kodak-and-polaroid-fell-victim-to-the-dark-side-of-innovation/ (accessed 23 July, 2015).

[7] Barney, J.B. and Clark, D.N. (2007) *Resource-Based Theory: Creating and Sustaining Competitive Advantage*. Oxford: Oxford University Press.

[8] Peteraf, M.A. and Barney, J.B. (2003) 'Unraveling the resource-based tangle,' *Managerial & Decision Economics*, 24(4), pp. 309–23.; Barney, J.B. and Hesterly, W.S. (2012) *Strategic Management and Competitive Advantage: Concepts and Cases*, 3rd edn. Englewood Cliffs, NJ: Prentice Hall.

[9] Satell, G. (2014) 'A look back at why Blockbuster really failed and why it didn't have to,' 5 September. Available at: www.forbes.com/sites/gregsatell/2014/09/05/a-look-back-at-why-blockbuster-really-failed-and-why-it-didnt-have-to/ (accessed July 23, 2015).

[10] Dunn, K. (2014) 'The first great internet browser war.' Available at: http://internet-browser-review.toptenreviews.com/the-first-great-internet-browser-war.html, (accessed 23 July, 2015); Andrews, P. and Flores, M.F. (1997) 'Internet wars – Microsoft vs. Netscape: Goliath takes on David – Navigator still ahead – but losing ground,' *Seattle Times*, 11 March; Beattie, A. (2009) 'What were the "browser wars"?' Available at: www.investopedia.com/ask/answers/09/browser-wars-netscape-internet-explorer.asp (accessed 23 July, 2015).

[11] Rivkin, S. and Sutherland, F. (2004) *The Making of a Name: The Inside Story of the Brands We Buy*. Oxford: Oxford University Press.

[12] Interbrand (2016) *Best Global Brands* Available at: http://interbrand.com/best-brands/best-global-brands/2015/ranking/ (accessed 23 February, 2016).

[13] Interbrand (2016) *Best Global Brands* Available at: http://interbrand.com/best-brands/best-global-brands/2015/ranking/ (accessed 23 February, 2016).

[14] DiFrisco, M.G. (n.d.) *How-to-Branding*. Available at: www.

how-to-branding.com/Branding-Examples.html (accessed 23 July 2015); Design Council (n.d.) *The Power of Branding*. Available at: www.designcouncil.org.uk/news-opinion/power-branding (accessed 23 July, 2015).

[15] Landry, E.C., Meer, D. and Sharma, S. (2015) 'Creating what consumers want,' 26 January. Available at: www.forbes.com/sites/strategyand/2015/01/26/creating-what-consumers-want/ (accessed 23 July, 2015).

[16] Griffine, E. (2014) 'Why startups fail, according to their founders,' *Fortune*, 25 September.

[17] Groth, A. (2014) '22 of the most epic product fails in history,' *Business Insider*, 31 July.

[18] Turner, D. (2011) 'Marketing failure: New Coke,' *Foster School of Business Blog*, 11 April.

[19] Lieberman, M.B. and Montgomery, D.B. (1988) 'First mover advantages,' *Strategic Management Journal*, 9, pp. 41–58

[20] Robinson, W.T., Kalyanaram, G. and Urban, G.L. (1994) 'First-mover advantages from pioneering new markets: A survey of empirical evidence,' *Review of Industrial Organization*, 9(1), pp. 1–23.

[21] Cowan, M. (2012) 'Inside the clone factory: The story of Germany's Samwer brothers,' *Wired*, April.

[22] Palmatier, R.W., Dant, R.P., Grewal, D. and Evans, K.R. (2006) 'Factors influencing the effectiveness of relationship marketing: A meta-analysis,' *Journal of Marketing*, 70(4), pp. 136–53.

[23] Samaha, S.A., Palmatier, R.W. and Dant, R.P. (2011) 'Poisoning relationships: Perceived unfairness in channels of distribution,' *Journal of Marketing*, 75(3), pp. 99–117.

[24] Palmatier, R.W., Scheer, L.K., Evans, K.R. and Arnold, T. (2008) 'Achieving relationship marketing effectiveness in business-to-business exchanges,' *Journal of the Academy of Marketing Science*, 36(2), pp. 174–90.

[25] Palmatier, R.W., Scheer, L.K. and Steenkamp, J.B.E.M. (2007) 'Customer loyalty to whom? Managing the benefits and risks of salesperson-owned loyalty,' *Journal of Marketing Research*, 44(2), pp. 185–99.

[26] Demery, P. (2015) 'A million B2B sales reps will lose their jobs to e-commerce by 2020.' Available at: www.internetretailer.com/2015/04/13/million-sales-reps-will-lose-their-jobs-e-commerce-2020 (accessed 15 January, 2016).

[27] Mishra, A. (2015) 'Foodpanda fires over 500 employees, will stop own delivery in six cities,' 30 December. Available at: www.livemint.com/Companies/44bsSS8LYs7TY8wppoSbFO/Foodpanda-fires-more-than-500-employees-will-stop-own-deliv.html (accessed 17 January, 2016).

[28] Interbrand (2016) *Best Global Brands* Available at: http://interbrand.com/best-brands/best-global-brands/2015/ranking/ (accessed 23 February, 2016).

[29] Downes, L. and Nunes, P. (2013) 'Big-bang disruption,' *Harvard Business Review*, 91(3), pp. 44–56.

[30] Wells, G. (n.d.) 'Howard Johnson's.' Available at: www.roadsidefans.com/features/howard-johnsons (accessed 23 July, 2015).

[31] Lyle, R. (n.d.) 'Why McDonald's must promote healthier options to arrest steep falls in sales.' Available at: http://globalceo.com/why-mcdonalds-must-promote-healthier-options-to-arrest-steep-falls-in-sales/ (cached) (accessed 23 July, 2015).

[32] Kim, W.C. and Mauborgne, R. (2005) *Blue Ocean Strategy: How to Create Uncontested Market Space and Make the Competition Irrelevant*. Boston, MA: Harvard Business School Press.

[33] Einhorn, B. and Stone, B. (2011) 'Tencent: March of the Penguins,' *Business Week*, 8 August.

[34] Will, G.F. (2015) 'How income inequality benefits everybody,' *Washington Post*, 25 March.

[35] Palmatier, R.W. (2006) *Relationship Marketing*. Cambridge: Marketing Science Institute.

[36] Parvatiyar, A. and Sheth, J.N. (1995) *Handbook of Relationship Marketing*. Thousand Oaks, CA: Sage.

[37] Shaw, E.H. and Tamilia, R.D. (1962) 'Robert Bartels and the history of marketing thought,' *Journal of Macromarketing*, 21(2), pp. 156–63.

[38] Schoenherr, S.E. (2008) 'The digital revolution.' Available at: http://web.archive.org/web/20081007132355/http:/history.sandiego.edu/gen/recording/digital.html (accessed 23 July, 2015); Hudson, P. (2013) 'Why the tech revolution is the industrial revolution of our time,' *Elite Daily*, 29 March.

[39] DiFrisco, M.G. (n.d.) *How-to-Branding* Available at: www.how-to-branding.com/Branding-Examples.html (accessed 23 July, 2015); Design Council (n.d.) *The Power of Branding*. Available at: www.designcouncil.org.uk/news-opinion/power-branding (accessed 23 July, 2015).

[40] Vargo, S.L. and Lusch, R.F. (2004) 'Evolving to a new service dominant logic for marketing,' *Journal of Marketing*, 68(1), pp. 1–17.

[41] Fang, E., Palmatier, R.W. and Steenkamp, J.B.E.M. (2008) 'Effect of service transition strategies on firm value,' *Journal of Marketing* 72(5), pp. 1–14.

[42] Palmatier, R.W. (2006) *Relationship Marketing*. Cambridge: Marketing Science Institute.

[43] Palmatier, R.W., Dant, R.P., Grewal, D. and Evans, K.R. (2006) 'Factors influencing the effectiveness of relationship marketing: A meta-analysis,' *Journal of Marketing*, 70(4), pp. 136–53.

[44] Rust, R.T., Zeithaml, V.A. and Lemon, K.N. (2000) *Driving Customer Equity: How Customer Lifetime Value is Shaping Corporate Strategy*. New York: The Free Press.

[45] Albers, S., Mantrala, M.K. and Sridhar, S. (2010) 'Personal selling elasticities: A meta-analysis,' *Journal of Marketing Research*, 47(5), pp. 840–53.

[46] Moorman, C. (2013) *The CMO Survey*. Available at http://cmosurvey.org/results/survey-results-august-2013/ (accessed 17 January, 2016).

[47] Srinivasan, R., Lilien, G.L. and Sridhar, S. (2011) 'Should firms spend more on R&D and advertising during recessions?,' *Journal of Marketing* 75(3), pp. 49–65.

[48] Christensen, C. (2011) *The Innovator's Dilemma*. New York: First Collins Business Essentials.

[49] Flinders, K. (2016) 'Never lose track of customer journey, says Brussels Airlines CIO,' 28 July. Available from: www.computerweekly.com/news/450300924/Never-lose-track-of-customer-journey-says-Brussels-Airlines-CIO (accessed 8 August, 2016)

[50] Hamel, G. and Prahalad, C.K. (1996) *Competing for the Future*. Cambridge, MA: Harvard Business Review Press.

第5章

营销原则3：基于品牌的可持续竞争优势管理

学习目标

- 定义和描述品牌资产的五个好处。
- 解释为什么强势品牌能提高销售额和利润，以及它如何提供竞争优势。
- 描述品牌资产的联想网络记忆模型及其运作方式。
- 批判性地讨论品牌战略中的关键品牌元素。
- 解释企业在设计品牌架构时所涉及的权衡取舍。
- 详细介绍使用品牌定位、品牌架构和品牌延伸来创建品牌战略的方法。
- 理解并描述建立品牌资产的三个步骤。
- 概述常用的营销沟通方式并讨论每一种方式的优缺点。
- 界定定性分析和定量分析，确定它们何时对理解和测量品牌资产最有效。

引　言

品牌基础

美国市场营销协会（American Marketing Association，AMA）将**品牌**（brand）定义为将一个卖家的产品与其他卖家的产品区分开的名称、名词、设计、符号或其他特征。[1]通常，管理者通过描绘用于标识它的所有**品牌元素**（brand element）来描述一个品牌，包括它的名称（如苹果）、符号（如一个被咬了一口的苹果的轮廓）、包装设计（如光滑的白色盒子），以及用于区分该品牌产品与竞争者产品的其他特征。一些公司将公司的名称作为品牌，如宜家和西门子；还有一些公司给予每种产品不同的品牌，如联合利华的多芬、立顿和家乐（Knorr）。

一个公司的品牌资产通常占其整体价值的很大一部分。2014年，Interbrand公司发布的全球十大品牌报告中，苹果排名第一，价值1 182亿美元，紧随其后的是谷歌（1 074亿美元）和可口可乐（816亿美元）。三星（455亿美元）、丰田（424

亿美元）和梅赛德斯-奔驰（343 亿美元）是榜单中仅有的三家非美国公司（见图 5－1）。[2]

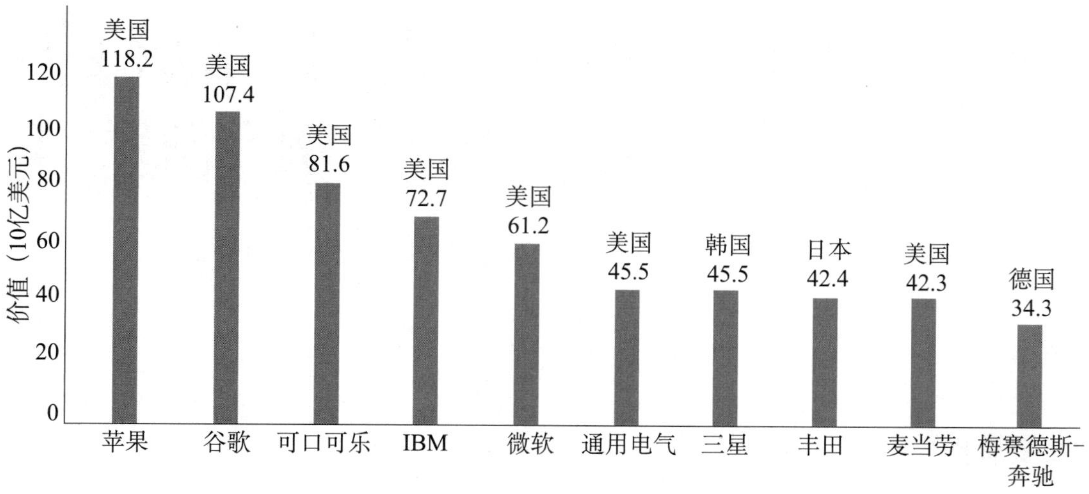

图 5－1 全球十大最具价值品牌排行榜

资料来源：Interbrand（2014）Best Global Brands.

品牌作为可持续竞争优势

营销原则 3 强调建立和维持抵御竞争性攻击的壁垒或可持续竞争优势（SCA）的重要性，因为竞争对手总是会对企业的成功做出反应。如果没有这些壁垒或可持续竞争优势，竞争对手最终会损害企业的业务，带走顾客并破坏企业的财务业绩。在顾客中建立品牌知晓度和品牌形象可能会形成强大的竞争壁垒。这种与品牌相关的利益通常是企业最初的基于营销的可持续竞争优势，因为它们直接源于公司的战略定位和对公司所有产品的整体营销。也就是说，与营销原则 1 和营销原则 2 相关的定位陈述提供了有助于企业设计品牌信息的关键内容，使得目标顾客既能知晓该品牌，又能了解该品牌将如何持续满足他们的需要。

消费者对一个品牌的知晓、知识和行为能形成品牌资产，而品牌、供应物和关系是构成顾客资产存量的三大要素。**品牌资产**（brand equity）是与品牌、品牌名称及品牌符号相关的一系列资产和负债，它能增加或减少企业的供应物和关系的经济价值。[3]对一家企业来说，品牌资产是企业所有现有顾客和未来顾客的终身价值总和中可归因于企业品牌的部分。品牌可以影响消费者的行为，品牌资产能体现这些行为对公司的价值。

因此，品牌资产“存在于顾客的心目中”，这意味着竞争者很难复制它，从而增加了基于品牌的竞争壁垒的可持续性。[4]但是这种地位使得企业难以调整或改变它们的品牌身份（brand identity）。例如，苹果公司不能迅速获得作为廉价基础电脑供应商的声誉，因为它作为一个价格较高且创新型品牌的身份是非常稳固的。如果说品牌作为可持续竞争优势的能力取决于顾客心灵（minds of customers），那么一个重要的问题就出现了：个体消费者的心灵是如何处理品牌信息的呢？将品牌建设视为一个发生于消费者一方的过程，企业可以发现许多可用的品牌建设战略并获知哪些战略是最有效的，以及为什么每种战略在某种特定的情况下最有效。

> 品牌资产“存在于顾客的心目中”，这意味着竞争者很难复制它，从而增加了基于品牌的竞争壁垒的可持续性。

品牌资产的联想网络记忆模型

有一个主流的心理学模型描述了品牌是如何运作的。联想网络记忆模型（associative network memory model）认为人的心灵是由节点（node）和联结（link）组成的。影响品牌资产的关键品牌特征可以视为相应的节点和联结。[5]具体而言，反映顾客识别品牌能力的**品牌知晓度或熟悉度**（brand awareness or familiarity），可以用顾客记忆中节点的大小或强度来表示，如图 5－2 所示。它们通常可通过有辅助和无辅助回忆任务测试来测量。[6]**品牌形象**（brand image）是顾客对品牌的认知和联想，它在该模型中表现为品牌名称节点与其他信息节点之间的联结。与品牌名称的独特联结能体现品牌的身份和相对于竞争者的优势（劣势）。两个节点之间线条的粗细代表这两个记忆在消费者心目中的关联强度。

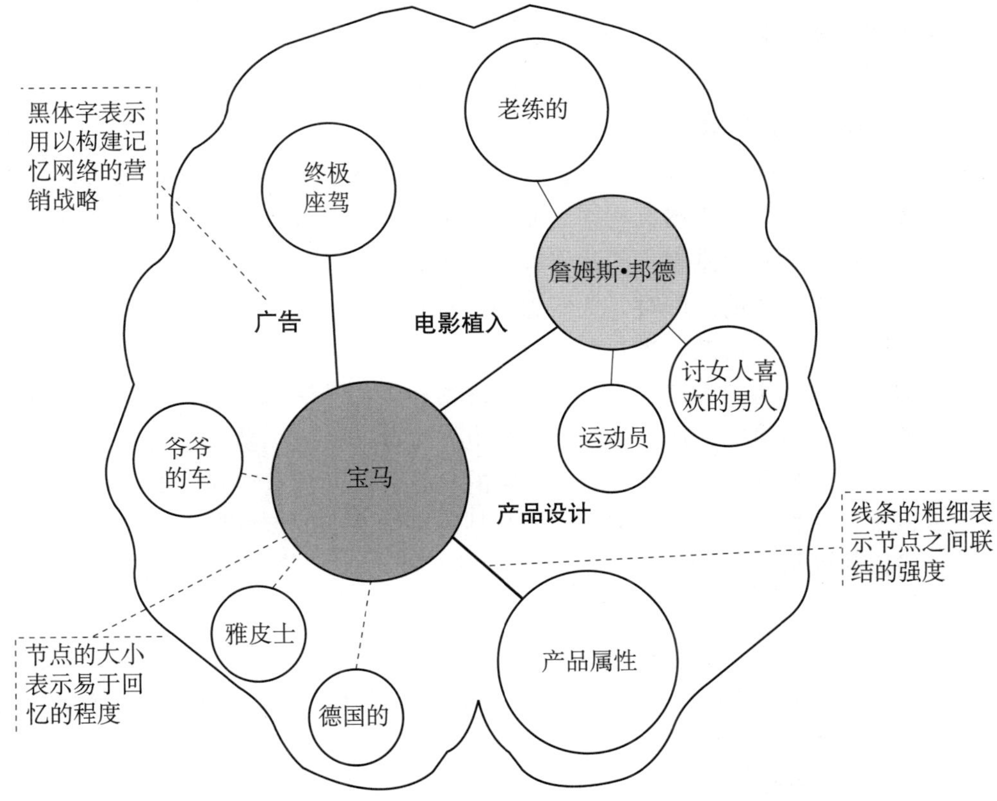

图 5－2　品牌资产的联想网络记忆模型

企业有很多方法来强化或建立与品牌节点的正面联结，以确保品牌形象与在目标市场上的理想定位相匹配。例如，图 5－2 展示了宝马汽车的一个潜在顾客的联想网络记忆模型，“宝马”节点的大小代表这位顾客对宝马的知晓度。顾客越是经常看到宝马的广告，经常坐在宝马汽车里，经常在路上看到宝马汽车，宝马的品牌节点就会越大（即面积扩大）。企业可以通过要求目标顾客说出3～5种汽车的名字来测量品牌知晓度（无辅助回忆），或者提供20种汽车的名单，让顾客选择其最熟悉的3～5种汽车（辅助回忆）。品牌知晓度是宝马被提及的频率。

宝马的营销部门要想为这个节点建立更多的联系，可以让詹姆斯·邦德（James Bond）在电影中驾驶宝马汽车，从而将宝马与詹姆斯·邦德节点及其现有联结（如老练的、讨女人喜欢的男人、运动员）进行关联，如图5-2所示。电影植入是非常有效的，因为这种单一的营销活动可以将一系列的特征关联到品牌节点上，而传统的电视广告或平面广告很难做到这一点。此外，电影植入往往会使这些联结更加微妙，这样可以避免顾客对明显的付费广告产生抗拒和怀疑。[7]但是如图5-2所示，使用传统的营销战略也可以将其他产品设计特征（如终极座驾）与品牌节点相关联。

在这个联想网络记忆模型中，品牌战略首先要通过建立品牌知晓度来提供一个锚点，然后建立其与积极的、独特的记忆节点之间的联结，从而建立起与目标顾客需要相匹配的品牌形象。[8]当顾客看到（听到、触摸到）品牌名称时，就会激活该品牌节点，从而连锁式激活其他相联结的节点——只要存在强大的联结，就可创造出顾客的品牌体验。现有研究表明，这些联结能够激活大量的认知反应和情感反应。[9]

品牌资产的好处

建立品牌资产有很多好处，这些好处最终可以提升企业的销售量，降低企业成本，使竞争对手难以抢夺企业的业务。[10]品牌可以改变人们的思维方式，虽然这通常影响到潜意识，但使得顾客很难忽视品牌效应。一个经典的实验表明，当顾客知道啤酒的品牌时，他们感知的啤酒口味会有所不同。[11]顾客不只是在重复品牌所传递的信息，当联结到一个品牌名称时，顾客感知的啤酒口味就会有所不同。这是因为品牌被认出后，与该啤酒相关的品牌节点就被激活了，从而激活了顾客记忆网络中其他有强联结的节点。因此，大脑中负责处理味觉的部分同时接收了来自顾客味蕾及品牌记忆网络的信息。这两项输入信息合并建立顾客的味觉感知。品牌资产的一个重要好处是品牌可以改变顾客的体验。它们可以改变食物或饮料的味道、驾驶汽车的兴奋感、咖啡馆的舒适感，以及钻石首饰的吸引力。[12]

品牌资产的一个重要好处是品牌可以改变顾客的体验。它们可以改变食物或饮料的味道、驾驶汽车的兴奋感、咖啡馆的舒适感，以及钻石首饰的吸引力。

强势品牌带来的好处主要包括三个方面：销量增长、利润提升和忠诚效应。第一，强势品牌会促进销量增长，因为强势品牌更容易获得新顾客，这些新顾客感知到具有高资产的品牌拥有较低的风险、较高的质量，以及更好的性能。[13]同样，公司推出新产品、进行产品扩展和品牌延伸也是比较容易的，因为在公司为推出产品投入资金之前，强大的品牌名称可提供与新产品相联结的各种产品属性，从而有利于推出新产品。例如，当西门子推出一种新的电子产品时，其品牌身份（即精心设计且高度可靠的德国工艺产品）立即就会与新产品联系起来。此外，现有顾客倾向于积极评价和推荐（即口碑）有高品牌资产的企业和产品。[14]

第二，促进销量增长也可以降低成本（如利用口碑可以免费获取顾客，用相对较少的营销资源来留住对品牌忠诚的顾客），或者使得公司对其产品收取更高的价格，这样一来就可以提高公司的盈利能力。更高的价格通常与品牌在市场中的定位有着内在的联系。香奈儿、法拉利和古驰都对其产品收取高溢价，这主要源自顾客对其独有的品牌形象的认知。这些产品可赋予顾客更高的地位，这种地位正是其品牌资产的关键部分。此外，相较于那些拥有较少或没有品牌资产的竞争对手，拥有较强品牌资产的公司更容易进入各种销售渠道（零售商、分销商、专业目录、网络平台）。[15]一项研究表明，基于顾客对每个品牌的认知，家乐氏的品牌价值比通用磨坊（General Mills）高出 25%以上。[16]

第三，强势品牌使顾客更加忠诚，这往往是竞争者最大的进入壁垒。这种持续竞争优势的重要来源是强势品牌产生更有利的态度（态度忠诚，attitudinal loyalty），这种态度可以使顾客的感知和后续行为发生“倾斜”。如果苹果公司供应链问题导致产品交付延迟，许多忠诚的顾客会归咎于该公司的离岸供应商。苹果公司强势的品牌保护了它，使其不受此类服务失败的影响。但如果类似的问题出现在捷威（Gateway）或宏碁（Acer），它们的顾客则可能归咎于这些较弱的品牌，甚至未来可能会转向其竞争者。

实例

SAB（南非）

南非啤酒厂（South Africa Breweries，SAB）被南非的一家市场研究公司 Ask Afrika 评为“南非最受尊敬的公司”。它是利用品牌忠诚来阻止竞争者进入的一个典型例子。许多国际啤酒商想从 SAB 所占的 90%以上的市场份额中分一杯羹，但 SAB 的品牌实力是一个很难克服的障碍。

强势品牌会促成以习惯性购买行为形式存在的重复购买行为（行为忠诚，behavioral loyalty）。这种作用会因高度的品牌知晓或顾客自我身份与企业/产品品牌身份之间的联系进一步加强。当态度忠诚和行为忠诚都很高时，会产生**真实忠诚**（true loyalty），这表现在消费者正面的感受和行为上（见图 5－3）。[17]如果顾客购买但有矛盾或负面的感受（称为**虚假忠诚**（spurious loyalty）），一旦有机会，他们就会改变购买行为。例如，员工可能在工作中使用某种特定的软件包，因为它是雇主唯一采用的；如果让他们自由选择（如在个人电脑上使用），他们会很乐意转换到另一个软件包。这样的顾客不具有真实忠诚。此外，顾客可能会表现出积极的态度却从未购买过企业的产品，这就构成**潜在忠诚**（latent loyalty）。这种忠诚往往是因为缺乏当地购买渠道或价格超出其承受能力。

总体而言，高品牌资产能够提高公司的销售额和利润，使其继续以多种方式销售产品、进行研发，并与竞争对手竞争。较高的销售额和利润所积累的丰厚“专款”，为企业应对创新型产品的进入或低成本的竞争者提供了所需的资源与时间。在某些情况下，企业甚至可能利用这些资源来收购对其生存构成威胁的公司。因为强势品牌可增强顾客的态度忠诚和行为忠诚，所以顾客的转换行为会减少。非常忠诚的顾客甚至会避免对竞争者的产品进行评估，以防止自己受到诱惑或破坏他们对品牌的依恋。

态度忠诚（强烈的正面感受）	行为忠诚（重复购买）		
		高	低
	高	**真实忠诚** 态度忠诚度和行为忠诚度都很高	**潜在忠诚** 有正面的态度却没有实际购买行为
	低	**虚假忠诚** 购买产品但有矛盾或负面的感受	**无忠诚** 既没有正面感受也无购买行为

图 5-3 真实忠诚矩阵

品牌战略

品牌定位

品牌定位反映企业希望的其在顾客心目中的形象和位置。在某种程度上，品牌定位反映了公司理想的联想网络记忆模型，企业希望顾客能够将它牢记于心。品牌定位体现了企业在市场中渴望的知晓度、关键的联想和产品或企业的整体形象。第4章中的品牌、供应物和关系（BOT）资产方格为这个讨论提供了一个起点，因为它描述了与品牌战略相关的营销目标、品牌的相对优势，以及这种优势的可持续性的来源。也就是说，它体现了品牌经理在制定品牌战略时需要考虑的诸多要素。虽然企业的定位陈述可能是更抽象或更高层次的，而不是专门针对品牌战略，但是它很重要。此外，AER 战略方格（AER strategy grid）中针对不同人物形象的 AER 战略可能会有所帮助，但它们是针对每种人物形象的不同的 AER 战略，而品牌通常需要在所有人物形象和阶段之间保持一致。一般来说，在不同的人物形象和阶段这种细微的层面提供差异化的品牌是不太可能的。

BOR 资产方格提供了目标、相对优势（相对于竞争对手），以及可持续性的来源（如何随着时间的推移持续赢得顾客）。这些在将品牌作为可持续竞争优势时都是需要了解的。制定品牌战略还需要考虑一些其他的元素，包括：

● 品牌目标（brand objective）：描述一个品牌需要实现什么样的成果，比如通过建立地位感知来促进顾客获取或收取溢价。

● 品牌知晓度（brand awareness）：描述企业所期望的被识别程度，表现为目标顾客回忆起某一品牌名称的能力。大多数企业喜欢高知晓度，但要达到这一目标需要付出大量的时间和营销投资。因此，针对特定的顾客群体，明确针对某一品牌知晓度水平企业愿意付出的投资是非常重要的。

● 品牌相对优势（brand relative advantage）：体现了品牌的**差异点**（point of difference）或使其区别于竞争者的方法。品牌的**相似点**（point of parity）是目标市场上的顾客需要的但并非品牌所特有的方面。

● 品牌可持续性（brand sustainability）：品牌是如何保持相对优势的，是在难以接触到的决策者之间产生较高的品牌知晓度，还是为了匹配目标顾客的身份而维持一个难以实现但却强有力的形象。

● 品牌形象（brand image）：根据顾客在想到品牌时脑海中所出现的一切，从高层次、抽象的视角对品牌网络进行描述。**品牌联想**（brand association）描述与品牌相关的具体文字、颜色、徽标、字体、情感、特性、音乐、气味、人、动物或符号。

● 品牌身份（brand identity）：将所有东西组合在一起并描述品牌是什么。如果是一个人，他会是什么样的？品牌身份通常被使用该产品的顾客吸收利用，因为顾客试图将品牌身份与自我身份联系起来。[18]

如果品牌经理能够描述出所有这些品牌元素，他们就能清楚地知道想要品牌做什么，获知用来实现目标的关键方法，并认识到制定品牌战略所需要的许多要素。此外，品牌架构和品牌延伸描述了如何将这些品牌元素应用到企业的各种产品中。

品牌架构

品牌架构（brand architecture）是企业、产品、品牌/产品延伸三者之间的关系依据和结构，其实质是该品牌如何在组织的不同层面得以运用。如图5-4所示，品牌架构的一端是**多品牌架构**（house of brand architecture），即企业为每个主要产品都开发一组不同的品牌元素的品牌化方式（如宝洁、印地纺（Inditex）、利时洁（Reckitt Benckiser））；品牌架构的另一端是**单一品牌架构**（branded house architecture），即企业的所有产品和服务都使用同一组品牌元素的品牌化方式（如通用电气、三菱、维珍集团（Virgin Group）、信诚集团（Reliance Group））。宝洁每一种主要的肥皂产品（汰渍、Cheer、All、碧浪、Purex）都应用了不同的品牌元素，它却很少投入精力或金钱来推广母公司品牌。通用电气对其所有产品只使用一套品牌元素，覆盖了飞机发动机、冰箱和房地产融资等多种类别。

为什么企业在设计品牌战略时会选择不同的品牌架构？总体来说，如果企业为每个实体（部门、产品品类、产品）建立单独的品牌，可以避免有问题的品牌牵连其他品牌或出现渠道冲突。

多个独立的品牌 —— 单一主品牌

多品牌	背书品牌	子品牌	单一品牌
多个独立的品牌	多个独立品牌与一个支持性的背书品牌相联结	与背书品牌相比，子品牌与母品牌的关联更紧密，但与背书品牌行为类似	所有的产品只用单一的主品牌
宝洁公司的汰渍、Cheer、All、碧浪和Purex等产品	万豪酒店旗下的万怡酒店，拉尔夫·劳伦的马球衫	索尼随身听，雀巢奇巧巧克力	通用电气的飞机发动机、电器和金融服务

图 5-4 品牌架构连续谱

实例

本田（日本）

本田针对豪华汽车市场推出讴歌（Acura）产品线时，需要赋予该产品线一个全新的、不同的品牌身份来满足顾客对地位和独特性的需求，而不是将其与本田品牌的经济性、可靠性联系在一起。宝洁公司不希望帮宝适尿不湿品牌和佳洁士牙膏品牌有相同的联想，所以这两个产品有完全不同的品牌身份。此外，宝洁公司还为汰渍、All 和 Cheer 等洗衣用品各自保留了一整套品牌身份，以便在同一零售货架上通过用途相似但品牌身份不同的产品来满足顾客的不同需要。很多顾客不知道这些产品是同一家公司生产的。在一些日用品杂货店中，宝洁公司的洗涤用品占据了该类产品一半以上的货架空间。如果所有产品都印有宝洁的名字，那么就不可能实现宝洁的产品占据大半货架。但是，这些好处是有代价的（从表面上来看）。宝洁每次推出新的产品（如速易洁（Swiffer）拖把），都必须花费上千万甚至数亿美元从无到有建立品牌。它不能利用在其他品牌上建立的大量资产。因此，多品牌策略需要每年投入大量的营销资金来维护各种品牌，即使是在相同的产品组合中，也很少有溢出效应。

在品牌架构的另一端是单一品牌架构。如果增加企业各实体之间的关联性可提升这些实体的价值，那么主品牌（master brand）可以贡献于每一种供应物，此时，企业可采用这种品牌架构。当然，实体之间的关联性应当是可靠的。

实例

通用电气（美国）

单一品牌策略可提高信息传播的效率。通用电气推出新产品时，如独立式家用备用发电机，就可利用与这种产品高度相关的通用电气主品牌的正面联想。这不仅可以降低产品上市和品牌建设的成本，而且会加速产品在整个市场上的扩散。通用电气的每一个新产品在刚推出时就与高品牌知晓度和高品质的电气产品制造商联结在一起，因而降低了消费者认为产品可能存在的风险。前提是，这些联结必须是值得信赖的。如果通用电气要推出香水系列产品，原有的品牌联结与这个新产品的期望属性就不一致，从而会破坏香水的品牌形象。

尽管这里将品牌架构描述成一个连续谱的两个端点，但实际上，企业经常使用中间的或混合式品牌架构来从这两种方法中获益。背书品牌和子品牌是两种混合式品牌架构。万豪酒店对旗下的万怡连锁酒店采用**背书品牌战略**（endorsed brand strategy），表明万豪品牌的认可，也向顾客表明万怡酒店是独立的，它提供与万豪酒店不同的供应物。索尼在建设一些主要产品类别的品牌时采用**子品牌战略**（sub-branding strategy），如索尼旗下的个人电脑的品牌名称为 VAIO。将笔记本电脑命名为索尼 VAIO，意味着它可以从索尼（知晓度和品牌联结）获得溢出效应，也便于它与个人电脑建立独特的联结。类似地，马鲁蒂（Maruti Udyog）在印度汽车市场上长期占据大部分市场份额，部分原因在于它与日本汽车制造商铃木的成功的、协同的子品牌合作。其子品牌马鲁蒂铃木表示这家印度公司不仅与当地有联系，而且整合了日本公司在制造和销售节能型小汽车方面的专长。

品牌延伸

品牌延伸（brand extension）是指企业利用现有品牌来推出新供应物，包括产品线延伸和产品品类延伸。**品牌的产品线延伸**（brand line extension，简称产品线延伸）是指企业在同一产品品类中推出新供应物，但是面向一个不同的细分市场，通常这种新供应物的部分属性会有所改变。例如，佳洁士针对儿童、假牙患者和想要美白牙齿的人推出了至少 12 种牙膏。**品牌的品类延伸**（brand category extension）是指企业推出一个完全不同的产品品类。例如，佳洁士推出牙线、漱口水和牙齿美白贴片。

80%左右的产品延伸是产品线延伸。产品线延伸的风险更小，公司只需对其核心产品稍做改动即可满足多个顾客群的需求。以下是品牌延伸给企业带来的诸多好处[19]：

- 通过降低顾客认为产品存在的风险来加快顾客对新产品的接受。
- 在已有品牌上建立品牌可降低新产品的上市成本。
- 充分利用现有品牌特征，缩短新产品品牌建设的时间。
- 通过降低顾客认为产品存在的风险来提高进入某个渠道的可能性。
- 通过将母品牌与新颖的和（或）新兴的产品特性联结起来以提升母品牌的形象。
- 通过利用新产品满足额外的子细分市场的需要，扩大公司能够进入的市场。

80%左右的产品延伸是产品线延伸。产品线延伸的风险更小，公司只需对其核心产品稍做改动即可满足多个顾客群的需求。

然而，并不是所有的品牌延伸都能带来这些好处。许多失败的品牌延伸的例子

（如舒洁尿不湿、Ben-Gay 阿司匹林、盛美家（Smucker）果酱）展现了公司在将品牌延伸到新的细分市场和产品类别时的局限性。研究人员为提高品牌延伸的成功概率提供了一些指导方针。[20] 首先，母品牌的形象与顾客在乎的某个延伸维度必须契合，顾客可能根据技术、制造或使用场景来评估契合度，而确定顾客最在乎的维度是比较困难的。

实例

麦当劳（美国）

麦比萨（McPizza）是麦当劳品牌的一个延伸，它从来没有获得过预期的盈利，因为与达美乐或必胜客等老牌竞争对手相比，大家不相信麦当劳会制作比萨饼。相比之下，麦当劳试图与星巴克竞争而推出的咖啡品牌麦咖啡（McCafe），却让顾客感到这是一个可信任的品牌延伸。在这种情况下，当顾客有从麦当劳购买咖啡的经历后，他们就可能扩大购买范围，如风味咖啡和特浓咖啡。在另一个例子中，尽管舒洁面巾纸和尿不湿同为专门的纸类产品，但面巾纸和包裹在婴儿屁股上的尿不湿似乎格格不入。因此，舒洁尿不湿未能获取任何市场份额。

其次，品牌延伸可通过逐步延伸的方式走得更远。例如，奥利奥最初的延伸是在饼干中间加夹心或者是用巧克力包裹传统的饼干。随着消费者越来越习惯于这些变化，奥利奥引入了更大的变化，以满足顾客的需求。奥利奥馅饼皮是一种很自然的延伸，因为许多面包师把饼干捣碎用来制作馅饼。冰淇淋三明治的延伸风险略高一些，因为它与奥利奥饼干在日用品杂货店中摆在完全不同的货架上，这需要将奥利奥品牌与冷冻食品关联起来。然而，三明治的概念有助于这种逐步延伸与顾客产生共鸣。

最后，高质量的品牌一般可以延伸。例如，保时捷可以销售品牌服装、手套、太阳镜、行李箱、回形针（保时捷造型）和婴儿用品。但是，如果现代汽车试图开展类似的产品延伸，就不太可能取得成功。

品牌**垂直延伸**（vertical extension）到价格较低的市场往往会破坏母品牌的形象。品牌延伸既可以向高端市场延伸，也可以向低端市场延伸，以吸引新顾客。在进入高端市场时，延伸只有切合实际，顾客才会认可并接受品牌的契合度。另外，新的高端产品应该在某些方面体现出差异。当品牌向低端市场延伸时，企业需要提升母品牌，使新品牌和母品牌能明确区分开来，以减少潜在的（负面）品牌重叠，并以明确的方式区分出品牌延伸。

基于品牌的可持续竞争优势管理

建立品牌资产的三个步骤

通过建立品牌资产来增加企业的可持续竞争优势包括三个关键步骤。第一步，企业要在目标顾客中建立高水平的品牌知晓度，这将在随后提供一个锚点，以将易于回忆的品牌名称与定义其含义和形象的元素联系起来（见图 5－5）。建立品牌知晓度需要让品牌在广泛的购买和使用情境中（品牌宽度）更容易被想起来（品牌深度）。企业应该提高品牌各元素的知晓度，例如，品牌名称、标志、广告曲、包装以及公司用于标识其供应物的其他要素。[21]

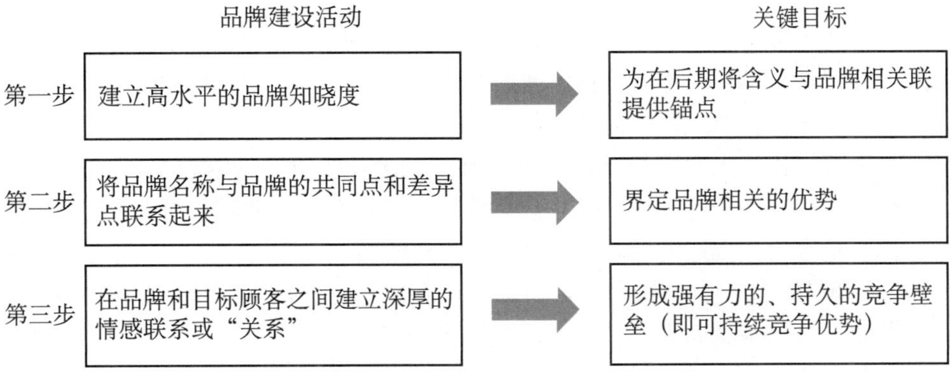

图 5－5　建立品牌资产的三个步骤

第二步，将品牌名称与品牌的共同点和差异点联系起来，这有助于定义品牌的相对优势。这一步定义了品牌如何相对于竞争者进行定位。母品牌可能提供一些联结，但这取决于企业的品牌架构。例如，当爱立信或诺基亚在其强大的母品牌下推出一款新产品时，新产品的子品牌会立即从这些母品牌中获得一些品牌含义。为了确定对顾客而言品牌的含义，品牌管理者通常从与品牌如何实现基本功能相关的共同点开始，然后添加关键的差异点来反映这个品牌如何或为什么比竞争品牌“更好”。由于差异点是品牌首次推出时的关键相对优势，因此企业会投入大量的财务资源和应用多种促销手段使这些差异点容易被记住，并强有力地将其与品牌联系起来。

第三步，在品牌和目标顾客之间建立深厚的情感联系或“关系”。在功能性差异之外，企业要建立真实的、情感的联系，这是构建强大而持久的品牌形象的本质。一个强大的品牌形象通常能给企业带来长期的可持续竞争优势，因为它与顾客深深联系在一起，竞争对手很难复制。如果一个品牌能够与顾客的自我身份或他们想成为什么样的人联系起来，那么顾客往往表现出高度的态度忠诚和行为忠诚（真实忠诚），这也能推动正面的口碑传播，把顾客转化成强大的品牌拥护者。[22]

这三个步骤在可口可乐的“分享可乐”（Share a Coke）营销活动中都得到了证实。该营销活动于 2014 年推出，以个性化的瓶子为特色，瓶子上传统的可口可乐标志被替换为在美国千禧一代中最常见的 250 个名字。通过在瓶子上添加名字，可口可乐在个体顾客和品牌之间建立了强大的联系，还提供了无限的讲述故事的潜力。这项活动取得了巨大的成功，包括在社交媒体上发布的 12.5 万个帖子，在活动网站上发布的 35.3 万个虚拟瓶子，有 96%的人对这次活动持积极或中立的态度。[23]

整合营销沟通

整合营销沟通（integrated marketing communication，IMC）是指企业设计并将营销信息传递给顾客的过程，该过程需确保不同时间和不同沟通渠道的营销信息都是目标明确且一致的。[24]为了完成品牌建设的三个步骤并高效地执行品牌战略，企业通常会运用多种品牌沟通方式。每种方式都有其优缺点，这些优缺点决定了每种沟通方式何时更为有效，以及各种沟通方式的最优组合是什么。以下是最为常见的营销沟通方式及其优点。

- 广告（advertising）：企业用于引导顾客做出对企业有利的认知、思考和行动的营销沟通方式。其实施一般依靠印刷品、音频或视觉等媒体的沟通。这些方式在不断变化以迎合顾客对不同信息传递渠道的喜好。广告是企业提高顾客对企业的知晓和认识，接触更多新顾客并提升企业地位的重要途径。[25]一次成功的广告宣传活动甚至可以在目标市场内部和外部使得竞争对手的地位下降，同时改变广告投放者的相对地位。广告在消费者市场上是非常有效的，特别是当企业的目标市场包含大量顾客时。广告黄金时代创造的标志包括麦当劳的金拱门，诺基亚的铃声，奥运会的五环等。
- 销售促进（sales promotion）：是企业为提高其产品或服务的销量、使用次数以及认知而采取的行动。主要方法是给产品附加利益、促销或其他优惠方案，以此刺激新老顾客与企业保持更积极的互动。它的主要优点是具有提高企业供应物的实际销售额的能力。不仅如此，针对零售商和经销商的销售促进，可鼓励这些供应链合作伙伴大量购买增加库存，以换取相应的促销奖励。常见的例子包括“买一送一”、邮寄返款、优惠券、奖品和展会促销。这些方式都要求顾客在短时间内购买，因而能迅速提升公司的业绩，至少在短期内是非常有效的。[26]
- 公共关系（public relations，PR）：美国公共关系协会（Public Relations Society of America）将公共关系定义为“一个建立组织和公众之间互利互惠关系的战略沟通过程”。[27]公共关系需要管理企业和顾客之间的动态互动，通过预测、计划和评估顾客对公司重要决策的反应，有针对性地管理品牌的外部形象。企业公共关系的优点是能够影响顾客对企业决策的态度，进而影响各个管理层的一系列行动和选择，从而推动企业的发展。无论是以顾客服务、社区建设还是以新闻稿的形式，公共关系都有能力影响公司在公共领域的形象和目标。海洋世界（SeaWorld）在推出一部纪录片之后遭遇了一场公共关系噩梦，因为这部纪录片被公众指责涉嫌虐待动物。这次事件对海洋世界损害很大，甚至影响到度假者的选择。较小的利基公司（如 Razer）的公共关系的例子是，管理人员试图建立一个紧密互动的电脑游戏玩家社区，以此强化企业与顾客之间的关系。[28]
- 事件与体验营销（events and experiential marketing）：通过公司和顾客之间面对面的交流活动为顾客创造积极的体验。这种方式吸引顾客进行自愿式和参与式互动。当核心事件能吸引顾客的注意力并为顾客提供更多有价值的东西（如免费的产品体验、折扣活动或其他奖励）时，这种方式是最有效的。一个成功的事件与体验营销方案应该将顾客的正面互动与企业举办的相关活动联系起来，创造一种基于顾客对公司的良好印象及对品牌的参与感或归属感的长远关系。[29]红牛对费利克斯·鲍姆加特纳（Felix Baumgartner）平流层高空跳伞活动的赞助以及对这个事件的广泛在线报道创造了刺激的“体验”，从而将这一事件带来的冲击和刺激与红牛所推广的为充满活力的顾客提供能量饮料的品牌形象相结合。
- 直接与互动营销（direct and interactive marketing）：它包括两种不同但紧密相关的战略。直接营销是指将商品和服务的信息直接提供给顾客，通过邮件、电视和电话等渠道进行营销，而不使用中间商。它是与潜在顾客建立关系的最简单直接的方式，方便顾客在家中直接使用。互动营销将顾客的反馈和决策整合到广告中，以突破直接营销的单边限制。例如，亚马逊直接向顾客推荐商品，这些推荐和建议是针对每位顾客定制的，是基于顾客的浏览记录生成的。因此，这种互动形式的营销更加集中，更有可能为不同的顾客提供其需要的商品和服务，从而促进产品销售。它还使得企业能够吸引更多的利基市场。[30]

● 口碑（word of mouth，WOM）广告：它是指通过顾客传播的信息来建立公司或产品的声誉并促成销售。这种营销模式依赖于对企业提供的产品或服务感到满意的顾客。顾客通过自身的声誉来保证产品或服务的可靠性、质量和吸引力。从这个意义上来看，口碑营销是非常有效的，因为顾客的朋友或家人为产品或服务的有效性进行了担保。虽然口碑营销的组织较为困难，但随着社交媒体的兴起，口碑营销被推向数字化领域，例如朋友之间的“分享”、“点赞”以及“推荐”。数字化的口碑营销通过其与某些关键词的绑定来重新定义“蜂鸣”（buzz）。因此，以口碑为中心的广告活动的流行度更容易追踪。[31]最近的一项研究显示，相比“优秀”评级（4 分）的产品，消费者更愿意为“完美”评级（5 分）的产品支付更高的价格。99%的顾客愿意为口碑良好的法律服务支付溢价，这一数字在酒店行业为 38%，房地产代理行业为 20%。[32]

● 人员推销（personal selling）：人员推销发生在企业的员工或代理商为提升企业的利益与顾客进行接触时。他们在寻找销售机会、获得销售和完成销售的整个过程中扮演着不同的角色。例如，销售人员往往是公司的重要代表，他们为顾客创造了一个人性化的接触点。一个训练有素、积极进取的销售队伍在 B2B 环境中尤为重要，因为 B2B 环境的目标市场中顾客较少，产品和销售流程更为复杂。IBM 和西门子将大部分营销预算用于维护其直接销售部门。这个部门将营销信息传递给企业的 B2B 客户，以期在建立品牌资产的同时建立与客户的关系资产（见第 7 章）。

在大规模的消费品市场上，如软饮料、啤酒、时装或汽车市场，将品牌作为可持续竞争优势往往是最有效的。企业可在广告、公共关系和名人赞助方面进行大量投资，以在顾客心目中建立起品牌知晓度和品牌形象，并确保这些形象符合企业的定位战略。

在大规模的消费品市场上，如软饮料、啤酒、时装或汽车市场，将品牌作为可持续竞争优势往往是最有效的。

实例

土耳其航空公司（土耳其）

土耳其航空公司（Turkish Airlines）一直在赞助和广告方面投资，以提高其品牌在目标受众中的知晓度，同时强调其全球影响力。它制作的广告《科比与梅西：环球自拍赛》（*Kobe vs. Messi: the Selfie Shootout*）在 YouTube 上被观看了 1 亿多次，2013 年被评为十年来的最佳广告。

在B2B市场上，客户少，销售流程长且复杂，客户对产品定制和问题的解决方案有较高要求。在B2B市场上，人员推销更为有效。然而，哪种营销沟通方式对消费品市场和B2B市场最有效开始变得模糊。例如，20世纪90年代初，计算机微处理器是个人电脑中一个相对陌生的组成部分：顾客看不到、不了解其功能或设计，因而该产品被大多数最终用户所忽视。英特尔未对其微处理器命名进行商标注册，它决定与戴尔、惠普、索尼等企业客户和原始设备制造商（original equipment manufacturers，OEM）合作开展新的营销项目，以期在终端用户中建立品牌知晓度。随着OEM开始将“内置英特尔”（Intel Inside）的标识植入广告和营销材料中，

> “内置英特尔”这个名字成为电子元件行业的第一批商标之一。在这个品牌建设活动中，整个组织都聚焦于品牌周围并开展了一次非常成功的广告活动。“内置英特尔”活动旨在“向零售销售助理和顾客传达英特尔微处理器的价值，并向他们解释微处理器之间的差异”。整个活动中没有用到相关的专业术语。[33]

在短短几年内，英特尔成功地在顾客中创造了一种认知，即任何没有“内置英特尔”标识的电脑都是劣质的。

在为不同的营销沟通方式制定资源分配决策时，企业需了解顾客如何处理所获得的广告信息，如何被说服以改变自身的行为，以实现关键的品牌建设目标。在多种多样的沟通和信息处理模式中，大部分模式可以分解为六个步骤。顾客往往需经历这些步骤才会被沟通方式说服。

1. 顾客必须接触（exposed）到广告信息，无论是听还是看。

2. 信息需要获得顾客的关注（attention），以确保他们接收到企业想传达的东西。

3. 顾客必须理解（understand）企业所传递的营销信息。

4. 顾客需要形成对信息的积极态度（attitudes）。

5. 必须使顾客在看到广告中的信息后产生消费意愿（intensions）。

6. 顾客接下来的实际行动（behave）必须符合公司的期望。

这六个步骤有时简化为“思考→感觉→行动”模式，这与建立品牌资产的过程一致。

整合营销沟通的理念是各种通信工具之间会产生互补效益。顾客可以零零碎碎地接触到多个媒体，因此可能经常看到同一家企业在多个媒体上的广告。在多个媒体中看到同一企业的广告可以引发记忆强化效应，使得顾客记住广告，因为他们已经不止一次看到同样的广告了。相同的广告所形成的共同说服力有助于促使顾客购买该企业的产品。前一个广告媒体效力的增加，取决于后一个媒体存在的普遍性（反之亦然），这意味着整合的消息比两个单独消息对消费者的作用更大。

因此，整合营销沟通的关键特征是信息跨沟通方式和跨时间的一致性。也就是说，每一种营销沟通方式都有其独特的优势，但是顾客对品牌深入而广泛的知晓，以及顾客与品牌之间的联系要求各沟通方式是一致且没有冲突的；否则，不同营销方式会互相抵消彼此的效果，让顾客无法确定品牌的定位。例如，当注意到某研究

表明顾客需要高端的汉堡包时，麦当劳推出了“招牌汉堡包”（Arch Deluxe）——适合成年人口味的汉堡包。它试图传达一种精致而优雅的品牌形象，而这与麦当劳现有的基于便利性构建的强大品牌形象存在冲突。引入“精致的”产品线而形成的产品复杂性，使得原本认为麦当劳品牌是“简单的”的顾客十分困惑。在投入超过 1 亿美元的广告费后，麦当劳悄悄地从菜单上撤掉了该产品。[34]

顾客可以零零碎碎地接触到多个媒体，因此可能经常看到同一家企业在多个媒体上的广告。在多个媒体中看到同一企业的广告可以引发记忆强化效应，使得顾客记住广告，因为他们已经不止一次看到同样的广告了。相同的广告所形成的共同说服力有助于促使顾客购买该企业的产品。

理解和测量品牌资产的研究方法

为了追踪用于建设品牌资产的营销支出对增加品牌资产的效果，以及了解营销战略变化或市场竞争影响下的品牌状况，企业需要对其品牌资产进行测量。然而，针对许多顾客群体和地区收集和分析多个品牌的品牌资产数据可能需要耗费大量的时间和资金。根据管理者的目标，企业可以使用不同的方式、方法和指标来测量品牌资产。

品牌审计（brand audit）是旨在分析品牌优劣势的品牌健康评估，为设计和实施新的品牌战略提供基础。因为品牌的含义存在于顾客的心中，所以品牌审计试图了解品牌在不同顾客群体和地理区域中的知晓度、含义和形象。通常，品牌审计首先更多地使用探索性研究中的定性研究技术进行宽泛的研究，然后聚焦于定量测量品牌的具体属性。这种方法对解决四个营销原则中的营销问题非常有效。

探索性的**定性分析**（qualitative analysis）是一种结构化程度较低的方法，它只需要较小的样本量。它适宜在研究过程的早期使用，较容易受研究人员偏见的影响。定性分析有助于企业提炼想法（即使企业不知道自己在寻找什么），分析师会发现一些未知的因素。针对潜在顾客的焦点小组访谈经常会发现管理者没有考虑过的令人惊讶的品牌联想，更为结构化的品牌调查则不会发现这种联想。一些常见的定性方法包括：

1. 案例研究：对单个企业情境进行评估并给出深刻见解，这些见解并不完全适用于其他情境。

2. 访谈法：灵活且省时高效的特点可支持进行更大样本量的调查。

3. 焦点小组：由小规模的顾客群组成。焦点小组中的顾客会针对品牌的不同方面进行讨论。在适当的主持下，焦点小组能得出深刻见解。

4. 观察法：具有实时性和非定向性，可以得到一些十分中肯却又出人意料的看法。

研究人员通常从开放式问题开始开展定性分析，在得到有趣或出乎意料的回答后逐渐转向更具体的品牌问题。这个定性阶段所探讨的一些常见话题可能会引发如下问题：这个品牌对你来说意味着什么？当提及这个品牌时，你会想到什么样的正面和负面形象？这个品牌与竞争对手品牌有什么相似之处或不同之处？你为什么要买或者不买这个品牌的产品呢？

与定性研究不同的是更具演绎性的**定量分析**（quantitative analysis），它旨在用数据和具体分析技术来检验理论和想法。定量分析需要较大的样本量，适宜在品牌审计过程的后期使用，用来测试和测量定性阶段的发现，或者以实证检验不同的想法。定量分析方法有很多，本书只介绍其中的一部分，通常在各章的数据分析技术专栏中进行了详细的说明。定量分析技术可以分为三大类：

1. 数据降维（data reduction）方法。这类方法旨在根据研究对象的相似性，将多个顾客或多个属性压缩到一个较小的集合中（如因子分析和聚类分析）。例如，30～50个品牌属性可能会压缩成3～4个主要的品牌因子，以更简单的方式体现各种关联。

2. 实证方法。这类方法可以将变量与结果进行关联，或者确定预期结果的原因或驱动因素（如实验、多元回归分析和选择模型）。将数据降维后得到的3～4个关键属性与顾客的购买决策进行关联，有助于揭示哪些品牌属性对顾客行为最为关键。

3. 其他实证模型。其他实证模型旨在理解各变量之间的权衡以优化它们的组合，使得某些特定的结果最大化（如联合分析和反应模型）。例如，管理者可能想了解如何将营销预算分配给不同的营销方式（如广告、人员推销和直邮）以最大化品牌资产。

对于定性分析和定量分析，数据来源和样本是关键因素。在大多数情况下，企业希望聚焦于目标市场的顾客，以便收集到与公司潜在客户相关的反馈信息。但是，只有随机选择被调查者，不能有任何系统性的偏差，才能将结果推广到样本顾客所处的总体顾客中去。在某些情况下，对被调查者进行资格审查是有意义的，这能确保他们对调查的问题是非常熟悉且无偏见的。数据可以从多个来源获得：实地调查、商场拦截调查、企业的数据库或二手资料。品牌研究的一种常见方法是采用某种形式的顾客调查。通过在线、邮寄或拦截调查，公司可以获得潜在客户对多个调查问题的回答，从而生成足够大的样本以进行实证分析。此外，由于品牌存在于顾客的心目中，数据库数据和其他二手资料往往无法提供对顾客品牌认知的相关洞察。数据分析技术5-1概述了调查的过程和典型的品牌审计调查。

各种咨询公司（如Interbrand，扬·罗必凯（Young & Rubicam））和大众消费品企业（如宝洁和联合利华）提出的**品牌指标**（brand metric）为测量品牌的特征提供了更细致的方法。它们的主要优势源于它们所积累的数据。这些公司建立了品牌指标数据库，因此，每个品牌都可以在多个维度与许多其他世界级品牌进行比较。在某行业进行的多企业研究可将企业置于与其密切相关的市场上进行对比。例如，品牌和传播机构扬·罗必凯公司使用的品牌资产评估器（BrandAsset® Valuator）从四个维度获取顾客的调查答复：知识（知晓和理解）、相关性（与目标顾客的关联）、差异化（相对于竞争对手的优势）和尊重（品牌尊敬）。[35]与之不同的是，品牌战略机构Interbrand公司使用实证模型来分离品牌的影响（即品牌资产），即品牌相对于其他有形资产对公司财务业绩的影响。使用这些模型，企业可以获知如何最有效地建立和管理品牌，优化其长期财务业绩。[36]

数据分析技术 5-1

调查设计：品牌审计实例

简介

调查是指通过让顾客回答一系列问题来收集顾客对企业、品牌的反馈信息。

使用场景

- 了解顾客对某个实体或主题（如品牌、新产品）的看法或感受。
- 当这种看法或感受不可在其他类型的数据中观测到时最应该使用。

设计一项调查

实验可以确定营销行为（如新广告活动）的影响，但往往不能回答“为什么”或“如何”的问题：为什么顾客对广告活动的反应如此积极？是什么让他们如此热爱一个品牌，以至于愿意花更多的钱？顾客如何决定是否购买某一品牌的产品？在这种情况下，调查具有明显的优势。调查可以直接从顾客（或潜在顾客）那里得到答复，从而为品牌在市场上的地位提供深层次、定性和定量的反馈。为了开展一项有效的调查，企业必须考虑四个关键因素：

1. 开展调查的目的必须明确。企业应该有一个详细的书面陈述，用来说明调查结果将如何与企业的营销计划联系起来。调查目标可能是：测量顾客对企业广告的回应度（以帮助企业调整广告文案），获得顾客对服务人员的反馈（以提高服务质量），或者对使用或不使用企业产品的顾客的偏好进行比较（以了解目标人群）。

2. 对于任何调查，企业都必须进行适宜的抽样。适宜既指获得足够的数量（即顾客答复的数量），也指可信的质量。公司应该根据一定的标准找出调查对象，得到相应的反馈。例如，如果一家企业正在开展一项调查以获得对其服务人员的反馈，就需要对最近使用其服务的顾客开展调查，因为他们最有可能准确回忆起服务体验。

3. 调查应该包含简洁的、准确的问题。设计问卷是调查中最重要的部分之一。所有的问题都必须测量它们应该测量的对象，这些对象对每个被调查者来说指代的都是同一事物。此外，调查问卷中的问题要避免带有倾向性，因为这会导致顾客的答复产生偏差。因此，调查问卷需要经常调整。

4. 公司应该以结构化的方式开展调查和存储数据，并遵循前后一致的原则来组织和分析调查数据。在开始调查前应该明确调查的过程。企业通常会在分析软件的协助下，对收到的答复进行定性分析（开放式问题）或定量分析（量表型问题）。

品牌审计实例

A品牌是印度市场上16个豪华车品牌之一。为了解顾客对它的看法并提高其品牌吸引力，A品牌的所有者在全国范围内对顾客进行了在线调查。以下是调查的摘录。

调查

我们诚挚地邀请您在一项关于豪华汽车的简短调查中提供宝贵意见。我们会问您几个关于不同品牌的豪华汽车的问题，这个调查大约会占用您8分钟的时间。非常感谢您的付出和支持。

- 品牌形象

请回想一下A品牌，回答是否同意以下描述（1代表“非常不同意”，5代表“非常同意”）。

- 品牌神秘

A品牌唤起了我美好的回忆。

A品牌是我生活的一部分。

A品牌具有时代特征。

- 品牌感性

A品牌的设计做得很好。

A品牌销售了极好的汽车。

A品牌的产品是为取悦顾客而设计的。

- 品牌亲密

使用A品牌的产品时，我感到很高兴。

我对A品牌感到满意。

我会一直追随A品牌。

结果

这项调查收到了1 000位顾客的答复。调查结果反映了品牌的形象（由神秘、感性和亲密组成）。问卷调查的结果显示，A品牌在品牌神秘和品牌亲密方面的得分很高，在5分量表上的平均得分在4.2～4.9之间。但是顾客不喜欢这个品牌的设计（均值=3.8），也不相信这个品牌销售了极好的产品（均值=3.3）。因此，品牌感性的得分明显偏低。依据这些调查结果，该公司立即对汽车进行了重新设计以消除这个品牌的劣势，并计划开展新的广告宣传活动来推出新产品。

	均值（满分为5分）	标准偏差
品牌神秘		
A品牌唤起了我美好的回忆。	4.8	1.1
A品牌是我生活的一部分。	4.4	0.6
A品牌具有时代特征。	4.9	1.5
品牌感性		
A品牌的设计做得很好。	4.0	0.5
A品牌销售了极好的汽车。	3.3	0.9
A品牌的产品是为取悦顾客而设计的。	3.8	1.1
品牌亲密		
使用A品牌的产品时，我感到很高兴。	4.2	1.3
我对A品牌感到满意。	4.8	0.7
我会一直追随A品牌。	4.9	0.7

总　结

营销原则3侧重于建立并维持竞争壁垒或者说建立可持续竞争优势（SCA），

从而使企业在竞争对手不断对其成功做出反应时，抵御对手的竞争性攻击。对企业品牌的投资可在顾客心目中建立起企业的品牌知晓度和品牌形象，从而建立起稳固的壁垒。这种壁垒通常是公司最初的基于市场的可持续竞争优势，因为它们直接源于公司的战略定位和公司所有产品的营销项目。顾客的品牌知晓度、对企业品牌的知识，以及由企业品牌引发的行动共同形成了品牌资产。品牌资产是与品牌、品牌名称及品牌符号相关的一系列资产和负债，它能增加或减少企业的供应物和关系的经济价值。

一个主流的心理学模型——联想网络记忆模型描述了品牌是如何运作的。联想网络记忆模型认为人的心灵是由节点和联结组成的，因此，影响品牌资产的关键品牌特征可以视为相应的节点和联结。例如，反映顾客识别品牌能力的品牌知晓度或熟悉度可用顾客记忆中节点的大小来表示，它们通过有辅助或无辅助回忆任务测试来衡量。在联想网络记忆模型中，品牌战略首先要通过建立品牌知晓度来提供一个锚点，然后建立其与积极的、独特的记忆节点之间的联结，从而建立起与目标顾客需要相匹配的品牌身份。

强势品牌带来的好处主要包括三个方面：销量增长、利润提升和忠诚度效应。第一，强势品牌会促进销量增长，因为强势品牌更容易获得新顾客，这些新顾客感知到具有高资产的品牌拥有较低的风险、较高的质量，以及更好的性能。第二，促进销量增长可以降低成本，或者使得公司对其产品收取更高的价格，这样一来就可以提高公司的盈利能力。第三，强势品牌使顾客更加忠诚，这是企业可持续竞争优势的重要来源，是竞争者最大的进入障碍。

品牌架构是企业、产品、品牌/产品延伸三者之间的关系依据和结构，其实质是该品牌如何在组织的不同层面得以运用。品牌架构的一端是多品牌架构，即企业为每个主要产品都开发一组不同品牌元素的品牌化方式；品牌架构的另一端是单一品牌架构，即企业的所有产品和服务都使用同一组品牌元素的品牌化方式。总体来说，如果企业为每个实体都建立单独的品牌，可以避免渠道冲突或有问题的品牌牵连其他品牌。尽管这里将品牌架构描述成一个连续谱的两个端点，但实际上，企业经常使用中间的或混合式品牌架构来从这两种方法中获益。背书品牌和子品牌是两种混合式品牌架构。

品牌延伸是指企业利用现有品牌来推出新供应物。品牌延伸包括产品线延伸和产品品类延伸。品牌的产品线延伸是指企业在同一产品品类中推出新供应物，但是面向一个不同的细分市场，通常这种新供应物的部分属性会有所改变。品牌的品类延伸是指企业推出一个完全不同的产品品类。垂直延伸可以向高端市场或低端市场延伸，从而获得新顾客。

通过建立品牌资产来增加企业的可持续竞争优势包括三个关键步骤：第一步，企业要在目标顾客中建立高水平的品牌知晓度，这将在随后提供一个锚点，以将易于回忆的品牌名称与定义其含义和形象的元素联系起来。第二步，将品牌名称与品牌的共同点和差异点联系起来，这有助于定义品牌的相对优势。第三步，在品牌和目标顾客之间建立深厚的情感联系或“关系”。

整合营销沟通（IMC）是指企业设计并将营销信息传递给顾客的过程，该过程需要确保不同时间和不同沟通渠道的营销信息都是目标明确且一致的，从而使得营销信息具有一致的主题。为了进行品牌建设，企业通常使用多种营销沟通方式：广告、销售促进、公共关系、事件与体验营销、直接与互动营销、口碑和人员推销。每一种沟通方式都有其独特的优势。此外，与品牌相关的任何联结都应该是一致的且不存在冲突，这一点至关重要。

为了长期追踪营销支出的效果并测量品牌资产，企业可以进行品牌审计，以评估品牌的健康状况，了解品牌的优势和劣势。定性分析是一种结构化程度较低的方法，它只需要较小的样本量，适宜在研究过程的早期使用。定量分析更具演绎性，利用数据和具体分析技术来检验理论和想法，需要较大的样本量。各种咨询公司提出的品牌指标具有大型数据库的优势，每个品牌都可以从多个维度与许多世界级品牌进行比较。

本章要点

- 在顾客中建立品牌知晓度和品牌形象的投资可能会形成强大的竞争壁垒，为企业提供最初的基于市场的可持续竞争优势。
- 联想网络记忆模型认为人的心灵是由节点和联结组成的，因此，影响品牌资产的关键品牌特征可以视为相应的节点和联结。
- 品牌可以改变人们的思维方式，通常会影响人的潜意识。对品牌的感知甚至可以改变顾客的实际体验（如让啤酒味道更好）。
- 强势品牌带来的好处主要包括三个方面：销量增长、利润提升和忠诚效应。
- 制定品牌战略的关键要素包括品牌目标、品牌知晓度、品牌相对优势、品牌可持续性、品牌形象、品牌身份。
- 品牌架构是企业、产品、品牌/产品延伸三者之间的关系依据和结构，其实质是该品牌在组织的不同层面得以运用。注意到品牌架构的选择范围，企业必须根据其品牌战略做出战略决策。
- 品牌延伸可以利用现有品牌进行产品线延伸或者品类延伸。
- 建立品牌资产的三个步骤是：在目标顾客中建立高水平的品牌知晓度；将品牌名称与品牌的共同点和差异点联系起来；在品牌和目标顾客之间建立深厚的情感联系或“关系”。
- 整合营销沟通（IMC）是指企业设计并将营销信息传递给顾客的过程，该过程需确保不同时间和不同沟通渠道（如广告、销售促进、公共关系、事件与体验营销、直接与互动营销、口碑和人员推销）的营销信息都是目标明确且一致的。
- 为了理解和测量品牌资产，企业使用定性和定量方法评估品牌的健康状况，这有助于明确企业未来可改进的领域。

参考文献

[1] American Marketing Association (n.d.) *Dictionary: B*. Available at: www.ama.org/resources/Pages/Dictionary.aspx?dLetter=B (accessed 8 September, 2015).

[2] Interbrand (2014) *Best Global Brands*. Available at: www.bestglobalbrands.com/2014/ranking/ (accessed 14 September, 2015).

[3] Aaker, D.A. (1991) *Managing Brand Equity*. New York: The Free Press.

[4] Keller, K.L. (2000) 'The brand report card,' *Harvard Business Review*, 78(1), pp. 147–58.

[5] Anderson, J.R. (1983) *The Architecture of Cognition*. Cambridge, MA: Harvard University Press; John, D.R., Loken, B., Kim, K. and Alokparna, B.M. (2006) 'Brand concept maps: A methodology for identifying brand association networks,' *Journal of Marketing Research*, 43(4), pp. 549–63; Keller, K.L. (1993) 'Conceptualizing, measuring, and managing customer-based brand equity,' *Journal of Marketing Research*, 57(1), pp. 1–22.

[6] Schöntag, K. and Teichert, T.A. (2010) 'Exploring consumer knowledge structures using associative network analysis,' *Psychology & Marketing*, 27(4), pp. 369–98; Pitta, D.A. and

Prevel Katsanis, L. (1995) 'Understanding brand equity for successful brand extension,' *Journal of Consumer Marketing*, 12(4), pp. 51–64.

[7] Balasubramanian, S.K. (1994) 'Beyond advertising and publicity: Hybrid messages and public policy issues,' *Journal of Advertising*, 23(4), pp. 29–46.

[8] Baker, W.E. (2003) 'Does brand name imprinting in memory increase brand information retention?,' *Psychology & Marketing*, 20(12), pp. 1119–35.

[9] Dimofte, C.V. and Yalch, R.F. (2011) 'The mere association effect and brand evaluations,' *Journal of Consumer Psychology*, 21(1), pp. 24–37.

[10] The Hartford (2015) 'Advantages of strong brand equity.' Available at: www.thehartford.com/business-playbook/in-depth/advantages-strong-brand-equity (accessed 31 August, 2015); Keller, K.L. (2013) *Strategic Brand Management: Building, Measuring, and Managing Brand Equity*, 4th edn. Upper Saddle River, NJ: Pearson/Prentice Hall; Mizik, N. (2014) 'Assessing the total financial performance impact of brand equity with limited time-series data,' *Journal of Marketing Research*, 51(6), pp. 691–706.

[11] Allison, R.I. and Uhl, K.P. (1964) 'Influence of beer brand identification on taste perception,' *Journal of Marketing Research*, 1(3), pp. 36–9.

[12] Lowrey, T.M. and Shrum, L.J. (2007) 'Phonetic symbolism and brand name preference,' *Journal of Consumer Research*, 34(3), pp. 406–14; Rao, A.R. and Monroe, K.B. (1989) 'The effect of price, brand name, and store name on buyers' perceptions of product quality: An integrative review,' *Journal of Marketing Research* 26(3), pp. 351–7; Yorkston, E. and Menon, G. (2004) 'A sound idea: Phonetic effects of brand names on consumer judgments,' *Journal of Consumer Research*, 31(1), pp. 43–51; Wänke, M., Herrmann, A. and Schaffner, D. (2007) 'Brand name influence on brand perception,' *Psychology & Marketing*, 24(1), pp. 1–24.

[13] Stahl, F., Heitmann, M., Lehmann, D.R. and Neslin, S.A. (2012) 'The impact of brand equity on customer acquisition, retention, and profit margin,' *Journal of Marketing*, 76(4), pp. 44–63; Keller, K.L. (2013) *Strategic Brand Management: Building, Measuring, and Managing Brand Equity*. Upper Saddle River, NJ: Pearson/Prentice Hall.

[14] Keller, K.L. (2001) *Building customer-based Brand Equity: A Blueprint for Creating Strong Brands*. Marketing Science Institute Working Paper Series, 1–107, pp. 3–38.

[15] Palmatier, R.W., Stern, L. and El-Ansary, A. (2014) *Marketing Channel Strategy*, 8th edn. Upper Saddle River, NJ: Prentice Hall.

[16] Goldfarb, A., Lu, Q. and Moorthy, S. (2009) 'Measuring brand value in an equilibrium framework,' *Marketing Science*, 28(1), pp. 69–86.

[17] Watson, G., Beck, J., Henderson, C. and Palmatier, R.W. (2015) 'Unpacking loyalty: How conceptual differences shape the effectiveness of customer loyalty,' *Journal of the Academy of Marketing Science*, 43(6), pp. 790–825.

[18] Aaker, J.L. (1997) 'Dimensions of brand personality', *Journal of Marketing Research*, 34(3), pp. 347–56; Escalas, J.E. and Bettman, J.R. (2005) 'Self construal, reference groups, and brand meaning,' *Journal of Consumer Research*, 32(3), pp. 378–89.

[19] Keller, K.L. (2012) *Strategic Brand Management*, 4th edn. Upper Saddle River, NJ: Pearson/Prentice Hall.

[20] Keller, K.L. (2012) *Strategic Brand Management*, 4th edn. Upper Saddle River, NJ: Pearson/Prentice Hall.

[21] Keller, K.L. (1987), 'Memory factors in advertising: The effect of advertising retrieval cues on brand evaluations,' *Journal of Consumer Research*, 14(3), pp. 316–33.

[22] Kim, S.S., Morris, J.G. and Ray, S. (2014) 'The central role of engagement in online communities,' *Information Systems Research*, 25(3), pp. 528–46.

[23] Minguez, K. (2014) 'Case Study: 3 Famous Coca-Cola Marketing Campaigns'. Available at: www.webpagefx.com/blog/marketing/case-study-coca-cola-marketing/ (accessed 14 September, 2015); Tadena, N. (2014) 'Coke's Personalized Marketing Campaign Gains Online Buzz,' *The Wall Street Journal*, 15 July.

[24] American Marketing Association (n.d.) *Dictionary: I*. Available at: www.ama.org/resources/Pages/Dictionary.aspx?dLetter=I (accessed 8 September, 2015).

[25] Edell, J.A. and Burke, M.C. (1987) 'The power of feelings in understanding advertising effects,' *Journal of Consumer Research*, 14(3), pp. 421–33; Zhao, H. (2000) 'Raising awareness and signaling quality to uninformed consumers: A price-advertising model,' *Marketing Science*, 19(4), pp. 390–6.

[26] Huang, J. and Yin, X. (2014) 'Effects of price discounts and bonus packs on online impulse buying,' *Social Behavior and Personality*, 42(8), pp. 1293–1302.

[27] Public Relations Society of America (n.d.) *What is Public Relations?* Available at: www.prsa.org/aboutprsa/publicrelationsdefined/ (accessed 8 September, 2015).

[28] Wynne, R. (2013) 'What does a public relations agency do?' Available at: www.forbes.com/sites/robertwynne/2013/04/10/what-does-a-public-relations-agency-do/ (accessed 14 September, 2015).

[29] Harmeling, C.M., Palmatier, R.W., Houston, M.B., Arnold, M.J. and Samaha, S.A. (2015) 'Transformational relationship events,' *Journal of Marketing*, 79(5), pp. 39–62.

[30] Ansari, A. and Mela, C.F. (2003), 'E-customization', *Journal of Marketing Research*, 40(2), pp. 131–45; Zhang, J. and Krishnamurthi, L. (2004) 'Customizing promotions in online stores,' *Marketing Science*, 23(4), pp. 561–78.

[31] Whitler, K. (2014) 'Why word of mouth marketing is the most important social media.' Available at: www.forbes.com/sites/kimberlywhitler/2014/07/17/why-word-of-mouth-marketing-is-the-most-important-social-media/ (accessed 14 September, 2015).

[32] Comscore (2007) 'Online consumer-generated reviews have significant impact on offline purchase behavior.' Available at: www.comscore.com/Press_Events/Press_Releases/2007/11/Online_Consumer_Reviews_Impact_Offline_Purchasing_Behavior (accessed 25 January, 2016).

[33] Whitwell, S. (2005) 'Ingredient branding case study: Intel.' Available at: www.intangiblebusiness.com/news/marketing/2005/11/ingredient-branding-case-study-intel (accessed 14 September, 2015).

[34] Naylor, T.J. (2014) 'McDonald's arch deluxe and its fall from grace.' Available at: www.benzinga.com/general/topics/14/08/4769457/mcdonalds-arch-deluxe-and-its-fall-from-grace (accessed 14 September, 2015); Haig, M. (2012) 'Brand failures.' Available at: www.slideshare.net/Goodbuzz/brand-failures-11856435 (accessed 14 September, 2015).

[35] Young & Rubicam (2010) 'Brand Asset Valuator: Consumer awareness is the key to brand value.' Available at: www.valuebasedmanagement.net/methods_brand_asset_valuator.html (accessed 14 September, 2015).

[36] Interbrand (2014) *Best Global Brands* and *Creating and Managing Brand Value*. Available at: http://interbrand.com/best-brands/best-global-brands/methodology/ (accessed 14 September, 2015).

第6章 营销原则3：基于供应物的可持续竞争优势管理

学习目标

- 描述供应物和创新，并解释它们如何建立可持续竞争优势。
- 概述创新雷达的框架以及定义创新空间的四个关键问题。
- 批判性地讨论创新型供应物提升企业价值的机制。
- 理解营销在新供应物和创新战略中的作用。
- 识别并描述开发创新型供应物时的破坏性重新定位和破坏性技术战略。
- 解释红海和蓝海的区别。
- 描述为什么企业的新产品经常不能“跨越鸿沟”，概述避免落入这种陷阱的战略。
- 讨论为什么破坏性技术往往进入低端市场或进入全新的市场。
- 描述门径开发流程，以及这个流程如何提高项目开发的速度和成功的可能性并降低成本。
- 概述人的因素和产品因素如何在产品上市过程中影响创新的扩散。
- 概述建立供应物资产的三个关键步骤。
- 描述联合分析在新供应物开发和上市时的用途。
- 解释使用巴斯模型来预测未来产品销售的优势与局限性。

引　言

供应物与创新基础

供应物（offering）是一个泛指企业提供的有形产品和无形服务的术语。虽然“产品”通常是企业供应物的一种简短的标签，但是这个术语降低了企业业务中服务部分的重要性。企业的供应物覆盖了顾客价值主张的所有核心部分，它通过以相同或更低的成本提供更多的功能，或者以创新的方式满足之前未满足的顾客需求，从而增加价值。品牌和关系可能会带来其他收益并影响用户体验，但如果没有合适的核心供应物，它们就无法正常运作。因此，企业将大部分资金用于改进供应物或者创造出比竞争者的供应物更具差异化优势的新供应物。例如，第 5 章中描述的英特尔投入大量资源来建立其品牌，并确保顾客想要标有“内置英特尔”的电脑，因此，该公司能在市场占有率上领先其竞争者超微公司（AMD）。尽管如此，英特尔仍在每季度投入近 30 亿美元用于研发，以保持其在半导体行业的领先地位。[1]虽然每季度投入 30 亿美元听起来很多，但这相对于美国研发支出总额只是沧海一粟。2014 年美国研发支出总额约为 1.6 万亿美元。[2]各种因素（如企业规模、业务多样化、行业竞争）影响到企业在研发上的投入额。一般来说，大多数企业愿意利用内部的应计项目（accruals）和外部融资手段确保在开发新供应物方面有足够的资金。[3]

品牌和关系可能会带来其他收益并影响用户体验，但如果没有合适的核心供应物，它们就无法正常运作。

创新（innovation）是指通过创造性地改变业务的一个或多个维度，为顾客和企业创造出重大的新价值。[4]它使企业能够识别和开发出有价值的新供应物，以建立并确保其可持续竞争优势（SCA）。为了推动企业发展，通用电气每年都要开展 100 个“创想突破”项目。近期一项针对高管的调查表明，创新是 74%的企业的战略优先项。创新比降低成本更重要，因为它决定了企业的长期成功。[5]在利用新的或改进的供应物来形成 SCA 的过程中，创新使企业开发出新的不同的解决方案，并使得企业与其竞争者区分开来。在理论和实践中，将供应物作为 SCA 在很大程度上反映了其背后的创新过程。

创新的定义与过程都是宽泛的概念，可延伸到产品或技术创新之外。例如，星巴克成功的商业创新并不是以技术为基础，它聚焦于设计一种独特的顾客体验或“第三空间”，以提供一个家和办公场所之外供顾客放松和消磨时间的地方。当然，星巴克也在追求产品创新（如新的特浓咖啡）和技术创新（如移动设备订购应用程序）。虽然麦当劳的咖啡经常在产品口味盲测中胜过星巴克，但是，每天仍有数百万顾客光顾星巴克并在每杯咖啡上花费更多的钱。[6]除了最初以供应物作为 SCA，星巴克还采用一个创新的战略方法，即专注于建立一个强大而真诚的品牌并避免通过特许经营来进行扩张。因此，它的员工拥有较高的薪酬并且有很强的动力与顾客建立良好的关系。

实例

戴尔（美国）

虽然戴尔在技术领域中经营，但或许最引人注目的创新是它在市场上引入的订购和物流流程。如今，这些流程似乎司空见惯，但当它们第一次出现时，这种提供“半定制”电脑产品并在网上将它们直接卖给顾客的想法是非常新颖的。因此，戴尔的 SCA 并不依赖于其设计或制造能力，戴尔甚至将制造业务外包出去。它的 SCA 来自其供应物，即可定制的电脑，在网上销售并显著降低因维护店面和库存而导致的成本。戴尔的创新来自其业务流程和走向市场的战略。

作为 SCA 的供应物和创新

创新型新供应物可帮助企业建立和维护 SCA 以应对竞争性攻击，因为对于企业的成功，竞争者总是有反应的（营销原则 3）。只要给予足够的时间和金钱（除非供应物受专利保护或属于商业秘密），竞争者通常能复制供应物。因此，为了保护企业的 SCA，大多数供应物必须与品牌和关系相关联并要加强这种关联。

创新为品牌和关系的增值奠定了基础。因此，创新对于开发可作为 SCA 来源的供应物是至关重要的。企业创新有哪些方式呢？创新雷达总结了一些关键的方法。

创新雷达

图 6－1 很好地展示了企业创新的许多方式。它根据何物、何人、如何以及何地这几个要素定义企业的创新空间。[7]第一，与传统的产品创新或服务创新观点一致，最明显的创新方法是改变企业提供的东西。这种改变可能是供应物、平台、解决方案的创新。第二，改变企业的顾客对象，它涉及与顾客、体验和价值获取相关的创新。例如，家得宝（Home Depot）将多个类别产品的目标顾客定义为自己动手型（do-it-yourself，DIY）顾客，而不是承包商，这从根本上创新性地改变了这些产品和服务所针对的顾客。第三，改变销售的方式，这是指改变企业所使用的流程、组织和相关供应链。前进保险公司（Progressive Insurance）派遣员工到达车祸现场或在事故发生后很快与顾客见面并现场理赔，而不是要求顾客提交详细的索赔申请，这为顾客和企业创造了与众不同的优势。第四，改变销售的地点，包括出

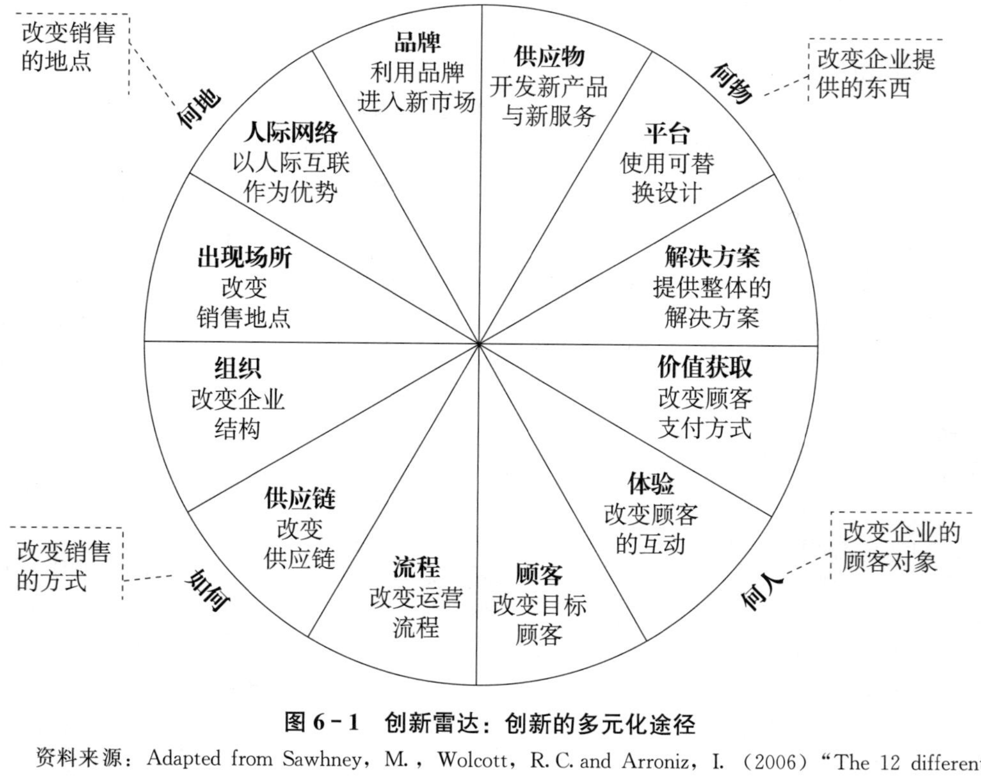

图 6－1 创新雷达：创新的多元化途径

资料来源：Adapted from Sawhney，M.，Wolcott，R. C. and Arroniz，I.（2006）"The 12 different ways for companies to innovate，" *MIT Sloan Management Review*，47（3），p. 75.

现场所、人际网络和品牌的创新。例如，美国企业租车公司（Enterprise Rent-A-Car）是第一个将汽车租赁设施设在社区和通勤频繁的郊区（而非机场）的企业。它在这些地理位置的先发优势（first-mover advantage）使它能够抵御安飞士（Avis）和赫兹（Hertz）等竞争者，至少在一段时间内是如此。

正如美国企业租车公司发现的那样，创新型供应物的先行者往往无法在跟风型竞争者开始模仿它们的创新时仍保持其在市场上的领导地位。一项历时65年的市场进入和先发优势的研究表明，技术先行者中有47%是失败的，在先行者创新后的10年里，只有11%的先行者仍在相关的供应物类别中保持领先地位。[8]一个企业的先发优势几乎总能被早期追随者超越。早期追随者不仅行动迅速而且做得更好。这有什么启示吗？最优战胜第一。如果企业希望保持领导地位，那就不能依赖于创新荣誉，而必须在新供应物基础上建立额外的SCA（如品牌、关系）。对264个工业品市场的研究表明，市场先行者总体上比后来者有更高的生存率，但两者在开拓真正的新产品时面临同样的不确定性。[9]因此，无论是在B2C还是在B2B市场上，先发行动（moving first）都不是成功的保证。

一个企业的先发优势几乎总能被早期追随者超越。早期追随者不仅行动迅速而且做得更好。这有什么启示吗？最优战胜第一。

供应物资产的好处

通过构建供应物资产，创新型企业可以使竞争者更难以蚕食其业务。**供应物资产**（offering equity）是指不考虑品牌或关系因素时，产品或服务的功能给顾客提供的核心价值。当一家企业的供应物与竞争者的供应物（即跟风型供应物）没有区别时，那么该企业的供应物几乎没有供应物资产或SCA。因此，大多数企业努力开发区别于竞争者的创新型供应物，以或多或少地形成一些相对优势。正如我们所知，竞争者很快就会复制那些成功的供应物，因此每个企业都必须不断尝试开发新的供应物，以时刻领先于跟风型竞争者，并使供应物资产成为SCA的源泉。例如，阿里巴巴如今是全球最受欢迎的在线购物平台之一，它最初是一家帮助出口商直接向消费者销售产品的在线网站。它在不断创新，包括进入金融服务领域，使消费者能够使用支付宝进行股市投资。

实例

博思格（澳大利亚）

博思格（BlueScope）是澳大利亚的一家国际钢铁产品供应商。该企业已经为其开创性的带钢连铸工艺流程申请了专利。该工艺流程可使产生的温室气体排放量减少70%，占地面积只为传统钢铁厂面积的10%。博思格为保护自身的供应物资产已申请了专利。可以预见的是，受保护的创新将强化博思格作为全球领先的钢铁产品和解决方案供应商的市场定位。[10]

一项针对数千家企业的研究表明，仅仅宣布一种新产品就能在当天使企业的股票价格上涨0.5%。[11]一个针对2万多项创新的研究表明，推出新供应物对企业价值有长期的正面影响，那些真正改变了“游戏规则”的突破性创新（radical innovation）比渐进式创新的影响更大。[12]因此，新的真正的创新型供应物不管是短期还是长期都可提升企业的价值。这究竟是怎么实现的呢？

在许多情况下，一个新的供应物能凭借其更优的性能给顾客提供更多的价值。例如，在中东地区，人们很少使用信用卡，“一手交钱，一手交货”的支付方式盛行，网上购物在那里很难发展起来。为了应对这些挑战，Maktoob引入CashU这一支付平台，使得买家可方便地在线购物。即使新供应物的生产成本更高，企业也愿意生产，因为企业通常可以对这些更好的供应物收取更高的价格，从而提高盈利能力。在美国制药行业中，政府机构甚至对有意义的创新以专利保护的形式进行奖励，这样制药企业就可以垄断市场。它们有独家出售其创新药物的权利，所以价格很高。这使得企业不仅可以抵消它们的研发成本，而且可支持其持续的研发工作，以实现未来的创新。开发一种新药物的成本高达10亿美元，制药企业从现有产品中持续获得的利润是其开发新药物的重要资金来源。[13]

此外，新供应物通常会激励顾客从竞争者转向提供创新型供应物的企业，以获得使用新产品的机会。这种转换行为可能表明，顾客相信新供应物会比现有供应物的性能更好，或者顾客只是想拥有最新的供应物（这些顾客通常称为创新者或早期采用者）。在任何市场上都有一些早期采用者，他们总是想要最新的供应物（如最新的手机、新餐厅的晚餐），无论新的功能或属性是否为他们增加了价值。[14]

当新供应物能提供与原供应物相似的性能但价格较低时，有助于企业获得新顾客或进入新市场。顾客往往会不假思索地出于习惯或者因为便利而重复购买同一品牌的产品。但是，如果企业能提供一种创新以降低产品的价格，通常会开辟出一条清晰的顾客获取和销售扩张的途径。

无论创新是突破性的还是渐进式的，新供应物的上市将给企业的很多部门带来好处。例如，销售人员有充分的理由给新顾客和现有顾客打电话，为顾客介绍一个令人兴奋的新机会，而不是仅仅重复老顾客已经知道的老产品的销售政策。当企业推出新产品时，广告的效果会增强。[15]这种效应会影响到人力资源部门，因而那些拥有创新型供应物的企业能够更好地招募和留住优秀人才，最终形成更强大的防御竞争的壁垒。[16]因此，提供创新型供应物的潜在好处涉及顾客、员工和市场的扩张。

此外，即使顾客不购买新供应物，提供创新型供应物也往往会提升企业的品牌。博士、苹果、宝马和三星优秀的声誉都是以其优质的创新型供应物为基础的。这种好处可影响到顾客的购买决策，即便顾客只是购买一种入门级的产品且其含有较少的能提高企业声誉的创新性能。这些品牌通常寻求以最快的频率推出一些新供应物，以保持领先的形象。

然而，仅仅基于新供应物的SCA往往是短暂的。在竞争者有所反应（竞争者总是有反应的——营销原则3）以及复制或超越新产品之前，企业应该建立起更持久的SCA。事实上，总是拥有最新和最好的供应物是不可能的，所以企业尝试在供应物中加入基于品牌或关系的SCA，以在直接竞争者出现之前增加自身的资产。例如，易趣（eBay）在 1995 年成立，是最早推出在线拍卖平台的企业之一。它通过采用关系（大量的口碑）、品牌和其他营销战略，使“易趣”这一名字成为在线拍卖的同义词，从而创建了一个其他拍卖网站难以超越的强大 SCA。

实例

通腾公司（荷兰）

通腾公司（TomTom）是荷兰的一家电子消费品企业。它于 2002 年推出首款导航产品，当时只有少数企业专注于这一领域。通过快速的创新和对顾客需要的满足，通腾公司得以领先于竞争者，将自己打造成一个世界公认的品牌。该品牌在 2007 年占据了欧洲导航设备市场 50%以上的份额。[17] 然而，目前提供 GPS 功能的智能手机已经颠覆了通腾公司在这一领域的强势地位。

总的来说，企业的创新型产品和服务所生成的供应物资产能为顾客提供更多的价值（更好的性能、更低的成本），从而形成 SCA 以及丰厚的销售额和利润。创新型供应物可帮助企业扩大顾客基础，提高其广告、直销、员工招聘和保留的效果。尽管基于创新型供应物的壁垒在抵御竞争模仿时的作用期通常是短暂的（受专利保护的产品除外），但它们仍然为企业提供了强大的平台，以利用品牌和关系构建协同的、更持久的 SCA（参见第 5 和第 7 章）。

供应物和创新战略

市场营销对供应物和创新战略有所助益主要有两种方式。第一，市场营销收集顾客数据以预测顾客和市场的趋势，帮助企业开发创新型供应物，从而使企业理解潜在产品属性之间的权衡取舍（如联合分析）。第二，市场营销负责向顾客推出新供应物以获得可接受的利润。然而，许多优秀的产品由于产品上市环节不佳，未能达到预定的财务目标。因此，企业通过大量的努力进行市场测试和理解顾客是否采用新供应物的影响因素，可提高其成功的可能性。

开发创新型供应物

门径的方法

大多数企业采用**门径开发流程**（stage-gate development process），以提升供应物开发速度、提高成功可能性、降低开发成本。[18] 如图 6－2 所示，门径模型将开发流程划分成几个阶段。在每个阶段，独立的评估人员会从多个维度对每个项目进行评估。该方法借助几个要素来确保开发方法的有效性。第一，在每个阶段，评估人员会从顾客、技术、财务、运营等多个角度对新项目的可行性进行评估。这些分析的深度和重点随着项目的进展而变化。在项目早期，技术可能是重点，而在项目后期可能更加强调运营。一个项目如果不能在每个门径阶段的评估中都达到预设的标准，将得不到持续的支持。

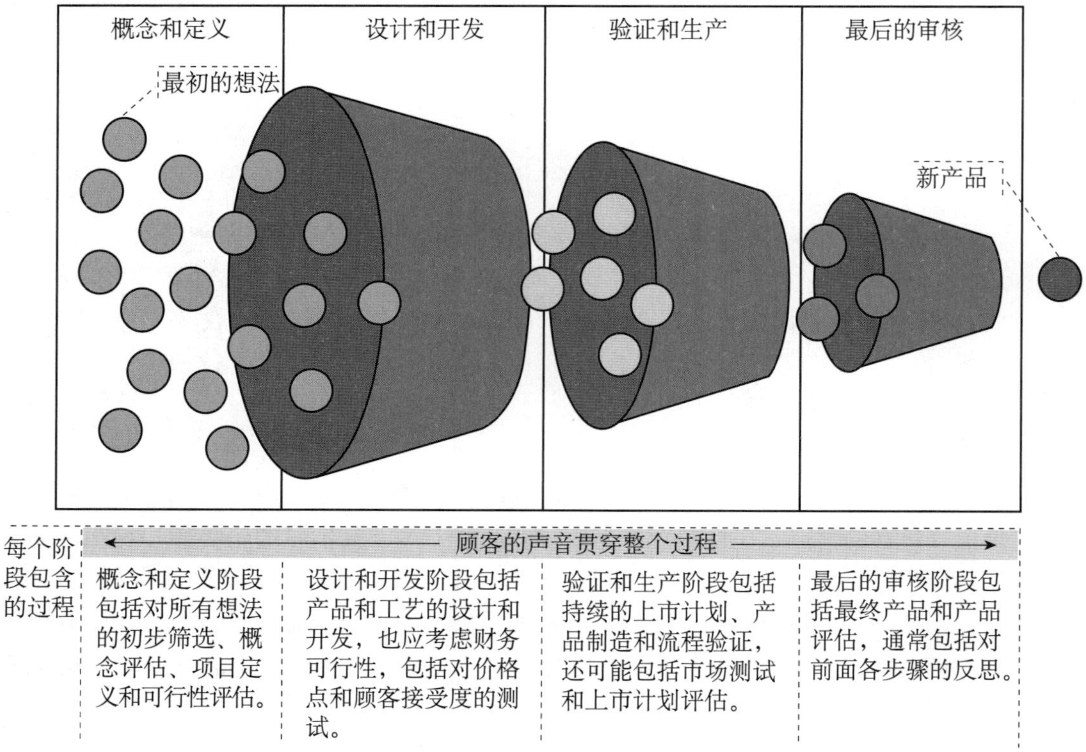

图 6－2　有效产品开发的门径开发流程

第二，在每个评估阶段，确定项目是否会得到持续支持的评估人员必须来自项目团队之外。这个要求为这一流程提供了一定程度的独立性。项目团队的成员几乎无一例外地与新供应物相关，因此他们的评估往往带有偏见。这种偏见或称**设计者诅咒**（designers' curse）往往意味着当开发者或设计师接受某种新特性后，他们会认为这种特性具有很大的价值，而这种特性对非用户而言价值并不那么大。一些研究表明，参与项目的创新者或经理对新供应物的新特性的评分比普通顾客给出的评分高 9 倍。[19]卡纳曼（Kahneman）等在其获得诺贝尔奖的研究中发现，人们会很自然地根据他们所感知的价值来评估各种选择，这种评估是相对于某个参考点的——通常是他们目前拥有或使用的产品或服务。[20]因此，相对于这个参考点，新供应物会被看作一种收益或损失（即比目前的供应物更好或更差）。因为人们都是厌恶损失，所以他们会更多地规避损失，而不是寻求获得收益。这样一来，如果设计师的偏见没有得到纠正，很可能导致新供应物在上市之后并不能实现设计师或经理的期望。类似地，如果一个参考点包括一种新特性，人们在即将失去这种新特性时可能会高估其价值，这就是禀赋效应（endowment effect）。在一个对教室里的学生进行的经典实验中，一半学生在课程开始的时候收到了一个马克杯。在课程结束时，收到杯子的学生被问到如果要卖出该马克杯，他们会要价多少；那些没有收到马克杯的学生被问到如果要购买该马克杯，他们会出价多少。即使在这么短暂的一段时间内，禀赋效应也出现了：卖家的要价比买家愿意支付的价格高两倍多。[21]

第三，门径模型给了企业很多在早期就可取消项目的机会。利用这种快速的决策，投入一种新供应物开发的资源（人力、时间、财力）可以重新配置到其他项目中。因此，糟糕的项目不会阻止整体的开发进程，好的项目也不太可能因为这个进程中已有太多的项目而减缓或缺乏资源。此外，根据每个阶段提供的新信息，各种关键资源会不断被重新分配，从而形成更好的资源权衡决策（见第 8 章）。

这个广泛应用的模型在实践中有许多改进，比如对部分阶段进行融合以缩短开发时间，或者在每个阶段增加顾客输入以便在开发过程中更好地考虑顾客动态性（营销原则 2），因而非常有效。然而，它有一个值得注意的缺点。渐进式创新往往更容易通过每一阶段的审查，因为它们的风险更小，更容易评估。相反的是，突破性且有潜在价值的创新可能很难通过这些阶段的审查，尤其是当它们的新奇性难以被理解时。为此，一些企业采用其他方法审查具有高度创新性的项目。例如，一些企业给产品开发团队分配专门的时间和资源以用于不需要使用门径开发流程的项目；一些企业采用“臭鼬工厂”（skunk works）的模式，并为突破性的创新提供专门资金。[22]

在鼓励突破性创新的努力中，许多印度企业采用俭约（Jugaad）的实践，并将其与传统的门径开发流程相结合。Jugaad 是印地语中的词汇，指一种创新的简单的解决办法或简单的变通措施，寻求创造性的、快速的、非常规的、简朴的解决问题的方法。[23]其最基本的想法是，敏捷的创新实践应随着不同的问题阶段和产品而变化，而不是让所有的创新想法都经历相同的门径开发流程。这种方式没有既定的过程，主要目标是实现难以实现的目标，使创新者突破现有的思维方式。

实例

塔塔汽车公司（印度）

塔塔汽车公司在 2009 年推出了世界上最便宜的 Nano 汽车，其售价仅为 2 000 美元。大多数汽车制造商从轿车底盘开始设计新车型，而塔塔汽车公司挑战了传统，从一款小型摩托车的架构开始设计新车型。因此，塔塔汽车公司最终产品的成本很低，是印度市场上的顾客可以负担得起的。但也许更重要的是，它更适合印度拥挤的交通现状，人们需要快速和频繁的驾驶操纵。

重新定位战略

创新型供应物也可来源于对现有供应物所进行的明显的重新定位，比如删除某些功能或者添加某些功能，从而通过“新的”价值主张来吸引“新的”顾客细分市场。这种战略的优点是，它通常不需要新技术或新发明，因此营销人员可以努力在这方面发挥主导作用。

创新型供应物也可来源于对现有供应物所进行的明显的重新定位，比如删除某些功能或者添加某些功能，从而通过“新的”价值主张来吸引“新的”顾客细分市场。

红海（red ocean）战略与蓝海（blue ocean）战略的对比（见表6-1）显示，企业可以使用不同程度的破坏性方法来建立新的市场，创造新的需求，否则它就不得不去争夺现有市场。[24]红海市场（因水中的血液这一隐喻而得名）的竞争是非常激烈的，其中充满了争夺顾客的“鲨鱼”。许多红海市场上的企业试图就相同或相似的属性进行差异化，它们推出的新产品或服务仅仅代表了渐进式的创新。这些相对较小的创新占据了新供应物和销售增量的绝大部分，但它们意味着显著降低的利润。竞争降低了企业的定价能力。但是，传统的市场细分、目标市场选择和市场定位（STP，详见第2章）以及门径开发流程在红海市场上非常有效，因为顾客已为企业所熟知，就算他们的需要会发生改变（营销原则2），企业也可以长期对这些变化进行很好的预测。

表6-1　　红海战略和蓝海战略的比较

红海战略	蓝海战略
新供应物是品牌或产品线的延伸，代表渐进式的创新（使用STP过程）	数量较少但更具突破性或重新定位的产品，侧重于创造新的市场
占销售额的大部分，但利润较低	一旦成功会产生较高的利润
现有市场中竞争激烈	创造一个竞争不那么激烈的新市场
需打败现有竞争者	经常改变竞争者的品牌特性，使其成为新市场的负面属性
试图抓住一部分现有市场需求	试图创造新的市场需求

资料来源：Inspired by Chan，K. W. and Mauborgne，R.（2005）*Blue Ocean Strategy：How to Create Uncontested Market Space and Make the Competition Irrelevant*. Boston，MA：Harvard Business School Press.

为了寻求更具破坏性的重新定位战略，企业可以寻找“蓝海”市场（因远离陆地的深海水域为蓝色而得名）。这些市场中的竞争较弱，“未知水域”中的企业很少。但是由于蓝海与陆地距离较远，市场中充满了失败的风险。蓝海战略重新定义了市场空间，引入了出人意料的特性，从根本上改变了整个价值主张。一旦成功，蓝海战略可创造出顾客可能不知道甚至永远不会要求的产品相应的全新细分市场。在这种情况下，许多传统的市场研究方法是无效的。

实例

太阳马戏团（加拿大）

这是一个成功运用蓝海战略进行重新定位的例子。太阳马戏团（Cirque du Soleil）取消了林灵兄弟和巴纳姆贝利等传统马戏团表演中常见的两个特色：大型动物（如大象、狮子）和顶级演员（如飞天瓦仑达家族（The Flying Wallendas）和安托万内特·康塞罗（Antoinette Concello））。太阳马戏团增加了戏剧式的作品，每个作品都有不同的主题和原创音乐。它在重新定义目标市场的同时提高了价格。它的目标顾客不再是孩子和家庭，而是成人、情侣和商业顾客。也就是说，太阳马戏团在创新的产品中剔除了大量的成本因素，增加了一些马戏团的顾客不曾要求的新特色，开发了一个新的目标市场，将圈外人的观点应用到这个市场上。通过这种重新定位，市场上曾经的优势因素反而变成了劣势。巴纳姆贝利的品牌与大型的马戏团动物和小丑是紧密相连的，以至于它无法获得一种戏剧演出的名声，而戏剧演出对那些试图给约会对象或商业顾客留下深刻印象的人来说是很有价值的。[25]

但是，曾经的市场领导者不太可能对这种破坏视而不见。它们对创新的反应是调整自己的供应物以应对新竞争者。例如，在认识到互联网购物和移动商务呈指数增长时，美国电子零售商百思买（Best Buy）迅速地关闭了许多门店，从而降低了成本。它还强化了在线渠道，建立了更为流畅的多渠道购物体验。[26]正如我们所了解到的，这些壁垒和SCA本质上只是短期有效的，特别是当市场增长并扩大到包括新的竞争者时，品牌往往是最有效的工具。消费者可能会认可并欣赏百思买品牌，尤其是如果它能调整其供应物以应对那些破坏性的、创新的竞争者。

新技术的创新战略

即使一个企业在各方面都做得很好，技术创新仍可削弱其在市场上的领导地位。破坏性技术的出现对管理者来说通常是巨大的意外。例如，美国的数字设备公司（Digital Equipment Corp.，DEC）曾在全球销售了价值140亿美元的小型电脑设备。当时，它的创始人兼首席执行官肯·奥尔森（Ken Olsen）有一句著名的表述："任何人都没有理由在家里有一台电脑。"[27]当小型个人电脑破坏了小型电脑市场时，该公司没能预见到或适应这种情况，形成了灾难性的误判。[28]

即使一个企业在各方面都做得很好，技术创新仍可削弱其在市场上的领导地位。

为了描述创新型技术的过程和结果，克莱顿·克里斯滕森（Clayton Christensen）提供了一个框架，如图6-3所示。该框架显示，这些技术可分为两大类。[29]**维持性技术**（sustaining technology）已被充分理解且通常被市场领导者利用，随着时间的推移能带来持续性、渐进式的改进。市场领导者依靠维持性技术，在主流顾客所熟知且重视的性能维度上提高现有产品的性能，然而，最终产品可能会超出这些顾客的需要。例如，主要的几家通信公司一直在为产品和服务提供新的功能，如语音邮件、来电显示和更高的通话清晰度。各种维持性技术（如数字服务、光纤连接）帮助它们改进其供应物，一开始主要是为那些需求量大的商业顾客提供服务，之后推广到普通顾客。顾客最终得到了一套复杂的家庭电话服务，这是一套提供高可靠性、保真度和创新性的服务，其中很多选择超出了顾客的需要。市场领先的企业可能过于依赖门径开发流程，虽然这能使企业基于对顾客和技术的深入了解进一步提高产品的质量，但是市场可能会变得停滞不前。此时，引入一种突破性技术的时机已经成熟。

破坏性技术（disruptive technology）能在价格、性能特征或价值主张方面造成巨大差异。第一次出现时，它们的表现可能会比完善的维持性技术"更糟糕"。也就是说，一种破坏性技术的性能可能还不如流行的现有产品，至少在初期是这样的。那些对现有产品和专注于现有技术的工程师进行投资的市场领导者倾向于认为新技术不适合它们的顾客。它们仍然专注于通过维持性技术来改进解决方案，并假设所有顾客都需要和想要产品的各种特性，因而通常会忽略破坏性技术。例如，当网络电话（voice over Internet protocol，VoIP）技术首次出现时，大多数主要的通

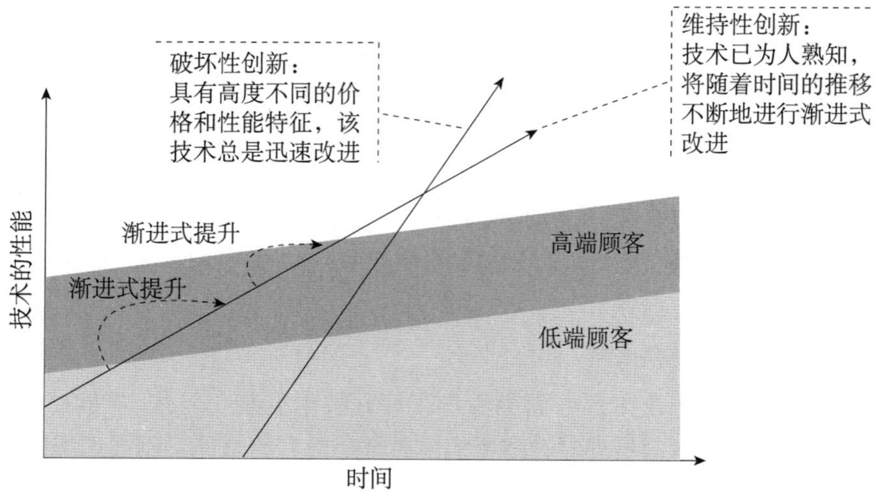

图 6-3　维持性与破坏性技术创新对比

资料来源：Inspired by Christensen，C. M.（1997）*The Innovator's Dilemma*：*When New Technologies Cause Great Firms to Fail*. Boston，MA：Harvard Business School Press.

信企业注意到它的可靠性和保真度很差，认为它不会构成威胁。但 VoIP 的破坏性定价战略（如它的免费通信服务使得在国外留学的学生可以与家人经常联系，而不用支付巨额话费）具有强大的吸引力，有助于改变通信市场。

大多数破坏性技术会进入现有的低端市场，性能更差（根据传统市场所定义的性能指标），价格大幅下降。例如，学生从国外给家人打电话时，他们可以忍受偶尔的通话中断或微弱的信号连接，因为他们可以免费打电话。有一些破坏性技术可以创造全新的市场，因为新技术的独特价值主张意味着它能以不同于现有技术的方式去满足顾客需要。这条市场进入路线常常使现有的供应商难以感受到破坏性技术所带来的竞争威胁。在 MapQuest 和雅虎 Yahoo！引入定制化的导航产品时，佳明（Garmin）等便携式 GPS 导航设备市场的领导者企业似乎对此并不担心。但是，这些技术不断发展壮大，成为谷歌和苹果安装在智能手机上的免费导航应用程序。便捷的导航功能与顾客日常使用的智能手机的结合能形成不可抗拒的吸引力，这样一来，独立式便携 GPS 导航设备的市场就基本上消失了。

许多现有企业未能认识到的破坏性技术的另一个重要方面是，它们的性能轨迹（performance trajectory）非常陡峭，其陡峭程度远远超过了维持性技术。[30] 尽管 VoIP 技术只花了数年的时间来实现足够的可靠性、清晰度和服务选项，但足以与现有的通信服务直接竞争。到 2015 年，每月有约 3 亿用户使用 Skype。

事后来看，一种新的破坏性技术的重要性似乎是显而易见的。但这种看法并不准确。历史上存在很多强大的企业无法预测未来的例子（如 DEC 和个人电脑，柯达和数码摄影）。多种因素可导致市场领导者不能预见新兴的、潜在的破坏性技术的威胁或机遇。例如：

- 破坏性技术第一次出现时，往往只会吸引那些小型的利基细分市场或相对缺乏吸引力的细分市场。
- 破坏性创新的潜在市场难以评估，因为破坏性创新是未知的，这使得它们更有风险。

● 高管和工程师可能会被锁定在他们已经很熟悉的现有技术中，这可能导致它们表现出现状偏见（status quo bias）。

● 在竞争中，企业可能会提供超出顾客需要的东西，并假设顾客需要所有的特性。这样，企业就会错误地认为，在某些维度上表现不佳的破坏性技术难以存续下去。

● 企业没有意识到新技术通常遵循陡峭的性能轨迹。

创新型供应物的上市和扩散

大约 40%的新供应物在上市后没有实现其商业目标。[31]这些失败可能源自糟糕的设计，比如新产品未能相对于现有产品提供值得支付溢价的优势；或者是源自糟糕的上市，新供应物扩散到潜在顾客群的速度可能太慢，因为它选择了不恰当的目标市场、市场定位或没有竞争力。由于新供应物上市的成功与否取决于它在目标人群中的扩散速度和广度，我们将重点讨论驱动新产品扩散的因素。

大约 40%的新供应物在上市后没有实现其商业目标。

思考赛格威公司的例子。它的产品确实很有趣而且新颖，但它最初上市时瞄准的是汽车，试图用一种标价 5 000 美元的产品来取代汽车。赛格威如果为其产品电动滑板车选择那些重视其独特功能的小规模顾客作为目标市场，那么它在上市时可能会更加成功。但它没有这样做。该公司在产品上市后的 5 年内卖出了 24 000 台产品，远远低于其预测的每周销售 1 万台。[32]

实例

家乐氏（美国）

家乐氏推出的早餐伴侣包含一份麦片、一个勺子和一份巴氏杀菌奶（不需冷藏）。在其上市时，家乐氏将这种创新定位为提供给匆忙的父母的解决方案，这些父母想在早上给孩子提供早餐并赶紧送孩子上学。然而，这种定位是无效的，家乐氏没有意识到，父母并不喜欢给孩子这种产品，因为孩子会把牛奶洒在汽车后座上。[33]

为了支持更快速的新产品扩散，使得创新型企业形成销量、获得新顾客、收回开发成本、建立顾客知晓和忠诚、获得市场份额，以及建立强大的 SCA，企业应当考虑多种相关因素，制定最有效的上市战略。这些因素主要分为两类：人的因素和产品因素。

影响创新扩散的人的因素

根据顾客采用新产品的倾向和说服他们的论据类型，将顾客划分为不同的群体有助于解释新供应物的扩散。企业可以针对不同群体，采用令其信服的论据来制定有效的上市战略。

根据杰弗里·穆尔（Geoffrey Moore）的观点，创新型供应物的**采用周期**（adoption lifecycle）包含五种潜在用户[34]：

- 创新者（innovators）是第一批采用新供应物的顾客，他们甚至有可能在新供应物正式上市之前就采用。他们积极地在特定领域寻找新技术，因为争取成为新供应物的第一批拥有者是他们用来定义自己人物形象的一种方式。尽管这一群体的销售量往往较低，但这些采用者证明了该技术的有效性，为其他消费者的采用提供了背书。
- 早期采用者（early adopters）能看到新技术的好处，愿意在仅仅提及几次之后就采用。除了提供一些最初的销量，这个群体还是口碑的主要来源。
- 早期大众（early majority）的大多数是偏向实用主义的消费者，他们需要确信新产品确实有效。他们认为，为追求所谓的新而采用新事物或者只是为了尝试酷炫的技术都是没有价值的。与前两种群体不同，他们需要证据和全方位的支持资料。
- 晚期大众（late majority）和落伍者（laggards）是最后两种群体。他们想要更多的证据，难以说服。通常，只有在大多数同伴已使用该创新且成效显著，这种创新已不可避免时，他们才会相信新供应物的价值。

摩尔的采用周期还包含**跨越鸿沟**（crossing the chasm）这一重要概念，即许多新供应物未能在从早期采用者向早期大众的跨越中存活下来。管理者需要有意识地围绕跨越鸿沟来制定上市战略。[35]然而，企业试图接触各种各样的细分市场时，会把研发和营销资源分摊得太“薄”，此时，可能只能说服每一个细分市场中的创新者和早期采用者尝试它们的创新型供应物。例如，一家销售新型商用机器的企业可能会向工业客户、学校和政府机构推销产品。但是，当这三个行业中愿意承担风险的早期采用者都已经购买了它们所能购买的供应物时，该企业还没有对其供应物进行足够的完善以满足特定细分市场的独特需要。它没有收集客户反馈和使用报告，这些反馈和使用报告可满足早期大众对使用该供应物的证据需求。在这种情况下，这家企业已跌入鸿沟。

摩尔的采用周期还包含跨越鸿沟这一重要概念，即许多新供应物未能在从早期采用者向早期大众的跨越中存活下来。

一个更好的方法可能是选择几个垂直的细分市场（即具体应用的细分领域），将重点放在它们身上，以确保创新型供应物能很好地满足这些细分市场。通过这种方法，市场营销部门可以设计专门的广告以提高知晓度，开发出能够吸引这几个顾客细分市场的支持材料。有了这些信息，企业就能更好地满足目标市场中早期大众的特殊需要。例如，澳大利亚的创新者 Xero 公司从简单专一的目标起步，旨在为通常依赖微软 Excel 的会计人员改进会计工作流程。最终，它生产的创新软件产品在全球的各类企业中得以应用，这使 Xero 公司的价值超过了 20 亿美元。[36]

上述采用周期方法清晰且系统地整合了营销原则 1 和营销原则 2 的多个方面。这种方法基于顾客的采用倾向和特定的需求将其划分为不同的群体，因而考虑到了顾客异质性。

采用周期方法还考虑到了顾客动态性，因为早期采用的顾客为说服后期采用的顾客提供了必要的信息。“跨越鸿沟”的隐喻有助于以一种直观的方式解释创新的采用过程。然而，这种方法受到汇总偏见的威胁。它假定每个群体中的顾客行为都是相似的，忽略了其他潜在变化来源，如供应物的特性，即便在不同产品的采用速度差异很大时也是如此。

影响创新扩散的产品因素

埃弗里特·罗杰斯（Everett Rogers）所开启的另一个研究流派认为，产品的具体特征可以解释供应物扩散速度差异的 40%～80%。[37]请注意，罗杰斯使用的术语“产品”是前文所述广义的产品，他所描述的五个因素也可应用于服务，我们在这里保留这个用法。在其他条件都相同的情形下，改变以下五个因素可以改变产品的扩散速度。

1. 相对优势（relative advantage）：如果顾客感知到一个产品具有更大的相对优势，那么它看起来应该比现有供应物更好，这就加速了产品的扩散。这个相对优势可体现在多个维度，包括技术性能、成本节约和地位。虽然这种相对优势是产品采用的必要条件，但不是其充分条件。也就是说，如果其他四个因素都不支持产品的扩散，那么即使该产品具有显著的相对优势，其采用速度也会较低。例如，对于英文打字员来说，一种新的键盘可能比传统的 QWERTY 标准键盘打字效率更高，但是由于该键盘缺乏兼容性，它几乎没有获得用户。

2. 兼容性（compatibility）：顾客根据新产品与现有价值、用途和体验的一致程度来对其进行评估。与现有产品用途具有更好的兼容性可加速产品的采用。相反，如果一个新供应物要求顾客打破习惯或改变传统看法，它的采用速度就会大幅下降。葡萄酒瓶的塑料瓶塞比传统的软木塞作用更好，但顾客认为塑料制品代表较低的品质，因此其采用速度很慢。

3. 复杂性（complexity）：产品越复杂，越难以理解或使用，其扩散速度通常越慢。然而，教育可以提高顾客的接受速度。谷歌提供的非常简单的搜索界面有助于它的扩散，与之相反的是，很多搜索引擎要求顾客输入多个搜索条件或其他信息。尽管谷歌搜索引擎本身可能是非常复杂的，但其近乎空白的页面和直观的搜索选项降低了使用的复杂性，这帮助谷歌较快地占领了巨大的市场份额。

4. 可试用性（trialability）：提供更多的可轻松试用新供应物的机会可以加速它的扩散。为顾客提供免费样品和演示版本或鼓励试驾是营销人员常用来提高可试用性的策略。这一因素特别适用于高成本的产品、需要学习的产品或者在某方面有风险的产品，可以帮助顾客克服这些采用时的障碍。

5. 可观察性（observability）：当一个供应物所带来的好处易被看到时，新产品的扩散会加速。因为如果顾客能很容易地看到它的好处，企业就不需要投入营销资源来与他们进行沟通。这个因素对于地位型或声望型产品来说尤其重要。然而，如果在供应物使用过程中存在一些社会污名，那么可观察性就会产生负面影响，这就是在销售一些敏感或令人尴尬的个人产品时，卖家承诺进行匿名包装以隐藏产品标签的原因。

营销人员在推出新供应物时需要评估它们在这五个因素上的情况，然后利用这些因素来鼓励顾客采用。例如，如果一个产品非常复杂，企业可能需要花费额外的精力来提高其可试用性和可观察性，以提高传播速度和接受度。如果企业能够优化与新供应物扩散相关的人和产品因素，那么它将大大提高新供应物上市成功的可能性，增加企业的供应物资产。

如果企业能够优化与新供应物扩散相关的人和产品因素，那么它将大大提高新供应物上市成功的可能性，增加企业的供应物资产。

基于供应物的可持续竞争优势管理

建立供应物资产的步骤

建立供应物资产包括三个主要步骤。第一，企业必须开发出一种供应物或供应物组合，为顾客提供相对于市场上所有竞争者的最大优势。从顾客的角度来看，缺乏有意义的相对优势可能是新产品失败最主要的原因；明显的相对优势可加速新供应物扩散，提高企业的壁垒。由于许多企业采用门径开发流程来加速开发过程和降低成本，从而进行渐进式创新，因此，企业的一个选择是采用一种平行的战略（如俭约创新）来进行真正具有破坏性的、突破性的创新。就像一个平衡的投资组合有助于保护投资者一样，企业可以同时进行突破性和渐进式的创新，而不是把全部精力只投入破坏性创新或渐进式创新。这一建议反映了对企业开发供应物组合进行考察的重要性。例如，制药企业的各种药物通常处于不同的开发阶段（如发现、测试、上市），其中一些药物旨在更好地解决传统的健康问题，另一些则试图治愈癌症或寻找其他能根本性地改善人们生活的方法。追踪企业的供应物组合，不仅可以揭示企业现有的优势，还可揭示企业获得未来收入和成功的潜力。[38]企业在试图平衡创新过程和供应物组合以保持强劲业绩的过程中，可以采用联合分析等技术来设计最优的产品、理解产品属性间的权衡取舍，以满足顾客的动态需求（见数据分析技术 6-1）。

第二，与营销原则 1 一致，供应物资产要求企业为新供应物进行市场细分、目标市场选择和市场定位，以综合考虑与新供应物扩散相关的人和产品因素。市场细分和目标市场选择战略应该聚焦于新供应物具有最大的相对优势、新供应物与现有技术兼容的细分市场。企业应该避免选择那些需要新供应物去除某些特性的细分市场，以消费者产生负面的禀赋效应。如果企业引入的是破坏性创新，管理者可能希望主动聚焦于低端市场或新的细分市场，以避免与既有产品直接竞争，因为这些既有产品在某些方面可能表现得更好。营销活动还应该为目标用户提供能体验新产品的各种方式，而且使得这些早期采用者能被那些非用户看到。提供免费样品、延长保质期和试用期都是降低感知风险的有效方法。例如，制药厂提供给医生的免费样品能带来明显的好处，即可以为最新的药物找到合适的患者。[39]同样，定位战略应该聚焦于新供应物的相对优势、兼容性和简单性。失败的上市推广是昂贵的且具有破坏性，因此许多企业会试销新供应物，以确定最有效的目标市场、市场定位，以及营销组合战略。[40]

第三，与营销原则 2 一致，企业需要管理从创新者和早期采用者向早期大众的顾客迁移。为了提高产品的接受速度，确保产品在上市时获得成功，企业可以将大部分研发和营销资源投入少数几个细分市场，并说服它们的“看门人”（gatekeepers），他们提供推荐和使用报告，以便在后续阶段说服更具有实用主义特征的顾客。这种跨越鸿沟的方法有助于新供应物在最初的目标市场中获得足够的销量。一旦新供应物在这些细分市场中被广泛接受，企业就可以通过使用证明和早期成功的经验将产品推广到其他细分市场。

设计和发布新供应物的方法

正如第 5 章所讨论的，诸如观察法、焦点小组和顾客访谈等定性技术在开发过程的早期阶段是有效的，通过这些技术可能发现一些刚刚出现的重要需要或者企业未知的需要。例如，通过观察，宝洁认识到顾客不喜欢俯身劳动或触摸拖把，因此利用这种潜在需要开发了速易洁（Swiffer）拖把及相关的清洁产品。[41]

为了避免新供应物的高失败风险，企业可以使用不同的技术，比如**联合分析**（conjoint analysis），来改进决策以避免产品上市时的失败（见数据分析技术 6－1）。这一强大的技术可以评估产品各属性的价值，设计出对目标顾客群体而言最优的新产品。当顾客需要在产品属性之间进行权衡时（如希望电池的续航时间更长但尺寸更小且重量更轻），这种技术尤为有效。[42]这些产品特征是相互关联的（续航时间更长的电池一般更大、更重）。为了确定最优属性的组合，联合分析从多个顾客处收集信息，以确定产品每个特性的重要程度，从而最大限度地提高顾客购买的可能性。

在新供应物全面上市之前，许多企业会尝试在不同的上市场景中进行复杂的试销和营销实验（见数据分析技术 4－1）。试销通常会覆盖不同的地点，这样，实证模型才能提供全国或全球销售的预测。这一关键步骤能确保营销和生产的投资符合预期的需求。没有准确的预测，企业的产能可能无法满足顾客的需求。如果供应不足，顾客可能会购买竞争者的产品，即便它们不是最理想的（但却是可以买到的）。

巴斯模型也可用于预测新供应物扩散。**巴斯模型**（Bass model）考虑了上文讨论过的人和产品的许多因素，也整合了定价和广告水平因素来预测采用率。[43]由学者弗兰克·巴斯（Frank Bass）开发的巴斯模型综合了多种因素，例如：创新系数（p）反映一个人是否倾向于采用某个产品，而不受到已有采用者数量的影响；模仿系数（q）或称采用倾向反映所受到的现有采用者数量的影响；市场的规模。历史数据提供了成千上万种现有产品的 p 和 q 值，因此，企业可以从相似的供应物中获取信息以模拟自己的供应物的扩散。这个模型包含一些重要的假设。它针对的是初次购买，而不是对产品的多次购买。它只设定一个二元的扩散过程（创新者和模仿者），没有区分先前的采用者和潜在的采用者。它不包括其他的营销组合变量，限定每个创新都是独立的，不存在竞争的影响。即使有这些限制，巴斯模型仍能简洁有效地反映扩散情况。例如，美国直播电视集团（DirectTV）基于有线电视服务的采用率，使用巴斯模型来生成五年的预测，以论证其为扩大覆盖范围而在多颗卫星上进行的投资。该预测是在推出该服务三年前进行的，最终企业成功预测了6%～26%的顾客在各时段的实际购买情况。[44]此外，巴斯模型被修改了很多次，因其实用性而广受赞誉。

数据分析技术 6-1

联合分析

简介

利用联合分析，营销人员可以通过将产品视为一组产品属性的组合，确定哪些属性组合最适合满足顾客的需要，从而设计和开发新产品。

使用场景

- 识别顾客愿意对新产品的哪些属性进行权衡。
- 预测新产品（即产品属性包）的市场份额及影响。
- 确定顾客愿意为新产品支付的价钱。

使用方式

联合分析假设产品是由多个共同为顾客提供利益的属性组成的。例如，智能手机用户可能会考虑通话质量、操作系统、屏幕尺寸和相机质量。如果一家企业决定设计一款新的智能手机，不能直接询问顾客他们关心的是什么特性，因为大多数顾客会说他们想要所有特性都最好的版本。但是，企业可以模拟顾客的权衡过程：顾客希望拥有更好的相机质量，还是更小（或更大）的屏幕尺寸？这种模拟反映了顾客是如何真实地做决定的，因为很少有顾客能买得起所有属性都最好的产品。

联合分析的另一个基本假设是，顾客不能可靠地表达他们在形成偏好时如何判断产品单个特征的重要性。营销人员可以通过一个结构化的过程，要求顾客对若干产品进行评估（或选择），从而推断出各产品特征的相对权重。因此，在联合分析中，分析师不会直接询问顾客产品属性的重要性，而是使用更真实的环境，要求顾客评估不同的场景或产品配置，这些场景或配置都包含了多个产品属性。然后，分析师可以从顾客给每种场景的评分中推断出每个产品属性的重要性，以反映顾客对产品的总体偏好。联合公式是：

$$R(P)=\sum_{j=1}^{k_j}\sum_{i=1}^{m}\beta_{ij}\,x_{ij}$$

式中，P 为产品包，包含了某些产品属性；$R(P)$ 是与产品 P 有关的评分；β_{ij} 是与第 i 个产品属性的第 j 个水平（$j=1, 2, 3, \cdots, k_j$）相关的部分效用值（part-worth utility）；k_j 是产品属性 I 中所包含的水平的数目；m 是产品属性的个数；如果第 i 个产品属性的第 j 个水平出现在产品 P 中，则 $x_{ij}=1$，否则为0。

通过联合分析收集的数据，可以估计每个产品属性的潜在价值或者它的部分效用值（β_{ij}）。从联合分析中得到的部分效用值可以回答许多营销问题，比如，哪种产品配置是最优的，一个供应物能获得多大的市场份额。

实例

一家智能手机制造商想为其目标人群设计一款新手机。制造商想要重点关注的产品属性包括价格、相机分辨率和屏幕尺寸。制造商还希望了解顾客对新手机的支付意愿。因此，根据手机的价格、相机分辨率和屏幕尺寸，该制造商设计了一项针对250名顾客的联合分析。在该研究中，顾客需要对八种智能手机进行评分（0＝绝对不会购买，100＝肯定会购买）。这里以八种产品中的某一种进行说明。

您买这款智能手机的可能性有多大？
0＝“绝对不会购买”，100＝“肯定会购买”。

价格	500美元
相机分辨率	500万像素
屏幕尺寸	2.5英寸
您的评分（0～100）：	

根据250名顾客的评分，制造商可以应用联合分析估计每个产品属性的部分效用值。我们可以做出合理的假设：顾客想要500美元（部分效用值＝25）而不是600美元（部分效用值＝0）的智能手机；顾客想要800万像素（部分效用值＝10）而不是600万像素（部分效用值＝0）的智能手机；顾客想要6.5英寸（1英寸＝2.54厘米）屏幕（部分效用值＝20）而不是5.5英寸屏幕（部分效用值＝0）的智能手机。

5.5英寸和6.5英寸的手机的部分效用值差异（20－0＝20）是800万像素和600万像素手机的部分效用值差异（10－0＝10）的两倍。因此，屏幕尺寸的重要性是相机分辨率的两倍。500美元和600美元的手机的部分效用值相差25（25－0＝25），这意味着每个部分效用值的单位价值是4美元（100美元＝25单位，或1单位＝4美元）。鉴于5.5英寸和6.5英寸的手机的部分效用值相差20单位，制造商预计顾客愿意为6.5英寸的手机（相对于5.5英寸的）多支付80美元（4美元×20单位＝80美元）。

因此，制造商应该生产一款600万像素的6.5英寸手机，售价比500美元的手机高出80美元。

总　结

供应物是价值主张的核心组成部分，它通过以更低的成本或创新的解决方案提供功能来增加价值。企业投入大量的精力和资源，采用创新过程来创新供应物，从而识别和开发出有价值的新供应物，建立并维持其可持续竞争优势。定义创新空间的四个关键领域包括：改变企业提供的东西、顾客对象、销售的方式，以及销售的地点。

通过构建供应物资产，企业可以使竞争者更难以蚕食其业务并获得更好的财务绩效。供应物资产体现在顾客愿意为供应物的性能所支付的价格上，反映出供应物的核心价值，它与品牌资产或关系资产是可以分开的。如果一个新供应物能带来更高的性能或相似的性能并且成本更低，那么它将提供更大的价值。此外，新供应物可以帮助企业获得新顾客并进入新市场。然而，仅仅基于新供应物的 SCA 往往是短暂的。在竞争者有所反应以及复制或超越创新之前，企业应该建立起其他更持久的 SCA。

为了制定供应物和创新战略，市场营销应该收集顾客信息，预测顾客和市场的趋势，进行市场研究，以澄清新供应物属性之间的权衡取舍。然后，市场营销负责向顾客推出新供应物，迅速提高销量和利润。大多数企业采用门径开发流程，在不同的阶段对每个创新项目进行评估。在新兴市场中，这种昂贵的门径开发流程常常被俭约的创新过程所取代。这种创新过程通常缺乏结构化的组织，侧重于以低成本获得创造性解决方案。开发新供应物的另一个战略是对现有供应物进行重新定位，删除某些功能或者添加某些功能，通过“新的”价值主张来吸引“新的”顾客细分市场。这些举措有助于建立可持续竞争优势，那些被取代的市场领导者难以与新兴的竞争者匹敌。在进行破坏性的重新定位后，许多企业还会利用品牌效应建立额外的壁垒。

一种新的技术或发明也可以改变供应物的基本前提。维持性技术已被充分理解且通常被市场领导者利用，随着时间的推移能带来持续性、渐进式的改进。相反，破坏性技术能在价格、性能特征或价值主张方面造成巨大差异，因此，它们的表现可能会比完善的、维持性技术“更糟糕”。然而，这种技术的性能轨迹通常是陡峭的。如果不能认识到这一点，市场领导者则难以预见新兴的、潜在的破坏性技术的威胁或机遇。

新供应物上市成功与否在很大程度上取决于它的扩散速度和扩散广度。影响新供应物扩散速度的因素可分为人的因素和产品因素。人的因素试图根据人与人之间的差异来解释新供应物扩散速度的差异，这些人可以划分为创新者、早期采用者、早期大众、晚期大众和落伍者。在产品因素方面，改变供应物的相对优势、兼容性、复杂性、可试用性和可观察性可影响其扩散速度。

因此，为了建立供应物资产，企业必须开发出一种供应物组合，为顾客提供最大的相对优势。企业应该为新供应物进行市场细分、目标市场选择和市场定位，综合考虑与新供应物扩散相关的人和产品因素，管理从创新者和早期采用者向早期大众的顾客迁移。新产品面临着高失败率的威胁，多种方法可用以改善决策和降低上市时的失败率。联合分析可以帮助管理者评估各种产品属性的潜在价值，从而为目标顾客群体设计最优的产品。巴斯模型考虑了人和产品因素的多种特征，以及定价和广告水平，以预测产品的采用率。

本章要点

- 大多数企业将创新列为战略优先项。创新不仅是指新技术或新产品，它可来自企业业务流程和市场战略的改变。
- 企业可以在四个方面进行创新：改变企业提供的东西、顾客对象、销售的方式，以及销售的地点。
- 供应物资产是指不考虑品牌或关系因素时，产品或服务的功能给顾客提供的核心价值。

● 先发优势通常是短暂的，所以企业必须不断开发新供应物，建立在供应物资产方面的 SCA。

● 创新型供应物通过为顾客提供更多的价值（更好的性能或更高的性价比）、激励顾客转换、扩大顾客群和市场、树立作为领先的创新型企业的品牌形象，从而提高企业的价值。

● 门径开发流程可提升产品开发的速度、提高成功可能性、降低开发成本。

● 开发创新型供应物的两种战略是重新定位战略（即蓝海战略）和基于技术的战略。

● 根据采用周期，人的因素影响创新扩散。采用周期描述了人们采用新产品的倾向差异（创新者、早期采用者、早期大众、晚期大众、落伍者）。企业必须跨越早期采用者与早期大众之间的鸿沟，才能取得成功。

● 产品因素影响创新扩散。营销人员需要评估新产品的相对优势、兼容性、复杂性、可试用性和可观察性，制定鼓励顾客采用的方法。

● 建立供应物资产包括三个主要步骤。企业必须开发出一种供应物或供应物组合，为顾客提供相对于市场上所有竞争者的最大优势；企业为新供应物进行市场细分、目标市场选择和市场定位，以综合考虑与新供应物扩散相关的人和产品因素；企业需要管理从创新者和早期采用者向早期大众的顾客迁移。

● 联合分析可以帮助管理者根据顾客对各种产品属性的价值判断来定义最优的产品，从而促进新供应物的设计和上市。巴斯模型很有用，因为它可使用创新和模仿的系数相关的历史数据来预测未来的采用率。

参考文献

[1] Kampmen, J. (2015) 'Report: AMD R&D spending to near-10-year low,' 27 March. Available at: http://techreport.com/news/28033/report-amd-r-d-spending-falls-to-near-10-year-low (accessed 9 August, 2016).

[2] Battelle and *R&D Magazine* (2013) '2014 global R&D funding forecast,' *R&D Magazine*, 55(6), pp. 33–4.

[3] Erickson, G. and Jacobson, R. (1992) 'Gaining comparative advantage through discretionary expenditures: The returns to R&D and advertising,' *Management Science*, 38(3), pp. 1264–79.

[4] Sawhney, M., Wolcott, R.C. and Arroniz, I. (2006) 'The 12 different ways for companies to innovate,' *MIT Sloan Management Review*, 47(3), p. 75.

[5] Rigby, D. and Bilodeau, B. (2015) 'Management tools & trends 2015,' 10 June. Available at: www.bain.com/publications/articles/management-tools-and-trends-2015.aspx (accessed 9 August, 2016).

[6] *Seattle Times* (2007) 'A bitter shot for Starbucks: McDonald's wins taste test,' *The Seattle Times*, 3 February.

[7] Sawhney, M., Wolcott, R.C. and Arroniz, I. (2006) 'The 12 different ways for companies to innovate,' *MIT Sloan Management Review*, 47(3), p. 75.

[8] Golder, P. and Tellis, G. (1993) 'Pioneer advantage: Marketing logic or marketing legend?,' *Journal of Marketing Research*, 30(2), pp. 158–70.

[9] Robinson, W.T. and Min, S. (2002) 'Is the first to market the first to fail? Empirical evidence for industrial goods businesses,' *Journal of Marketing Research*, 39(1), pp. 120–8.

[10] Australian Government, Department of Education and Training (2015) 'Giving Australia a competitive advantage in global steel markets,' 11 December. Available at: www.education.gov.au/giving-australia-competitive-advantage-global-steel-markets (accessed 9 August, 2016).

[11] Chaney, K.W., Devinney, T.M. and Winer, R.S. (1991) 'The impact of new product introductions on the market values of firms,' *Journal of Business*, 64(4), pp. 573–610; Lee, H., Smith, K.G., Grimm, C.M. and Schomburg, A. (2000) 'Timing, order, and durability of new product advantages with imitation,' *Strategic Management Journal*, 21(1), pp. 23–30; Sood, A. and Tellis, G.J. (2009) 'Demystifying disruption: A new model for understanding and predicting disruptive technologies,' *Marketing Science*, 30(2), pp. 339–54.

[12] Sorescu, A.B. and Spanjol, J. (2008) 'Innovation's effect on firm value and risk: Insights from consumer packaged goods,' *Journal of Marketing*, 72(2), pp. 114–32; Pauwels, K., Silva-Risso, J., Srinivasan, S. and Hanssens, D.M. (2004) 'New products, sales promotions and firm value, with application to the automobile industry,' *Journal of Marketing*, 68(4), pp. 142–56.

[13] Wizeman, T.M., Robinson, S., Giffin, R.B. and Institute of Medicine (2009) *Breakthrough Business Models: Drug Development for Rare and Neglected Diseases and Individualized Therapies: Workshop Summary*. Washington, DC: National Academies Press.

[14] Meyer, R.J., Zhao, S. and Han, J.K. (2008) 'Biases in valuation vs. usage of innovative product features,' *Marketing Science*,

27(6), pp. 1038–96.
[15] Bruce, N.I., Foutz, N.Z. and Kolsarici, C. (2012) 'Dynamic effectiveness of advertising and word of mouth in sequential distribution of new products,' *Journal of Marketing Research*, 49(4), pp. 469–86; Bruce, N.I. (2008) 'Pooling and dynamic forgetting effects in multitheme advertising: Tracking the advertising sales relationship with particle filters,' *Marketing Science*, 27(4), pp. 659–78.
[16] Pitta, D.A., Wood, V.R. and Franzak, F.J. (2008) 'Nurturing an effective creative culture within a marketing organization,' *Journal of Consumer Marketing*, 25(3), pp. 137–48; Mast, K. (2011) 'How to create a culture of innovation that attracts & retains top talent,' InnovationManagement.se, 17 February.
[17] Turpin, D. (2011) 'Case study: Why TomTom is a map for mastering international markets,' 16 March. Available at: www.theaustralian.com.au/business/business-spectator/case-study-why-tomtom-is-a-map-for-mastering-international-markets/news-story/05df438723cfd821158423576 83af79e (accessed on 5 August, 2016).
[18] Cooper, R.G. (2008) 'Perspective: The Stage-Gate® idea-to-launch process – update, what's new, and NexGen system,' *Journal of Product Innovation Management*, 25(3), pp. 213–32; Cooper, R.G. (1990) 'Stage-Gate systems: A new tool for managing new products,' *Business Horizons*, 33(3), pp. 44–54.
[19] Gourville, J.T. (2006) 'Eager sellers and stony buyers: Understanding the psychology of new-product adoption,' *Harvard Business Review*, 84(6), pp. 98–106.
[20] Kahneman, D. (2003) 'Maps of bounded rationality: Psychology for behavioral economics,' *American Economic Review*, 93(5), pp. 1449–75; Kahneman, D. and Tversky, A. (1979) 'Prospect theory: An analysis of decision under risk,' *Econometrica: Journal of the Econometric Society*, 47(2), pp. 263–91.
[21] Kahneman, D., Knetsch, J.L. and Thaler, R.H. (1991) 'Anomalies: The endowment effect, loss aversion, and status quo bias,' *Journal of Economic Perspectives*, 5(1), pp. 193–206.
[22] Bommer, M., DeLaPorte, R. and Higgins, J. (2002) 'Skunkworks approach to project management,' *Journal of Management in Engineering*, 18(1), pp. 21–9; Leavitt, H.J. and Lipman-Blumen, J. (1995) 'Hot groups,' *Harvard Business Review*, 73(4), p. 109.
[23] Radjou, N., Prabhu, J. and Ahuja, S. (2010) *Jugaad Innovation: Think Frugal, be Flexible, Generate Breakthrough Growth*. San Francisco, CA: John Wiley & Sons.
[24] Chan, K.W. and Mauborgne, R. (2005) *Blue Ocean Strategy: How to Create Uncontested Market Space and Make the Competition Irrelevant*. Boston, MA: Harvard Business School Press.
[25] Chan, K.W., Mauborgne, R., Bensaou, B. and Williamson, M. (2009) 'The evolution of the circus industry (part A),' 1 June. Available from: www.blueoceanstrategy.com/teaching-materials/cirque-du-soleil/ (accessed 25 August, 2016).
[26] ICTPulse (2012) 'Size no longer matters: 4 takeaways from the Best Buy downsize,' 4 April. Available from: www.ict-pulse.com/2012/04/size-no-longer-matters-4-takeaways-from-the-best-buy-downsize/ (accessed 25 August, 2016).
[27] Kahn, E. (2007) *Innovate or Perish: Managing the Enduring Technology Company in the Global Market*. Hoboken, NJ: Wiley & Sons.
[28] Mangelsdorf, M. (2011) 'Lessons from Ken Olsen and Digital Equipment Corp.,' 17 February. Available at: http://sloanreview.mit.edu/article/lessons-from-ken-olsen-and-digital-equipment-corp/ (accessed 25 August, 2016).
[29] Christensen, C.M. (1997) *The Innovator's Dilemma: When New Technologies Cause Great Firms to Fail*. Boston, MA: Harvard Business School Press.
[30] Christensen, C.M. (1997) *The Innovator's Dilemma: When New Technologies Cause Great Firms to Fail*. Boston, MA: Harvard Business School Press.
[31] Castellion, G. and Markham, S.K. (2012) 'Perspective: New product failure rates: Influence of argumentum ad populum and self-interest,' *Journal of Product Innovation Management*, 30(5), pp. 976–9.
[32] Schneider, J. and Hall, J. (2011) 'Why most product launches fail: Getting attention for a new offering is a big challenge. Five causes of flops – and how to avoid them (Idea Watch),' *Harvard Business Review*, 89(4), pp. 21–4.
[33] Cashberry (2006) 'Brand idea failures: Kellogg's Cereal Mates,' 12 November. Available from: http://brandfailures.blogspot.com/2006/11/idea-failures-kelloggs-cereal-mates.html (accessed 25 August, 2016).
[34] Moore, G.A. (2006) *Crossing the Chasm: Marketing and Selling Disruptive Products to Mainstream Customers*, rev. edn. New York: Collins Business Essentials.
[35] Moore, G.A. (2006) *Crossing the Chasm: Marketing and Selling Disruptive Products to Mainstream Customers*, rev. edn. New York: Collins Business Essentials.
[36] Pullar-Strecker, T. and Read, E. (2014) 'Xero has now lost over half its value,' 10 October. Available at: www.stuff.co.nz/business/industries/10602525/Xero-has-now-lost-over-half-its-value (accessed 25 August, 2016).
[37] Rogers, E.M. (1995) *Diffusion of Innovations*, 4th edn. New York: Free Press.
[38] Grewal, R., Chakravarty, A., Ding, M. and Liechty, J. (2008) 'Counting chickens before the eggs hatch: On the valuation of new product development portfolios in the pharmaceutical sector,' *International Journal of Research in Marketing*, 25(4), pp. 261–72.
[39] Joseph, K. and Mantrala, M. (2009) 'A model of the role of free drug samples in physicians' prescription decisions,' *Marketing Letters*, 20(1), pp. 15–29.
[40] Ladik, F., Kent, L. and Nahl, P.C. (1960) 'Test marketing of new consumer products,' *Journal of Marketing*, 24(4), pp. 29–34.
[41] Brown, B. and Scott, A. (2011) 'How P&G tripled its innovation success rate,' *Harvard Business Review*, 89(6), pp. 64–72.
[42] Green, P.E. and Srinivasan, V. (1990) 'Conjoint analysis in marketing: New developments with implications for research and practice,' *Journal of Marketing*, 54(4), pp. 3–19; Vriens, M. (1994) 'Solving marketing problems with conjoint analysis,' *Journal of Marketing Management*, 10(1/3), pp. 37–55.
[43] Bass, F.M. (1969) 'A new product growth for modeling consumer durables,' *Management Science*, 15(5), pp. 215–27; Lilien, G.L., Rangaswamy, A. and De Bruyn, A. (2013) *Principles of Marketing Engineering*, 2nd edn. State College, PA: DecisionPro Inc.
[44] Bass, F.M., Gordon, K., Ferguson, T.L. and Githens, M.L. (2001) 'DIRECTV: Forecasting diffusion of a new technology prior to product launch,' *Interfaces*, 31(3), pp. S82–93.

第7章 营销原则3：基于关系的可持续竞争优势管理

学习目标

- 界定关系营销并解释它如何形成可持续竞争优势。
- 解释承诺、信任和感激对顾客决策产生的影响，以及如何在关系营销项目中利用这些影响。
- 比较将关系营销与财务绩效进行连接的四种机制的差异。
- 描述对关系产生积极与消极影响的因素。
- 批判性地分析决定顾客关系导向的要素。
- 概述关系营销最有效的目标对象。
- 描述关系的生命周期，识别在每个阶段有效的关系营销战略。
- 解释建立关系资产的两个步骤。
- 概述使用多元回归分析来理解关系资产的驱动因素的优势。
- 描述以关系营销项目与顾客终身价值相结合的方式来理解关系营销有效性的价值。

引　言

关系营销的基础

自有文字记载以来，人际关系对贸易和商业一直都很重要。[1]企业每年花费数十亿美元来维护顾客关系管理系统，以建立和维持强大的顾客关系。[2]这种**关系营销**（relationship marketing，RM）过程——识别、开发、维护和终止关系型交换以提高绩效——可以生成关系资产。关系资产可与品牌资产和供应物资产相结合，进而形成可持续竞争优势。2004 年美国市场营销协会在定义市场营销时强调了关系的重要作用：“市场营销既是一种组织职能，也是为了组织自身及利益相关者的利益而创造、沟通、传递顾客价值，管理顾客关系的一系列过程。”[3]也就是说，除了传统的营销组合要素（如促销、产品、价格），关系管理也是营销的一个要素。

关系营销和旨在构建营销资产的品牌战略（见第 5 章）常有重叠之处。品牌资产主要是一种产品导向的提法[4]，之所以这么说是因为当消费者识别出产品或服务的品牌时，他们会做出反应（通常是更有利的）。关系营销针对的是关系而非产品，不是描述这些产品的品牌如何延伸到企业层面。然而，这两种过程都试图建立一种无形的顾客资产，以提升顾客的忠诚度、购买次数或企业的财务绩效。因此，当顾客对企业的态度扩展并包含了与该企业相关的各个方面（包括产品、品牌和关系），品牌化与关系营销，以及品牌与关系就很难区分开。此外，整体的顾客资产是关系资产（本章）、品牌资产（第 5 章）和价值资产（第 6 章）的组合。也就是说，尽管在实践中它们经常重叠，但将品牌资产与关系资产区分开来是很重要的。

与其他战略相比，建立关系的相对重要性取决于具体的交易环境。例如，在提高服务绩效而不是产品绩效、在 B2B 而不是 B2C 市场中，在面向渠道合作伙伴而不是直接顾客时，强有力的关系可发挥更明显的作用。[5]近期研究表明，从收购企业的价格来看，顾客关系价值在企业总价值中所占的比例已经超过了品牌价值。[6]

从语义上讲，关系营销和顾客关系管理（CRM）常有重叠，以至于这两个术语经常通用。但是，准确地说，顾客关系管理将关系营销与信息技术结合在一起，试图将流程、人员、运营和营销进行整合。[7]因此，**顾客关系管理**（customer relationship management，CRM）是企业为实现绩效目标，采用信息技术而开展的管理性的、全组织的、专注于顾客的关系营销活动。基于更深刻的顾客洞察可改善财务绩效这一理念，许多公司使用 CRM 系统来集成和整合顾客数据。标准银行（Standard Bank）是南非一家领先的银行集团，它采用了一套由希柏系统公司（Siebel System）提供的名为 e 金融（eFinance）的顾客关系管理程序。在此之前，标准银行的零售业务的各个产品线十分分散，使用新的顾客整合视角后，其顾客转化率提高了 78%，交叉销售和追加销售也明显增加。[8]

近期研究表明，从收购企业时的价格来看，顾客关系价值在企业总价值中所占的比例已经超过了品牌价值。

作为 SCA 的关系

鉴于竞争对手总是有反应的，营销原则 3 侧重于构建和维持能抵御竞争性攻击的壁垒或可持续竞争优势。

企业对发展 B2B 以及 B2C 关系的投资可建立关系资产，这对竞争者而言是一个巨大的壁垒。**关系资产**（relationship equity）是指企业的关系型资产与负债的总和。这些资产与负债通常和企业的跨边界员工，以及企业的供应物所处的社会网络相关，能增加或减少企业的供应物的价值。由于关系型互动是产品和服务的一部分，因此建立关系资产的努力通常发生在形成品牌和价值资产之后，即发生在产品已设计并上市且品牌被推广给目标顾客群之后。关系可对行为产生强有力的影响，基于关系的决策方式在人们的心中是根深蒂固的。例如，由于关系支撑合作与发展，人类大脑活动的近 1/3 负责集中处理关系型互动。[9]关系型互动或与关系型互动有关的各种心理过程和情绪（例如礼物—感激，愤怒—惩罚，内疚—报答，爱—恨）有助于解释顾客对营销人员行为的反应，以及关系营销的效果。[10]

这种影响使得管理人员和研究人员更加关注关系营销，尤其在近期向服务型经济的转型中。[11]服务业现已占美国经济的 85%左右。与传统产品相比，服务是无形的、不持续的、易消逝的，更难评价，因此消费者和跨边界人员需要更密切地参与服务的生产和消费过程。这种密切互动的结果使得顾客与卖方之间的关系更为重要，服务的无形性意味着信任更加重要。随着经济的转型，顾客与卖方的关系不断扩展（如更少的中间商、更高的互动水平），这种关系对消费者而言变得更加重要（如风险的降低，更需要合作）。

这种对关系营销的关注还受到其他趋势的影响，包括技术进步（如通信、物流、计算），全球化竞争和产品的快速商品化。例如，通信和物流能力的提升使卖方和顾客能够在距离很远的地方进行交易，这就使当地市场的特征和规范得以在全球范围内被复制。顾客希望在全球市场上获得信任和自信，为此，他们经常寻求基于关系的交易。

关系营销理论

不同学科的研究人员研究了关系对人类行为的影响，为理解关系营销提供了丰富的理论基础。例如，社会交换理论（social exchange theory）表明，承诺和信任是强商业关系的核心。**承诺**（commitment）是指维持一段有价值的关系的持续的渴望。**信任**（trust）是指对关系方的可靠性与诚信的信心。[12]因此，相互承诺的关系伙伴将投入更多的精力来维护和加强关系纽带，从而增加合作，提高财务绩效和其他积极成果。

实例

康宁（美国）

康宁公司（Corning）是苹果公司的忠实合作伙伴，自 2007 年苹果手机问世以来，它一直为苹果手机制造各种触摸屏。随着新制造商将更硬、更轻、更光滑的触摸屏带入市场，康宁公司被迫进行创新以维持作为苹果公司的首席供应商的身份。相应地，苹果公司关注康宁公司的研发工作，向其提出了对新触摸屏特性（如尺寸、牢固性、质地）的要求。苹果公司和康宁公司的这些努力支持并强化了合作伙伴之间的关系纽带。[13]

关系营销对决策制定的作用也受到感激（gratitude）的影响，这就催生了对报答（reciprocation）的需要。这个过程能生成愉悦的感觉，而拒绝相互报答则会导致负疚感。进化心理学家认为，互惠（reciprocity）和感激是遗传性的社会性的固有情感，它们自然而然有助于提高关系营销战略的有效性。[14]客户通过购买来履行对销售人员的“义务”。在感激之情持续期内，它会催化亲社会行为（prosocial behavior）。当感激之情激发互惠规范并巩固了一段关系时，它会产生长期的影响。注意到感激在消费者决策过程中的重要性后，吉百利印度公司推出了一系列电视广告，以强调值得感激的各种快乐时刻：毕业，最喜爱的运动队获得胜利，所爱之人取得成功。该公司将每一快乐时刻与吉百利牛奶巧克力进行了关联。这项备受欢迎的广告宣传活动将这些糖果的消费与消费者心中的感激之情联系在一起，增加了吉百利的市场份额。感激和互惠，再加上信任和承诺，在很大程度上共同反映了人际关系营销的影响，为解释人际关系（interpersonal relationship）对顾客决策的影响提供了有力的实证支持。如图 7－1 的模型所示，人际关系营销包含感激、互惠、信任和承诺，它们共同构成了关系资产的指标。

感激和互惠，再加上信任和承诺，在很大程度上共同反映了人际关系营销的影响，为解释人际关系对顾客决策的影响提供了有力的实证支持。

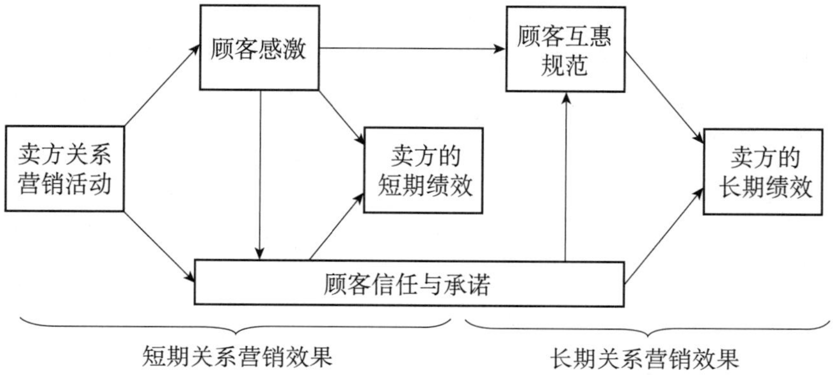

图 7－1 人际关系模型

除了这些理论基础之外，关系理论（relationship theory）还需要包含企业间关系（interfirm relationship）这一要素。企业间关系涉及业务双方的员工群体。例如，在 B2B 关系中，多种互动都涉及很多人，这实际上是关系网络。社会学研究提供了网络理论（network theory）来描述网络中多个实体（如个人、企业）之间互动的结构性效应。[15]当这个视角应用于 B2B 关系时，它提出了交换绩效的三个决定因素：关系质量（信任、承诺、感激和互惠规范的组合）、关系宽度（关系的数量）和关系构成（联络人的多样性/吸引力）。[16]卖方的关系营销活动能影响 B2B 关系的这三个核心维度，这些维度定义了 B2B 交换的关系资产。

- **关系质量**（relationship quality）：关系质量类似于网络理论中的联结强度（tie strength）（如行为主体间的关系纽带）。与交换伙伴的关系纽带的质量是指双方互动的各种特征，如承诺、信任、感激、互惠规范和交换效率。这些特征是相互关联的，每个特征能体现关系纽带一个独特的方面，它们能对交换结果产生不同的作用。[17]

- **关系宽度**（relationship breadth）：作为衡量与某个交换方之间关系纽带数量的指标，这一维度是指当关系表现出多个人际纽带的特征时，它们可以提供信息和获利机会，并在关系切断（如企业改组、员工离职）时提供保护。当关系宽度较大时，企业某一特定联系人的离职对企业间的关系不会产生持久的影响。[18]考虑到这些因素，卖方和顾客间存在更宽的人际纽带时，交换绩效会更好。

- **关系构成**（relationship composition）：关系构成是指有助于卖家在顾客组织中促成决策和改变结果的多样化且具有权威性的联络人组合。通过不同的联络人，卖方可以从不同角度对信息进行确认并获得接触关键决策者的机会。想象一个产品的购买审批过程，该过程可能涉及客户的工程、制造、质量和采购部门。卖方与一位质量控制经理保持的强关系可能对采购部门的成本估算几乎没有影响。也就是说，如果联络人不是关键的决策制定者，即使与多个联络人（宽度）有高质量的关系也是无效的。客户企业并不只是由"关键"决策者或最权威的那个人做出关键决策，多个领域的人都会参与制定关键决策。所以，一个高效的卖方必须开发由多个联络人组成的关系组合。

图 7－2 描述了这三个决定因素对企业绩效的影响。

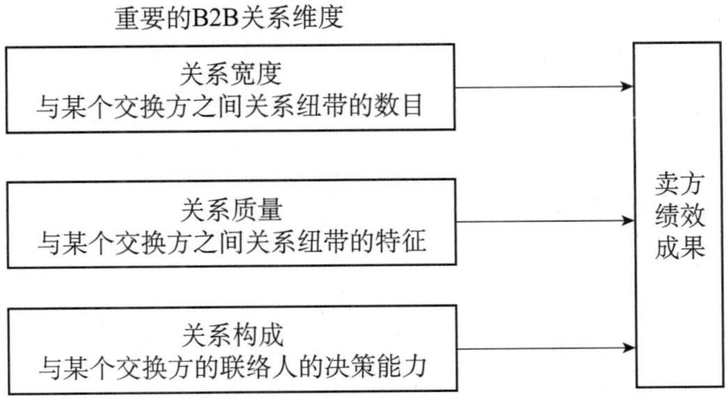

图 7－2　企业间关系模型

关系资产的好处

关系营销旨在通过改善与交换方的关系特征（如关系质量、关系宽度）建立关系资产，以提升财务绩效。也就是说，关系营销活动并不能直接影响财务绩效。但是，这些活动有助于建立能影响顾客行为，进而影响卖方财务绩效的关系资产。这种效应链通过四种机制得以运行。

第一种机制是**合作行为**（cooperative behaviors），或称各方为实现共同目标而采取的协调一致的互补性行为。作为一种价值创造方式，合作所创造的价值超越了每一家企业单独创造的价值。合作可以提高顾客的灵活性和适应性，以应对卖方提出的变化、信息和报答要求。如果顾客先于卖方获得了由合作创造的部分利益，那么卖方就要等待互惠性收益的到来；反之亦然。这种延迟的反应说明了信任关系的必要性，尤其是当等待艰难而痛苦时。与此同时，即使这种互惠是延迟的或者不对等的，承诺也可以鼓励各方维持这种有价值的关系。[19] 然而，如果关系缺乏信任或承诺，双方通常只会在一定程度上合作，以确保他们所获得的利益是同时发生且对等的。在众包平台"我的星巴克想法"（My Starbucks Idea）上，咖啡店的顾客可以自由地发表有关星巴克该如何提升价值定位的想法，如新产品、更好的服务或精简现有产品。尽管消费者很清楚星巴克真正采纳他们想法的可能性非常小，但是这一平台每天吸引着成千上万名忠诚的访问者。在这种情况下，关系的程度掌握在消费者手中，每个人在其认为合适的合作中付出同等的努力，而不是被要求建立一个完全承诺的纽带。

第二种机制是**关系型忠诚**（relational loyalty），它是指顾客基于他们的关系态度以及关系联结而在交易过程中给卖方提供利益的可能性。例如，顾客在制定购买决策时并不会进行大范围的搜索，在重复购买时不会关注竞争性产品的报价，甚至会将竞争者的报价告知其偏好的卖方以使其赢得订单。关系正向地影响着这种忠诚，因为顾客在与信赖的合作方交易时会感知到较少的风险，基于已产生的关系型归属感来采取行动，通过在有价值的卖方处购买以最小化成本。[20]忠诚最终成为企业在竞争激烈的市场中获得成功的关键因素。

实例

电子商务（中国）

电子商务（E-commerce）在中国是一个竞争激烈且不断发展的市场。中国有许多电子商务企业，每年电子商务消费支出达到5 400亿美元，其中61%的消费者主要在淘宝、京东和天猫这三个电子商务平台上消费。报告显示，这些忠诚顾客中有许多人愿意通过电子邮件或手机接收来自这些电子商务平台的促销信息。他们有19%的可能性访问自己喜欢的电子商务平台。在那里他们不仅会花更多的钱，而且在分享关于自身品牌偏好的私人信息方面更加积极。[21]

第三种机制是推荐（referral），通常也称为**口碑**（word of mouth，WOM），它反映了顾客向他人正面评价一个卖家的可能性。关系纽带、感激之情，以及正面的态度都驱动着顾客非自愿或自愿进行推荐。[22]口碑是一个反映顾客忠诚的有效指标，只有在顾客与卖方有着牢固而信任的关系时，他们才愿意冒着牺牲自我声誉的风险向朋友或同事进行推荐。[23]然而，推荐不同于忠诚的行为，它们分别代表着提高绩效的不同途径。忠诚通过改变卖方与忠诚顾客的交换过程来影响财务绩效；推荐通过卖方与新顾客达成交易来影响财务绩效。在这些新顾客中，口碑是极富价值的。有证据显示，顾客更愿意为“优秀”（其他消费者的口碑形式之一）而不是“良好”的产品支付更高的价格，溢价幅度从20%（房屋买卖中介费）到99%（法律服务费）。[24]

第四种机制是**移情性行为**（empathic behavior），是指顾客在认识到卖方的处境时更容易受到影响。在一段牢固的关系中，顾客可能将服务失败归咎于卖方无法控制的外部原因，这将减少这些失败对他们购买行为的影响。他们对卖方困难处境（如境外竞争、销量和利润的降低）的敏感性和同理心可能阻止他们向卖方施加减价压力。这是在面临服务失败时的常见反应。

关系营销战略

建立和维持关系

要将关系资产作为一种竞争优势，管理者必须首先找到建立和维持牢固关系的方法。关系营销战略包含各种活动、奖励和忠诚计划，以维系顾客与卖方之间的关系纽带。大多数企业有充分的理由将关系投资用于专门的关系营销项目。营销部门倾向于将关系营销视为另一种形式的推广，并利用其为传统广告宣传或直接营销活动所开发的流程。企业实施专门的关系营销项目，可以更加清晰地为项目制定预算并更好地评价项目的有效性。在此基础上更进一步，如改变企业文化、培训跨边界人员、开发新的营销渠道，是更加困难并有一定风险的。

建立关系

如表 7－1 所总结的，以下几个因素影响关系与关系资产。[25]其中**冲突**（conflict）的影响最大，它会影响关系质量的各方面。能认识到最大的影响是负面影响，是很有远见的。之所以这么说是因为即使是牢固的关系也可能经常遭受损害，人们可以在不好的方面（而非好的方面）投入更多的精力。因此，合作方必须解决问题和消除分歧，以防关系受到潜在的腐蚀与损害。

表 7－1　影响力最大的关系营销活动

关系活动	定义	活动与关系质量之间的相关系数
冲突	交换方之间的总体分歧	－0.67
卖方专长	卖方的知识、经验和整体能力	0.62
沟通	交换方之间共享信息的数量、频率和质量	0.54
关系投资	卖方旨在建立一段牢固关系时在时间、精力、资金和资源方面的投入	0.46
相似性	跨边界人员在仪表、生活方式、地位方面的共性或交换各方拥有相似的文化、价值观和目标	0.44
关系利益	得到的好处，如节约时间、获得便利、建立伙伴关系，以及改进决策	0.42
对卖方的依赖	顾客对卖方提供的别无选择的资源的价值评估	0.26
交互频率	交换方在单位时间内的互动次数	0.16
关系持续时间	交换方之间的关系存在的时间	0.13

说明：本表中的相关结果来源于 Palmatier 等（2006）进行的分析，其中只评估了以往研究过的关系活动。

资料来源：Palmatier，R. W.，Dant，R. P.，Grewal，D. and Evans，K. R.（2006）"Factors influencing the effectiveness of relationship marketing：A meta-analysis，" *Journal of Marketing*，70（4），pp. 136－53.

在正面影响中，当消费者感到卖方有见识或可信时，卖方就拥有**卖方专长**（seller expertise），因而来自这一卖方的信息是可信的、有价值的、有说服力的。有能力的卖方提供的越有价值的信息可使顾客觉得该交换关系越重要，顾客就会寻求增进和维护该关系。因此，企业必须对跨边界员工进行良好的培训。没有经验或能力不足的员工可能会产生严重的不利影响。

沟通（communication）也是一种正面影响的来源，涉及交换方共享信息的数量、频率和质量。[26]双边沟通（bilateral communication）可建立关系，有助于解决争端，统一双方的目标和期望，发现新的价值机会。通过明确的、信息量丰富的沟通，双方会对获得的许诺产生信心，所发现的新的价值创造机会可增加相互之间的承诺。因此，沟通对关系的各个方面都有显著的正面影响。

关系投资（relationship investment）包括时间、资源和努力等提升关系的投资，如特惠优待、礼物或忠诚计划。进行关系投资后，关系随即呈现出效率、便利性、伙伴关系和良好的决策等特征。当关系投资无法收回时，它们会创造心理纽带和互惠期望。[27]这些投资可让顾客感受到更多的关系价值，欣然接受企业为建立关系而付出的努力，将自己的资源也投到强有力的关系中。

实例

约翰·路易斯（英国）

约翰·路易斯（John Lewis）是英国的一家连锁百货公司。当注意到该公司75%的在线订单来自移动设备后，它在移动营销方面（如线上下单+店内取货系统）投入了大量资金。通过此渠道增加的顾客参与度显著提升了企业利润和顾客互动。[28]

当关系双方拥有共同的文化、价值观和目标时，它们的**相似性**（similarity）可能表明它们在朝着共同的目标努力，这将加强双方的交换关系。当相似的交易双方拥有共同的观点时，不确定性会下降。由此产生的信心，无论是在人际关系层面还是在组织层面，都能提升关系资产。[29]例如，在销售环境中，客户和销售代表在专业知识方面的相似性有助于使关系建立过程更加顺利，从而改善销售业绩。在共同的背景语言下，知识的传递和交换在相似的个人或组织中往往更加容易。

对卖方的依赖、交互频率和关系持续时间这三个因素的影响较小。那些常见的旨在锁定顾客、增加转换成本或增加顾客依赖程度的战略似乎没有那么奏效。在某些情况下，它们甚至可能破坏顾客关系。尽管如此，因为顾客希望与他们所依赖的卖方维持关系，所以**依赖**（dependence）对承诺也有正面影响。反映交换方之间关系存在时间的**关系持续时间**（relationship duration）与反映交换方在单位时间内交互次数的**交互频率**（interaction frequency）都是影响较弱的战略，因为它们只是通过提高熟悉程度、培养习惯和增加便利性来发挥作用。

因此，不同的关系营销战略的有效性是有差异的。总的来说，最有效的战略是将冲突最小化；提高卖方的专长，增加双边沟通、关系投资与关系利益；将跨边界人员和组织的特征与目标顾客进行匹配。虽然提供顾客关系利益和顾客关系投资可以强化关系的多个方面，但是，只增加顾客依赖性和交互频率或者只是长期维持关系都是作用甚微的关系营销战略。

维持关系

一个负面事件就可以使所有正面活动前功尽弃。因此，长期关系营销的成功更多地取决于杜绝负面事件而不是促进正面事件的发生。负面事件的影响力通常可达到正面事件的两倍，但是，并非所有负面事件都是一样的。顾客感知到不公平或背叛（betrayal）是关系最大的毒药[30]，它具有直接且强大的影响，如破坏顾客合作、灵活性和绩效。它还会加剧传统活动的负面影响，如日常冲突、分歧或机会主义。对在一段关系中投资较多的一方而言，只有当另一方出现搭便车或欺骗行为时，它才会寻求对这种非互惠性的行为进行惩罚。因此，对不公平的感受直接导致了情感性、惩罚性和报复性的行为。例如，一些顾客只有在认为不公平的情况下，才会被迫付出大量的精力和成本来转换到另一个品牌，以摆脱原来的关系。

遗憾的是，企业似乎很欢迎这种毒药，甚至采取可能激发或鼓励顾客去感知不公平的行动。当顾客认为其收益与成本的比率比其他人低时，就会觉得有必要通过惩罚企业来恢复平衡。然而，忠诚计划却在试图创造这种不平衡。**旁观者**（bystander）不是企业忠诚计划的目标顾客，他们很鄙视其所受到的不公平待遇。例如，在一项关于航空公司的研究中，旁观者在看到其他乘客享受优先登机待遇时产生的不公平感非常高，以至于伤害到旁观者对航空公司的忠诚与年度购买意愿。虽然这种策略能提升忠诚计划的目标顾客的购买意愿，但是其对旁观者购买意愿的伤害程度相当于提升购买程度的10倍。[31] 当然，从财务的角度来看，这可能没什么问题，在忠诚计划针对的是公司最有价值的顾客，也就是那些占其销售额绝大部分的顾客时更是如此。然而，早期互动过程中出现的不公平待遇可能会妨碍任何关系的发展，包括与那些可能会变得非常有价值的潜在顾客的关系。

当管理者认识到不公平是一种关系毒药时，他们应该通过修改关系营销和忠诚计划来找到解药，从而使得为目标顾客提供的利益不被旁观者看到。如果做不到，就需要对某些顾客享受不同待遇进行清晰、持续和全面的解释。例如，卖方和顾客之间的合同可能看起来是合理的，但它是不公平的，企业在引用合同时可能会遭到顾客在发现有“扯平”机会时进行的报复。正如许多通信服务和有线电视服务提供商所认识到的，想仅仅依靠合同就建立起牢固的顾客关系，即便不是不可能，也是很困难的。

正如许多通信服务和有线电视服务提供商所认识到的，想仅仅依靠合同就建立起牢固的顾客关系，即便不是不可能，也是很困难的。

实例

美国联合航空公司（美国）

美国联合航空公司（United Airlines）吸取了教训。它引用合同条款拒绝花费1 200美元为一名乘客修理摔坏的吉他（该吉他是因行李搬运工不小心摔坏的）。也就是说，这名乘客得到的消息是他没有资格获得赔偿，因为他未能在联合航空公司规定的24小时内索赔。于是该乘客创作了一首名为“联合航空弄坏吉他”的歌曲，上传到YouTube上发泄不满。截至2014年，这一视频已获得近1 400万次的点击量，据估计已使联合航空公司损失了1.8亿美元。[32]

另外，不断就特殊优待进行宣传可能造成一种不良的结果，即消除了惊喜带来的愉悦感，从而抑制了目标顾客的感激之情。一项旨在评估航空公司奖励（如优先登机、优先办理登机手续、降低行李费）的研究发现，在目标顾客中，感激之情可解释其年销售增长额的60%；但对旁观者来说，不公平感可解释其销售下降额的70%。由此可见，负面信息比正面信息具有更大的影响力，企业在考虑通过关系营销项目来建立正面情绪时，要注意消除关系营销项目因引发顾客对不公平待遇的感知而导致的负面情绪。

预防可能是最好的解药。企业可以通过培训项目帮助跨边界人员学习识别可能导致不公平感知的情形，并学习如何立即化解这种负面感知。总的来说，维持关系需要杜绝负面事件（如不公平、未解决的冲突），同时至少保持基本水平的正向关系营销努力（如沟通、对关系进行投资）。

关系营销战略的定向和调整

多种驱动因素影响着关系营销的有效性和关系资产的构建。这些因素的作用效应取决于环境和情境因素。例如，卖方专长在一般情况下是正向影响关系资产的一个强有力因素，但是它的影响还取决于顾客是重购日用品（如汽油）还是购买高科技且不熟悉的产品（如高清电视）；在重购日用品时，顾客对卖方专长没有兴趣，但是在购买高科技产品时，顾客可能觉得关系营销活动是非常有价值的。了解这些权变因素后，管理者可以针对顾客采用特定的、适当的活动和策略，以优化关系营销投资的回报。

影响顾客的关系需求的因素

关系营销并非对所有顾客都有效。一些顾客努力避免关系。根据营销原则 1，即顾客总是有差异的，卖方必须考虑到这种异质性，决定如何在顾客组合中分配关系营销资源。当顾客需要关系以应对不确定性或依赖性时，或无法事先预测和应对挑战时，或缺乏其他措施或制度性保护时，关系营销可能取得最好的效果。[33] 当情境因素增强了顾客的**关系导向**（relationship orientation）或想要保持一段牢固关系的欲望时，也会提高顾客对建立关系的接受程度，从而使得关系营销更为有效。

与此相反的是，对没有强烈关系导向的顾客开展关系营销会增加顾客的成本，而且不能增加其相应的收益。顾客需要承担成本，如在沟通协商和参与关系营销项目时的机会成本。假设一个顾客联系卖家的呼叫中心以取得一个产品的样品，那么该顾客随后必须忍受来自销售人员的长期跟踪拜访，其中充满了询问、闲聊和建立关系的请求。此外，关系营销还需要一些人际的互惠互利，这可能会让顾客有负债感和感到不舒服。

最优的关系营销效用意味着关系营销活动的水平与顾客的关系导向相匹配。[34] 影响顾客关系导向的因素包括：

- 关系倾向（relationship proneness）：个体参与关系的基本倾向。这种稳定的个体差异变量意味着，一个关系倾向高的顾客对卖家有更高的关系导向。
- 交换和产品的不确定性：反映波动性、监控难度和技术变化的速度。不确定性越高，对适应性的需要就越高，交换方就越有可能建立牢固的关系。
- 产品类别参与/依赖：反映某一特定产品类别的重要性和顾客对其的需要，它是由与个人、企业或角色相关的需要、价值观和利益所决定的，可提高实体的关系导向。
- 关系规范（relational norms）：在不同的交易情境下会有所不同，广泛地反映顾客与卖家之间的关系在一个行业或购物环境中的价值。每种情境都有一些“反映显性或隐性的关系战略”的“工作关系带宽”。[35] 强有力的关系规范可增强个人或企业的关系导向。

● 以关系为中心的奖励机制：通过评价系统、薪酬计划和政策鼓励构建更加牢固的顾客与卖方关系。如果企业买家所获得的奖励主要来源于降价、多家供应商供货、交易次数，那么买家会采用交易导向（transaction orientation）。买家如果感受到以关系为导向的激励措施，将表现出更高的关系导向。

● 服务：比产品更无形、更不持续、更容易消逝，因此需要顾客与跨边界人员更多的参与。顾客与卖方之间的牢固关系对服务比对产品更加重要。这是因为对服务的评价往往是模糊的，服务的无形性可能会使关系信任的好处变得更加重要。

● B2B 市场：具有更加复杂的特征，因而需要适应性和强大的关系治理结构。因此，关系营销在 B2B 市场比在 B2C 市场更有效。一篇关于销售队伍管理的文章估计，B2B 公司每年在销售队伍上的花费接近 8 000 亿美元，而且“销售人员被赋予企业最重要的资产（即企业与客户的关系），通常独立工作且无人监督。销售人员经常对这种顾客关系有相当强的控制力。对一些顾客来说，销售人员代表了企业”（p. 521）。[36]

● 新兴市场：由于对商业交易的制度性保护较少，因此关系营销在新兴市场比在发达市场更加有效。例如，顾客关系对绩效的影响在金砖四国（巴西、俄罗斯、印度和中国）① 比在美国高 55%。[37]

匹配关系营销战略与顾客关系导向

开展关系营销的成本较高，因而可能会削弱其绩效。然而，将关系营销的努力与顾客的关系导向相匹配有助于企业在灵活性、监控形式、利益保护与因建立和维护顾客关系而产生的额外成本之间进行权衡。对具有较高关系导向的顾客，关系营销引导他们认为交易是高效的，从而增加关系资产，提高卖方绩效。一项研究显示，低关系导向的顾客会将其业务的 21%转移到另一家提供完全自动化交易（即无销售人员）的供应商。[38]因此，了解每个顾客的关系导向是非常重要的，在卖家努力进行关系建设时更是如此。因为这样可以回应对降低成本和提高生产率的需要，以尽量减少企业客户与卖家的会面时间。

一项研究显示，低关系导向的消费者会将其业务的 21%转移到另一家提供完全自动化交易（即无销售人员）的供应商。

一些用来建立关系的组织政策和程序可能会导致顾客的疏远。例如，不合理的薪酬体系激励销售人员不分青红皂白地密集地建立关系，这对低关系导向的顾客可能会造成消极的影响。顾客的关系导向有很大的差别，这要求企业采取有针对性的方法。单方面地强调关系营销会造成不必要的支出，不能很好地匹配顾客的关系导向。

关系营销交付有效性的影响因素

关系营销项目的效果还取决于交付（delivery），交付在很大程度上决定了顾客

① 金砖四国改称金砖国家，南非于 2010 年加入。——译者

对卖方的判断。比如，顾客会认为卖方的关系营销项目高度（或低度）自愿地、真诚（或投机）地提供好处，从而形成不同水平的感激之情。这些情感将在短期内影响顾客对关系营销活动的反应。例如，如果卖方自行提供由关系营销带来的好处，如赠送一件意想不到的礼物或随机做出一个善意举动，就表现出**自愿**（free will）的行为，而不是合同性或强制性行为。如果一项关系营销投资不是正式关系营销项目中的一部分，那么该投资可能呈现出新的含义。因此，当顾客感知到这种投资是卖家自愿而不是出于履行合同或义务时，他们会产生更高水平的感激。[39]

人们也会考虑其他人的**动机**（motive），即激发行为的欲望或需要。顾客对卖家动机的判断在其对卖家行为的看法中发挥着重要的作用。当顾客判断某种优惠是出于善意，而不是别有用心的营销时，他们会产生感激之情。由于关系往往始于某种投资（如时间、精力），因而，在非合同化的关系情境中，发起投资的人通常会承受一定的**风险**（risk）。这种风险源于他们对投资不能促成互惠行为的概率的主观判断。更高的感知风险通常会引起对方更高水平的感激之情。绝大多数人喜欢礼物，尤其是有价值的礼物。如果礼物是顾客需要的，那么价值和感激都会增加。也就是说，**需要**（need）是一个人对某物有所要求或渴求的状态。如果需要存在，相关的情境就会激发出更高的价值。当接受者获得了一个需要的供应物，或者付出者为接受者承担了更多的风险时，接受者的感激之情会增加。[40]

关系动态与生命周期阶段

关系会依照生命周期的过程运行，如图 7－3 所示[41]，它将经历开发、移动和最终消散的过程。大多数关系始于**探索/早期阶段**（exploratory or early stage），这一阶段的特点是关系方对彼此的能力和可信度缺乏信心，但愿意探索这种关系，以确定潜在的收益是否超过其他关系选项的收益。在早期的沟通中，双方通过互惠性的交易来实现协同性的规范和目标。如果最初得到的体验是积极的，产生了预期的结果，出现了与可信度有关的证据，关系就会进入**成长/发展阶段**（growth or developing stage）。互惠性交易的升级和情感依恋的增加可产生信任、承诺和满意。

如果这种关系继续下去，关系方将继续获得利益，形成更大的相互依赖，从而达到**成熟/维持阶段**（maturity or maintaining stage）。关系方之间的算计性信任（calculative trust）会被基于知识和情感的信任、沟通，以及其他巩固了共同目标的关系规范所取代。双方都会认为对方的行为是可预测的，并且会进行相互投资。综合而言，这些因素增强了关系方对关系的承诺和长期投资的意愿。它们期望持续的互动。然而，即使再成功的关系也可能进入**下降/修复阶段**（decline or recovery stage），这通常是某些特定事件（冲突、不公平、背叛）或消极怠慢（沟通不畅、投资终止）的结果。

在图 7－3 所描述的不同关系阶段，关系营销战略应进行如下调整：

- 探索/早期阶段：使用基于感激、承诺和能力的战略来建立互惠规范并探索发展潜力。
- 成长/发展阶段：即便投资窗口很小，也要利用双边投资来挖掘关系的发展潜力。例如，澳大利亚板球大赛（Cricket Australia）和第九频道（Channel Nine）广播电视系统通常会合作以获得双赢：澳大利亚板球大赛将其国内和国际板球锦标

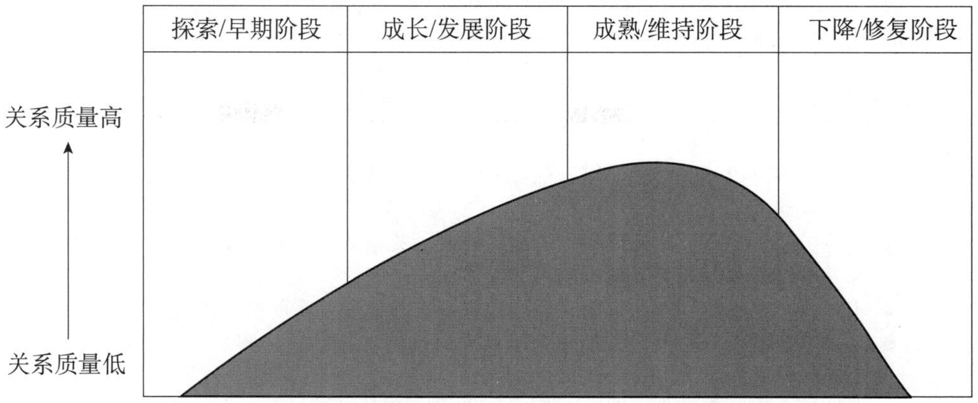

最有效的关系营销战略	使用基于感激、承诺和能力的战略来建立互惠规范并探索发展潜力	利用双边投资来建立牢固的关系纽带，以挖掘关系的发展潜力	避免对关系方的怠慢（忽视持续的沟通与投资）和背叛（不公平与冲突）行为	利用沟通和妥协的方式修复关系，避免只是因为依赖性而发生的交易

图 7－3　顾客关系生命周期

赛的独家电视转播权授予第九频道，第九频道同意投资于最新的数字技术，为球迷提供更具参与性且更实时的板球电视节目。

● 成熟/维持阶段：避免对关系方的怠慢（忽视持续的沟通与投资）和背叛（不公平与冲突）行为。例如，Flipkart 是印度发展最快的在线零售创业公司之一，它在技术上投入了大量资金，以确保每一位退货的顾客都能在 30 天内获得全额退款，因为它知道被顾客视为一个公平的零售商是非常重要的。

● 下降/修复阶段：利用沟通和妥协的方式重建关系，避免只是因为依赖性而发生的交易。评论网站是企业获得反馈的重要平台。顾客在评论网站上发表自己的意见并对产品进行评价。然而，他们的评论往往强调糟糕的经历。这种负面反馈会损害企业的声誉并对其绩效产生不利影响。因此，许多酒店（如伦敦丽兹酒店（The Ritz London））会立即公开回复顾客在猫途鹰（Tripadvisor. com）网上的投诉，以避免对其形象的损害，尤其是避免其形象在通过该网站预订酒店的潜在消费者中受到损害。

基于关系的可持续竞争优势管理

建立关系资产

建立关系资产包括两个主要步骤。第一，企业需要构建一个支持关系建设和维护的坚实基础。最重要的是，企业必须组织、招聘、培训和构建一个能支持与顾客进行正面关系接触的员工系统。此外，企业需要建立并实行有利于正面关系交流的基本流程。第二，在上述基础上，企业可以实施针对特定顾客的关系营销和忠诚计划，从企业的顾客组合中获得特定的关系绩效。表 7－2 总结了一些学术研究中针对建立关系资产所提出的建议。

表 7－2　　关系营销建议

如何建立和维持牢固的关系
● 即使顾客可以通过多种渠道（如呼叫中心、在线渠道）进行互动，企业也要为顾客指定专门的联络人
● 进行关系营销审核，确认卖方的组织要素（关系营销战略、领导、文化、组织结构和控制）和业务流程是否与关系营销的目标一致
● 不要让冲突得不到解决，因为它会让各种旨在建立关系的努力前功尽弃
● 将关系营销投资中的最大部分用于挑选、培训和激励跨边界员工，他们代表了建立和维护关系的最有效手段
● 实施旨在增加与顾客沟通的数量、频率和质量的关系营销项目，在关系生命周期的早期阶段更应如此，因为沟通是关系质量和未来关系成长的强大驱动力
● 尽量减少在关系建设过程中过早地使用财务性关系营销项目（如返现、积分项目），而是把这些项目当作价格/数量折扣或是对竞争的反应
● 持续对关系资产的多个方面（关系质量、广度、组合、增长/速度）进行测量
● 为社会性和结构性项目分配专门的关系营销投资
如何进行关系营销的定向和调整
● 在顾客得到关系营销收益后，立即给予他们报答的机会（不是交换条件），这样可以利用高水平的感激之情，防止内疚感合理化并促成以互惠为标志的关系
● 在顾客的需要最强烈的情况下提供利益，此时该利益能提供最大的价值
● 营销项目的设计要能增加顾客对卖方提供关系营销的自愿、善意、风险和成本的感知（在项目中设置一些随机或可自由支配的元素）
● 主动将投资集中于具有高关系导向的顾客，以提高关系营销的有效性

资料来源：Adapted from Palmatier，R. W. （2008）*Relationship Marketing*. Cambridge，MA：Marketing Science Institute.

步骤 1：建立强大的关系基础

不公正和未解决的冲突可以抵消为建立关系所付出的时间和资金。在许多情况下，如果没有设计良好的流程来处理顾客问题、服务失败或信任违规，那么增加关系营销预算就会适得其反。卖方必须在整个关系营销活动框架内设计顾客冲突的解决方案，例如，创建一种文化以强调解决问题的重要性，并提供一套解决顾客问题的正式系统。也就是说，卖方企业文化是很重要的，从销售人员的招聘和培训到相关的薪酬制度和支持系统等，所有因素都必须能鼓励卖方的销售代表追求建立和保持与顾客的良好关系。

不公正和未解决的冲突可以抵消为建立关系所付出的时间和资金。在许多情况下，如果没有设计良好的流程来处理顾客问题、服务失败或信任违规，那么增加关系营销预算就会适得其反。

与顾客互动的跨边界人员通常是创建和维持强大顾客关系最重要的手段之一，因此，企业应该授权让跨边界员工能够即时解决问题。例如，在丽思卡尔顿（Ritz-Carlton）酒店，员工无须经过任何审批，可自行决定 1 000 美元以内的支出以解决顾客的问题。顾客与跨边界人员之间的人际关系比其与卖方企业之间的关系更能影响顾客的行为。[42]为了充分利用人际关系强大的影响力，卖家应该为顾客指定专门的联络人，在 B2C 环境中更是如此。如果顾客打来电话而专门的联络人不在，其他员工可以暂时接听电话，让顾客选择继续等待直到联络人在线、留言，或是让替代的员工处理问题。呼叫中心可实施类似的策略。呼入电话很少能得到特定的业务代表的接听，但美国的一个共同基金公司先锋集团（Vanguard）为所有“旗舰客户”都配备了专门的业务代表和电话号码。接听电话、直接邮寄，以及向上销售或交叉销售的努力都由特定联络人完成。在网站上，它提供了特定业务代表的信息（如图片）或电子邮箱。

由于如此多的顾客关系驱动因素都与跨边界员工有关，所以卖方需要将关系营销投资用于选择、培训和激励跨边界员工。如果顾客与联络人互动很差，特别是在出售专属品、奢侈品、技术性或复杂的产品和服务时，企业在昂贵的广告和返现项目上的投入都会白费。无论卖方是 Flipkart 还是丽思卡尔顿酒店，努力开展关系营销的企业都要付出巨大的努力来确保其跨边界员工的有效性。

增加与顾客的沟通数量、频率和质量也可能是有效的，当沟通通过并行的渠道进行时更是如此。在关系生命周期的早期，沟通驱动关系质量提高和关系成长，带来多重利益。除了这种直接的影响，沟通还可以随着时间推移而不断改善关系质量。例如，沟通可展示新的合作价值创造观念或防止令人不悦的冲突或服务失败。

然而，无论这种外部沟通如何扩展，内部组织的因素（如领导、战略、文化、控制）与关系营销的不协调可能会破坏一切旨在建立顾客关系的努力。如果内部控制系统不鼓励销售人员或跨边界人员与顾客建立关系，则可能会产生深远且有害的影响。因此，卖方应进行内部的关系营销审计，设计灵活的关系营销政策和项目，使那些受到适度激励的跨边界人员认识到他们根据顾客的具体关系导向对关系营销活动进行调整的能力。

步骤 2：实施定向的关系营销和忠诚计划

不同的顾客关系管理项目可建立不同形式的关系，并从不同类型的顾客那里获得不同的回报。[43]特定项目中的关系营销投资应主要分配给社会性和结构性项目，而不是财务性项目。

社会性关系营销项目（social RM programs）使用餐饮和体育赛事等社会交往活动来传达顾客的特殊地位。

实例

澳大利亚电信（澳大利亚）

澳大利亚电信公司（Telstra）是澳大利亚的电信巨头。它发起了一项名为“谢谢”的忠诚计划，为客户提供看电影、参加音乐会和观看体育赛事的奖励。其首席营销官马克·巴克曼（Mark Buckman）指出：“我们希望客户成为业务的拥护者。他们和你待得越久，就会在你这儿花更多的钱，并向朋友和家人推荐你。”该项目旨在对澳大利亚电信公司与客户之间的关系表示认可，并加强客户对该品牌的承诺。[44]

由这种特殊待遇带来的难以复制的关系往往会促使顾客做出报答性行为，

如重复购买、向别人推荐或忽略竞争品。社会性关系营销项目的财务回报对利润有直接且显著的影响，比其他关系营销投资的影响大，其投资回报率（ROI）约180%。[45]然而，社会性关系营销项目可能导致顾客与销售人员建立关系，而不是与卖方企业建立关系，所以一旦销售人员离开企业，这些顾客就可能会随之离开。这表明，企业中应有多个成员与顾客保持一定的沟通。尽管如此，也许是因为社会性关系营销项目具有人际关系的特征（即销售人员可根据自己的意愿实时分配可用的资源），其作用在很大程度上不受情境因素的影响。

结构性关系营销项目（structural RM programs）提供了顾客自身可能无法进行的投资，如电子订单处理界面或定制化包装。它们通常可提高顾客的效率、便利性或生产率，从而创造出难以量化但十分可观的顾客利益。由于它们的设置成本和收益都很高，这些项目能使顾客和卖方紧密地联系在一起。这些结构性关系纽带能形成竞争优势，这是因为顾客会增加与卖方的业务，以充分利用它们的增值供应物。在利润方面，结构性关系营销项目的影响取决于交互频率：如果顾客具有平均水平的交互频率（每周几次），那么短期回报就能实现盈亏平衡；如果顾客频繁地进行交互，那么结构性关系营销的投资回报率大约是120%。[46]为了利用结构性关系营销项目，卖方应该重点关注那些能够从定制的结构化解决方案中获得最大价值的顾客，以及那些交互相对频繁的顾客。许多企业会与其他企业构建合作伙伴关系，以扩大顾客从它们的忠诚和奖励计划中所获得的利益。这些忠诚计划的结构性改善可以为两家公司的顾客带来长期的利益。

实例

您的世界回报（阿联酋和美国）

阿联酋航空公司（Emirates Airline）、喜达屋酒店和度假村国际集团（Starwood Hotels & Resorts Worldwide, Inc.）建立了合作伙伴关系，推出了“您的世界回报”（Your World Rewards）项目，为加入阿联酋航空的Skywards会员项目或喜达屋优先顾客（Starwood Preferred Guest，SPG）会员项目的顾客提供互惠利益。这个新项目使得Skywards和SPG的会员在乘坐阿联酋航空公司的航班或在喜达屋酒店居住时都可获得积分和奖励。

Skywards和SPG的白金会员可以获得最高级别的奖励或独家优惠，如精英入住手续、房间内免费的互联网和优先登机。阿联酋航空公司执行副总裁兼首席商务官蒂里·安廷瑞（Thierry Antinori）称：“阿联酋航空公司日益扩展的全球网络、喜达屋在酒店领域的创新，以及顶级忠诚计划的结合使我们能对最有价值的顾客进行认可。无论他们去哪里旅行，只要是我们140个目的地之一或喜达屋1 200家酒店中的任何一家，我们都可以为他们提供更高水平的服务和更大的奖励。”[47]

财务性关系营销项目（financial RM programs）提供经济利益（通常有特价折扣、赠品、免费送货或延期付款等方式）。它们最终往往不能形成相对优势，因为竞争者很容易推出类似的项目。被财务性刺激所吸引的顾客倾向于寻找折扣交易，因而他们的服务利润更低。这并不是低估财务性关系营销项目在某些情况下所能提供的收益和回报；而是说，它们不能作为用于建立关系的唯一项目。事实上，降价或返现等策略应该反映的是价格或数量折扣，或是对竞争对手的举措所做出的反应。[48]在财务性关系营销项目中很容易发生资源的错误分配，顾客服务人员可以直接分发财务性刺激物（如免费样品、特价折扣）。

总的来说，将关系营销项目定向于具有高关系导向的顾客将使其更有效。对那些不希望建立良好关系的顾客，或者认为关系营销活动是浪费时间、麻烦或增加额外成本的顾客，不恰当的定向反而会导致他们转向那些交易导向的卖家。例如，许多企业将关系营销资源分配给最大的顾客或最有潜力的顾客，虽然这是可以理解的，但是这个分配标准忽略了顾客的想法。

在利用关系营销投资时，营销项目的设计要能增加顾客对卖方提供关系营销的自愿、善意、风险和成本的感知。这些感知能使顾客在得到关系营销项目的利益时产生感激之情。相比之下，那些每个人都能得到的，或顾客因要求而得到的，或企业为匹配竞争对手的行动而提供的，或本身就是整体产品或服务组成部分的关系营销利益很难促成感激之情，因而顾客不需要对之进行报答。理想的情况是，所有项目都设置一些随机的或可自由支配的元素，而不是转变为完全结构化的、对等交换的项目（如航空公司的忠诚积分计划），这些项目对促进关系几乎毫无帮助。因此，卖方可以通过认真地组织和设计项目来获得更高的回报。

引起顾客的感激后，下一步是让顾客以最有利的方式采取行动。例如，卖方应该为顾客提供报答的机会，但不能让顾客产生任何对等交换的感觉。这些机会不仅可以让卖方充分利用顾客的感激之情，还可以防止内疚感合理化，鼓励形成更多的互惠规范。最糟糕的情况是，顾客对卖方的感激之情可能会导致内疚感，顾客试图通过对未能做出报答的行为进行合理化分析（如归因于卖方的负面动机）以减轻内疚感。随着时间的推移，感激会衰退。例如，一家航空公司可以向其常旅客宣布，如果他们在未来一段时间内（如 6 个月）预订一定数量的航班，那么将在升舱时获得折扣。这一方案为每个旅客都提供了基于感激之情采取行动的机会，因而能在关系中建立互惠规范。这一建议在一些研究中很常见，研究发现人们所提供的回报会远远超过其接受的价值，甚至会继续心存感激。

最后，关系营销投资应该根据关系的阶段进行定向和调整。这些投资可以专注于探索/早期阶段和成长/发展阶段，此时，顾客更容易接受建立关系且竞争程度较低。之后，随着关系的成熟，现有的结构、联结和沟通过程应该体现出竞争壁垒，支持可持续竞争优势。在成熟/维护阶段，可以减少关系营销投资以匹配顾客的需要。卖方还可以探索利用新产品或新服务扩展关系的机会，将顾客重新带回增长轨道。

测量关系资产

衡量关系营销工作有效性的一个核心指标是关系资产。企业应该持续地对关系资产进行评估，以支持长期的学习和改进（类似于品牌资产）。关系资产的测量应该考虑到顾客关系的多维属性。在 B2B 关系中，卖方需要考虑顾客联络人组合的广度（联络的数量）和结构（权威性和多样性），并关注每一个弱项。如果一项客户满意度调查中只有一家企业客户提供关于关系质量的数据，那么所得到的结果可能会产生误导，因为这个单一的测量指标无法展示将两家企业联结在一起的各种关系纽带，也无法展示现有联络人是否能影响企业客户的关键决策。同时，采用关系生命周期阶段指标以及关系成长方向和速率（即关系速度）指标可以更好地测量关系的发展，处于停滞或成熟阶段的客户可能需要新的关系营销战略。如果客户不再需要关系，那么卖方应该与其进行交易导向的接触，或者找到一种方法通过新产品重新激活交换关系。表 7－3 总结了商务关系的一些基本特征，这些特征反映了测量关系资产时所需要的指标。

表 7－3　关键的关系资产维度和指标示例

概念	定义	代表性测量指标
关系质量		
承诺	维持一段有价值的关系的欲望	我［我的企业］愿意和这个销售员［卖方企业］加倍努力一起工作。 我［我的企业］对与销售员［卖方企业］的关系投入了很多。 我［我的企业］会努力维持我［我的企业］与这个销售员［卖方企业］的关系。
信任	对关系方的可靠性与诚信的信心	这位销售员［卖方企业］给了我［我的企业］一种信任感。 这个销售员［卖方企业］总是诚实的。 这个销售员［卖方企业］值得信赖。
感激	因获得收益而对交换方产生的感谢、感恩、感激的情感	我［我的企业］对这位销售员［卖方企业］有感恩的情感。 我［我的企业］感谢这位销售员［卖方企业］。 我［我的企业］被这个销售员［卖方企业］所感动。
互惠规范	能调节交换方之间义务平衡的内在行为和情感	如果将来有需要或出现问题，我［我的企业］会帮助这个销售员［卖方企业］。 从长远来看，这个销售员［卖方企业］和我［我的企业］从对方那里获得的收益将平衡。 从这个销售员［卖方企业］处购买使我［我的企业］感觉良好。 我［我的企业］希望这个销售员［卖方企业］在未来帮助我［我的企业］。
企业间关系		
关系宽度	交换方之间关系纽带的数量	［卖方企业］和贵企业的员工之间有多少种不同的关系（数量）？
关系构成	交换方中联络人的决策能力	［卖方企业］认识我们企业的主要决策者。 ［卖方企业］与我们企业的关键“守门人”有关系。 ［卖方企业］与我们企业的重要决策者打交道。 ［卖方企业］与贵企业多少关键决策者有联系？（百分比） ［卖方企业］与贵企业多少个职能部门有联系？（数字）

续前表

概念	定义	代表性测量指标
其他测量指标		
关系导向	顾客与交换方保持稳固的关系以进行交换的欲望	与［卖方企业］的业务交易要求我们有密切的关系，以确保交易成功。 与［卖方企业］的密切关系对我们的成功非常重要。 与［卖方企业］的密切关系对购买此产品非常有帮助。 我不需要与［卖方企业］建立密切的关系就能成功购买此产品。（反向） 我相信需要与［卖方企业］建立牢固的关系才能成功购买此产品。
生命周期	对关系转换路径各阶段的定性描述。关系通常在探索/早期阶段和成长/发展阶段扩展，在成熟/维持阶段到达顶峰并维持相对平稳的趋势，在下降/修复阶段逐渐弱化	探索/早期阶段：双方都处于发现和评估对方的兼容性、诚信和能力的最初阶段。 成长/发展阶段：双方都从这种关系中获得越来越多的好处，信任和满意度的水平越来越高，越来越愿意承诺建立长期关系。 成熟/维持阶段：双方都有持续的长期合作关系，都能从关系中获得可接受的满意度和利益。 下降/修复阶段：一方或双方已经开始感到不满，正在评估替代方案，考虑终止关系或者开始结束关系。

资料来源：Adapted from Palmatier，R. W. （2008）*Relationship Marketing*. Cambridge，MA：Marketing Science Institute.

衡量关系营销工作有效性的一个核心指标是关系资产。企业应该持续地对关系资产进行评估，以支持长期的学习和改进（类似于品牌资产）。

要对关系资产进行有效的测量，就必须明确定义测量的目标对象。在要求顾客报告他们与卖方的关系质量时，必须明确告知评价的关系对象是谁，比如是卖方企业，是所有实体的结合，是主要的销售联络人，还是销售团队。如果目标对象不明确，那么指标的测量值就会发生变化，其变化程度取决于测量的关系是偏向于个人层面还是公司层面。个人层面的关系随着时间的推移较不稳定（如由于工作变化），但通常对顾客行为和财务绩效有较大的影响。

如果关系营销努力本身会导致更持久的关系，那么，关系的持续时间就能很好地反映关系强度或关系资产。然而，这一指标并非总能奏效。关于关系持续时间影响盈利能力的研究发现，长期顾客理所当然地创造了企业大部分的利润，但短期顾客也很重要，创造了企业近30%的利润。[49]另一项研究表明，长期顾客（超过6年）能带来更高的销售增长率、库存周转率和投资回报，但同时导致毛利率下降。[50]在大多数情况下，关系的持续时间（特别是在第一年之后）不能带来顾客利润或价格的提升，所以不能很好地反映关系资产。

另一种方法可将关系营销项目或关系资产的测量指标与顾客终身价值联系起来（见数据分析技术3-2），并区分出顾客终身价值的哪些部分来自关系资产或特定的关系营销项目。[51]数据分析技术7-1描述了多元回归分析如何应用于这种方法，它可以将许多不同的变量或驱动因素（即自变量）与感兴趣的结果变量（即这个例子中的因变量或者顾客终身价值）联系起来，发现哪些自变量会显著影响结果变量及其影响程度。

虽然这种顾客终身价值的方法很有助益，因为它将多种财务结果整合到一个指标之中并反映了未来的财务收益，但是它无法展示因牢固的关系纽带而形成的某些潜在收益，如帮助获取新顾客的正面口碑。牢固的顾客关系还会产生以知识为基础的利益和洞察，帮助卖方识别新的产品机会，测试并优化新产品概念，加速新产品上市时的采用速度。因此，牢固的关系可能会影响卖方的财务绩效，而财务指标却无法对此进行展示。这种影响是难以测量的，因为它们发生的时间和地点与顾客关系行为的发生现场大相径庭。例如，卖方可能会利用某关系型顾客提供的关键信息开发出一种特有的新产品，而该卖方从不同市场的不同顾客处因这种产品而获得的销售利润可能要在多年后才能显现出来。

数据分析技术 7-1

多元回归分析

简介

多元回归分析是一种统计方法，用于量化核心因变量（文中的营销绩效）与若干自变量（如营销努力）之间关系的方向和强度。

使用场景

- 确定多种营销干预措施如何逐步影响观察到的营销绩效。
- 比较多种营销干预措施对营销绩效的影响。
- 通过营销干预措施的各种组合来预测可能的营销绩效。

使用方式

多元回归分析的目的是获得感兴趣的关键营销绩效（如销售、忠诚、顾客终身价值、盈利能力）与一些可能共同影响关键营销绩效的营销干预措施（如关系营销的努力、营销组合）之间的统计关系。通过多元回归分析可以获得五个重要的发现：

1. 可以判断特定的市场干预是否会影响市场结果。也就是说，多元回归分析可以对某种营销干预措施影响的显著性进行统计验证。

2. 可以了解市场干预措施和市场营销绩效之间关系的方向。在某些情况下，关系的方向可能是预先已知的（如随着价格的上涨，销售量会下降）；在有些情况下，关系的方向可能并不明确。例如，一家公司可能不知道一个提供免费送货服务的财务性关系营销项目能否增加顾客终身价值。

3. 多元回归分析可以帮助研究人员比较多种营销干预措施的相对优势。例如，一个公司可能需要知道社会性、结构性或财务性关系营销项目的哪个方面最具影响力或最缺乏影响力，这可以通过多元回归分析来实现。

4. 通过多元回归分析，在衡量市场干预措施和营销绩效之间的关系时，可以同时对混淆变量的影响进行控制。例如，在试图了解一家供应商针对买家的财务性关系营销项目与从该买家获得的营销绩效时，应对买家企业的规模进行控制，因为买家企业的规模越大，不论是否面临营销干预措施，它都会购买得越多。

5. 多元回归分析能够预测各种营销干预情景下的营销绩效，这在情景分析中很有用。

如果营销绩效表示为 Y，有三种市场干预措施（x_1，x_2 和 x_3）以及两个混淆因素（z_1 和 z_2），则公式为：

$$Y=\beta_1 x_1+\beta_2 x_2+\beta_3 x_3+\beta_4 z_1+\beta_5 z_2+\varepsilon$$

式中，$\beta_1 \sim \beta_5$ 是营销干预措施/混淆因素和营销绩效之间关系的方向和强度（或权重）；ε 是随机误差项。在大多数情况下，我们可以获得过去的营销绩效和营销干预/混淆因素的数据，然后利用 SAS，SPSS 等软件计算系数的方向、大小和统计显著性。

实例

一家电气设备的 B2B 供应商正在重新设计关系营销工作，力求在关系营销方面的投入增加每个买家的顾客终身价值（CLV）。目前，该供应商正投资于三种关系营销工作：社会性（如餐饮、体育赛事）、结构性（如定制包装）和财务性（如电气安装服务中免费赠送一些小型电子零件）。

为了进行多元回归分析，供应商创建了一个数据库，其中包含 3 500 个买家的 CLV 数据，以及它针对每个买家的社会性关系营销、结构性关系营销和财务性关系营销的投资。它还收集了买家企业所在地（东海岸或西海岸）、买家企业的员工数量，以及买家企业的行业类型（公司或政府）的数据。分析结果如下表所示。

变量	系数	统计显著性（p）
社会性关系营销努力	1.26	0.03
结构性关系营销努力	0.20	0.89
财务性关系营销努力	2.50	0.01
买家企业所在地（东海岸）	0.80	0.02
买家企业的员工数量	1.10	0.03
买家企业的行业类型（公司）	0.08	0.41

1. 社会性关系营销和财务性关系营销对买家的 CLV 有显著影响，而结构性关系营销对买家的 CLV 没有统计意义上的显著影响（系数＝0.20，$p>0.05$）。

2. 财务性关系营销和社会性关系营销显著提升了 CLV。财务性关系营销的效果是社会性关系营销的两倍，因为与财务性关系营销相关的系数（系数＝2.50，$p<0.05$）大约是与社会性关系营销相关的系数的两倍（系数＝1.26，$p<0.05$）。

3. 与西海岸的企业相比，东海岸的企业更有可能购买（系数＝0.80，$p<0.05$）。同样，规模较大企业的 CLV 通常比较小企业高（系数＝1.10，$p<0.05$）。买家是公司还是政府无关紧要（系数＝0.08，$p>0.05$）。

4. 供应商可以利用通过多元回归分析得到的系数来预测在进行各种财务性和社会性关系营销的组合时，CLV 会增长多少。

基于上述分析，供应商发起了另一项研究，以分析其结构性关系营销为什么不成功。

总　结

关系资产是指企业的关系型资产与负债的总和。这些资产与负债通常与企业的跨边界员工，以及企业的供应物所处的社会网络相关，能增加或减少企业供应物的价值。通过发展与顾客的关系来建立公司的关系资产，最终将成为防御竞争对手的巨大壁垒。识别、开发、维护和终止关系型交换以提高绩效的过程就是关系营销（RM），有效的关系营销会生成关系资产。尽管关系营销和品牌化活动都试图建立一种无形的顾客资产，以提升顾客的忠诚度，增加购买或提高财务绩效，同时降低营销成本，但它们是不同的。品牌的侧重点是产品，并将其扩展到企业；关系营销主要关注的是关系及其在企业层面的延伸。

关系对人类行为的影响在各个研究领域都是一个常见的话题，这为理解关系营销提供了丰富的理论基础。例如，社会交换理论表明，承诺和信任是关系的核心；与感激情绪相关的心理学理论认为感激可促成互惠的愿望，从而肯定了关系营销的意义。来自社会学的网络理论阐述了网络中结构性互动特征的影响。将网络的视角应用于 B2B 关系表明关系质量、关系广度和关系构成影响了交换绩效。

此外，关系营销活动可间接地影响财务绩效。关系与财务绩效之间的联系通过四种机制来实现：合作行为、关系型忠诚、推荐或口碑，以及移情性行为。

关系营销战略包含各种活动、奖励和忠诚计划，以激励顾客与卖方维系牢固的关系纽带。总的来说，最有效的战略是将冲突最小化；提高卖方的专长，增加双边沟通、关系投资与关系利益；将跨边界人员和组织的特征与目标顾客进行匹配。企业不能只是增加顾客依赖性和交互频率，或者只是长期维持一段关系。为了保持关系，卖家需要杜绝负面事件，如源自不公平或未解决的冲突的负面影响。这些负面影响是巨大的，甚至可以摧毁关系质量的各个方面。

关系营销在构建关系资产时的有效性随着情境不同而不同。顾客的关系导向会提高顾客对建立关系的接受程度，从而促使关系营销更为有效。为了提高关系营销的有效性，卖方应该将关系营销活动与顾客的关系导向水平进行匹配。

关系资产的建立有两个主要步骤。第一，企业需要构建一个坚实的基础，以支持通过增加与顾客沟通的数量、频率和质量在整个公司进行关系建设和维护。这在关系生命周期的探索/早期阶段是非常重要的。第二，在上述基础上，企业实施针对特定顾客的关系营销和忠诚计划。社会性关系营销项目使用社交活动来定制顾客关系，传达顾客的特殊地位。结构性关系营销项目提供了顾客自身可能无法进行的投资，这些投资可提高顾客的效率和生产率。财务性关系营销项目提供经济利益（如特价折扣或免费送货）以换取顾客的忠诚。不论是哪种类型的关系营销项目，在理想情况下，都应设置一些意外的或可自由支配的元素，因为结构化的对等交换项目已经被整合到企业的整体价值主张中，它们对促进关系几乎毫无帮助。

为衡量关系营销工作的有效性，企业应该持续地对关系资产进行评估。有效的测量首先要定义其目标对象，否则每次测量值就会发生变化，其变化程度取决于测量的关系偏向于个人层面还是公司层面。理解关系资产的关键驱动力的有效方法是将关系营销项目或关系资产的测量指标与顾客终身价值联系起来。

本章要点

- 关系营销（RM）对决策的影响是由潜在的感激情绪所支持的，这导致对回报的欲望。
- 关系营销和财务绩效之间的联系通过

四个机制运作，包括合作行为、关系型忠诚、推荐或口碑和移情性行为。

● 最有效的关系营销战略强调诸如卖方专业知识、沟通、关系投资和相似性等积极因素，同时尽量减少不公平和冲突等负面因素。

● 负面事件对人际关系的影响是正面事件的两倍。在保持积极的关系营销的同时，杜绝负面事件也很重要。

● 忠诚计划的旁观者常常认为他们受到的待遇是不公平的。这就是为什么企业应使得为目标顾客提供的利益不被旁观者看到。

● 为了提高关系营销的效果，卖方必须将关系营销活动与顾客的关系导向相匹配。决定顾客关系导向的因素包括关系倾向、交换和产品的不确定性、产品类别参与/依赖、关系规范、以关系为中心的奖励机制、服务、B2B 市场、新兴市场。

● 因为关系营销不能对所有顾客都有效，所以销售者必须决定在顾客投资组合中如何分配关系营销资源。

● 关系营销交付有效性的影响因素包括自愿、动机、风险和需要。

● 关系通过一个具有四个阶段的典型生命周期来运作：探索/早期阶段、成长/发展阶段、成熟/维持阶段、下降/修复阶段。每个阶段需要不同的关系营销战略。

● 建立关系资产有两个步骤：建立牢固的关系基础，实施有针对性的关系营销和忠诚计划。

● 为了衡量关系营销的有效性，企业应该持续地对关系资产进行评估，并与顾客终身价值联系起来。

参考文献

[1] Sheth, J.N. and Parvatiyar, A. (1995) 'The evolution of relationship marketing' *International Business Review*, 4(4), pp. 397–418.

[2] Columbus, L. (2013) 'Gartner predicts CRM will be a $36B market by 2017,' 18 June. Available at: www.forbes.com/sites/louiscolumbus/2013/06/18/gartner-predicts-crm-will-be-a-36b-market-by-2017/#617f75b0c1ec (accessed 8 October, 2015).

[3] Palmatier, R.W. (2008) *Relationship Marketing*. Cambridge, MA: Marketing Science Institute (p. 3).

[4] Rust, R.T., Lemon, K.N. and Zeithaml, V.A. (2004) 'Return on marketing: Using customer equity to focus marketing strategy,' *Journal of Marketing*, 68(1), pp. 109–27.

[5] Palmatier, R.W., Dant, R.P., Grewal, D. and Evans, K.R. (2006) 'Factors influencing the effectiveness of relationship marketing: A meta-analysis,' *Journal of Marketing*, 70(4), pp. 136–53.

[6] Brinder, C. and Hanssens, D.M. (2015) 'Why strong customer relationships trump powerful brands', 14 April. Available at: https://hbr.org/2015/04/why-strong-customer-relationships-trump-powerful-brands (accessed 9 August, 2016).

[7] Frow, P. and Payne, A. (2005) 'A strategic framework for customer relationship management,' *Journal of Marketing*, 69(4), pp. 167–76.

[8] Marlin, S. (2011) 'South African Bank installs CRM solution,' 16 November. Available at: www.banktech.com/data-and-analytics/south-african-bank-installs-crm-solution/d/d-id/1288616 (accessed 9 August, 2016).

[9] Becker, H.S. (1986) *Doing Things Together: Selected Papers*. Evanston, IL: Northwestern University Press; Trivers, R.L. (1971) 'The evolution of reciprocal altruism,' *Quarterly Review of Biology*, 46(1), pp. 35–57; Trivers, R.L. (1985) *Social Evolution*. Menlo Park, CA: Benjamin/Cummings.

[10] Cialdini, R.B. and Rhoads, K.V. (2001) 'Human behavior and the marketplace,' *Marketing Research*, 13(3), pp. 8–13; Dahl, D.W., Honea, H. and Manchanda, R.V. (2003) 'The nature of self-reported guilt in consumption contexts,' *Marketing Letters*, 14(3), pp. 159–71; Dahl, D.W., Honea, H. and Manchanda, R.V. (2005) 'Three Rs of interpersonal consumer guilt: Relationship, reciprocity, reparation,' *Journal of Consumer Psychology*, 15(4), pp. 307–15; Palmatier, R.W., Jarvis, C., Bechkoff, J. and Kardes, F.R. (2009) 'The role of customer gratitude in relationship marketing,' *Journal of Marketing*, 73(5), pp. 1–18; Palmatier, R.W., Scheer, L.K., Houston, M.B., Evans, K.R. and Gopalakrishna, S. (2007) 'Use of relationship marketing programs in building customer–salesperson and customer–firm relationships: Differential influences on financial outcomes,' *International Journal of Research in Marketing*, 24(3), pp. 210–23.

[11] Palmatier, R.W., Stern, L.W. and El-Ansary, A.I. (2014) *Marketing Channel Strategy*, 8th edn. Upper Saddle River, NJ: Pearson Prentice Hall.

[12] Morgan, R.M. and Hunt, S.D. (1994) 'The commitment-trust theory of relationship marketing,' *Journal of Marketing*, 58(3), pp. 20–38; Moorman, C., Zaltman, G. and Deshpande, R. (1992) 'Relationships between providers and users of market research: The dynamics of trust,' *Journal of Marketing Research*, 29(3), pp. 314–28.

[13] Dormehl, L. (2014) 'How Corning won Apple back and built the strongest Gorilla Glass yet,' 26 November. Available from: www.cultofmac.com/304120/corning-gorilla-glass-4/ (accessed 25 August, 2016).

[14] Emmons, R.A. and McCullough, M.E. (2004) *The Psychology of Gratitude*. Oxford: Oxford University Press; Gouldner, A.W. (1960) 'The norm of reciprocity: A preliminary statement,' *American Sociological Review*, 25(2), pp. 161–78; Ostrom, E. and Walker, J. (2003) 'Trust and reciprocity: Interdisciplinary lessons for experimental research,' *Contemporary Sociology*, 33(4), pp. 493–4.

[15] Borgatti, S.P. and Foster, P.C. (2003) 'The network paradigm in organizational research: A review and typology,' *Journal*

of Supply Chain Management, 45(2), pp. 5–22; Van den Bulte, C. and Wuyts, S.H.K. (2007) *Social Networks and Marketing*. Cambridge, MA: Marketing Science Institute.

[16] Palmatier, R.W. (2008) 'Interfirm relational drivers of customer value,' *Journal of Marketing*, 72(4), pp. 76–89; Palmatier, R.W. (2008) *Relationship Marketing*. Cambridge, MA: Marketing Science Institute.

[17] Crosby, L.A., Evans, K.R. and Cowles, D. (1990) 'Relationship quality in services selling: An interpersonal influence perspective,' *Journal of Marketing*, 48(1), pp. 68–81; Kumar, N., Scheer, L.K. and Steenkamp, J.B.E.M. (1995) 'Interdependence, punitive capability, and the reciprocation of punitive actions in channel relationships,' *Journal of Marketing Research*, 35(2), pp. 225–36.

[18] Bendapudi, N. and Leone, R.P. (2002) 'Managing business-to-business customer relationships following key contact employee turnover in a vendor firm,' *Journal of Marketing*, 66(2), pp. 83–101.

[19] Anderson, J.C. and Narus, J.A. (1990) 'A model of distributor firm and manufacturer firm working partnerships,' *Journal of Marketing*, 54(1), pp. 42–58; Palmatier, R.W., Dant, R.P., Grewal, D. and Evans, K.R. (2006) 'Factors influencing the effectiveness of relationship marketing: A meta-analysis,' *Journal of Marketing*, 70(4), pp. 136–53.

[20] Doney, P.M. and Cannon, J.P. (1997) 'An examination of the nature of trust in buyer-seller relationships,' *Journal of Marketing*, 61(2), pp. 35–51; Garbarino, E. and Johnson, M.S. (1999) 'The different roles of satisfaction, trust, and commitment in customer relationships,' *Journal of Marketing*, 63(2), pp. 70–87; Hewett, K., Money, R.B. and Sharma, S. (2002) 'An exploration of the moderating role of buyer corporate culture in industrial buyer-seller relationships,' *Journal of the Academy of Marketing Science*, 30(3), pp. 229–39; Macintosh, G. and Lockshin, L.S. (1997) 'Retail relationships and store loyalty: A multi-level perspective,' *International Journal of Research in Marketing*, 14(5), pp. 487–97.

[21] Eplison (2016) 'Epsilon's loyalty report highlights emerging Chinese consumer behaviors across sectors.' Available at: http://pressroom.epsilon.com/epsilon-study-finds-chinese-consumers-most-loyal-to-e-commerce-players/ (accessed 22 February, 2016).

[22] Barksdale, H.C., Johnson, J.T. and Suh, M. (1997) 'A relationship maintenance model: A comparison between managed health care and traditional fee-for-service,' *Journal of Business Research*, 40(3), pp. 237–47; Hennig-Thurau, T., Gwinner, K.P. and Gremler, D.D. (2002) 'Understanding relationship marketing outcomes: An integration of relational benefits and relationship quality,' *Journal of Service Research*, 4(3), pp. 230–47.

[23] Verhoef, P.C., Franses, P.H. and Hoekstra, J.C. (2002) 'The effect of relational constructs on customer referrals and number of services purchased from a multiservice provider: Does age of relationship matter?,' *Journal of the Academy of Marketing Science*, 30(3), pp. 202–16.

[24] comScore (2007) 'Online consumer-generated reviews have significant impact on offline purchase behavior.' Available at: www.comscore.com/Press_Events/Press_Releases/2007/11/Online_Consumer_Reviews_Impact_Offline_Purchasing_Behavior (accessed 18 February, 2016).

[25] Palmatier, R.W., Dant, R.P., Grewal, D. and Evans, K.R. (2006) 'Factors influencing the effectiveness of relationship marketing: A meta-analysis,' *Journal of Marketing*, 70(4), pp. 136–53.

[26] Mohr, J.J., Fisher, R.J. and Nevin, J.R. (1996) 'Collaborative communication in interfirm relationships: Moderating effects of integration and control,' *Journal of Marketing*, 60(3), pp. 103–15.

[27] Wulf, K.D., Odekerken-Schröder, G. and Iacobucci, D. (2001) 'Investments in consumer relationships: A cross-country and cross-industry exploration,' *Journal of Marketing*, 65(4), pp. 33–50; Smith, J.B. and Barclay, D.W. (1997) 'The effects of organizational differences and trust on the effectiveness of selling partner relationships,' *Journal of Marketing*, 61(1), pp. 3–21.

[28] Digital Marketing Institute (2016) 'Digital case study: John Lewis' secret to digital success.' Available at: https://digitalmarketinginstitute.com/blog/digital-case-study-john-lewis-secret-digital-marketing-success (accessed 9 August, 2016).

[29] Boles, J.S., Johnson, J.T. and Barksdale, H.C. (2000) 'How salespeople build quality relationships: A replication and extension,' *Journal of Business Research*, 48(1), pp. 75–81; Doney, P.M. and Cannon, J.P. (1997) 'An examination of the nature of trust in buyer-seller relationships,' *Journal of Marketing*, 61(2), pp. 35–51; Nicholson, C.Y., Compeau, L.D. and Sethi, R. (2001) 'The role of interpersonal liking in building trust in long-term channel relationships,' *Journal of the Academy of Marketing Science*, 29(1), pp. 3–15.

[30] Samaha, S.A., Palmatier, R.W. and Dant, R.P. (2011) 'Poisoning relationships: Perceived unfairness in channels of distribution,' *Journal of Marketing*, 75(3), pp. 99–117.

[31] Steinhoff, L. and Palmatier, R.W. (2016) 'Understanding the effectiveness of loyalty programs: Managing target and bystander effects,' *Journal of the Academy of Marketing Science*, 44(1), pp. 88–107.

[32] Ayres, C. (2009) 'Revenge is best served cold – on Youtube,' *The Times*, 22 July.

[33] Heide, J.B. (1994) 'Interorganizational governance in marketing channels,' *Journal of Marketing*, 58(1), pp. 71–85; Williamson, O.E. (1988) 'Technology and transaction cost economics: A reply,' *Journal of Economic Behavior & Organization*, 10(3), pp. 355–63.

[34] Palmatier, R.W., Scheer, L.K., Evans, K.R. and Arnold, T.J. (2008) 'Achieving relationship marketing effectiveness in business-to-business exchanges,' *Journal of the Academy of Marketing Science*, 36(2), pp. 174–90.

[35] Anderson, J.C. and Narus, J.A. (1991) 'Partnering as a focused market strategy,' *California Management Review*, 33(3), p. 95.

[36] Zoltners, A.A., Sinha, P.K. and Lorimer, S.E. (2012) 'Building a winning sales management team: A managerial perspective,' in Lilien, G.L. and Grewal, R. (eds) *Handbook of Business-to-Business Marketing*. Cheltenham: Edward Elgar Publishing, pp. 521–38.

[37] Samaha, S.A., Beck, J.T. and Palmatier, R.W. (2014) 'The role of culture in international relationship marketing,' *Journal of Marketing*, 78(5), pp. 78–98.

[38] Palmatier, R.W., Scheer, L.K., Evans, K.R. and Arnold, T.J. (2008) 'Achieving relationship marketing effectiveness in business-to-business exchanges,' *Journal of the Academy of Marketing Science*, 36(2), pp. 174–90.

[39] Emmons, R.A. and McCullough, M.E. (2004) *The Psychology of Gratitude*. Oxford: Oxford University Press; Gouldner, A.W. (1960) 'The norm of reciprocity: A preliminary statement,' *American Sociological Review*, 25(4), pp. 161–78; Palmatier, R.W., Jarvis C., Bechkoff, J. and Kardes, F.R. (2009) 'The role of customer gratitude in relationship marketing,' *Journal of Marketing*, 73(5), pp. 1–18.

[40] Tesser, A., Gatewood, R. and Driver, M. (1968) 'Some determinants of gratitude,' *Journal of Personality and Social Psychology*, 9(3), pp. 233–6; Tsang, J.A. (2006) 'The effects of helper intention on gratitude and indebtedness,' *Motivation and Emotion*, 30(3), pp. 198–204.

[41] Frazier, G.L. (1983) 'Interorganizational exchange behavior in marketing channels: A broadened perspective,' *Journal of Marketing*, 47(4), pp. 68–78; Wilson, D.T. (1995) 'An integrated model of buyer-seller relationships,' *Journal of the Academy*

of Marketing Science, 23(4), pp. 335–45; Dwyer, F.R., Schurr, P.H. and Oh, S. (1987) 'Developing buyer-seller relationships,' *Journal of Marketing*, 51(2), pp. 11–27; Palmatier, R.W., Houston, M.B., Dant, R.P. and Grewal, D. (2013) 'Relationship velocity: Toward a theory of relationship dynamics,' *Journal of Marketing*, 77(1), pp.13–30.

[42] Palmatier, R.W., Scheer, L.K. and Steenkamp, J.B.E.M. (2007) 'Customer loyalty to whom? Managing the benefits and risks of salesperson-owned loyalty,' *Journal of Marketing Research*, 44(2), pp. 185–99.

[43] Berry, L.L. (1995) 'Relationship marketing of services: Growing interest, emerging perspectives,' *Journal of the Academy of Marketing Science*, 23(4), pp. 236–45; Bolton, R.N., Smith, A.K. and Wagner, J. (2003) 'Striking the right balance designing service to enhance business-to-business relationships,' *Journal of Service Research*, 5(4), pp. 271–91; Cannon, J.P., Achrol, R.S. and Gundlach, G.T. (2000) 'Contracts, norms, and plural form governance,' *Journal of the Academy of Marketing Science*, 28(2), pp. 180–94; Palmatier, R.W., Gopalakrishna, S. and Houston, M.B. (2006) 'Returns on business-to-business relationship marketing investments: Strategies for leveraging profits,' *Marketing Science*, 25(5), pp. 477–93.

[44] Ad News (2013) 'Telstra launches 'Thanks' loyalty program,' 25 February. Available at: www.adnews.com.au/adnews/telstra-launches-rewards-scheme-with-walk-on-ewan-mcgregor-movie-part (accessed 9 August, 2016).

[45] Palmatier, R.W., Gopalakrishna, S. and Houston, M.B. (2006) 'Returns on business-to-business relationship marketing investments: Strategies for leveraging profits,' *Marketing Science*, 25(5), pp. 477–93.

[46] Palmatier, R.W., Gopalakrishna, S. and Houston, M.B. (2006) 'Returns on business-to-business relationship marketing investments: Strategies for leveraging profits,' *Marketing Science*, 25(5), pp. 477–93.

[47] ETurboNews.com (2014) 'Starwood Hotels & Resorts and Emirates Airline announce new partnership,' 10 November. Available at: www.eturbonews.com/52410/starwood-hotels-resorts-and-emirates-airline-announce-new-partne (accessed 9 August, 2016).

[48] Cao, Y. and Gruca, T.S. (2005) 'Reducing adverse selection through customer relationship management,' *Journal of Marketing*, 69(4), pp. 219–29; Bolton, R.N., Kannan, P.K. and Bramlett, M.D. (2000) 'Implications of loyalty program membership and service experiences for customer retention and value,' *Journal of the Academy of Marketing Science*, 28(1), pp. 95–108.

[49] Reinartz, W.J. and Kumar, V. (2000) 'On the profitability of long-life customers in a noncontractual setting: An empirical investigation and implications for marketing,' *Journal of Marketing*, 64(4), pp. 17–35.

[50] Kalwani, M.U. and Narayandas, N. (1995) 'Long-term manufacturer-supplier relationships: Do they pay off for supplier firms?,' *Journal of Marketing*, 59(1), pp. 1–16.

[51] Venkatesan, R. and Kumar, V. (2004) 'A customer lifetime value framework for customer selection and resource allocation strategy,' *Journal of Marketing*, 68(4), pp. 106–25.

第 4 篇　资源总是有限的

大多数营销决策要求在多个目标之间进行权衡，这是因为用以实现这些目标的各种可用资源是相互关联的。当营销战略分配在品牌广告、新产品创新，以及扩充销售组织以强化关系上的费用时，实际上都来源于同一个有定额的资源库。一个企业只有这么多资源，关键资源的权衡是不可避免的。优化资源管理非常重要，因为营销资源提供了工作抓手，它使得企业能执行从前三个营销原则中得到的结论。

第8章

营销原则4：资源总是有限的→资源权衡管理

学习目标

- 批判性地讨论为什么资源总是有限的。
- 详述资源权衡管理的重要性。
- 论述进行资源权衡的五个原因。
- 详述资源权衡管理方法的演变过程。
- 解释在资源配置过程中锚定和调整的经验法与归因法的差异。
- 描述在做出资源权衡决策时，为什么归因法比其他方法更具优势。
- 定义和解释资源权衡管理框架的关键输入和输出。
- 批判性地评估两类绩效指标及其优缺点。
- 理解并解释资源权衡管理的五个步骤

引　言

资源总是有限的

管理者在做出战略营销决策时长期面临的最后一个问题是，资源总是有限的。企业的营销决策需要在多个目标之间进行权衡，以将稀缺资源用于满足不同的需要。这些资源分配决策通常是高度关联的。即便仅有一家店面的零售店的营销经理每个月也必须对稀缺资源进行权衡，如广告费用、销售人员的工作时间、零售货架空间和数百个类别的商品库存，更不用说对整个连锁商店系统进行资源决策是多么复杂了。我们用**资源权衡**（resource trade-off）来指代所有营销组合的资源分配决策。[1]资源权衡决策可能产生连锁效应，影响每一个特定决策所产生的结果。例如，在没有确保有足够库存产品的情况下在广告上大量投入，可能导致消费者在商店买不到该产品。又如，如果某些产品针对的是很少光顾该商店的顾客，在货架上摆满这些产品则会因过时和不必要的库存而造成巨大的损失。

优化资源管理是非常重要的，因为营销资源提供了工作抓手，它使得企业能执行从前三个营销原则中得到的结论。首先，为了有效管理顾客异质性（营销原则1），管理者要进行市场细分和目标市场选择，还需要有效地将有限的资源分配到这些确定的目标市场之中。

其次，为了有效地管理顾客动态性（营销原则2），管理者制定获取、扩张与保留（AER）战略，以期当顾客在生命周期阶段中迁移时能有效地为其提供服务。为了执行这些精心制定的战略，管理者在生命周期各阶段都需要足够的营销资金，这些资金不是一个小数目。想象一个简化的例子：一家企业的营销管理者要求将营销预算削减5%，则可以将获取至保留阶段的预算各削减5%，或者将获取阶段的预算削减25%，而其他阶段的预算不变。随着时间的推移，哪种选择的绩效更高呢？

最后，为了建立可持续竞争优势（营销原则3），企业推出新产品，进入新市场，建立强大的品牌，在关系营销（BOR战略）上花费精力。例如，亚马逊在2014年扩大了实体零售业务，这在一定程度上得益于它将实体店作为配送中心的想法。类似地，宝洁公司管理着22个品牌，这些品牌在美国的年销售额超过10亿美元，但它还在不断推出新产品以保持竞争力。[2]确定哪些可持续竞争优势是最合适的，并确定将哪些资源投入这些可持续竞争优势的来源中，是一个长期的挑战，竞争对手在不断挑战企业现有的竞争优势来源时更是如此。一些企业试图长期采用同一种资源分配战略以避免处理资源权衡问题。

实例

微软（美国）

微软在2010—2015年推出了几款低端智能手机。这家美国科技巨头很晚才认识到智能手机这个迅速发展的领域，因此它在扩大该领域的业务并在该领域建立足够的可持续竞争优势方面投资不足。[3]即使微软在2014年收购了诺基亚的手机设备业务，Windows操作系统在全球手机设备市场上的份额仅为3%，远远落后于苹果和谷歌。[4]

有些企业不愿意采用新技术，有些企业似乎拒绝接受新的营销渠道和沟通方式。近期一项学术研究显示，企业要想把社交媒体整合到自己的战略中，还有很长的路要走。[5]在一个7分量表中（1＝“完全不整合”，7＝“非常整合”），有22.3%的营销人员选择了“完全不整合”来描述他们在社交媒体方面的工作。即使资源权衡不涉及技术、营销渠道和沟通方式方面的一些创新，企业仍然会犯错误。例如，百思买在与沃尔玛和亚马逊的持续竞争中，决定大幅增加营销支出、延长经营时间，并在特定地点开设新店。但市场认为这些战略“更多的是一成不变”，以致该企业的股价和利润近年来一直不容乐观。

正如这些例子所说明的，资源权衡并非易事，尤其是在企业绩效受到多个因素的影响时。企业如果不能制定合理的方法来管理这些复杂的权衡，就会面临将顾客细分市场或产品市场份额拱手让人的风险，还可能降低营销投资回报率。在资源权衡决策中，有以下几个重要洞察：

1. 资源权衡决策是非常困难的。资源权衡决策随时间而变化，取决于许多因素。要想最优化资源权衡决策，需要很多难以获得的信息。

2. 在四个营销原则中，资源权衡决策都是实时的，并不存在一种一劳永逸的资源权衡决策方法。企业不能简单地按部就班或孤立地做出资源权衡决策。

3. 资源（资金、时间、信息）本质上都是有限的，没有谁有无限的资金或时间来执行某个营销战略。因此，针对不同的需要，找到正确的方法来分配有限的资源是成功的关键。

资源权衡的根源

如果每个企业都能获得无限的资源并在稳定的行业环境中运营，始终面对同样的顾客需要，竞争者始终不改变其战略，那么资源权衡可能非常容易。企业可以找到最有效的方式，长期面向所有顾客维持最有效的资源分配决策。当然，正如前三个营销原则所讨论的，上述假设与现实相去甚远。由于表 8 - 1 中所总结的五个关键原因，企业必须不断进行资源权衡决策。

表 8 - 1　　资源权衡的原因

原因	概念	实例
有限的资源和资源冗余	资源冗余是指企业所拥有的潜在可用的资源，这些资源可通过转换用途或重新配置实现企业的目标。资源冗余必须在许多营销需要之间分配。资源分配需要找到优化营销投资回报的方法。	经济衰退会显著降低顾客对商品和服务的需求、企业的销售额和利润，以及企业的资源冗余。资源分配必须根据环境和资源冗余的变化进行调整。
顾客需要的变化	市场细分提供了对细分市场的描述。企业从整体市场状况转移到企业感兴趣的特定细分市场。随着时间的推移，每个行业细分市场的规模和吸引力都会发生变化，这意味着目标市场的数量会发生变化，企业对各细分市场的投入水平也会相应变化。	2005 年，酒店行业主要聚集于吸引商务旅客，如今，在面向年轻夫妇的营销上投入了更多资金。年轻夫妇是增长最快的细分市场，他们寻求新颖和廉价的酒店服务。
产品生命周期的变化	企业试图平衡其产品组合，以实现在所有生命周期阶段都有相应的产品，从而平衡资源配置。导入阶段的产品需要大量的资源来上市、测试和做广告，以提高知晓度。当产品进入增长、成熟和衰退阶段时，需要分配不同的资源。技术的变化和新产品也会不断改变企业的产品组合。	Xero 软件是一种颠覆传统的记账和会计的在线供应物，这些服务原本由大型银行提供。大型银行不得不重组产品并推出新产品，以保持合理的产品组合。
竞争者进入或退出导致的市场格局的变化	当一个企业到达一个更有利的市场位置，竞争者就会很快采取对抗行动，以抵消前者的优势所形成的影响，这通常会导致围绕次级需求展开争夺。也就是说，竞争者会从企业那里抢夺市场份额，而不是创造更多的需求。企业必须在竞争性对抗中不断调整资源权衡决策。在有些情况下，在对新进入者进行预判时需要进行资源权衡。	大幅削减泰诺的价格，增加广告和销售人员的预算攻击了竞争对手的药物戴特尔（Datril），破坏了戴特尔的进入战略，提高了泰诺的长期绩效。

续前表

原因	概念	实例
营销活动有效性的变化	即使在经济稳定时期，顾客群体相对稳定，在各生命周期阶段的顾客偏好相对同质且产品没有大的竞争者，营销活动的有效性也可能随着时间推移发生变化，因而，市场对营销活动的反应会变得更弱或更强。例如，由于市场上的关系销售增加、产品复杂性提高、顾客越来越了解产品且要求更高，销售周期被拉长了。	自20世纪90年代以来，美国、欧洲和亚洲的大众媒体广告的效果一直在下降。

进行资源权衡首要且最根本的原因是企业的资源在本质上是有限的。由于这一限制，我们提出了一个专业术语来专门描述企业可自由支配的资源盈余。**资源冗余**（resource slack）是指企业所拥有的潜在可用的资源，这些资源可通过转换用途或重新配置实现企业的目标。[6]资源冗余为企业提供了可用来改变营销战略的实际或潜在的资源。各企业对营销的重视程度存在较大的差异，大多数企业的资源冗余数量主要取决于经济状况和企业的财务绩效。全球经济中时有发生的事件，如经济衰退，对资源冗余有着广泛的影响。经济衰退显著降低了顾客对商品和服务的需求，从而降低了大多数企业的销售额和利润，这使得企业的资源冗余大幅下降。如果企业认为应该保护有限的冗余资源，那么它们倾向于削减与市场相关的、与后续发展相关的投资，这意味着营销人员只能获得较少的预算。[7]《彭博商业周刊》（*Bloomberg Businessweek*）在2009年的一项研究调查了经济下滑将对企业产生什么影响，93%的受访者提到削减成本，37%的受访者表示大幅削减（超过20%）预算。[8]这种趋势会在全球引起连锁反应。由于经济衰退，美国和欧洲的企业削减了在技术和创新方面的成本。这些削减成本的措施冲击了印度大型IT供应商，如印孚瑟斯公司（Infosys）、萨蒂扬软件公司（Satyam）、印度塔塔咨询服务公司（TCS）和威普罗公司（Wipro）。在经济衰退时期，消费者会对支出更加谨慎，他们可能推迟购买或者更努力地讨价还价。

第二个原因是顾客需要的变化。由第2章可知，市场细分方法提供了细分市场的描述，包括细分市场的命名、显著的购买偏好、人口统计特征和细分市场的潜力。对目标细分市场的详细描述是重要且必要的。随着时间的推移，每个细分市场的规模和吸引力都会发生变化，目标市场的数量会随之变化，企业对各细分市场的投入水平会相应变化。例如，研究显示，酒店业的四个经典细分市场是背包客、情侣、家庭和商务旅客。[9]背包客喜欢探索城市而不是待在酒店里，需要便宜的房间。相反，情侣对房间内部设施和酒店条件非常重视。家庭则寻求适合儿童就餐且便宜的餐厅、游乐区、娱乐活动以及针对孩子入住的额外的房间折扣。商务旅客的支付意愿较高。因此，酒店可能会根据目标细分市场做出非常不同的定价、促销、便利设施和忠诚计划的决策。酒店需要进行资源权衡，如豪华的万豪连锁酒店较少为背包客提供服务。然而，这些细分市场的规模、需求和财务收益并不是固定的，而是经常变化的。在企业进行STP（市场细分、目标市场选择、市场定位）分析后，新营销战略可能要求对资源分配进行重大调整，在企业选择退出或进入新的细分市场时更是如此。

第三个原因是企业产品生命周期的变化。企业试图平衡其产品组合，以实现在所有生命周期阶段都有相应的产品，从而平衡资源配置。例如，在导入阶段，需要投资来推动产品上市，需要时间来实现销售，需要消费者试用来改进产品，需要做广告来提高产品的知晓度。一旦这些产品达到成长阶段，销售量就会增加，但企业需要调整资源分配以满足不断增长的需要。企业随后需要为成熟和衰退阶段的产品制定适当的差异化战略，因为这些市场已经饱和，顾客的需要大多得到了满足，企业可能会寻求降低营销成本以维持利润率。除了这种自然的发展进程，随着技术变化或新产品进入，企业的产品组合通常会以意想不到的方式发生变化，这意味着营销管理者必须在整个产品生命周期中重新分配资源。

实例

史密斯休闲零食公司（英国/澳大利亚）

史密斯休闲零食公司（Smith's Snackfood Company）是澳大利亚一家生产休闲零食（如玉米片）的公司。它记录了在整个产品生命周期中的所有输入和输出，包括生产前的准备、生产过程和生产后的运输。数据显示，在玉米片的加工和包装阶段，一个重要的决定是在资源使用和温室气体排放之间进行权衡。这一权衡使史密斯休闲零食公司在产品生命周期阶段的资源分配方面做出了更明智的决定。[10]

第四个原因是竞争者进入或退出导致的产品市场格局的变化。每当一个企业到达一个更有利的市场位置，竞争者就会很快采取对抗行动，以抵消前者的优势所形成的影响，这通常会导致围绕次级需求展开争夺。也就是说，竞争者会从企业那里抢夺市场份额，而不是创造更多的需求。这种情况经常发生。20 世纪 70 年代，泰诺（缓解疼痛药物的美国品牌）的持有者麦克尼尔消费者医疗保健公司（McNeil Consumer Healthcare）降低了泰诺的价格，增加了广告投放量，扩大了销售队伍以攻击其竞争对手百时美施贵宝公司（Bristol-Myers）所持有的药物戴特尔，这阻碍了戴特尔的市场进入，帮助泰诺保持并提高了市场份额。在有些情况下，在对新进入者进行预判时需要进行资源权衡。在美国，品牌处方药专利通常有一定的保护时间，在此期间，专利的持有者可享受其通过创新研发而创造的垄断权。一旦专利保护过期，制造仿制品的竞争者会涌入市场，用便宜的药物替代品抢夺先行者的市场份额。因此，每家制药企业必须决定是否以及何时开始对市场营销活动进行投资，以鼓励顾客继续购买其品牌化的药品，从而在超出专利保护期后延长产品的生命周期。

最后一个原因是营销活动有效性的变化。即使在经济稳定时期，顾客群体相对稳定，在各生命周期阶段的顾客偏好相对同质且产品没有大的竞争者，营销活动的有效性也可能随着时间推移发生变化，这取决于顾客对持续营销工作的反应。在经历一系列广泛的组织变革和不佳的财务绩效状况之后，英国的跨国银行和金融服务企业汇丰银行（HSBC）重新开展了营销活动，再次与顾客建立联系。汇丰银行借助传统广告以及社交媒体平台与顾客的互动，解决了诸如节能、劳动力老龄化和发展中市场等难题。[11]在 B2B 市场中，随着越来越多的企业开始利用人员推销手段，推出更复杂的产品，服务于对产品有更好的理解且要求更高的客户，销售周期变得更长。40 年来，美国和欧洲的人员推销的效率持续下降。[12]类似地，20 年来，大众媒体广告的效果下降了，在美国、欧洲和亚洲更是如此。[13]当不同营销渠道的有效性发生变化时，资源权衡决策更有挑战性。企业必须不断调整不同规划期的资源分配，在某些情况下甚至要完全改变既定的分配规则。

这五个方面的原因和驱动因素体现了资源权衡决策是一个长期的过程。企业必须在多个层面解决这个问题，以制定有效的营销战略。大多数营销战略需要大量投资，因此了解如何最好地分配资源是成功的关键。

大多数营销战略需要大量投资，因此了解如何最好地分配资源是成功的关键。

资源总是有限的：营销战略的基本假设

如前所述，企业拥有有限的资源。在此基础上，许多潜在因素会不断发生变化，这意味着企业必须不断进行资源权衡以优化营销战略。也就是说，资源总是有限的这一基本事实是所有企业在制定有效的营销战略时必须考虑的一个根本问题。资源总是有限的，因此有效的营销战略必须管理始终存在的资源权衡，这是第四个也是最后一个营销原则（营销原则 4）。

营销原则 4：资源总是有限的，因此有效的营销战略必须管理始终存在的资源权衡。

处理前三个营销原则的方法在许多方面有助于处理第四个营销原则。前三个营销原则都需要资源权衡决策，因为没有哪家企业有无限的资金、时间或训练有素的员工来完成所有工作。例如，一个企业不可能向所有顾客细分市场销售产品，提供所有可能的产品或者拥有一个满足所有顾客需要的品牌形象，因此企业必须进行资源权衡。通过前三个营销原则得到的洞察为资源分配提供了目标或路线图，营销原则 4 提供了有效的资源分配工具。因此，营销原则 4 对于有效执行基于前三个营销原则的营销战略至关重要。

具体而言，营销原则 1 要求对市场进行细分，使用通用电气矩阵选择与企业能力匹配的具有一定吸引力的目标细分市场。在这个过程中，下一步自然是在目标细分市场之间分配资源，以实现企业的定位战略。也就是说，实施营销原则 1 要求企业在各个目标细分市场之间分配有限的资源，这是营销原则 4 的核心内容。资源的权衡不仅包括财务资源，还包括管理者的时间、互斥的营销信息等。一家企业很难面面俱到以满足所有消费者，例如企业难以将自身定位于同时针对高端的、注重地位的顾客和价格敏感的顾客，这两种品牌定位战略通常是相互排斥的。因此，每家企业都必须对工作重点进行权衡。类似地，营销原则 2 建议使用 AER 定位陈述和基于各阶段不同人物形象的顾客终身价值形成的战略来管理顾客在 AER 各阶段之间的迁移。同样，实施营销原则 2 也要求企业针对 AER 不同阶段中的不同人物形象进行资源分配，就像营销原则 4 所要求的那样。营销原则 3 的输出陈述了企业如何使用品牌、供应物和关系（BOR 战略）来构建和维护现在和未来的可持续竞争优势。实施 BOR 战略通常需要在广告、研发和销售人员方面进行大量投资，这通常是执行营销战略时最大的支出。鉴于此，研究人员开发出了一些有效的模型（如广告和销售队伍反应模型）来改进在 BOR 战略中的资源分配。

在某些情况下，营销人员看似能忽略资源权衡。20 世纪八九十年代，报纸行业享有垄断地位，利润率很高。纸质报纸行业的快速下滑对所有人来说都很意外，对那些已经习惯于自由分配资源的营销管理者而言更是如此。各报纸企业遭受了严重的损失。Gatehouse 的股票从每股 22 美元降至约 0 美元并最终退市。仅在 2008 年，McClatchy 报业的股价就下跌了 94%，Lee 的股价下跌了 97%，《纽约时报》（*New York Times*）的股价下跌了 60%。1999 年，《明尼阿波利斯明星论坛报》（*Minneapolis Star Tribune*）以 12 亿美元的价格卖出，于 2009 年宣布破产。鲁伯特·默多克（Rupert Murdoch）最近资产减记 84 亿美元，其中约 40%源于在 2008 年以 55 亿美元收购的《华尔街日报》。[14]我们能否解释这个行业的瓦解呢？许多因素发挥了作用，当有证据表明报纸行业并没有充分满足顾客的需要时，该行业显然未能及时做出最佳的资源分配决策。它没有将读者或广告主分成不同的类别，以便有针对性地开展特定的营销行动。面对经济衰退、竞争加剧和技术进步的威胁，报纸行业仅仅寻求削减成本，而不是分配资源来制定更强的市场细分战略或差异化其产品。在许多情况下，这样的成本削减都发生于新闻编辑室，1992—2002 年，在报纸行业工作的记者大约减少了 6 000 人（5%）[15]。报纸行业的专业人士和学者警告说，这种资源分配方式绝对不是最优的，因为削减这些持续投资以增加利润的方式将最终损害产品的质量。[16]之所以这么说是因为人员减少将导致质量下降和多样性丧失，最终直接影响发行量。[17]

正如这个例子所显示的，削减成本可将资源重新配置到其他看似合理的领域，如股东分红。然而，在垄断市场阶段，削减成本以维持利润率并不能创造任何可持续竞争优势，也无法解决营销原则 3 的问题。而且，如果不分配资源来寻求新兴的细分市场或保护现有的细分市场，就是一种不良的资源配置，不能满足营销原则 4 的要求。

资源总是有限的。即使企业现有资源配置政策看起来是有效的，法律、经济、技术或创新领域中迅速发生的且常常出乎意料的变化也要求营销人员随时保持警惕。随着局势的变化，资源分配将变得不平衡。因此，企业需要找到能识别资源的错误配置并迅速调整资源配置的方法，以应对每种新情况。企业的营销战略必须考虑到资源权衡，否则企业执行前三个营销原则的能力及其整体营销战略将受到影响。下文将重点介绍资源权衡管理的一些方法、过程和分析工具。

资源权衡管理的方法

资源权衡管理方法的演变

资源权衡管理方法的演变显示出两个主要且重叠的时代：经验时代和数据时

代。图 8－1 描述了在这两个时代中资源分配方法的演变。

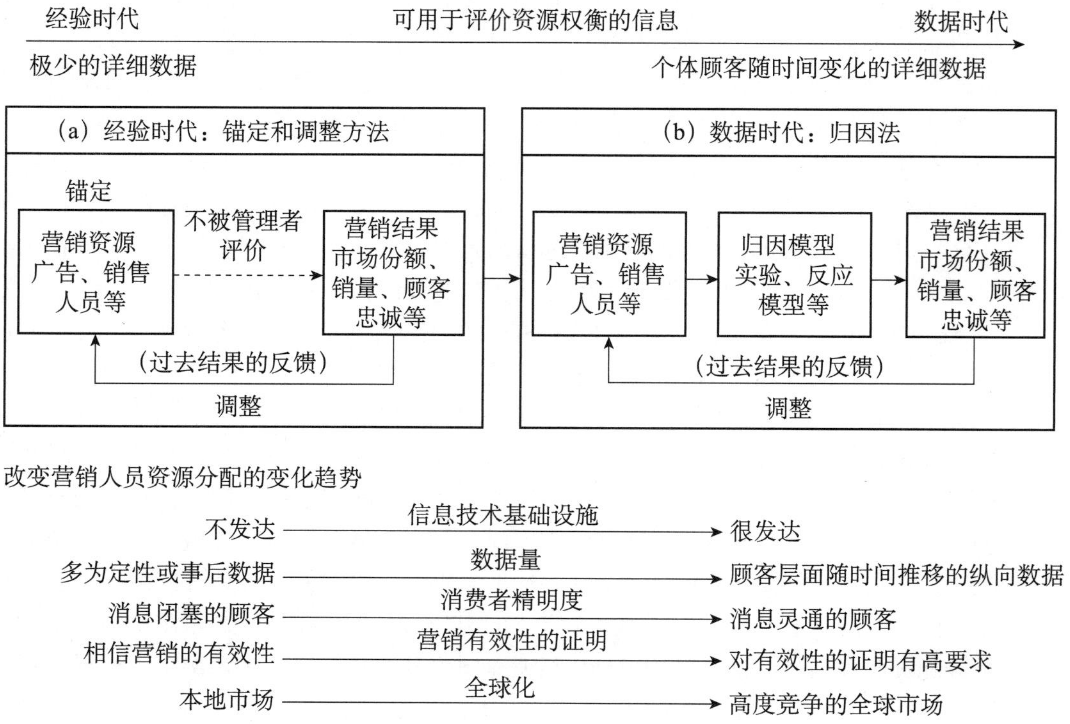

图 8－1　资源权衡管理方法的演变

经验时代

企业不断在不同顾客群体、不同顾客阶段、不同供应物、不同地区，以及不同传播形式之间制定资源分配决策。在没有关于每种资源选项吸引力的硬数据支撑时，管理者使用简单的经验法则（rules of thumb）来解决资源分配问题，它是由直觉和判断驱动的。这些解决方案称为经验，因此这个时代称为**经验时代**（heuristics era）。经验易于理解和使用，这使得管理人员在面对复杂的资源分配和迫切的时间压力时青睐这种方法。例如，一位经理可能总是将销售额的 4%用作广告投资，而不做任何进一步的分析或思考。

更高级的方式是采用类似于使用通用电气矩阵选择目标市场的方法来处理资源分配问题。回顾第 2 章，通用电气矩阵可帮助管理人员对目标市场进行可视化和选择。纵轴表示某种资源的吸引力，横轴表示企业通过投资于该资源而获得的竞争性收益。矩阵中“气泡”的大小表示资源机会的程度。图 2－2 中右上角的大气泡代表企业最佳的资源分配机会，左下角的小气泡代表企业最差的资源分配机会。

由于面板数据的出现和信息技术的进步，绩效数据和对营销投资的详细分析变得易于获得。然而，许多管理者仍然依赖于简单的经验法则，他们只用分析得到的数据来更新信息。举例来说，他们可能会根据每个资源选项在上一年度产生了多少销售额这一指标，将预算中的一部分分配给这个资源选项。成千上万的销售组织依据过去的销售额这一经验法则将销售人员分配到不同的销售区域。2014 年，一项对 1 000 名广告和促销经理的调查显示，72%的人依赖某种形式的经验在产品、区域和营销工具之间进行资源分配。[18]由此可知，经验时代仍然存在——主要是因为企业倾向于规避风险和透明的资源权衡，即便采用简单的方法不能形成最理想的决策，管理者也会采用这些方法来管理资源。

2014 年，一项对 1 000 名广告和促销经理的调查显示，72%的人依赖某种形式的经验在产品、区域和营销工具之间进行资源分配。

数据时代

在**数据时代**（data era），企业利用历史数据来分析过往的资源权衡决策与决策结果之间的关系，以判断某种资源对特定结果的实际效应。基于数据和实证模型的科学方法揭示了企业应该保持其资源投入水平还是对其进行调整。例如，总部位于荷兰的酿酒公司喜力（Heineken）与布宜诺斯艾利斯的初创公司 Shopperception 合作，收集了大量有关顾客购物行为的数据。通过在各个零售店安装三维传感器，酿造公司找到了最佳的货架摆放位置和货架布置方式。[19]

实例

最佳的广告战略（中国）

为了判断是否以及何时用移动广告向消费者推送促销消息，中国某大型移动通信运营商进行了一项大规模的研究。在该研究中，从上午 8 点至晚上 8 点，向 4 400 名移动用户发送了同一条促销短信。消费者可直接对该促销信息做出反应，并使用手机付款。通过分析消费者何时以及如何回应广告的信息，该企业确定了最优战略，即在上午 10—12 点和下午 2—4 点向消费者推送促销消息。这样一来会促使平均购买率达到此前的两倍。[20]

数据时代正在改变资源分配的概念，从受经验驱动的方法转变为更科学的建模方法，以将特定的资源投入与绩效结果联系起来。在过去的几十年中，有三种趋势促成了数据时代的出现：

1. 资源分配决策变得相当复杂，涉及新的产品和细分市场。企业不仅可以通过传统的营销渠道到达市场，而且可以通过各种新的营销渠道和传播渠道到达市场，如在线展示、付费搜索广告、移动设备和社交媒体。

2. 数据驱动的资源分配成为开展业务的成本。尤其是：

> 快速的技术和环境变化改变了营销管理者的工作结构和内容。这些变化包括：普遍的、网络化的、高性能的信息技术（IT）基础设施，数据量的爆炸式增长，更精明的顾客，管理层要求报告营销投资的正向回报，以及全球性、竞争超级激烈的商业环境。（p. 114）[21]

3. 营销职能受到更严格的审查，问责（accountability）的要求越来越高。为了保证有足够的营销资金，营销管理者必须不断向高层管理人员证明预算的合理性。因此，如果能使用明确且无可辩驳的证据来证明营销投资产生了效用，并且是投资最优化的，就能为营销部门争取到更多资金。

营销的演变过程反映了技术的进步，在此过程中，数据驱动的方法正在慢慢取代经验驱动的方法。下文将介绍一些流行的资源分配方法，包括基于经验的方法和基于数据的方法。

锚定和调整的经验法

正如图 8-1（a）所示的管理资源的经验方法，营销结果框可能包括诸如市场份额、销售额、品牌忠诚、顾客满意和股票价格等结果。每个结果都可能受到管理者过去资源权衡（即营销资源框）决策的影响。这些框之间的联结关系（虚线）并不是显而易见的。例如，假设有四家企业。第一家企业将其所有广告都增加 25%的投资。第二家企业在一个地区增加 50%的营销投资，在另一个地区削减 50%的营销投资。第三家企业倾向于减少在某个顾客细分市场的营销投资，而将注意力更多地放在其他细分市场。第四家企业始终将销售额的 1%作为广告支出，而不考虑地区、产品或竞争行为的影响。每个决策都代表一个“锚点”，即管理者用来进行营销资源分配的基础性决策规则。这些锚点的影响并不是立竿见影的，甚至是不明显的。尽管如此，管理者还是可以在观察到上一期决策的结果之后，在每个决策期都对决策进行调整。例如，将销售额的 1%用于广告的经理会观察每个决策期的销售情况。如果销售相对稳定，企业可以保持其支出不变（“照常营业”），或者提高用于广告的比例以测试销售额是否会增加，或者降低用于广告的比例以测试销售额是否会下降。这种调整通常反映了管理者所认为的最佳决策，它可以基于一些科学的证据或数据。因此，从右边的结果框指向左边的资源框的实线表示，管理者在获得关于现有资源分配结果的信息后，对经验所进行的调整。尽管确切的锚定规则在实践中可能千差万别，但这种**锚定和调整的经验法**（anchoring and adjustment heuristics）广泛应用于实践中。[22]

- 在销售百分比法（percentage of sales method）中，营销资源反映了主营产品创造的销售收入。企业通过将固定比例的销售收入用于营销，确定用于营销的资金数额。因为这种方法只需对一定比例的企业销售额进行分配，所以易操作，可防止企业过度支出。如果竞争者用同样的方法分配资源，就会形成营销支出比例的行业标准。

- 在利润百分比法（percentage of profits method）中，专用于营销的资源取决于产品在前一时期所获得的利润。在政治、社会、人口或经济因素可能会产生更大更直接影响的波动性大的行业中，这种方法优于销售百分比法。

- 采用历史法（historical method）的管理者只是简单地将目前的资源分配设置为与前一年非常接近的水平。这种方法假定市场上几乎没有变化，没有必要改变资源分配水平。它主要用于政治、社会、人口和经济因素波动性不大或这些因素的影响不太大的行业。

- 竞争对抗法（competitive parity method）意味着管理者将资源分配设置为与竞争对手资源分配相匹配的水平。这种方法在竞争激烈的市场中应用最为广泛，营销资源的分配被视为竞争成本。在这种情况下，单个企业可能不知道最佳的资源水平，但集体的智慧可以提供一些洞察。然而，这种方法永远无法准确反映出企业需要在营销上投入多少资源，因为它完全取决于企业的标杆学习（benchmarking）而不考虑企业和顾客的差异。

从表面上来看，大多数经验法未考虑前三个营销原则。例如，通过销售百分比法来决定所有细分市场的广告投入违反了营销原则 1，因为这种方式忽略了顾客总是有差异的，它假定广告在所有顾客群体中都能产生同样的效果。历史法违反了营销原则 2，因为这种方法忽略了顾客总是在变化的，它预期广告未来会发挥与过去同样的作用。然而，在稳定的市场环境中，这些方法因简单可行很受欢迎。例如，一项实验性的仿真研究发现，在一个为期五年的测试中，销售百分比法比缺乏经验的简单分配法（在所有产品和活动中平均分配资源，忽略顾客或产品组合差异）的效果好[23]，在动荡的环境中或需求不确定的情况下更是如此。

从表面上来看，大多数经验法未考虑前三个营销原则。

既然科学的方法可以更有效地指导营销资源分配决策，那么为什么这些经验法依然存在呢？其中一个原因是组织惯性（organizational inertia），是指即使企业碰到了新方法也不愿意使用，因为它已经习惯于现有简单的（低效率、并非最理想）方法。科学分析在本质上更为复杂，要求企业花更多时间并承担更多风险。考虑到资源分配决策对组织运作是至关重要的，企业反而倾向于采用经过反复考验的方法。企业认识到，任何分配决策都是一种权衡：一个细分市场/产品/营销工具/地区获得了更多资源，那么另一个获得的资源就会减少。为了便于解释为什么某些实体比其他实体获得的资源少，企业可能倾向于采用简单明了的锚定和调整的经验法。

归因法

要了解锚定和调整的经验法存在的问题，请参见图 8－1（a）。即使这些连接线对管理者而言不一定是显而易见的（虚线），但右框中的每个营销结果的确受到左框中列出的资源权衡的影响。管理人员一旦观察到一段时期后的结果，就可以对不好的资源分配决策做出反应。如果减少 25%的广告后利润下降了 10%，那么管理者最好尽快调整广告资源配置。

即使在这种看似简单的情况下，管理者仍然无法确定利润下降 10%的原因。应该增加 25%的广告资源投入（即广告资源投入太少，没有达到最高销售额），还是应该减少 50%的广告资源投入（即广告资源投入太多，降低了利润）——营销人员常常面临这样的问题。

宝洁公司 2012 年在广告上的投资超过了 60 亿美元，同年 IBM 在广告上的投资约为 10 亿美元。[24]这些企业即使进行了大规模投资，也仍然不确定应该如何在不同的沟通渠道和方式中分配资源。为了更好地理解营销资源与营销结果之间的关系，可以在图 8－1（a）中添加一个框形成图 8－1（b）中的归因模型（attribution model）。该模型有助于系统地回答这个问题：在保持其他条件不变的情况下，增加一定数量的某种资源将对企业营销结果产生什么样的影响？

如图 8－1（b）所示，假设一位管理者试图最大限度地提高营销绩效，如市场份额。他回顾了与营销资源框中特定变量（如广告）相关的决策和权衡。通过归因模型，这位管理者利用过去的决策和结果可以得出数据，即资源权衡对结果的影响有多大。这种历史评估揭示了哪些营销决策发挥了作用，还可以了解哪些营销决策没有起作用。然而，这需要基于模型的“假设分析”（what-if）情景，以便找出最佳的资源权衡决策。

假设一家企业意识到增加广告投入能增加市场份额，因而决定将广告投入再增加 50%。但在接下来的一段时间里，市场份额只增长了 2%，这表明该企业在广告上的投入可能过高了。这为企业制定理想的资源配置决策提供了关键信息。利用归因模型，企业可以了解到少量资源增加带来的确切的货币化影响，也可以解答两个更重要的问题：

1. 一项营销投资的货币化价值影响是什么？
2. 使得利润最大化的投资水平是怎样的？

利用归因模型，管理者可以通过分配资源来优化营销绩效，并避免浪费资源或依赖主观经验。进而，管理者可以实施积极主动的资源分配战略，而不是反应式的资源分配战略。归因模型分为两大类，即实验归因模型和反应归因模型。

实验归因模型

企业往往在各种因素同时作用的环境中运营。例如，在中国竞争激烈、充满活力的在线零售行业，阿里巴巴的管理者发现很难证明（或反驳）营销资源在特定的营销结果中发挥了作用。尽管如此，管理者仍然必须对是否投入资源和投入多少资源做出持续且快速的决策。假设梅西百货（美国一家高档百货公司）想要了解是否应该投资于搜索广告。一方面，大多数人使用谷歌等搜索引擎在网上搜索产品，所以在顾客搜索相关关键词时为梅西百货打广告是合理的，这样可以促进销售。另一方面，梅西百货已经是一个知名品牌，它的忠实顾客无论如何都会访问它的网站，所以搜索广告可能是一种浪费。

梅西百货如何确定哪一种说法是准确的呢？表 8-2 提供了关于实验归因模型的总结，包括干预、结果、设计和控制组。在一个有控制组的实地实验（field experiment）中，梅西百货可能会首先选择一种感兴趣的干预（intervention）手段，如所期望的搜索广告水平。实验中将会对这一水平设置几个等级，如在美国的中西部地区增加 10%的搜索广告支出。然后，梅西百货需要确定感兴趣的结果（outcome)，比如线下销售额、在线销售额或者网站访问量，并将中西部地区（在那里增加了搜索广告支出）的结果与其他地区（在那里付费搜索广告支出保持不变）的结果进行对比。实验的设计（design）需要进一步细化，比如精确到在什么时候、在哪里，以及由谁来管理干预手段。因此，梅西百货除了在不同地区分析搜索广告的结果，还可在不同搜索引擎上投资搜索广告，例如在谷歌而不是必应（Bing）上投资。可以将实验的长度定为一个月。这样一来，实验组包括在中西部地区使用谷歌搜索时接触到选定关键词的所有消费者。梅西百货需要追踪这些消费者在长达一个月的干预期内的销售额或网站访问量。研究可发现，在其他条件相同的情况下，付费搜索广告增加 10%能带来多少销售额增长。

表8-2　实验归因模型的组成

组成	定义
干预	企业希望记录其有效性的关键营销活动
结果	企业进行实验所期望获得的关键营销绩效
设计	企业实施干预的时间、地点和对象
控制组	与实验干预组相似，但在实验过程中保持不变的区域、顾客或情景

在这种方法中，可以有意使影响销售的所有因素（至少是企业可控的因素）保持不变。企业在实验中可有意识地生成一种情景，使其能够量化营销资源的财务影响。由于外部效应始终在发挥作用——梅西的销售额原本就会逐月增加，因此某个月的销售额增长不一定得益于增加了搜索广告，控制条件（control condition）可能是有帮助的。选择与实验区类似的一个区域，使该区域该月的搜索广告水平保持不变，这样就形成了一个控制组，这个控制组由所有未通过谷歌接触过密集的搜索广告的消费者组成。如果控制组的销售额增长但增长量低于实验组，就有证据表明，对在其他方面都相似的群体而言，增加搜索广告支出将增加销量。

这种方法与锚定和调整的经验法相比有很多优势。它能让管理者控制可能影响到结果的因素，从而有助于研究特定因素的影响。当管理者想要第一次测试某些因素的影响时，实验归因模型能提供帮助。例如，几十年来，传统观点认为顾客会忽略价格最右边的数字，从而将价格向下舍入（如在看到3.99美元时会认为是3美元而不是4美元），所以营销人员纷纷制定以9结尾的价格。[25]但是这种传统观点长期未得到测试，这对企业来说是非常危险的。为了通过实验来测试这个观点，研究人员将三个版本的大型邮购目录邮寄给随机选择的顾客群体。在某些目录中，有四件衣服的价格以9结尾，在其他目录中则不然。研究发现，价格以9结尾的衣服的需求量较大，尤其是在那些不太熟悉该产品的顾客中。[26]在这个例子中，传统观点被证明是正确的，但我们有必要通过实验来证实它。

实验归因模型能让管理者控制可能影响到结果的因素，从而有助于研究特定因素的影响。

并非所有实验都如此一目了然。确定需要测试哪些因素是至关重要的，而且实验可能很快就变得非常复杂。例如，宜家网站几乎涵盖了宜家所有产品系列中的约12 000种产品。它们在价格、类别、评价、设计等方面具有差异。如果管理者想要在这个庞大的范围内进行实验，就需要确认哪些因素对于研究是非常重要的并将实验限定在那些可行的因素上。

决定实验是否成功的因素之一是它的可靠性，也就是它的内部效度和外部效度。内部效度（internal validity）高意味着这个实验设计良好，它有三个关键标准：

1. 原因发生于结果之前，即时间先后次序检测（temporal precedence check）。在梅西百货的例子中，这种时间先后次序是非常明显的。零售商在投放更多搜索广告之前对其线上和线下销售情况进行检查，然后在投资后的一个月内检查销售情况。较差的实验设计可能会在实施干预后过早地测量结果，没有给干预措施以足够的时间让它产生效果。

2. 根据共变性检验（covariation check），原因和效果必须是相关的。在梅西百货的例子中，如果实验组和控制组的销售额都增加了，但没有统计上的显著性差异，就不能确定增加的搜索广告确实增加了销售额。

3. 最难达到的标准是要求观察到的结果没有其他可信的替代性解释，这可以通过非虚假关系检验（non-spuriousness check）来确定。例如，梅西百货需要确定实验组和控制组所代表的区域在渗透率、市场吸引力、销售额增长和竞争等方面都是非常相似的。此外，实验组和控制组的顾客在人口统计特征、偏好、生活方式和购买历史等方面具有相似性。实验只有达到了这三个标准才具有内部效度。

外部效度（external validity）取决于通过实验得出的结论是否可以推广。例如，梅西百货可能会通过在不同地区、不同搜索引擎、不同消费者群体或不同搜索广告水平上进行类似实验来确认结果。更一般地说，管理者应该重复实验，从而确认实验将始终如一地产生相同的结果。实验的外部效度最终提供了对实验结果的信心。

然而，实验即使能满足这些标准并具备充足的效度，它在某些情况下也可能是根本不可行或不具操作性的。在实验环境中，测试销售队伍新的薪酬体系或销售区域可能是不公平或不实用的，因为实验组与控制组付出了相同的努力却获得不同的报酬。类似地，如果特许经营商想要测试促销的效果，但是出于公平和法律原因，不能要求一些特许经营商大幅降价而不要求其他特许经营商降价。因此，企业需要其他的方法来应对诸如此类的情况。

反应归因模型

随着计算能力的提高、数据量的增加，以及统计分析技术的进步，企业在挖掘历史数据以测评各种营销资源对结果的影响方面已有很大突破。数据量的爆炸式增长、统计方法的进步，以及营销管理人员强大的基础知识背景促使反应归因模型这一复杂技术的应用量激增。**反应模型**（response model）是一种统计模型，用于展示过去的营销资源与过去的结果之间的关系。反应模型的基本理念是，历史数据包含了营销资源是否以及在多大程度上促成了营销结果的信息，这种信息对确定未来的营销行动是非常有用的。反应模型的基本假设是过去结果与未来结果是相关的。基于这样一种在多数情况下合理的假设，反应模型利用历史数据分析营销资源与绩效的关系。如果管理者想要了解基于定价的营销决策对销售量的影响，那么反应模型可能是这样的：

1. 收集过去 52 周内销售量与定价的数据。
2. 建立一个联结定价与销售量的统计模型。
3. 生成可以展示 1%的价格变化对销售量的影响的结果。

> 反应模型的基本理念是，历史数据包含了营销资源是否以及在多大程度上促成了营销结果的信息，这种信息对确定未来的营销行动是非常有用的。

从第53周开始，管理者可以根据定价对销量增加或减少的影响做出定价决策。通过避免任意定价，管理者可以保证企业不会因定价过低或过高而影响销量。

就灵活性和实用性而言，反应模型具备四个主要优势。第一，反应模型使管理者能够识别出营销资源影响营销结果的几种重要模式。营销资源与结果之间的关系形态（shape of relationship）展示了特定营销资源的变化导致的结果变化率。图8－2展示了三种可能的关系形态，其中直线型反应是不现实的，它意味着随着营销资源的持续增加，营销绩效持续增加。管理者通常期待凹型反应，即营销绩效随着营销资源的增加而增加，但增加速度递减（图中最上面一条线）。也就是说，一家企业将产品的花色品种从非常低的水平提高到非常高的水平后，它将获得更多的销售额，因为消费者有更多选择，可以从该企业购买更多产品。但随着企业不断增加产品的花色品种，这种边际增加量逐渐减少，因为顾客只能评估一定数量的产品，过于繁杂的产品花色甚至会让顾客感受到压力，从而导致顾客转向别的企业。S型反应较为罕见，意味着当营销资源处于非常低的水平时是无效的，因为还不足以形成竞争力；当营销资源处于非常高的水平时，由于市场已经饱和，这些营销资源也是无效的。识别准确的、非线性的反应形态对于理解营销有效性的收益递减性是非常重要的。

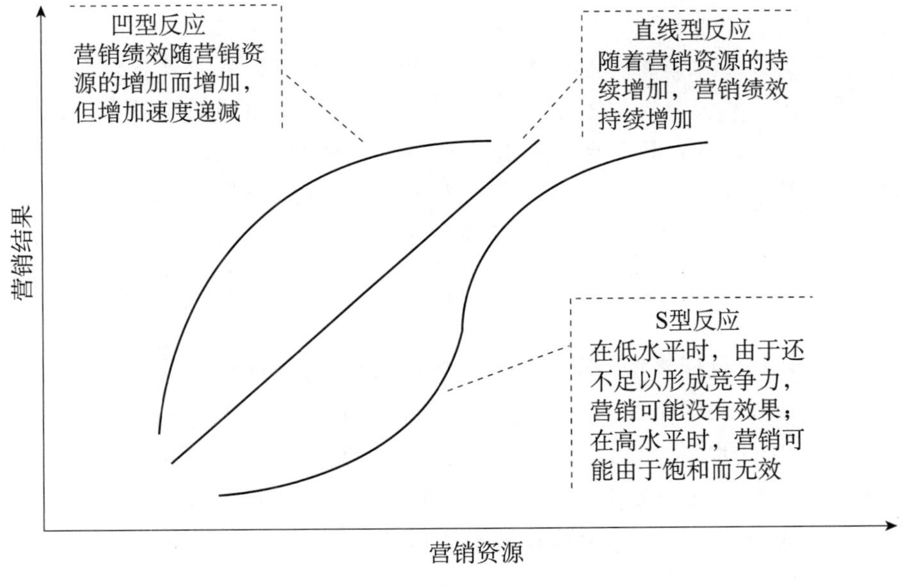

反应模型的好处：
- 为营销资源与营销结果之间的关系提供洞察
- 帮助管理者理解营销结果的长期影响
- 展示竞争性营销努力对企业绩效的影响

图8－2　反应模型的形态：直线型、凹型、S型

第二，营销管理者可以利用反应模型来回答重要的资源分配问题，尤其是关于**营销弹性**（marketing elasticity）的问题，即增加1%的营销努力会使结果发生多大的改变。一项研究总结了1960—2008年间从全球各种市场环境下的反应模型中收集的数千个广告弹性数据。结果显示，短期广告平均弹性为0.12（即广告每增加

1%，销售量增加 12%）。在以下三种情况下，广告弹性更高：

- 耐用品而不是非耐用品；
- 在产品生命周期的早期而不是成熟期；
- 广告是以综合评分方式计量而非以货币计量。[27]

还有一项研究总结了 1960—2010 年间从全球各种市场环境下的反应模型中收集的 3 000 多个销售人员弹性数据。结果显示，短期销售人员弹性为 0.31（即销售人员每增加 1%，销量增长 31%）。人员推销的弹性在产品生命周期的早期比后期高（高 0.26），在欧洲比在美国高（高 0.11）。[28]有研究指出，销售人员支出可使广告效果提高一倍，因此，销售人员和广告对财务绩效的影响存在协同效应。如果没有反应模型，这些结论是不可能得出的。

第三，管理多种营销资源（几乎在所有情况下都是如此）的营销管理者可以通过反应模型确定每种资源的相对影响，从而优化分配这些资源。在理想的情况下，企业会根据每种资源的相对影响来分配它们。

实例

三星电子（韩国）

1999 年，三星电子（Samsung Electronics）以提高营销支出的回报率为目标，需要在 200 多个国家和地区销售的 14 个产品之间分配 10 亿美元的预算。[29]在分配之前，三星电子使用了锚定和调整的经验法，以便根据产品和地区的市场规模大致按比例分配资源。三星电子采用反应模型方法后，发现与北美和俄罗斯的利润潜力相比，它在这些地区已过度投资。因此，三星电子大幅减少了在这些地区的预算。另一个模型指出，三星电子应该在欧洲和中国投资更多，于是它将这些地区的预算从 31%增加到了 42%。到 2002 年，三星在欧洲和中国获得了显著的市场份额增长，品牌价值增加了 30%（达到 83 亿美元），净收入增长到 59 亿美元。

第四，反应模型有助于展示竞争性营销努力所产生的影响。竞争性营销往往会扰乱市场，减弱企业产品的突出性与差异性。例如，在电视广告比较常见的国家，广告回忆的水平较低。在丹麦，人均每周观看 80 条电视广告，明略行（Millward Brown）广告知晓度指数为 150（以英国的 100 为基准）。在意大利，人均每周观看 300 条电视广告，广告知晓度指数降至 50。[30]通过反应模型，管理者可以预测竞争者广告支出的增加将在市场中对自身的广告回忆产生怎样的影响。

数据分析技术 8-1 详细说明了反应模型如何展示各种营销工作的有效性。该方法的最新版本甚至可以帮助管理者理解营销的长期影响，而不仅仅是营销对同期或随后时期结果的影响。对于给定的产品，如果消费者认为促销价格很有吸引力，那么促销可能带动同一时期销量的增长。除此之外，促销可产生长期影响，比如鼓励消费者尝试使用产品，这样消费者可能会意识到他们喜欢这个产品，并有可能对这一产品保持忠诚。

反应模型的新版本可以展示各种营销努力之间的协同效应。随着整合营销沟通（IMC）的发展，营销工作逐渐覆盖大量的媒体渠道——电视、广播、在线平台、移动设备、户外广告、报纸、杂志等——以期产生协同效应（或叠加效应）与互补性。正如第 5 章所讨论的，整合营销沟通的目标是确保营销工作的一致性，以使营销效果最大化，从而实现营销活动总体影响超过每个活动的影响之和。例如，电视可能提高在线广告的效果，从而提高促销的总体效果等。通过反应模型，管理者可以评估整合营销沟通工作的综合效果，以确保综合效果确实优于单项工作之和。[31]

数据分析技术 8－1

反应模型

描述

反应模型是一种数学模型，它能捕捉营销资源投资与结果之间的关系，帮助管理者优化分配资源。

何时使用

- 寻找营销努力与企业绩效之间的关系。
- 比较各种营销组合对营销结果的影响。
- 展示竞争性营销努力对企业绩效的影响。

使用方式

历史数据包含营销资源是否以及在多大程度上提高企业绩效的信息，这种信息对确定未来的营销行动是非常有用的。一个基本假设是：过去的结果与未来的结果是相关的。除了在经济衰退等时期，这种假设在多数情况下是合理的。反应模型利用过去的数据揭示营销资源与绩效之间的关系，主要提供了四点洞察：

1. 反应模型展示了营销资源和绩效之间的关系形态，它通常是凹形的，即营销绩效随营销资源的增加而增加，但增加速度递减。

2. 反应模型准确地揭示了营销资源增加 1%，财务绩效将会发生多大变化，即营销弹性。

3. 营销管理人员可以分辨出几种资源的相对影响，从而优化配置资源。

4. 反应模型可以帮助管理者在对扰乱市场的竞争性营销努力进行控制的情况下，识别出自身的营销努力对结果的影响。

如果营销结果为 Y，已知企业的两个主要营销努力（x_1 和 x_2），以及竞争对手的营销努力（Z_1），则反应模型的公式为：

$$\ln(Y)=\beta_1\ln(x_1)+\beta_2\ln(x_2)+\beta_3\ln(Z_1)+\varepsilon$$

式中，ln(　) 项是模型中变量的自然对数，能体现营销结果和协变量之间的收益递减关系。β_1，β_2 和 β_3 是营销努力的弹性：β_1 表示 x_1 变化 1%，Y 变化的百分比；β_2 表示 x_2 变化 1%，Y 变化的百分比，β_3 表示竞争对手的营销努力 Z_1 变化 1%，Y 变化的百分比。ε 是随机误差项。利用过去的结果和营销干预数据，以及混淆变量的数据，SAS 或 SPSS 可以确定系数的正负符号、强度和统计显著性。

实例

面对严峻的经济形势，XYZ 公司的报纸业务高管要评估在新闻编辑室方面（通过聘请更多记者、编辑和摄影师来提高新闻质量）需要多少营销投资，以及在销售团队方面需要多少投资以产生更高的广告收入。他们决定建立一个计量经济模型来研究这些营销投资对利润的影响。

他们收集了过去10年的月度数据，数据涉及在新闻编辑室和销售团队方面的投资、总收入（结果），以及在同一城市运营的其他报纸在新闻编辑室和销售团队方面的投资（竞争者投资）。反应模型展示了营销结果、营销努力和竞争者营销努力之间的关系，如下表所示。

变量	弹性值	统计显著性（p）
ln(新闻编辑室投资)	0.36	0.03
ln(销售团队投资)	0.24	0.02
ln(竞争者新闻编辑室投资)	−0.12	0.01
ln(竞争者销售团队投资)	−0.08	0.02

通过这一模型，XYZ公司发现新闻编辑室投资（0.36）和销售团队投资（0.24）的弹性值都是正的且显著的。对新闻编辑室每增加1美元投资可使销售额增长0.36%，而对销售团队每增加1美元投资可使销售额增长0.24%。这两个弹性值的对比表明，新闻编辑室投资有效性是销售团队投资有效性的1.5倍。在目前的计划中，该公司打算对新闻编辑室和销售团队投入同样多的资源，而反应模型的估计值促使高管做出调整，最终对新闻编辑室的投资超过了对销售团队的投资。

模型也考虑了竞争者营销努力的影响。结果显示，竞争者新闻编辑室投资(−0.12)比竞争者销售团队投资（−0.08）更能影响XYZ的收入。这些强有力的证据表明，XYZ迫切需要大力投资于新闻编辑室，因为高质量的新闻编辑室不仅有助于吸引报纸的订购者，还有助于抵御竞争对手的攻击。

资源权衡管理的框架

资源权衡管理的组织框架整合了本章中介绍的方法和分析（见图8-3）。三项关键的输入是前三个营销原则的输出。资源权衡管理框架的两项输出是对企业资源计划和预算，以及关键营销绩效指标的描述。这些描述体现了企业试图追踪各种资源支出，以对其进行确认。本章末尾将介绍使用这个框架将输入转换为输出的五个步骤。

资源权衡管理框架的输入

前三个营销原则的输出即资源权衡管理框架的关键输入，这意味着每个营销原则都需要一些初始的权衡决策。回想一下，营销原则1得到的定位陈述回答了顾客是谁，产品或服务可以满足什么样的需要以及为什么此产品/服务是满足这些顾客需要的最佳选择等关键问题。

要制定一份定位陈述，营销管理人员需要做出多个相对宏观的决策，例如，针对哪个顾客细分市场（谁），供应物能满足顾客什么样的需要（什么），以及如何实现差异化（为什么）。因此，每一项决策都需要权衡：将产品卖给这些顾客而不是

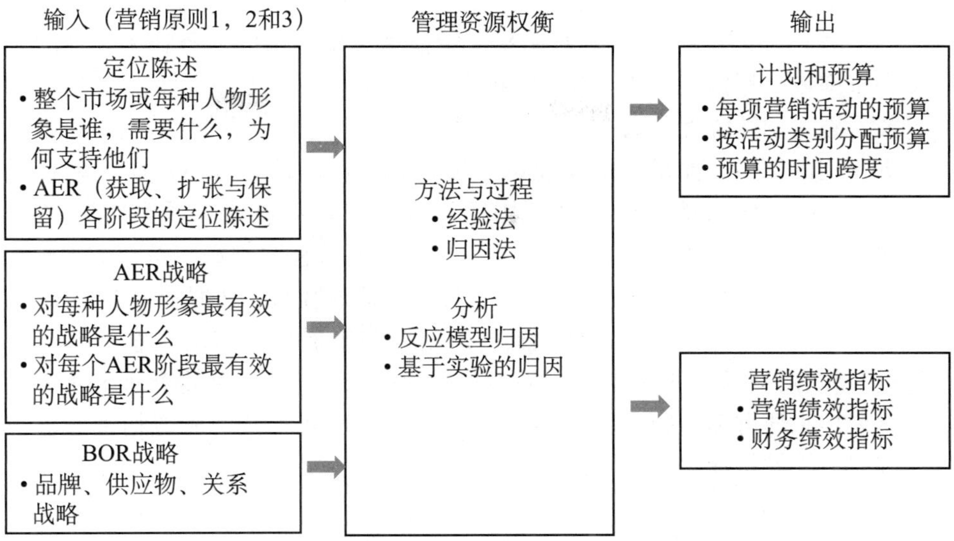

图 8-3　营销原则 4：资源总是有限的→资源权衡管理

那些顾客，满足顾客这样的需要而不是那样的需要，追求基于成本的差异化而不是基于质量的差异化等。营销原则 1 的这些输出指明了实施营销投资决策时的工作边界，因此它是后续资源分配决策的起点。

营销原则 2 的输出，即 AER（获取、扩张与保留）定位陈述，也是资源权衡管理框架的重要输入。这些陈述描述了企业的顾客组合中每个关键人物角色的对象、内容、原因和时间，并详述了随着时间推移或阶段变化，企业希望通过现有顾客实现的目标。与营销原则 2 相关的权衡包括，在顾客获取、扩张与保留战略上投入多少资源，以及在不同阶段哪些营销投资是最有效的。总体来说，营销原则 1 和营销原则 2 的输出明确了资源权衡工作应聚焦于能从市场中赢得顾客和对随时间推移而变化的顾客进行管理的关键战略，从而确定了资源权衡的目标，缩小了资源分配决策的范围（在不同顾客和不同阶段之间）。

最后，营销原则 3 的输入建立在营销原则 1 和营销原则 2 的基础之上，它描述了如何使用 BOR（品牌、供应物和关系）战略来构建 SCA（可持续竞争优势），以建立起抵御竞争性攻击的强大壁垒。这一营销原则涉及在品牌、供应物和关系等方面投入多少资源的关键权衡决策，而这三者通常是企业最大的营销投资。

除了上述前三个营销原则所要求的权衡之外，它们还提供了整体的资源权衡框架，以支持总体层面的优化和改进。前三个营销原则要求企业进行权衡决策以吸引、扩张和保留顾客市场，营销原则 4 侧重于优化分配资源以执行相关战略，同时使用适当的绩效指标追踪企业的进展。

资源权衡管理框架的输出

有效分配资源的一个基本问题是找到最合适且便于测量的绩效指标。常言道，企业只可能实现它所测量的目标。长期使用某个绩效指标可能导致这一指标对企业格外重要，将对企业实现其目标的过程产生重大的影响。

对大多数营销资源投资来说，财务绩效指标和营销绩效指标可以从不同方面展示投资收益。它们对投资水平变化的反应是不同的。财务绩效指标（financial metrics）以货币为基础，主要使用易于转换为货币结果的财务比率，如净利润、投资回报率或目标销量。[32]营销绩效指标（marketing metrics）反映顾客的态度、行为或心态，如知晓度、满意度、忠诚度和品牌资产等。营销绩效指标可以解释营销发挥作用的原因。如果一家企业试图确定其新产品的有效性，那么单看利润是不够的，因为利润可能由于各种原因而波动。如果企业追踪顾客对这些新产品的看法——他们是否意识到新产品是可获得的，是否喜欢它们，是否会重复购买，就可以确定低利润是知晓度低、服务表现差还是顾客满意度低造成的。这些中间指标（intermediate metrics）能够比最终的财务结果提供更多的洞察，因为它们“更贴近”顾客。它们可以更快地对资源变化状况做出反应，使得管理者不需要等到财务结果出来便可迅速做出调整。表 8－3 提供了与各种营销职能相关的营销绩效指标和财务绩效指标。

中间指标能够比最终的财务结果提供更多的洞察，因为它们“更贴近”顾客。它们可以更快地对资源变化状况做出反应，使得管理者不需要等到财务结果出来便可迅速做出调整。

表 8－3　　绩效指标类型

营销组合函数	营销术语	财务类似术语
顾客满意度测量指标	认知 兴趣 需求 销量 忠诚 市场份额 钱包份额 社会影响	营销支出的回报 营销支出的回报 营销支出的回报 营销支出的销售回报 预计销售额 总销售额 顾客销售额/SIC 总销售额 溢出销售额
广告测量指标	印象/访问量/浏览量 点击率 媒体印象 回忆	每条线索的成本 每次点击的成本 每个印象的成本 每个回忆的成本
价格测量指标	溢价 价格弹性 品牌资产	单位利润率/边际利润率 边际价格效应 x（价格/销售额） 收入溢价
销售队伍	线索 转化率 赢回	每条线索的成本 每个转化的成本 每个赢回的成本
分销	库存单位的增长 同一店铺的销售额 转嫁价格	总库存 店均销售额/前一年销售额 净收益

注：SIC Standard Industry Classification 为标准行业分类。

资料来源：Inspired by Mintz，O. and Currim，I. S.（2013）“What drives managerial use of marketing and financial metrics and does metric use affect performance of marketing-mix activities?，” *Journal of Marketing*，77（2），pp. 17－40.

资源权衡管理框架的另一项输出涉及每个资源分配决策的三个组成部分：

- 每项营销活动的预算，也就是说企业在各项营销活动中的投入规模。
- 按活动类别分配预算，即将营销预算按一定比例分配给某项具体营销活动的各类别。
- 预算的时间跨度，即企业投入一笔营销预算所覆盖的时间范围。

例如，在制定广告预算时，企业将确定在广告的不同形式（如印刷广告和在线广告）上一共花费多少（预算），以及开展广告活动的时间（如两个月）。

资源权衡管理的过程

虽然我们将营销原则 4 作为一个单独的营销原则，但正如前文所述，这四个营销原则都需要进行一些资源权衡，因此此处介绍的资源分配方法也可应用于前三个营销原则。例如，在选择将品牌、供应物还是关系作为构建强大的可持续竞争优势的工具时，管理者可以使用实验和反应模型。资源分配方法除了可以解决具体的营销问题，大多数企业还会利用它来制定年度营销计划和预算，以确定如何利用所有的资源来实现整体战略。下文所述的几个步骤展示了如何每次针对一个营销活动进行资源权衡。当各项营销活动都得到优化后，要构建复杂的模型以确保它们同时得到优化。这一过程的产出通常包括每个营销活动的总营销预算、在该活动中不同类别的预算，以及预算的时间跨度（通常为一年）。

第 1 步：确定与战略相关的绩效指标

定位陈述、AER 战略和 BOR 战略这三项输入是从一系列分析中得到的。它们需要经过组合、合成和聚焦，从而制定一个总体的资源分配决策。例如，一家汽车企业的定位陈述显示它在高端市场具有很强的竞争力，它的 AER 陈述表明它需要专注于增加所吸引的年轻消费者的数量，它已经明确了可持续竞争优势来自其具备尖端汽车技术形象的品牌。它随后的战略决策是针对年轻消费者，集中开展电视广告和在线广告活动，以提高他们对高端汽车的兴趣。该汽车企业需要确定哪些营销绩效指标和财务绩效指标能够追踪其资源分配决策的效用。在这个例子中，一个可能的营销绩效指标是年轻消费者对该公司汽车的知晓度；利润可能是最好的财务绩效指标。该汽车企业的目标是确定电视广告和在线广告的投资数额，以使知晓度和利润达到所期望的水平。

第 2 步：评估绩效指标和营销资源之间的关系

汽车企业投入营销资源能否提高知晓度和利润？如果是，能提高多少？为了回答这些问题，该企业必须调查在电视广告上每增加 1 美元投资对知晓度和利润的影响，以及在网络广告上每增加 1 美元投资对知晓度和利润的影响。企业可以使用实验或反应模型。在实验方法中，可以通过有控制组的实地实验分离出电视广告和在线广告对知晓度和利润的单独影响力。也可以建立一个反应模型来展示过去的营销资源使用情况和结果之间的关系。

第 3 步：评估资源分配决策的最优性

上一步的结果提供了关于营销资源效用的信息。利用该信息，企业可以确定资源分配的最佳数量。理论上来说，利润函数中存在一个“最优点”（sweet spot），企业达到该点后不应该多投资或少投资。当以提高利润为目标进行营销投资决策时，管理者需要知道投资是否高于或低于这个最优点——在利润函数中通常被描述为“上坡”（uphill）或“下坡”（downhill），如图 8－4 所示。如果企业处于上坡阶段，就需要增加投资以使其到达顶部的最优点；如果企业处于下坡阶段，就需要减少投资。当企业对其所处的位置判断错误时，就可能出现问题。企业如果实际上处于下坡阶段却误以为处于上坡阶段，它在支出方面的问题将加剧（反之亦然）。这种支出错误会产生严重的后果。为了避免这种情况，管理者应该综合运用各种分析工具（实验、反应模型）调整投资，以使企业达到利润函数的最优点或其附近。

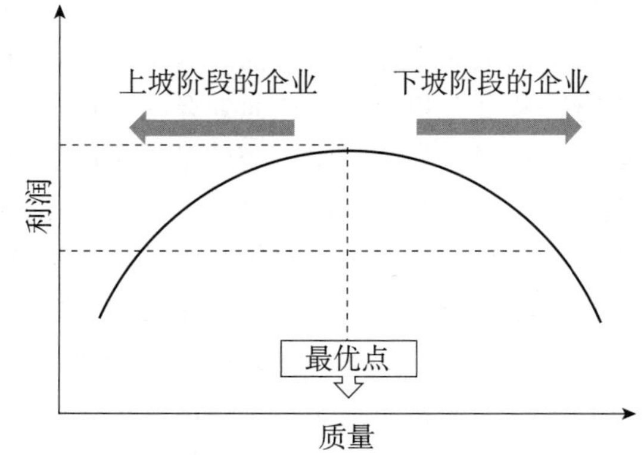

图 8－4　最佳资源分配（上坡/下坡）

注：作者是这样描述上述曲线的：如果一家企业处于上坡阶段（U 型企业），但它误以为自己处于下坡阶段（D 型企业）且产生了同样多的利润，那么，它会减少对质量的投资，因而利润将减少而不是增加（因为它实际上是一个 U 型企业）。一家具有同样利润水平的 U 型企业可能在质量上投入更多却也面临利润的减少，这可能会导致其陷入质量投资水平降低、收入下降、利润下降的恶性循环。因此，在管理者采取行动之前，确定企业是 U 型还是 D 型（处于上坡阶段还是下坡阶段）对于企业来说至关重要。

资料来源：Adapted from Mantrala，M. K.，Naik，P. A.，Sridhar，S. and Thorson，E.（2007）“Uphill or downhill? Locating the firm on a profit function，” *Journal of Marketing*，71（2），pp. 26－44.

第 4 步：确定资源分配决策

前三步使企业最终确定其资源分配决策：确定某项活动的总营销预算，将此预算分配至该活动的不同类别，选择预算的时间跨度。该汽车企业可能会决定向广告活动投资 50 万美元：在持续两周的电视广告上投资 35 万美元，在持续一个月的在线广告上投资 15 万美元。

第 5 步：整合不同的营销活动

每个营销活动都必须依照上述四个步骤展开。企业的总体计划和预算是所有营销活动（如广告、促销、销售人员）的总和。企业为每个营销活动制定有效的分配模型后，应该应用更复杂的反应模型来同时优化多个营销活动之间的资源分配。

总　结

管理者在做战略营销决策时长期面临的一个问题是，资源总是有限的。了解各种营销资源的投资对绩效的影响是至关重要的，这可以帮助企业理解应如何分配资源。在对各种营销活动进行评估之后——无论是消费者细分市场、产品类别还是营销活动，企业要决定在每个活动中投资多少。确定各种营销资源的回报是制定有效营销战略和确保前三个营销原则的产出得以有效实施的关键。

很多因素共同导致了对资源权衡的需求。资源总是有限的。通过转换用途或重新配置以实现企业目标的可用资源，即资源冗余，代表了企业可以分配的资源量。企业的顾客群在不断变化，企业产品组合中的产品所处的生命周期阶段在不断变化，竞争对手进入和退出时的产品市场格局也在不断变化。所有变化都需要进行新的资源权衡。最后，资源权衡需要反映出营销活动有效性的变化。因此，资源总是有限的，有效的营销战略必须管理始终存在的资源权衡，这就是第四个即最后一个营销原则（营销原则 4）。

有两种管理资源权衡的方法。通过锚定和调整的经验法，管理人员利用用来进行营销资源分配的基础性决策规则（锚点），在每个决策期对决策进行调整。例如，如果企业在每个决策期都将销售额的 1%用于广告，那么，在下一个决策期，它可以保持不变，仍将销售额的 1%用于广告，也可以向上或向下调整该比例。常见的锚定和调整的经验法包括销售百分比法、利润百分比法、历史法和竞争对抗法。这些经验法易于使用但缺乏科学依据。它们主要依靠传统或管理者的直觉来判断什么是合理的资源分配。

归因法将过去的决策和结果联系起来，以得出该决策对结果的影响力。通过实验归因模型，管理者可以先确定其感兴趣的结果和干预手段，然后将这种干预手段施加于选定的实验组，同时在控制组中保持该干预手段的水平不变。通过控制可能影响结果的其他因素，这些实验可以展示其研究的营销工具的影响力。反应归因模型依赖于统计模型来展示过去的营销资源与结果之间的关系。这些历史数据通常可以用于深入分析每种营销资源是否以及在多大程度上促成了不同的结果，这对确定未来的营销行动是非常有用的。

资源权衡管理框架的三项关键输入来源于前三个营销原则，即了解顾客想要什么以及企业应该如何进行定位；当顾客改变时，哪种 AER 战略最为有效；如何使用 BOR 战略来围绕顾客构建和维持强大的竞争壁垒。该框架的两项输出是对企业资源计划和预算的描述，以及使企业能够追踪并确认其资源支出的指标。使用该框架并将输入转化为输出的过程包括五个步骤。

本章要点

- 资源总是有限的。管理者必须管理资源权衡以制定有效的营销战略。大多数营销决策需要在多个目标之间进行权衡，因为资源总是有限的且往往相互依赖。
- 若干因素增加了对资源权衡管理的需求，包括有限的资源（资源冗余）、顾客需要的变化、产品生命周期的变化，竞争者进入或退出导致的市场格局的变化，以及营销活动有效性的变化。
- 管理资源权衡的方法从完全基于经验的时代演变到了基于数据的时代。在完全基于经验的时代，管理者使用简单的经验法则、直觉和判断来解决资源分配问题；在基于数据的时代，管理者依靠统计模型和详细的信息制定决策。

● 基于经验的方式依赖于锚点。锚点通常与上一个决策期的支出相关，管理者依据它来制定营销资源分配决策。管理者可以在观察到上一期决策的结果之后，在下一个决策期调整决策。

● 归因法要回答的问题是：在保持其他条件不变的情况下，某一资源若增加特定的数量（如1%）将对某种结果产生什么样的影响？这种模型整合了过去的决策和结果，可以得出数据，即每个资源权衡对结果的影响有多大。

● 基于反应模型的归因法能展示过去的营销资源与结果之间的关系。它的基本假设是过去的结果与未来的结果是相关的，这在多数情况下是合理的假设。它利用历史数据揭示出营销资源和绩效之间的关系。

● 资源权衡管理框架有三项关键输入和两项关键输出。这些输入是前三个营销原则的输出。该框架的两项输出是对企业资源计划和预算的描述，以及使企业能够追踪并确认其资源支出的指标。

数据分析案例

BRT论坛报明智地分配预算[①]

问题背景

报纸行业

几十年来，接近垄断的报纸行业一直享有很高的利润，与药品（9%）、金属（7%～8%）、飞机（6%）、汽车（4%）和食品杂货（2.3%）的回报率相比，报纸行业的回报率高达15%～20%。[②] 此外，报纸的利润主要来源于读者和广告商，本地报纸在读者群中的垄断地位意味着其可以在本地市场上获得大量广告业务。然而，在过去的40年里，尤其是在2000—2010年间，新闻消费发展放缓并发生转变（从纸质报纸到免费的在线新闻），印刷能力受到约束，发行价格达到上限，广告收入下降，网络广告竞争加剧，这一切都表明，接近垄断的报纸行业在所有方面都受到了冲击。这些趋势影响了报纸的订阅量和广告收入。美国地方性报纸的日均发行量从2001年的55 000份下降到了2011年的44 000份，降幅达20%，如图1（a）所示。更引人注目的是，该行业的广告收入从2003年的460亿美元下降到了2011年的240亿美元，降幅近50%，如图1（b）所示。[③]

BRT论坛报的困境

对BRT论坛报的高管来说，美国印刷报业陷入困境这一说法并非新闻，纸质报纸行业在过去15年里的快速下滑对他们来说是一个巨大的打击。他们对比了同行的情况。例如，《明尼阿波利斯明星论坛报》在1999年以12亿美元的价格卖出，于2009年宣布破产。类似地，《落基山新闻》（*Rocky Mountain News*）于2009年3月倒闭，《西雅图邮讯报》（*Seattle Post-Intelligencer*）于同月推出了在线版。

BRT的收入和利润面临着相似的问题。在报纸发行方面，2001—2010年，BRT纸

---

① 基于Shrihari Sridhar，Murali Mantrala和Esther Thorson等人的研究。

② Bogart，L.（2004）"Reflections on content quality in newspaper，" *Newspaper Research Journal*，25（1），pp. 40-53.

③ Mitchell，A.（2015）"State of the news media 2015." Available at：www.journalism.org/2015/04/29/state-of-the-news-media-2015/（accessed 6 June，2016）.

(a) 订阅的趋势

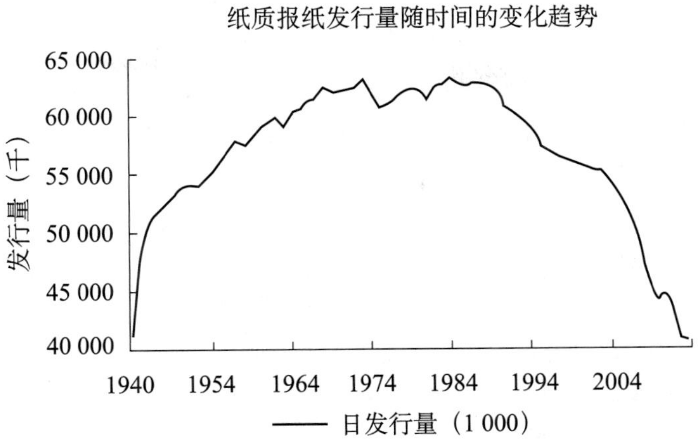

(b) 广告收入的趋势

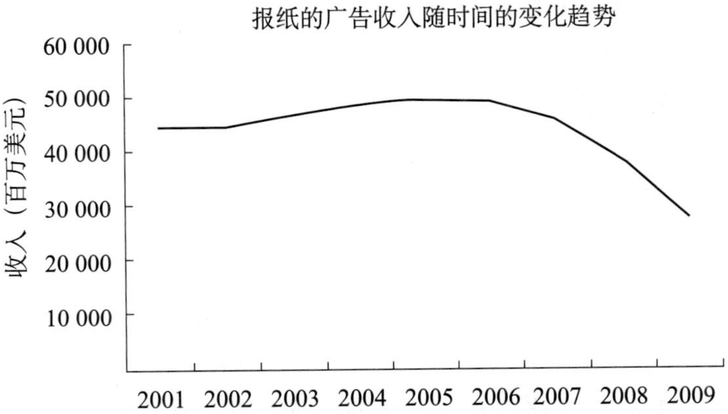

图 1　订阅和广告收入的行业趋势

质报纸发行量下降了 18%，纸质报纸的发行收入下降了约 7%。纸质报纸发行收入的下降不如发行量的下降大，唯一原因是，BRT 几乎每年都在提高价格，以弥补纸质报纸发行量下降所带来的损失。在其总收入中占了近 85%的印刷广告收入下降更明显，在 2001—2010 年间下降了 38%。这个数字已足够大了，以至于当 BRT 看到其下降幅度比行业下降幅度（50%）要小时，它也感觉不到任何安慰。让它感受到一丝安慰的是，它的在线广告自 2001 年以来增长了 300%（但是在线广告只占其总收入的 3%）。因此，收入和利润的最大损失来自印刷广告收入的下降。

资源分配的问题

BRT 召集其首席营销官、销售副总裁和战略研究总监召开会议，讨论了印刷广告收入下降的问题。过去，BRT 用以维护和拓展其广告收入的主要营销工具是现场销售人员。在过去的几十年里，BRT 的销售队伍在美国同行业中一直是最好的。媒体销售需要销售人员给当地和全国的广告商打电话，介绍当前的订阅数量、购买力、版面结构和预计收入。由于 BRT 在该市的纸质报纸业中享有垄断地位，因而它的现场销售人员与当地广告商建立了良好的关系，确切地知道每个行业的广告商想要通过印刷广告得到什么，以及何时会做广告。

基于两类细分市场，BRT 现场销售队伍被分成六个部门。第一类细分市场区分的是当地的广告商和全国的广告商。由于当地报纸的发行覆盖了当地广告商的主要市场，因此，当地的广告商往往更依赖当地报纸。全国的广告商偶尔会利用报纸进行宣传（如电影）或开展特价活动（如丰田的大型促销活动），在投放广告时会大量购买广告位。第二类战略细分市场按广告主的地理位置进行区分，即广告主是想在报纸的指定区域市场（NDM）吸引顾客，还是想在报纸的指定区域市场之外的两个相邻区域市场（ONDM1 和 ONDM2）吸引顾客。BRT 根据目标广告商，将销售人员队伍分成六个部门：地方性和 NDM、地方性和 ONDM1、地方性和 ONDM2、全国性和 NDM、全国性和 ONDM1、全国性和 ONDM2。

棘手的问题是如何将销售人员分配到这六个部门之中。BRT 过去一直采用销售百分比法和历史法相结合的方式。在销售百分比法中，BRT 将每个部门固定比例的销售收入作为该部门的预算。这种方法易于操作，可避免过度支出。但是，这个比例没有严格的行业标准，因此，BRT 开始质疑这种方法的有效性。BRT 还使用了历史法，即根据前一年的支出水平决定资源的分配。但 BRT 知道，历史法是在假设市场没有变化且市场发展缓慢的前提下使用的。报纸行业正经历动荡时期，这种方法有必要调整。

问题陈述

BRT 六个部门的销售人员分配是管理者在做营销战略决策时所面临的最基本且最持久的问题，也就是说，资源总是有限的。了解各种营销资源投资的影响至关重要，因为这为企业分配资源提供了洞察。在评估各种战略之后，BRT 需要决定在每个战略上投资多少。资源总是有限的，有效的营销战略必须管理始终存在的资源权衡问题，即营销原则 4。

BRT 需要进行资源权衡有多方面的原因。BRT 的资源冗余通常极大依赖于经济和市场状况。经济和报纸行业的衰退导致了需求的萎缩，从而减少了与营销相关的资源。BRT 不得不在现有条件下，在六个部门之间更明智地分配资源。在资源配置的问题上，BRT 必须意识到其资源权衡也受到广告商需求变化的影响。BRT 知道六个细分市场的规模和吸引力都在发生变化，它只能在条件允许的情况下，尽可能给每个部门多分配一些资源。因此，BRT 关心的基本问题是：

- 增加销售人员是否有助于增加广告收入？
- 为实现利润最大化，应该分别为六个部门分配多少销售人员？
- 假设不能雇用更多的销售人员，BRT 应该如何在六个部门之间重新分配销售人员以实现利润最大化？

数据①

BRT 决定从基于经验的资源分配方法转向更注重数据分析的反应模型法方来分配销售人员预算。应用反应模型方法的理念是，营销人员应该根据细分市场/产品/地区的盈利潜力来分配资源。

反应模型的直观介绍

为获知给每个部门增加销售人员带来的好处，BRT 首先需要知道在每个部门增加销售人员的利润贡献度。所以，第一项工作是估计每个销售部门的反应模型。正如前文所述，反应模型能从统计上展示营销资源和营销结果之间的关系。通过建立每个部门的反应模型，BRT 可以估计出销售人员的投入和营销结果之间的关系形态，并展示特定营销资源增加引起的营销结果变化速度。接

① 这些分析基于 BRT 案例的数据集，在第 9 章数据分析技术 9－1 所介绍的 MEXL 软件中进行。

下来就可以回答这样一个问题：如果增加1%的销售人员，每个部门的收入会增加多少？知晓这六个部门的情况之后，BRT 就可以了解在这六个部门中增加销售人员对营销结果的影响，并以最优的方式，即以一种能使六个部门的综合利润最大化的方式重新分配销售人员预算。

第一步是确定反应模型，并依据这六个部门的情况核准该模型。基于实践经验，BRT 知道这个模型必须具备以下特征：

- 如果销售人员减少到零，广告收入将会减少，但到期末，广告收入是有下限（最小值）的。
- 如果销售人员增加很多，如达到“饱和”程度，那么广告收入将会增加，但到期末，广告收入是有上限（最大值）的。
- 每个部门都有一定比例的销售人员来维持其最初的广告收入。

BRT 基于营销分析的传统规则和先例，选择了如下数学函数：

$$Y = b + (a - b)\frac{X^c}{d + X^c}$$

式中，Y 为广告收入；X 为各部门的销售人员数目；b 为销售人员数目为零时的最小收入；a 为最大收入（饱和时的收入）；c 和 d 为体现销售人员与收入之间关系的反应参数。图 2 展示了反应模型所刻画的各个销售部门中的关系（销售人员与收入）。根据 a，b，c 和 d 的系数差异，BRT 可以观察到在人员投入和收入之间的 S 型关系形态，并利用这些信息来评估六个部门的资源权衡问题。

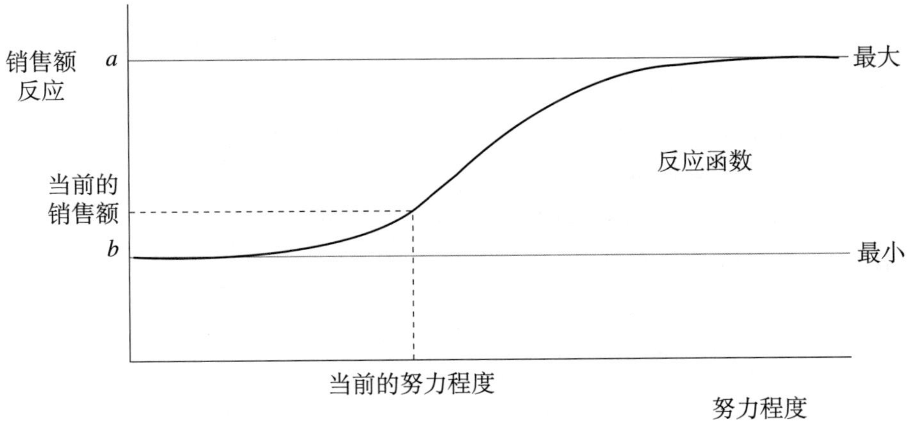

图 2　校准的全国性和 NDM 广告商反应模型

六个反应模型的校准

下一个问题是如何获得每个销售部门的系数 a，b，c，d。一种方法是根据过去销售人员数量和收入的历史数据进行非线性回归，从而获得每个销售部门的四个系数（和置信区间）的估计值。事实上，使用过去的数据来揭示营销资源与绩效之间的关系以及对反应模型的使用，在许多行业（如消费品行业）已成为通行的方法。

BRT 的管理者可能只想进行一些简单的分析，仅仅是为了看到“数据分析有作用”。在这种情况下，方程的四个未知数可以用四个数据点来求解。如果 BRT 知道当销售人员数量分别是当前水平的 10%（最低投入）、50%（低投入）、150%（高投入）和 500%（饱和）时，广告收入会增加多少，就能够获得每个部门反应模型的四个极端值。

BRT 考虑到销售经理比销售人员更清楚这四种情况下的收入水平，因此从每个部门召集了五名销售经理召开会议。每个部门的销售经理与首席营销官、销售副总裁和战略研究总监一起从管理者的视角，对销售人员数量变化后的预期收入水平进行了估计，即估算了销售人员数量为当前水平的10%（最低投入）、50%（低投入）、150%（高投入），以及500%（饱和）时的预期收入。利用销售人员数量和收入的估计值，BRT计算了每个部门a，b，c，d的数值，从而校准了六个销售部门的反应模型。

结果

销售反应模型图

表1给出了这六个部门的校准数据。对全国性和NDM部门（即该部门的目标市场是全国性的面向指定市场区域的广告商）而言，销售团队认为，最低投入会使得当前收入水平（设定为100%）降至47%，而低投入会使收入水平降到68%。高投入将使收入增加到126%，最高（饱和）投入将使收入增加到152%。

BRT计算了每个部门的系数a，b，c，d，从而可以分别校准六个销售部门的反应模型，随后可为每个部门绘制销售反应模型图。图3（a）展示了全国性和NDM的销售反应模型，图3（b）展示了全国性和ONDM1的销售反应模型。如图所示，这两张图都描述了收入和销售人员投入之间的S型关系。但是，全国性和ONDM1的曲线似乎比全国性和NDM的曲线更陡峭，表明全国性和ONDM1比全国性和NDM更有可能在每单位的销售人员投入中产生更多的广告收入。

重复这种图形绘制程序可得到每个销售部门的反应模型。总体来说，“增加销售人员是否有助于增加广告收入？”这一问题似乎得到了肯定的答案。

分配决策

BRT面临的第二个问题是：“为实现利润最大化，应该分别为六个部门分配多少销售人员？”正如已校准的反应模型所显示的，尽管每个部门的反应模型有所不同，但每个部门增加销售人员确实会增加收入。增加一名销售人员会带来该销售人员的薪酬成本。当一个部门增加的销售人员所带来的利润为零时，该部门就不应继续增加销售人员。因此，最优的做法是在每个部门中增加或减少一定数量的销售人员，直到在所有部门中销售人员的边际收入等于边际成本为止。

表1　校准数据

投入水平	全国性和NDM的销售人员	全国性和NDM的销售额	全国性和ONDM1的销售人员	全国性和ONDM1的销售额	全国性和ONDM2的销售人员	全国性和ONDM2的销售额
最低投入	无	47%	无	15%	无	31%
低投入	50%	68%	50%	48%	50%	63%
当前投入	当前水平	100%	当前水平	100%	当前水平	100%
高投入	150%	126%	150%	120%	150%	115%
最高投入	饱和	152%	饱和	135%	饱和	125%
投入水平	地方性和NDM的销售人员	地方性和NDM的销售额	地方性和ONDM1的销售人员	地方性和ONDM1的销售额	地方性和ONDM2的销售人员	地方性和ONDM2的销售额
最低投入	无	45%	无	56%	无	59%
低投入	50%	70%	50%	80%	50%	76%
当前投入	当前水平	100%	当前水平	100%	当前水平	100%
高投入	150%	105%	150%	111%	150%	107%
最高投入	饱和	110%	饱和	120%	饱和	111%

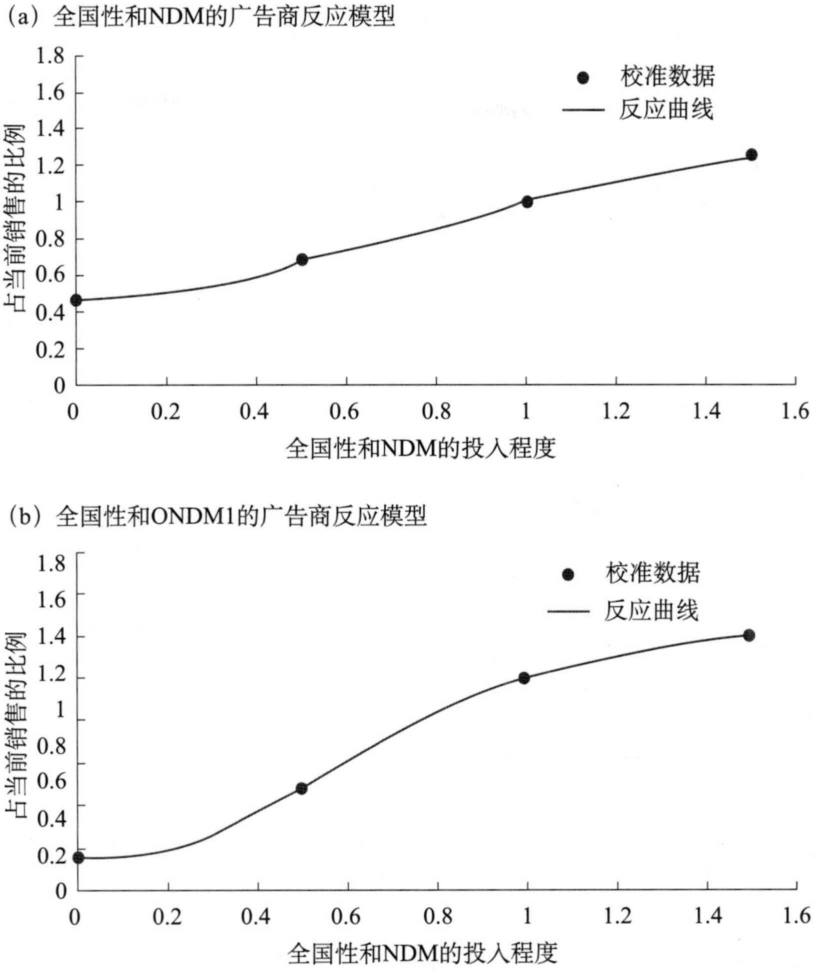

图 3 校准的反应模型

BRT 根据这一想法精确计算出了每个销售部门中销售人员的增减量。BRT 首先研究了理想情景中的解决方案。在理想情景中，它可以根据反应模型的结果雇用尽可能多的销售人员（当然，这在现实中是不可行的）。结果如表 2 所示。首先，BRT 发现目前的销售人员总数不够。该模型表明，实现利润最大化所需的销售人员为 69 人，而 BRT 目前销售人员为 37 人。增加 32 名销售人员将使利润增长 29%（从 2 2019 美元增加到 28 408 美元）。该模型建议每个销售部门（地方性和 ONDM2 除外）都增加销售人员，全国性和 NDM 的增加幅度最大。

BRT 将“假设不能雇用更多的销售人员，BRT 应该如何在六个部门之间重新分配销售人员以实现利润最大化?”看作最为关键的问题，因为它代表了对当前资源的最佳利用。这种利润优化模型将销售人员的总数限制在 37 人，其结果如表 3 所示。从表 3 中可以看出，销售人员的总数仍为 37 人，新方案对各部门的销售人员数量进行了调整，例如，将全国性和 NDM 部门的销售人数从 9 增加到 21，将全国性和 ONDM1 部门的销售人数从 14 减少到 6。在总体资源不变的情况下，通过这种重新分配，BRT 的利润可能会提高约 20%，从 22 019 美元增至26 481美元。这种有约束的解决方案只涉及将资源重新分配以产生更高的财务收益，从而为 BRT 带来巨大的发展潜力。

表 2　理想情景中的分配建议

基准情景

为基准情景输入投入和结果，该值将首先用于校准，随后作为基准。

投入和结果	全国性和NDM	全国性和ONDM1	全国性和ONDM2	地方性和NDM	地方性和ONDM1	地方性和ONDM2	总成本/总毛利	总净利润	总销售人员数	总销售额
销售人员数量	9	14	5	3	3	3	2 331		37	
销售业绩（美元）	21 440	3 650	2 120	3 720	3 800	1 460	24 350	22 019		36 190

推荐的情景

该部分包含推荐的投入及预测的结果。

投入和结果	全国性和NDM	全国性和ONDM1	全国性和ONDM2	地方性和NDM	地方性和ONDM1	地方性和ONDM2	总成本/总毛利	总净利润	总销售人员数	总销售额
销售人员数量	32.437 135 3	16.741 361 27	6.950 220 919	4.271 907 343	5.545 396 63	3.048 353 986	4 347		69	
销售业绩（美元）	32 201	4 040	2 379	3 942	4 296	1 466	32 754	28 408		48 324

成本与毛利

输入观察值的编号（如被调查者姓名）、选择和自变量

投入和结果	全国性和NDM	全国性和ONDM1	全国性和ONDM2	地方性和NDM	地方性和ONDM1	地方性和ONDM2				
销售人员（美元）	63	63	63	63	63	63				
单位毛利	0.7	0.55	0.72	0.72	0.62	0.53				

表 3　有约束的分配建议

基准情景										
为基准情景输入投入和结果，该值将首先用于校准，随后作为基准。										
投入和结果	全国性和 NDM	全国性和 ONDM1	全国性和 ONDM2	地方性和 NDM	地方性和 ONDM1	地方性和 ONDM2	总成本/总毛利	总净利润	总销售人员数	总销售额
销售人员数量	9	14	5	3	3	3	2 331		37	
销售业绩（美元）	21 440	3 650	2 120	3 720	3 800	1 460	24 350	22 019		36 190
推荐的情景										
该部分包含推荐的投入及预测的结果。										
投入和结果	全国性和 NDM	全国性和 ONDM1	全国性和 ONDM2	地方性和 NDM	地方性和 ONDM1	地方性和 ONDM2	总成本/总毛利	总净利润	总销售人员数	总销量
销售人员数量	20.967 402 58	6.131 264 338	3.889 555 241	3.037 558 819	2.982 920 577	0	2 332		37	
销售业绩（美元）	30 248	1 475	1 850	3 732	3 794	861	28 812	26 481		41 960
成本与毛利										
输入观察值的编号（如被调查者姓名）、选择和自变量										
投入和结果	全国性和 NDM	全国性和 ONDM1	全国性和 ONDM2	地方性和 NDM	地方性和 ONDM1	地方性和 ONDM2				
销售人员（美元）	63	63	63	63	63	63				
单位毛利	0.7	0.55	0.72	0.72	0.62	0.53				

BRT 被这个解决方案所吸引，因为它可以在不增加销售人员的情况下获得潜在的巨大收益。实际情况是，虽然它不能像无约束的模型推荐的那样雇用 69 名销售人员，但它有一定量的预算用以增加销售人员。因此，它审阅了图 4。图 4 绘制了六个部门的销售人员总数与预期利润。BRT 发现，如果按照有约束的解决方案的建议进行重新分配，就可以获得最大盈利的 93%；如果增加五名销售人员，它将获得最大盈利的 96%，分配的方式与有约束的解决方案相同。

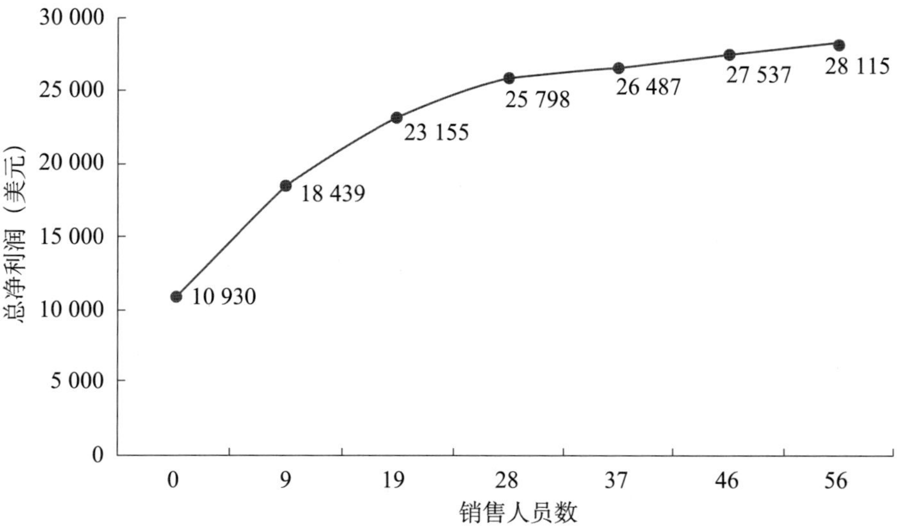

图 4　机会成本

解决方案总结

通过运用上述数据分析，BRT 能更好地理解如何准确地分配资源，从而更好地了解自己在市场中的地位。

1. 通过使用科学的、基于归因的预算分配方法，BRT 认识到，它的营销战略是建立在目标（利润最大化）、基本原理（销售反应模型）、行动（预算和再分配）基础之上的，而不仅仅是一个基于直觉的决策（即销售额的固定比例）。这使它对自己的资源分配政策更有信心，并形成一种通用的语言来讨论战略进展。

2. 通过使用反应模型，BRT 认识到在所有销售部门中，销售人员的增加都会带来更多收入，但是每个部门对增加销售人员的反应是有差异的，也就是说，并不是在所有部门增加销售人员都会带来同样的收入。

3. 在各部门的销售人员分配优化过程中，BRT 了解到每个部门都可以增加销售人员，直到销售人员边际利润为零。因此，最佳的方案是在每个部门中增加或减少一定数量的销售人员，使得六个部门中增加或减少的销售人员的边际收益正好等于边际成本。

4. BRT 了解到，虽然无法将销售队伍扩大一倍，但可以从无约束的分配中看到其产生的利益。根据受约束的解决方案推荐的最佳比例，它可以获得最大盈利的 93%。因此，BRT 在进入新的财政年度时更有信心，它将同时强调重新配置资源和增加资源（增加五名销售人员）。因此，在数据分析方面所付出的努力帮助 BRT 解决了第四个营销基本问题，即资源总是有限的。

附录：数据集描述

数据概述

该数据集是一个模拟数据集，旨在模拟作者过去与企业合作时所使用过的类似数据集。数据包含两个 Excel 表。第一个 Excel 表（“情景”）提供了基准和推荐情景下投入和结果的关系数据，以及相关的利润数据。第二个 Excel 表（“校准”）包含从销售人员处获得的校准数据。

数据中变量的描述

进行数据分析时需要理解两点。第一点，应该注意到“校准”表中包含了与六个销售区域的投入和结果相关的数据。对每个区域，销售人员都被要求评估在最低投入、低投入、当前投入、高投入和饱和水平上会产生多少销售额。一个地区的销售人员投入和结果如下表所示。

投入程度	全国性和 NDM 的销售人员	全国性和 NDM 的销售额
最低投入	无	47%
低投入	50%	68%
当前投入	当前水平	100%
高投入	150%	126%
饱和	饱和	152%

为了获得校准模型的结果，可以直接下载 Excel 表格中的数据，并使用与资源分配相关的 MEXL 加载项，选择“校准反应模型”（calibrate response model）选项，即可得到如图 3 所示的反应模型。

第二点涉及“情景”表。在校准反应模型之后，情景表将显示与当前和最优投入水平相关的销售结果和盈利能力，以及为获得最优利润所需的最优投入分配方案。为了获得最优分配方案和查看最优利润，应该使用与资源分配相关的 MEXL 加载项，选择“进行运算”（run analysis）选项。在这里，应该选择最大化 J13 单元格中的净利润率（与利润相同）。软件将计算出最优投入和最优利润。学生可以选择一个无约束的情景（得到如表 2 所示的结果）；也可以选择一个有约束的情景，将总预算限制在现有预算之内（得到如表 3 所示的最优重新分配结果）。

参考文献

[1] Mantrala, M.K. (2002) 'Allocating marketing resources,' in Weitz, B. and Wensley, R. (eds) *Handbook of Marketing*. London: Sage.

[2] Procter & Gamble (n.d.) *P&G's Billion Dollar Brands: Trusted, Valued, Recognized*. Available at: www.pg.com/en_US/downloads/media/Fact_Sheets_BDB.pdf (accessed 27 July, 2015).

[3] Narney, C. (2010) 'Is it too late for Microsoft in the smartphone market?,' 11 October. Available from: www.itworld.com/article/2749561/business/is-it-too-late-for-microsoft-in-the-smartphone-market-.html (accessed 5 August, 2016).

[4] Kharpal, A. (2015) 'Can Microsoft make a smartphone comeback?,' 8 May. Available from: www.cnbc.com/2015/05/08/a-microsoft-flagship-smartphone-is-coming-but-is-it-too-late.html (accessed 5 August, 2016).

[5] Moorman, C. (2011) 'Integrating social media,' *Marketing Management*, 20(4), pp. 16–18.

[6] George, G. (2005) 'Slack resources and the performance of privately held firms,' *Academy of Management Journal*, 48(4), pp. 661–76.

[7] Ryan, B. (1991) *Advertising in a Recession*. New York: American Association of Advertising Agencies.

[8] Scanlon, J. (2010) 'Is recession the time to boost ad spending?,' *Businessweek*, 4 May.

[9] Capozzi, C. (n.d.) 'Consumer segments in the hotel industry.' Available at: http://smallbusiness.chron.com/consumer-segments-hotel-industry-13764.html (accessed 7 March, 2016).

[10] Grant, T. and Beer, T. (2008) 'Life cycle assessment of greenhouse gas emissions from irrigated maize and their significance in the value chain,' *Australian Journal of Experimental Agriculture*, 48, pp. 375–81.

[11] Brownswell, A. (2012) 'HSBC's Chris Clark on a new era for the bank's marketing,' 31 May. Available at: www.campaignlive.co.uk/article/1134018/hsbcs-chris-clark-new-era-banks-marketing (accessed 5 August, 2016).

[12] Albers, S., Mantrala, M.K. and Sridhar, S. (2010) 'Personal selling elasticities: A meta-analysis,' *Journal of Marketing Research*, 47(5), pp. 840–53.

[13] Sethuraman, R., Tellis, G.J. and Briesch, R.A. (2011) 'How well does advertising work? Generalizations from meta-analysis of brand advertising elasticities,' *Journal of Marketing Research*, 48(3), pp. 457–71.

[14] Garfield, B. (2009) 'Future may be brighter, but it's apocalypse now,' *Advertising Age*, 80(10), pp. 1, 26–7.

[15] Weaver, D.H., Beam, R.A., Brownlee, B.J., Voakes, P.S. and Wilhoit, G.C. (2014) *The American Journalist in the 21st Century: US News People at the Dawn of a New Millennium*, 2nd edn. New York: Taylor & Francis.

[16] Lacy, S., Thorson, E. and Russial, J. (2004) 'Special issue editors' comments,' *Newspaper Research Journal*, 25(1), pp. 1–5.

[17] Mantrala, M.K., Naik, P.A., Sridhar, S. and Thorson, E. (2007) 'Uphill or downhill? Locating the firm on a profit function,' *Journal of Marketing*, 71(2), pp. 26–44.

[18] Farris, P.W. (2015) 'How advertising budgets are like fly balls,' *Darden Ideas to Action*, 10 April.

[19] Israel, S. (2013) 'How Walmart and Heineken will use Shopperception to put your in-store experience in context,' 27 January. Available at: www.forbes.com/sites/shelisrael/2013/01/27/how-walmart-and-heineken-will-use-shoppercetion-to-put-your-in-store-experience-in-context/#531b3761fb76 (accessed 5 August, 2016).

[20] Baker, B.J., Fang, Z. and Luo, X. (2014) 'Hour-by-hour sales impact of mobile advertising,' 30 April. Available at: http://dx.doi.org/10.2139/ssrn.2439396 (accessed 5 August, 2016).

[21] Germann, F., Lilien, G.L. and Rangaswamy, A. (2013) 'Performance implications of deploying marketing analytics,' *International Journal of Research in Marketing*, 30(2), pp. 114–28.

[22] Chand, S. (n.d.) *15 Methods for Setting up of Advertisement Budget under Top down Budgeting Method.* Available at: www.yourarticlelibrary.com/advertising/15-methods-for-setting-up-of-advertisement-budget-under-top-down-budgeting-method/22291/ (accessed 22 February, 2016).

[23] Fischer, M., Albers, S., Wagner, N. and Frie, M. (2011) 'Dynamic marketing budget allocation across countries, products, and marketing activities,' *Marketing Science*, 30(4), pp. 568–85.

[24] Kerin, R., Hartley, S. and Rudelius, W. (2012) *Marketing*, 12th edn. New York: McGraw-Hill Education.

[25] Gabor, A. and Granger, C.W.J. (1964) 'Price sensitivity of the consumer,' *Journal of Advertising Research*, 4, pp. 40–4.

[26] Anderson, E.T. and Simester, D.I. (2003) 'Effects of $9 price endings on retail sales: Evidence from field experiments,' *Quantitative Marketing and Economics*, 1(1), pp. 93–110.

[27] Sethuraman, R., Tellis, G.J. and Briesch, R.A. (2011) 'How well does advertising work? Generalizations from meta-analysis of brand advertising elasticities,' *Journal of Marketing Research*, 48(3), pp. 457–71.

[28] Albers, S., Mantrala, M.K. and Sridhar, S. (2010) 'Personal selling elasticities: A meta-analysis,' *Journal of Marketing Research*, 47(5), pp. 840–53.

[29] Corstjens, M. and Merrihue, J. (2003) 'Optimal marketing,' *Harvard Business Review*, 81(10), pp. 114–21.

[30] Danaher, P.J., Bonfrer, A. and Dhar, S. (2008) 'The effect of competitive advertising interference on sales for packaged goods,' *Journal of Marketing Research*, 45(2), pp. 211–25.

[31] Naik, P.A. and Raman, K. (2003) 'Understanding the impact of synergy in multimedia communications,' *Journal of Marketing Research*, 40(4), pp. 375–88.

[32] Mintz, O. and Currim, I.S. (2013) 'What drives managerial use of marketing and financial metrics and does metric use affect performance of marketing-mix activities?,' *Journal of Marketing*, 77(2), pp. 17–40.

第9章 营销战略：执行营销原则和数据分析

学习目标

- 解释基于一个整体性框架来驱动营销战略决策的重要性，以及支持这种重要性的趋势。
- 描述数据、分析技术和目标市场选择方式在过去几十年中的演变。
- 回顾每个营销原则背后的逻辑和难题。
- 列出营销战略执行的影响因素。
- 讨论获得或改进数据和分析方法能力对成功实施营销战略的必要性。
- 理解并描述微观-宏观二重性对成功营销战略的重要性。
- 批判性地讨论使用顾客中心化方法实施营销战略的好处。
- 指出并分析营销战略的重要数据来源和分析方法。
- 阐明成功执行基于数据分析的营销战略的收益。

引　言

市场营销学科及其看待营销战略的方式在过去60年里经历了明显的演变：从主要面向企业外部的、对可自由支配的费用进行管理的边缘化职能，演变成企业整体战略的重要组成部分，并可支配数十亿美元的费用。营销重要性的提升以及营销领域费用的增加促成了大量新营销战略、方法和技术的出现，以寻找提升企业绩效的最佳方式或应对一系列营销决策。企业管理者面临大量与新营销方式相关的商业流行语和咨询时髦词。

例如，20世纪七八十年代，扫描数据的出现使得营销人员能利用数据库来追踪各种销售和营销努力。大量与如何对顾客进行细分并选择目标顾客相关的，以及与产品在竞争市场中定位相关的新方法和新技术随之涌现出来。大多数营销咨询企业采用了一些基本的营销研究方法，如焦点小组、调查法和销售交叉分析表。但是，由于营销人员能更细致入微地了解顾客的需要，直接营销和定向电视广告得以发展。[1]

在 20 世纪 90 年代和 21 世纪的头十年里，顾客在线搜索点击流数据（click-stream data）的出现，以及辛迪加数据（Syndicated data）的爆炸式增长，使得营销人员能通过数据库来观察每一位潜在顾客的微观层面的数据。由此出现的新方法和新技术包括在线广告词定价、在线产品评论分析和贝叶斯建模。这些方法和技术中充满了对新营销技术的应用，如在线定向（online targeting）和重新定向（retargeting）、微定向（micro-targeted）电视互动。[2]

今天，我们已经进入“大数据+”（big data plus）时代，营销人员可获得来自智能手机和其他互联网设备的数据。物联网（Internet of things，IoT）的出现意味着营销人员可利用的数据（如顾客偏好和行为数据）每年都会翻倍。因此，营销人员开始利用手机定向（mobile targeting）和每日实地实验来分析这些迅速增长的数据。他们也试图在每个营销渠道使用一致的表述，使得与顾客的互动更具一致性。[3]图 9-1 总结了营销数据、分析技术和目标市场选择技术的演变，这些演变在过去 60 年中对营销实践和营销战略产生了深刻的影响。在很多市场中，构建数据收集和数据分析能力已成为获得营销成功和卓越财务绩效的关键。

图 9-1　数据可获得性、分析技术和目标市场选择方式的演变

物联网的出现意味着营销人员可利用的数据（如顾客偏好和行为数据）每年都会翻倍。

营销决策变得越来越复杂。以定价为例，在谷歌上输入“定价方式”这个词，可获得八类主要的定价方法：成本定价法、作业定价法、价格定制法、价值定价法、免费定价法、顾客报价法、顾客看着给定价法和广告关键词定价法。

实例

Keytrade银行（比利时）

比利时的Keytrade银行开办了比利时第一家投资网站。Keytrade银行以其拥有的顾客忠诚而感到自豪，它的净推荐值（Net Promoter Score）尤其值得夸赞，它55%的顾客净推荐值是9分或10分。受到这个异常高的顾客忠诚分数的启发，营销部门试图推出一个忠诚奖励项目。这个名为"会员带来会员"（Member Get Member，MGM）的项目为那些推荐了新顾客的顾客提供现金奖励，推荐者和新顾客可共享30欧元。这个项目多年来一直运行很好，使得Keytrade银行的顾客获取成本保持在较低的水平。在该项目的"第9轮"中，Keytrade银行采用了一个新的顾客关系管理系统（CRM）帮助记录几乎每个顾客的行为。通过使用定制的CRM工具，Keytrade银行能够向顾客发送个性化的提醒邮件，能够整合顾客的地址簿以便向顾客推荐，易于通过社交媒体进行扩散并使奖励过程自动化。通过这个设置良好的CRM，Keytrade银行的MGM项目获得了35%的增长，吸引了5 000多名新顾客。[4]

虽然这些发展昭示着未来是令人兴奋的，但是方法和技术的指数级增长使管理者陷入困境。他们很难知道在一个具体的情境中哪种方式或方法是最适用的。更糟糕的是，管理者面临"选择过多"的情形。他们可能因考虑集过大而面临决策瘫痪。营销人员必须在复杂的环境中回答以下可削弱营销战略有效性的难题，包括：

1. 何时应该使用某种具体的方法或分析工具？
2. 每一种新营销方法或工具将如何提升企业的绩效？
3. 哪种方法或工具最值得企业花费时间和资金？

各种面向营销专业人士的教材或著作的内容在不断扩充，以囊括这些新的方式和方法。但是这些扩充的内容只会加剧上述问题。针对具体的方式和技术来编写一本书，并不能解决管理者所面对的选择过多问题。因为他们面临越来越多的内容且必须在这些内容中进行挖掘，以设计和执行营销战略。在未来，新的营销和研究技术的数目可能继续增加，决策瘫痪问题只会变得越来越严重。

本书采用一种不同的方式来认识营销战略。为使其易于理解，本书提出管理者的营销决策应该着重解决所有组织在制定和实施营销战略时都会面临的四个潜在难题。当营销管理者坐在会议室里，需要进行营销决策（如提高顾客获取率或保留率，提高利润率，强化品牌资产）时，他们不应去寻找某个独特的方法或查阅某本书，而应该将营销决策按照四个第一原理进行分解，然后各个击破。第一原理——"理论、体系或方法所基于的基本观念和假设"——反映了获得营销成功的关键障碍，为制定营销战略提供了一种结构化的方式。[5]围绕第一原理，管理者可利用与每个基本营销难题相匹配的分析工具、过程和研究方法，通过结构化的、可靠的方式来解决大量营销问题。例如，第2章提供了与顾客异质性管理相关的一系列方法和分析工具，以解决顾客总是有差异的这一问题。按照这四个第一原理来组织各种方法、工具、过程和讨论，意味着每个营销决策都有一个具体的决策情景。每个管理框架中的过程旨在促进数据驱动的决策，而不是直觉驱动的决策。具体而言，每个营销原则都有一个整体性的框架，以反映在解决下面四个潜在营销难题时所需要的数据输入、相关方法、过程和分析技术：

1. 顾客总是有差异的。

2. 顾客总是在变化的。

3. 竞争者总是有反应的。

4. 资源总是有限的。

本章首先对历史趋势进行简要的讨论，以展示利用第一原理方式来认识营销战略的相关性和必要性。本书对潜在的问题和总体性的解决方案进行了整合。通过这一概述，读者可回顾前文中所提到的概念、分析和决策。最后，本章对同时执行各个营销原则所需的关键过程和技术进行了整合，对如何构建数据分析能力进行了讨论，以帮助企业有效执行营销战略。

当营销管理者坐在会议室里，需要进行营销决策（如提高顾客获取率或保留率，提高利润率，强化品牌资产）时，他们不应去寻找某个独特的方法或查阅某本书，而应该将营销决策按照四个第一原理进行分解，然后各个击破。

使利用第一原理方式来认识营销战略变得更为重要的趋势

若干商业和营销趋势使得企业更为重视第一原理以期获得营销成功。尤其是：

1. 企业在向一对一顾客营销迈进的过程中，开始聚焦于越来越小的顾客细分市场，以便对顾客需要之间的自然差异进行开发利用。

2. 顾客、产品和市场的变化比以前更快，这要求管理者快速识别出这些变化并做出反应。

3. 由于全球化不断深化，通过互联网接触顾客变得更容易，以及来自新兴市场（如中国、印度）的许多新企业进入市场，竞争愈发激烈，这使得企业通过构建可持续竞争优势来维持领导地位变得更加重要。

4. 企业各方面的数据量增加，数据驱动的决策变得更为容易，这使得数据分析型营销决策在重要性和影响力方面都超过了直觉型营销决策。

下文将详述上述每个趋势是如何使利用第一原理和数据分析方法来制定营销战略变得更为重要。

第一，企业在向一对一顾客营销迈进的过程中，开始聚焦于越来越小的顾客细分市场，以便对顾客需要之间的自然差异进行开发利用。正如第 2 章所介绍的，营销已经从大众营销时代（企业使用大众媒体向整个市场传递单一的信息）转向利基营销时代（企业专注于在每个界定清晰且狭窄的消费者细分市场开展营销），进而迈向一对一营销时代（企业试图将营销战略直接应用于具体的消费者）。这些趋势还在继续，主要是因为它们使得企业提供的产品或服务更符合顾客的内在偏好（即给予顾客他们想要的东西）。在其他条件相同的情况下，目标细分市场越小，目标产品就越贴近该细分市场顾客群的需求。通过聚焦于整体市场中的一个高同质性的顾客子群体，企业可以更好地预测未来需要并发现新趋势，从而比市场聚焦宽泛的竞争者更快地制定有针对性的解决方案。为了参与竞争，企业应当开发一个用以管理顾客异质性（营销原则 1）的流程。一旦形成使得企业可以持续而有意识地对小微细分市场的偏好进行管理的框架，顾客异质性的管理过程将更有效率。在上述三个时代中，处理顾客异质性的基本方法是相同的，即聚焦于越来越小的顾客群体，这样随着每个群体被细分为更小的单位（直到聚焦于单个顾客），其需要就会更加相似。

第二，顾客、产品和市场的变化比以前更快，这要求管理者快速识别出这些变化并做出反应。正如第 3 章所介绍的，为了管理顾客动态性，营销已经从生命周期方法（在顾客生命周期中，可以对跨多个产品和企业的顾客进行汇总，以识别顾客随年龄增长而发生的与产品差异无关的平均变化或迁移）转向顾客动态细分方法（按照一个预期相似的迁移模式标准来细分企业的现有顾客）。这种持续的趋势使得企业通过专注于越来越小的顾客群来管理市场动态性，企业或者将顾客归入具有相同趋势的更小的细分市场，或者对每个顾客的行为进行预测。在其他条件相同的情况下，目标细分市场越小且预测的顾客需要越清晰，目标产品就越贴近该细分市场顾客群的需要。如果不对市场中的顾客动态性（营销原则 2）进行管理，企业就不能准确预测顾客（或行业）未来会偏好什么。一旦形成一个聚焦于更小顾客群体的管理框架，企业就可以精确地获知每个顾客群体未来的需要是什么。这种聚焦可进行到为每个顾客提供营销项目时为止。

第三，由于全球化不断深化，通过互联网接触顾客变得更容易，以及来自新兴市场的新企业进入市场，竞争愈发激烈。正如第 4 章所介绍的，为了应对竞争性攻击，营销已经从产品资产视角转向顾客资产视角。顾客资产视角建议将顾客视为企业的财务资产，认为顾客应该像其他重要的资产一样进行测量、管理和最大化。为了应对竞争者的反应，企业必须通过构建品牌、供应物和关系资产，从而构建和维持抵御竞争性攻击的牢固壁垒。企业的这些壁垒或称可持续竞争优势，必须满足三个条件：

1. 顾客在乎此 SCA 带来的利益。
2. 企业必须比竞争者做得更好。
3. SCA 必须难以复制或替代。

一旦形成企业可以构建和维持竞争壁垒（营销原则 3）的管理框架，对竞争的管理过程将更有效率。这个框架还可以输出对该企业现有和未来的 SCA 的描述，以及企业应该用来构建和维持这些 SCA 的战略。这些输出都来源于各局部精细化的分析，用以支撑更有效的宏观层次决策制定。

第四，企业各方面的数据量增加，数据驱动的决策变得更为容易，这使得数据分析型营销决策在重要性和影响力方面都超过了直觉型营销决策。正如第 8 章所介绍的，营销已经从直觉或经验时代（管理者使用简单的经验法来解决资源分配问题，这是由直觉和判断驱动的）转向数据时代（企业开始利用历史数据来分析过往的资源权衡决策与决策结果之间的关系，以指导营销决策）。企业不断在各种营销选项之间进行选择，并且总是面对着各种资源约束。一旦形成企业可以优化资源权衡（营销原则 4）的管理框架，对资源约束进行管理的过程将更有效率。这个框架使得企业可以开发和追踪反映其营销有效性的关键绩效指标，以及一系列有助于优化资源分配的方法。

四个营销原则概述：问题与解决方案

营销原则 1：顾客总是有差异的→顾客异质性管理

问题

第一个营销原则针对的基本现象是，顾客总是有差异的。顾客的需要来源于多个方面，如基本的个体差异、变化的生活经历、独特的功能性需要、不同的梦寐以求的自我身份，以及旨在改变其偏好的营销活动。这些因素之间的差异可能非常大，使得企业将面对完全不同的消费者细分市场，企业要在成本约束条件下同时满足这些细分市场。如果企业的产品或服务忽视细分市场之间的差异，而是去满足细分市场的“平均需要”，那么企业可能同时失去这些细分市场；而只以其中某个细分市场为目标市场的企业则能更好地满足该细分市场的需要，毕竟没有哪个顾客想要平均水平的产品或服务。因此，这里的主要难题是：当顾客的需要有差异时，向他们进行销售的最佳方式是什么？

解决方案

解决方案是选择某个具体的顾客细分市场，在该细分市场中，顾客的偏好与企业的供应物是高度匹配的。然后，针对该细分市场，对企业选定的供应物进行定位，以阐明该供应物为什么是该细分市场的最佳解决方案（即企业的供应物为何比竞争者的供应物更好）。这就是广为人知的 STP（市场细分、目标市场选择、市场定位）方法。

市场细分是指将整个市场划分为若干群体，每个群体中的潜在顾客对某类产品或服务具有相似的需要与欲望（如对质量和服务保证的高度偏好，对商品花色的低需求），但每组顾客之间的差异较大。目标市场选择是指企业根据每个细分市场的市场吸引力和竞争力选择将要进入哪个或哪些细分市场。市场定位是指通过强调企业供应物针对目标市场的关键属性，从而提高企业在目标顾客心目中的相对优势。第 2 章介绍了进行市场细分的若干方法。例如，聚类分析利用顾客需要和欲望的调查数据，以及顾客的特征数据，将大量异质性顾客或企业划分成若干具有相对同质性的细分市场。STP 通常与顾客中心化方法或战略联合使用，以帮助企业识别出其核心顾客细分市场的长期价值，并确保企业将这些顾客置于其主要业务流程和决策的中心地位。

营销原则 2：顾客总是在变化的→顾客动态性管理

问题

第二个营销原则针对的基本现象是，顾客总是在变化的。顾客需要的变化是由多种因素引起的，如离散的生活事件、典型生命周期、学习效应、产品生命周期，以及变化的环境因素。这些变化给企业带来了什么挑战？变化以多种多样的形式迅速出现时，在选择细分市场方面表现再好的企业，也将面对目标市场的不断变化。如果企业低估了这个问题的严重性，认为顾客的偏好只会发生较小的变化（与他们那些固有的差异相比），那么它们在市场上只能随着主导趋势的变化而变化。相反，竞争者可能预测到顾客变化，并前瞻性地调整它们对目标顾客的价值主张。因此，这里的主要难题是：找到向那些偏好不断变化的顾客进行销售的方法。

解决方案

解决方案是将 STP 方法应用于解决顾客动态性问题，即根据顾客在迁移模式方面的相似性对其进行细分，针对不同迁移模式开发相应的战略。该解决方案有三种实现形式。第一种是 AER（顾客获取、扩张与保留）方法。这种方法认为在 AER 的三个阶段中，同一阶段内的顾客是相似的，企业可以为每个阶段的顾客开发独特的战略。第二种是流失顾客分析，即企业定期联系流失的顾客，以确定他们流失的原因、去向，以及潜在的修复策略。企业是否采用适当的修正行动取决于流失顾客是否属于企业的目标市场以及流失的根本原因。正如第 3 章所介绍的，选择模型提供了一种分析顾客 AER 决策的方式。第三种是隐马尔可夫模型（HMM）。这种方法依据顾客过去行为的变化来识别顾客所处的“状态”（或动态细分市场），对顾客在这些状态之间转换的可能性进行建模。动态细分市场可以通过各状态对企业的经济价值和各状态之间的转换可能性来界定。这对那些试图预期顾客行为变化影响的企业来说是很有帮助的。将 AER 方法与顾客个体层面的方法（如流失顾客分析）结合起来使用，企业可以详细描绘出过去和未来的顾客行为变化能在多大程度上改变目标市场构成。

营销原则 3：竞争者总是有反应的→可持续竞争优势管理

问题

第三个营销原则所基于的认知是，竞争者总是有反应的。企业发现它们遭受的竞争性攻击来自多方面。例如，技术创新可能使得它们的产品过时，文化、环境因素以及随机因素可能使得顾客突然转向另一家企业。多元化个体的创业和创造力可能破坏企业所在行业的业务核心。激烈的竞争会对准备充分的企业形成挑战，即使这些企业已经选择了合适的细分市场且能对顾客迁移过程中的现有和预期趋势进行良好的管理。然而，竞争者总是在不断尝试复制企业的成功，或对业务流程和供应物进行创新以更好地满足顾客的需要和欲望。一家企业如果低估了竞争者的反应，将失去抵御竞争的壁垒，进而丧失在市场中的主导地位。因此，这里的主要难题是：学习管理总是存在的竞争性行为和竞争反应。

解决方案

解决方案是构建和维持牢固的竞争壁垒或称可持续竞争优势（SCA），以抵御竞争性攻击。一个具备 SCA 的企业较之同行业的竞争者可在相同的产品和服务类别创造更多的顾客价值。换句话说，顾客在乎此 SCA 所带来的利益，企业在该方面做得比竞争者好（形成了相对优势），即使在竞争者拥有大量资源时，该SCA也是难以复制或替代的。大多数企业通过构建品牌、供应物和关系（BOR）资产来建立SCA。构建品牌资产包括强势的品牌定位（品牌是否反映了公司希望在顾客心目中占据的位置）、品牌架构（企业、产品、品牌/产品延伸三者之间的关系依据和结构）和品牌延伸（企业利用现有品牌推出新供应物）。第5章介绍了如何利用调查法进行品牌设计，这有助于建立品牌定位、品牌架构和进行品牌延伸。为了构建供应物资产，企业必须进行研发（R&D）投入，以推出新产品，降低成本，扩充互补性服务或从根本上改进顾客的体验。企业拥有较高的供应物资产意味着这些新供应物能比现有供应物更好地满足顾客的需要且顾客在乎这些新的性能。另一种战略是对现有供应物进行明显的重新定位，比如删除或者添加一些功能，从而通过一个"新的"价值主张来吸引不同的顾客细分市场。第6章介绍了如何利用联合分析来重新设计企业的供应物。最后，为了构建关系资产，企业可以利用社会性关系营销项目（如餐饮、体育赛事）来传达顾客的特殊地位，利用结构性关系营销项目（如电子订单处理界面、定制化包装）来提供顾客自身可能无法进行的投资，或利用财务性关系营销项目（如特价、赠品、免费送货或延期付款）来提供经济利益。第7章介绍了如何利用回归分析来测量企业关系营销工作的有效性。

营销原则4：资源总是有限的→资源权衡管理

问题

第四个即最后一个营销原则针对的是资源总是有限的这一问题。资源约束的原因是多方面的，如企业的资源冗余（随经济状况而变化的可用资源）、企业细分市场结构的变化、企业产品组合竞争力的变化，以及企业现有营销活动有效性的差异。这将如何使企业的营销问题变得更复杂呢？资源约束意味着就算企业选择了正确的细分市场（营销原则1），管理了顾客迁移模式中现有和预期的趋势（营销原则2），并通过品牌、供应物和关系资产构建了SCA（营销原则3），它们也必须持续对营销预算进行调整，并以与市场状况相匹配的方式分配预算。因此，这里的主要难题是：在执行营销战略时，企业应该如何有效地管理资源权衡？

解决方案

管理资源权衡的解决方案是分析在某个细分市场或产品中每一新增货币投入的边际收益和边际成本，使得最终的分配决策与该细分市场或产品的边际收益和边际成本相匹配。这种匹配可以通过两种方法实现。第一种方法是在每轮决策中都采用绩效指标驱动的方法来创造、测量和监控绩效。企业通常使用财务绩效指标，典型的指标包括易于转换为货币结果的财务比率（如净利润、投资回报率），因而能与企业整体的会计指标联系起来。企业也使用营销绩效指标，以反映顾客对产品的态度、行为或心态。营销绩效指标包括知晓度、满意度、忠诚度和品牌资产等。相较于财务绩效指标，营销绩效指标能对营销支出的效用变化进行更快的检测和更多的诊断。

第二种方法是利用同一绩效指标来确认每种营销投入的有效性，即基于归因的分配方法。第 8 章建议企业使用基于归因的模型来审视历史数据，并利用数学模型来测量各种营销活动的影响。历史数据包含营销资源是否以及在多大程度上提高了营销结果的信息。基于一种设计良好的归因方法，企业可以确定每种资源的相对影响，从而优化分配资源。这能确保企业对其资源权衡进行有效管理，根据期望的收益和成本支持各项活动。

表 9－1 总结了第一原理、解决方案和支撑性分析方法。

表 9－1　第一原理、解决方案和支撑性分析方法总结

第一原理	解决方案	支撑性分析方法
顾客总是有差异的	选择某个具体的顾客细分市场，在该细分市场中，顾客的偏好与企业的系列供应物是高度匹配的。然后，针对该细分市场对企业选定的供应物进行定位，以阐明该供应物为什么是该细分市场的最佳解决方案。	聚类分析是利用顾客需要和欲望的调查数据，以及顾客的特征数据，将大量异质顾客或企业划分成若干具有相对同质性的细分市场。
顾客总是在变化的	将类似于营销原则 1 的方法应用于解决顾客动态性问题，即根据顾客在迁移模式方面的相似性对企业的现有顾客进行细分。	在流失顾客分析中，企业定期联系流失的顾客，以确定他们流失的原因、去向，以及潜在的修复策略。企业是否采用适当的修正行动取决于流失顾客是否属于企业的目标市场以及流失的根本原因。动态市场细分采用聚类分析的方法，选择模型可用以分析顾客的变化和 AER 决策。
竞争者总是有反应的	构建和维持牢固的竞争壁垒以抵御竞争性攻击。这些壁垒叫作可持续竞争优势（SCA）。	回归分析可帮助企业测量其品牌、供应物和关系营销工作的有效性。联合分析可帮助管理者分析各种产品特性的相对价值。
资源总是有限的	分析在某个细分市场或产品中每一新增货币投入的边际收益和边际成本，使得最终的分配决策与该细分市场或产品的边际收益和边际成本匹配。	利用反应模型，企业可基于历史数据建立数学模型，从而测量各种营销投资的影响。实验法和归因法使得管理者能定量分析各种营销资源的有效性。

四个营销原则的协同整合

成功利用营销原则来理解营销战略的先决条件是，弄清楚这些原则是如何组合在一起的，以使其产生的整体效用大于每个营销原则单独效用之和。这四个营销原则通过两种方式协同作用，从而提升营销战略的有效性：一是使得某个营销原则的输出可以为另一个营销原则提供重要输入的先后关联顺序，二是既在微观层次深入理解顾客（避免加总的偏差）也在宏观层次支撑战略和资源决策的微观-宏观二重性。

先后关联顺序

值得注意的是，这四个营销原则是层级式的。图 9-2 展示了这四个营销原则在实践中是如何关联的。矩形框内是非常重要的营销原则；椭圆形框内是这些营销原则的解决方案（或输出）。例如，解决营销原则 3 的问题需要来自营销原则 1 和营销原则 2 的输出；解决营销原则 4 的问题需要来自前三个营销原则的输出。

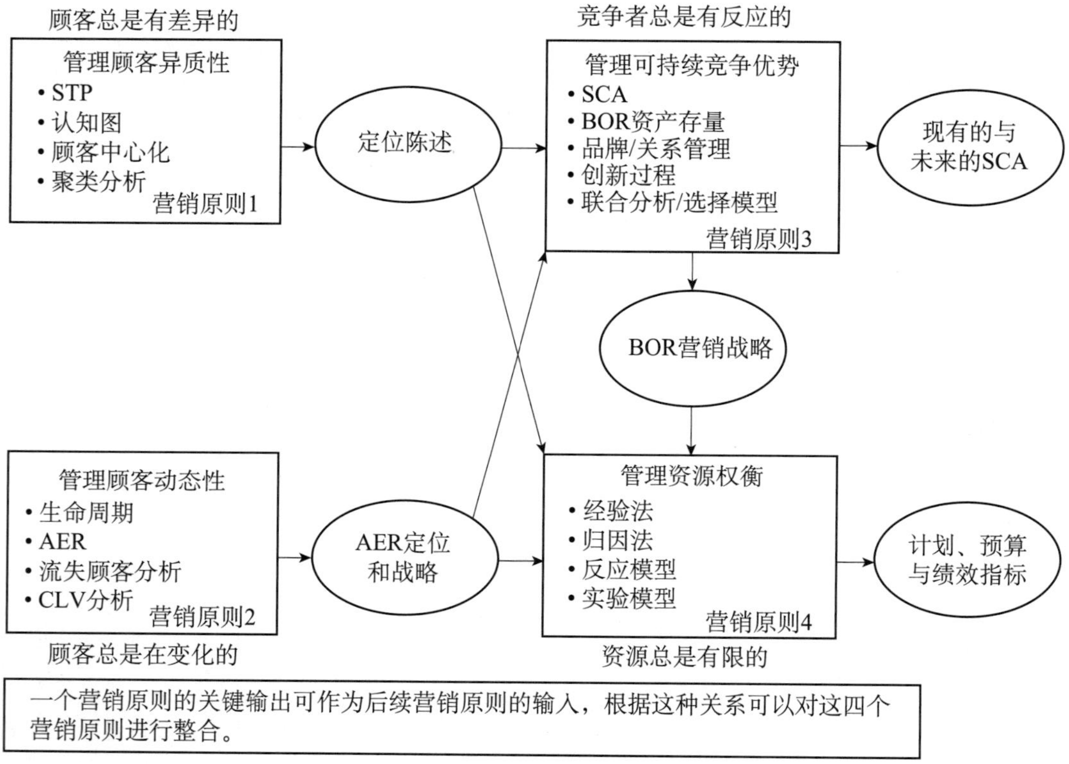

图 9-2 整合四个营销原则

假设一家提供房屋屋顶解决方案的制造商想开发一个新产品以吸引工业承包商用户。正如第 4 章所介绍的，这家企业将努力开发出一种能体现其 SCA 的新供应物（营销原则 3）。这个新供应物必须能提供一些新东西，这些新东西正是顾客所在乎的，是该企业在设计和生产时优于竞争者且竞争者难以复制的。然而，如果该企业不知道要选择哪个目标市场，也不知道应如何独特地满足这些客户的需要（相对于其他供应物而言），那么它将很难制定有效的供应物战略或定位战略。屋顶面板材料应该设计为价格高、使用寿命长、有美感、安装时间合理，还是应该设计为价格中等、性能一般但安装速度快呢？为了回答这些问题，该企业在最初构建 SCA 时需要营销原则 1 的输出（如图 9-2 中的定位陈述）。此外，为了构建能抵御竞争性攻击的 SCA，该企业还需要考虑工业承包商随着时间推移将发生什么变化，分析这些客户何时会开始或停止为某些特定的产品性能付费。例如，承包商对安装速度的偏好会随着时间推移而改变吗？这种偏好会随着承包商获得更多经验而改变吗？营销原则 2 的输出展示了客户在各阶段间迁移的触发因素，因此也是解决 SCA 构建问题时的一项重要输入（如图 9-2 中的 AER 定位和战略）。这种直观的解读也可用于营销原则 4，因为营销资源权衡要求对前三个营销原则有清晰的认识。

为了开发有效的营销战略，企业必须认识到这四个营销原则是按照自然顺序关联的。企业应该从营销原则 1 中的整体市场入手，然后转移到营销原则 2 中的企业现有顾客群并利用 BOR 战略，围绕这些细分市场和顾客来构建竞争壁垒（营销原则 3），并且以有效的方式将资源分配到这三个营销原则的输出上（营销原则 4）。

为了开发有效的营销战略，企业必须认识到这四个营销原则是按照自然顺序关联的。

微观-宏观二重性

采用第一原理方式来认识营销战略也反映了**微观-宏观二重性**（micro-macro duality），即既可获得微观层次的洞察，又可支持宏观层次的营销决策。这个过程是非常重要的。如果一个企业只将可获得的数据进行平均，并在宏观层次进行分析，那么将错过很多深刻的洞察和趋势，特别是新的顾客趋势通常会在平均化的过程中被隐藏起来。更糟糕的是，两个完全不同的细分市场可能被不恰当地合并，这会使企业对该顾客群体想要什么形成误判。

微观-宏观二重性与营销原则 3 尤为相关，营销原则 3 中的 AER 战略方格反映了对不同的顾客人物形象（即对顾客异质性的微观分析）应采取的获取、扩张与保留战略（即对顾客动态性的微观分析）。当管理者基于 AER 战略方格生成 BOR 资产方格时，企业就获得了一种宏观的视角来看待基于市场的 SCA 来源。这种微观-宏观二重性可形成两项重要的宏观输出，即对企业现有和未来 SCA 的描述，以及企业用来构建和维持这些 SCA 的战略。这两项输出都是通过各局部精细化的分析提炼出的总体层面的洞察，以支撑更有效的宏观层次决策制定。这种微观-宏观二重性对成功的营销战略而言是非常重要的，这是因为对顾客真实有效的理解发生于微观层面，多数战略性和资源导向的决策发生于宏观层面。

构建营销分析能力

成功实施四个营销原则管理框架的另一个先决条件是企业要构建**顾客分析**（customer analytics）能力。顾客分析可宽泛地定义为应用技术与模型对顾客和市场数据进行分析，以理解顾客和服务顾客。采用顾客分析的企业会依靠数据和分析方法（而不是直觉）来检测和改进其营销决策框架。顾客分析为什么能帮助企业？采用数据分析的企业会使用科学的、数据驱动的方法来洞察顾客，因此可提升其整体的市场感知能力。市场感知（market sensing）包括收集市场数据或情报、在组织中传递这些数据、从不同的视角对数据进行分析、根据收集到的信息采取行动等活动。顾客分析使得企业在市场中开展活动时成竹在胸。在 B2C 和 B2B 市场中，在顾客数据收集技术、数据关联（连接）技术，以及数据分析能力方面的快速进步使得企业可以根据自身的顾客获取、交叉销售、追加销售和顾客保留能力来进行差异化。[6]考虑到上述原因，企业近年来在顾客分析方面的资源投入呈指数增长。2009 年的一份市场报告显示，只有 10%的企业经常使用顾客分析技术[7]，然而，2013 年，这一数字上升到了 80%，而且企业将约 1/4（21%）的营销预算用于顾客分析项目。[8]因此，顾客分析技术及项目的市场急速成长，例如，全球顾客分析软件市场（包括数据存储和数据分析工具）在 2012 年增长了 8.7%，达到 340.9 亿美元的规模，预计到 2017 年，其增长率将保持在 9.7%左右。[9]大量咨询公司积极向客户推荐顾客分析工具和技巧，以帮助其识别商业机会。

实例

Anomaly（澳大利亚）

Anomaly 是澳大利亚的一家时装店咨询公司。它的一项业务是帮助一家主流的娱乐零售商提升顾客获取率并扩大市场份额。Anomaly 利用这个客户的顾客数据进行了一系列的深度顾客画像和市场细分分析。它发现可以使每个顾客的获取成本节约 34%，顾客流失率下降 14%。基于这些分析数据，Anomaly 为客户的当地营销创建了顾客流的热力图。[10]

采用顾客分析的企业将有充分的准备去理解顾客想要什么并对顾客的变化和环境趋势做出反应，因而会比那些没有采用顾客分析的企业表现得更好。[11]我们可以预期那些拥有数据分析能力的企业在实施营销原则方面也会表现得更好。它们可以管理顾客异质性和动态性，通过构建可持续竞争优势对竞争者做出反应并管理资源权衡。要想有效使用顾客分析，企业要兼具数据能力和分析方法能力。

采用顾客分析的企业将有充分的准备去理解顾客想要什么并对顾客的变化和环境趋势做出反应，因而会比那些没有采用顾客分析的企业表现得更好。

数据能力

企业可以通过搭建数据库来改进三方面的情报，从而提升其**数据能力**（data capability）。

- 经济：帮助企业理解商贸环境和关系方
- 顾客：阐明顾客的需要和行为
- 竞争者：展示竞争中的威胁和机会

上述三方面的数据越来越多，企业开始投资建设内部数据库以将营销努力和财务绩效连接起来。互联网和社交媒体等技术进步深刻地影响到这些趋势。总的来说，这些数据可分为结构化数据和非结构化数据。结构化数据（structured data）包括顾客身份、购买历史和偏好等信息，通常可以从顾客关系管理数据中得到。非结构化数据（unstructured data）超出了顾客与企业交易的范畴，包括顾客在社交媒体上发布的信息或提供的具有相似品位朋友的信息。企业应该将结构化和非结构化数据进行匹配以最大化数据能力。

分析方法能力

企业可以通过掌握分析工具来构建**分析方法能力**（methodological capabilities）。前文及各章相应的数据分析技术专栏对与营销战略最相关的分析工具进行了详细介绍。本书介绍的数据分析的目的主要有三类（见表 9－2）：

1. 数据简化方法（data simplification methods）使得企业可以将大量数据简化为较小规模的、含义更明确且具有可执行性的洞察。因子分析有助于企业在一个数据集或一组高度相关的变量中寻找共同因子。聚类分析有助于企业将相似的顾客归入细分市场。

2. 关联方法（linking methods）支持对营销干预手段的因果性调查。实验法使得企业可以将营销刺激与结果建立关联，从而识别出营销行动的影响。多元回归分析使得企业可以将多个营销预测变量与连续型营销结果变量关联起来。选择模型可以展示多个营销预测变量与离散型营销结果变量之间的关系。

3. 优化方法（optimization methods）有助于企业在多个营销变量之间进行权衡。例如，联合分析有助于企业在产品的单个特性之间进行权衡，如产品的尺寸和价格。反应模型使得企业可以获知对不同营销干预手段的投资所带来的货币影响。顾客终身价值分析考虑了顾客、时间和动态的差异，以便企业在未来能提供不同盈利水平的顾客之间进行权衡。

表 9－2　根据三种目的构建分析方法能力

分析目的	描述	分析方法
数据简化	企业可以将大量数据简化为较小规模的、含义更明确且具有可执行性的洞察	因子分析、聚类分析、多元尺度分析、主成分分析、隐马尔可夫模型
关联变量与结果	企业可以对营销干预手段进行因果性调查	实验法、多元回归分析、选择模型
资源优化	企业可以在多个营销变量之间进行权衡	联合分析、反应模型、顾客终身价值分析

有多种分析工具可帮助学生和企业提升分析方法能力。读者可以使用 Decision Pro 公司推出的营销工程（Marketing Engineering）软件，它是一种可以作为微软 Excel 插件的营销分析软件（云版本即将推出）。该软件通常称为 MEXL，管理者可基于微软 Excel 引入所需的相关插件来进行多种分析。这套软件包含因子分析和聚类分析，具有将大量数据简化为较小规模的、含义更明确且具有可执行性的洞察

的能力。该软件还包含回归分析、选择模型和扩散模型，以构建数据关联能力并进行因果分析。这套软件还包含反应模型、联合分析和优化模型，有助于提升企业的营销资源优化能力。

数据分析技术 9－1 列出了 MEXL 中可供各营销原则使用的模型。这个软件为本书提供了优秀且经济的配套资源。当然，读者也可使用其他数据分析软件包（如 SAS，IBM 的 SPSS）、类似于 R 的开源软件或类似于 JMP 的可视化软件包。我们倾向于使用 MEXL 是因为它简洁易用且与本书中的方法相配套。但是这并不意味着忽视其他能有效整合本书中的概念、方式和方法的软件包。

数据分析技术 9－1

MEXL：利用数据分析来执行营销原则

简介

营销工程软件可以作为微软 Excel 的插件，它包含进行四个营销原则的数据分析所需的数学模型。

使用场景

- 练习执行四个营销原则并制定有效的营销战略。
- 在真正实施营销战略之前，利用数据分析方法来获取相关的洞察。

使用方式

我们概述了与本书中各营销原则相关的数据分析方法，以及 MEXL 中相关的数据分析程序。值得注意的是，MEXL 几乎包含了每个营销原则的管理框架所推荐的所有数据分析方法。MEXL 可付费使用，网址是 www.decisionpro.biz/business-users/software/marketing-engineering-for-excel。

营销原则 1：有针对性地提供产品，以满足不同顾客细分市场的需要并管理顾客异质性。

推荐的方法	MEXL 模型/分析
市场细分	因子分析、聚类分析、判别分析
目标市场选择	通用电气矩阵
市场定位	认知图、定位图

营销原则 2：随着时间的推移进行战略调整，以适应顾客需要的变化。

推荐的方法	MEXL 模型/分析
生命周期方法	巴斯扩散模型
获取、扩张与保留模型	选择模型
动态细分	顾客终身价值计算器

营销原则 3：推出新产品以构建可持续竞争优势，并使之成为抵御其他企业攻击的壁垒。

推荐的方法	MEXL 模型/分析
品牌、供应物和关系资产方格	多元回归、选择模型
创新过程	联合分析

营销原则 4：通过在营销组合的各类别和各品牌之间的资源权衡决策来管理有限的资源。

推荐的方法	MEXL 模型/分析
归因法	反应模型、选择模型、多元回归

执行营销战略

为了从第一原理方式中受益，企业必须有效执行营销战略。数据能力和分析方法能力是工具箱中的第一种工具。该工具箱将用于构建研究过程并开发支持基于数据的决策的各种分析模型。以下两个因素可促进企业营销战略的有效执行。

1. 在组织内采用顾客中心化方法，以确保在决策中保持对外部顾客的关注并更好地激励员工去满足顾客的需要。

2. 持续地迭代和改进营销战略的各个方面，企业要认识到有效的营销战略是一个过程而不是一个终点，营销战略需要持续调整。

顾客中心化方法

第 2 章介绍了顾客中心化方法是一种公司层面的经营观念。该观念认为顾客的需要是组织战略过程的中心，基于顾客需要所形成的洞察应用于决策。顾客中心化需要企业协调组织的多个方面，包括领导、结构、文化、指标、流程和战略，以使其与这一观念相匹配。高层领导应当率先采用这种观点并制定以顾客为中心的决策。只有这样，顾客中心化才能作为一种推进器，在执行营销战略时促进顾客偏好在组织内部的扩散。[12]顾客中心化也可促进内部匹配，增加企业对焦点顾客细分市场的认识和投入。这种聚焦使得企业处于有利的地位，能够识别未被满足的需要，面对变化的需要快速有效地做出调整。[13]此外，顾客中心化还有益于战略执行和调整，从而改进企业营销战略的整体绩效。

成功的顾客中心化依赖于强大的市场导向。市场导向是全组织范围的市场情报生成、市场情报的跨部门扩散，以及对市场情报的全组织性反应。市场导向是通过构建顾客中心化提高企业绩效的重要形式。[14]市场导向包含三个维度：情报生成、情报扩散和反应能力。[15]市场导向意味着企业可以洞悉顾客偏好，在整个组织内传达这些偏好并利用这些信息明确顾客的需要，这使得企业能更好地满足顾客需要并持续不断地实施和调整营销战略。

顾客中心化使组织能增加对焦点顾客的了解和投入，支持企业更快地感知市场环境的不断变化并做出回应。这种持续而实时的反应能力会根植到组织的结构、文化和流程中。顾客中心化的度量指标可以快速反映出任何不匹配的地方，使得企业的战略更有效。

顾客中心化使组织能增加对焦点顾客的了解和投入，支持企业更快地感知市场环境的不断变化并做出回应。

持续的迭代和改进

要想提供能经受住时间考验的可持续的供应物，企业必须认识到它不可能同时处理所有的营销原则，因为它们是复杂且相互关联的。企业应该采用一种**迭代的方式**（iterative approach）来整合和执行这些原则。[16]一个最理想的方案或许能同时优化所有营销原则，但是企业可能缺乏时间、资源和技能去执行那样一个理想的方案。作为一种替代方式，企业可以在保持其他三个原则不变的同时（尽管可能不是最优的），一次只优化一个原则，逐步完善整体的营销职能。在图 9-2 中，对于一个给定的时间段（如 6～12 个月），企业可能会专注于改进与某一个营销原则相关的流程（矩形框）以及与之相关的宏观输出（椭圆框），而在其他方面"照常经营"。在下一个时间段，它可以在改进一个营销原则的基础上改进其他营销原则。按照这种模式依次改进第三个和第四个营销原则。采用这种方式，企业通过每次只聚焦于一个营销原则来逐步改进，这样可以在四个计划期内完成对四个营销原则的改进，从而收集和分析数据以实现显著的改进。

考虑这样一个例子。一家企业想要基于顾客的现有需要和产品使用情况，对顾客进行一次深度的市场细分分析并进行更清晰的界定。在进行这项研究时，这家企业可能只聚焦于某个营销原则，保持在其他三个营销原则上的做法不变。在下一个季度，这家企业可以聚焦于判断这些新界定的顾客细分市场是如何迁移的。通过每次专注于一个营销原则，企业能在复杂环境中获得最大的机会去最大化其输出。

利用营销原则和数据分析来执行营销战略

基于营销原则和数据分析来精心设计营销战略的企业更有可能获得更好的财务绩效。我们将通过百思买公司的例子来阐述这个观点。2001 年，百思买仍是一家拥有市场主导地位的电子消费品零售商，但是它发现其业务增长速度放缓、利润下降。经过仔细的论证，百思买认为业绩下滑是由专业零售商（如无线电音响城(Radio Shack))、强势的低成本零售商沃尔玛，以及电子商务引发的电子零售业的爆炸式发展导致的。更为重要的是，它意识到自己似乎陷入了"不盈利的中间状态"，既没有好到能吸引那些利润率高的特殊品购买者，也不能吸引那些利润率低但购买量大的价值型购买者。因此，它面临着顾客异质性管理这一基本问题（营销原则 1)。为了更好地对产品进行定位，百思买构建了一个包含来自各门店的 5 亿多条交易数据的大型数据库，着手对购买者的购买方式进行分析。通过运用市场细分方法，它将购买者分为五个细分市场：高收入的男性、郊区的母亲、小企业主、年轻家庭的男性，以及技术狂热者。其中，高收入的男性在内部称为巴里斯，他们喜欢动作电影和相机；郊区的母亲称作吉尔斯，她们虽然忙碌但通常愿意谈论对家庭有帮助的事情；男性技术狂热者的绰号是嗡嗡声，他们是早期采用者，对购买和炫耀最新的小玩意儿感兴趣。[17]

通过运用数据分析，百思买让每个门店都专注于 1～2 个主要服务的细分市场。这样一来，它就能消除多余的存货，节约成本，培训员工根据细分市场来识别购买者，更有效地为每次购买增加收入。从收入和成本的角度来看，这些努力提高了利润率，还使得百思买能根据不同地区的目标市场对每个门店进行定位。此外，百思买还能追踪采用新市场细分战略的门店的销售状况，据此构建每个门店的营销投资与盈利率之间的反应模型。最后，百思买能更好地管理资源权衡（营销原则 4)，将营销资金投到能确保盈利率的门店中。

到2004年，百思买发现竞争者采用了类似的战略，目标消费者的偏好快速变化，顾客期望其所在地区的门店（包括竞争者的门店）能够专门满足自己的需要。因而，出现了需要对顾客变化进行管理这一基本营销问题（营销原则2）。为了管理变化的偏好并只满足那些最具盈利性的顾客，百思买从门店层次的分析转向顾客层次的分析。具体而言，它构建了一个关于顾客交易历史的纵贯序列数据（longitudinal data），基于此构建用来估计每个顾客终身价值的模型。这种方式帮助百思买将其市场细分战略向前推进了一步，进入顾客个体层面。例如，百思买可以向每个地区的每个顾客传递有针对性的营销信息，也可以根据每个顾客预期的盈利率来寄送优惠券。通过这种方式，百思买可以在顾客层面追踪、管理并最大化盈利率，从而领先于那些仍停留在门店层面对业务进行管理的竞争者。这种数据分析预测了每个顾客（在每个门店）的未来盈利率，即将每个顾客视为一个利润中心。由此构建的个体层面的反应模型有助于将对每个顾客的营销投入（如寄送优惠券）与该顾客未来的销售与盈利率联系起来，也就是说，有助于在顾客层面对资源权衡进行管理（营销原则4）。通过向合适的顾客（即盈利性最高的顾客）提供合适的优惠券，百思买能在与向所有顾客都进行大幅价格促销的在线零售商的竞争中胜出。

2008—2010年间，在线和移动零售迅猛发展，苹果和亚马逊等企业严重侵害了百思买的收入和利润。在线零售商没有存货成本负担，可以利用低价、无销售税、随时下单以及退货政策来获得大量利润。亚马逊的收入从2004年的69亿美元上升到了2011年的近500亿美元，而百思买的收入在2009—2011年间一直停留在500亿美元。[18]因此，百思买面临竞争者总是有反应的这一基本营销问题（营销原则3）。百思买首先尝试将产品价格降至亚马逊的水平，但是这种竞争战略并没有发挥作用，因为亚马逊凭借其低存货费用一直具有成本优势。研究人员建议“百思买应该在亚马逊不能给顾客提供的服务方面寻找商业模式优化的机会”，以此构建起自身的可持续竞争优势，而不是通过降价来回应竞争。[19]2012年秋季，百思买实施了数据分析驱动的“重塑蓝色”（Renew Blue）战略。该战略的思路是发挥百思买的优势——独特的实体购物环境、愿意帮忙的服务人员，以及接触和感受产品的便利，同时保持较低的存货成本。这个战略计划首先收集了销售交易数据来找出哪些细分市场和门店是不盈利的并将其关闭。基于消费者层面的数据，重塑蓝色战略试图提供独特的“线上购物，到店取货”项目，以使得那些可盈利的顾客能在线购买，同时鼓励他们逛门店并交叉购买。这个战略项目旨在通过增加选定门店的存货以鼓励顾客保持与零售商的互动。百思买改进了它十年前制定的市场细分战略和顾客层面的战略，以更好地参与数字时代的竞争。截至2014年，重塑蓝色战略似乎发挥了作用。百思买的在线销售额上升了，从占其总销售额的7%上升到了10%，成本下降了10亿美元。[20]正如这个真实的例子所展示的，即使在高度竞争的市场环境中，数据分析和过程驱动的营销战略框架也可以帮助企业获得更好的财务绩效。

总 结

随着营销职能在企业中更具合理性、可信度和责任性，新的营销技术和术语层出不穷，给出了通向财务成功的各种途径。有很多文章采用职能视角，不断向读者介绍最新的工具。本书采用一种简化的、以顾客为中心的视角，旨在提供一个关于营销战略的整体框架，以支持利用简洁且具有推广性的输入-过程-输出框架来解决所有营销问题。利用这个框架，营销管理者可以避免流程瘫痪和方法瘫痪，而且可以通过努力分析和解决四个营销原则来进行调整：营销原则 1 认为顾客总是有差异的，营销原则 2 认为顾客总是在变化的，营销原则 3 认为竞争者总是有反应的，营销原则 4 认为资源总是有限的。

考虑到下面三个趋势，企业对整体性营销战略框架的需要比以往任何时候都迫切：

1. 企业从大众营销转向一对一营销，致力于满足越来越小的顾客群体的需要。

2. 企业在市场上管理顾客动态性的方式由生命周期方法转向顾客动态细分方法，并在顾客层面对预期的变化进行管理。

3. 管理者比以往拥有更多的数据和分析技术，需要就使用哪种技术、解决什么问题、在什么情境中使用等方面对各种分析技术进行排序。

管理这些趋势要求管理者掌握应对四个基本问题的核心技能和过程。

营销原则 1 主要基于顾客总是有差异的，主要难题是管理顾客异质性。解决方案是选择具体的顾客细分市场，在该细分市场中，顾客的偏好与企业的系列供应物是高度匹配的。然后，针对该细分市场对企业选定的供应物进行定位，以阐明该供应物为什么是该细分市场的最佳解决方案（即企业的供应物为何比竞争者的供应物更好）。这也称作 STP（即市场细分、目标市场选择、市场定位）方法。

营销原则 2 面对的基本现象是，顾客总是在变化的，主要难题是管理顾客动态性。解决方案是将与营销原则 1 解决方案类似的方法（即 STP）应用于解决顾客动态性问题，根据顾客在迁移模式方面的相似性对企业的现有顾客进行细分。在顾客获取、扩张与保留（AER）阶段，同一阶段的顾客可能是相似的，企业可以对每个阶段的顾客制定相应的战略。此外，流失顾客分析和隐马尔可夫模型也有助于进行顾客动态细分。

营销原则 3 面对的基本现象是，竞争者总是有反应的，主要难题是构建抵御竞争性攻击的壁垒或称可持续竞争优势（SCA）。具备 SCA 的企业可比竞争者在相同的产品和服务类别创造更多顾客价值。大多数企业通过构建品牌、供应物和关系（BOR）资产来建立 SCA。为了构建品牌资产，企业可以对广告、公共关系或名人赞助进行投资，以提高品牌知晓度和与现有定位战略相匹配的品牌形象。为了构建供应物资产，企业必须进行研发（R&D）投入，以推出最新的产品，降低成本，扩充互补性服务或从根本上改变顾客的体验。为了构建关系资产，企业应当投资于建立顾客与销售人员或其他跨边界员工之间的关系。这些努力可以形成强大的壁垒，防止顾客流失，促进顾客忠诚，获得卓越的财务绩效。

营销原则 4 面对的基本现象是，资源总是有限的，主要难题是管理资源权衡。解决方案是分析在某个细分市场或产品中货币投入的边际收益和边际成本。最终的分配决策应该与该细分市场或产品的边际收益和边际成本相匹配。为此，企业需要创造、测量和监控绩效指标，利用合适的方法来测量各种资源分配活动对关键绩效指标的影响。

与有效执行四个营销原则相关的四个实施建议可支持各原则之间的无缝衔接。

1. 解决营销原则 2 的问题需要来自营销原则 1 的输出；解决营销原则 3 的问题需要来自营销原则 1 和营销原则 2 的输出；解决营销原则 4 的问题则需要来自前三个营销原则的输出。因此，完整地运用这个管理框架要求企业认识到这四个营销原则是相互关联的。

2. 我们强调微观-宏观二重性在执行这个管理框架时的重要性，它既可获得微观层次的洞察，又可支持宏观层次的营销决策。

3. 每个企业都需要构建数据能力和分析方法能力。

4. 企业不可能同时处理所有营销原则，因为它们是复杂且相互关联的。企业应该采用一种迭代的方式来整合和执行这些原则。

最后，本章强调了数据分析方法在这个管理框架中的重要性。顾客分析可宽泛地定义为应用技术与模型对顾客和市场数据进行分析，以理解顾客和服务顾客。采用顾客分析的企业依靠数据和分析方法（而不是直觉）来检测和改进其营销决策框架。数据能力和分析方法能力都有助于提升企业在数据分析方法方面的胜任力。企业可以通过收集与顾客、经济和竞争者相关的情报来构建数据能力，还可以通过数据降维（在一个数据集或一组变量中寻找共同因子）、关联（对营销干预手段的因果分析）、优化（在多个营销变量之间进行权衡）分析等来构建分析方法能力。

本章要点

● 很多认识营销战略的方式采用了职能视角，不断向读者介绍最新的工具。本书采用一种简化的、以顾客为中心的视角，旨在提供一个关于营销战略的整体框架，以支持利用简洁且具有推广性的输入-过程-输出框架来解决所有营销问题。

● 企业从大众营销转向一对一营销，致力于满足越来越小的顾客群体的需要。为了在顾客层面对动态变化进行管理和回应，企业管理顾客动态的方式由生命周期方法转向顾客动态细分方法。管理者比以往拥有更多的数据和分析技术，需要就使用哪种技术、解决什么问题、在什么情境中使用等方面对各种分析技术进行排序。因此，管理者必须具备相应的核心技能和过程，这也是本书提出一个整体的、可推广的框架的目的。

● 顾客总是有差异的：营销原则 1 的主要难题是管理顾客异质性，这可以通过市场细分、目标市场选择和市场定位来解决。聚类分析可支撑市场细分，市场定位分析则依赖于多元尺度分析等技术。

● 顾客总是在变化的：营销原则 2 的主要难题是管理顾客动态性，这就需要采用 AER（获取、扩张与保留）战略。支撑 AER 的方法包括流失顾客分析、动态市场细分和隐马尔可夫模型。

● 竞争者总是有反应的：营销原则 3 的主要难题是管理竞争者的反应，依靠品牌、供应物和关系（BOR）资产来构建可持续竞争优势。联合分析可帮助企业对其供应物进行重新设计。回归分析可帮助企业测量关系营销工作的有效性。

● 资源总是有限的：营销原则 4 的主要难题是管理资源权衡，并确保基于对营销活动收益与成本的科学分析来分配营销资源。反应模型可基于营销绩效指标和财务绩效指标，利用历史数据来测量各项营销工作的影响。

● 若干实施建议有助于四个营销原则的有效执行。各营销原则是关联的；考虑到每个营销原则的微观-宏观二重性是非常重要的；企业需要构建数据能力和分析方法能力；企业不应同时处理所有营销原则，而是应该采用一种迭代的方式。

● 数据分析方法对实施这个管理框架是非常重要的。数据能力和分析方法能力都有助于提升企业在数据分析方法方面的胜任力。企业可以通过收集与顾客、经济和竞争者相关的情报来构建数据能力，还可以通过数据降维、关联、优化分析等来构建分析方法能力。

参考文献

[1] Leeflang, P.S.H. and Olivier, A.J. (1985) 'Bias in consumer panel and store audit data,' *International Journal of Research in Marketing*, 2(1), pp. 27–41.

[2] Chintagunta, P.K., Gopinath, S. and Venkataraman, S. (2010) 'The effects of online user reviews on movie box office performance: Accounting for sequential rollout and aggregation across local markets,' *Marketing Science*, 29(5), pp. 944–57.

[3] Xueming, L., Andrews, M., Fang, Z. and Phang, C.W. (2014) 'Mobile targeting,' *Management Science*, 60(7), pp. 1738–56.

[4] Real Dolmen CRM (2013) '35% more new customers for Keytrade Bank, with Microsoft Dynamics CRM as driving force of Member Get Member project,' 12 November. Available at: www.slideshare.net/TraviataCRM/case-story-keytrade-bank-member-get-member-project (accessed 9 August, 2016).

[5] Stevenson, A. (ed.) (2010) *Oxford Dictionary of English*, 3rd edn. Oxford: Oxford University Press.

[6] Davenport, T.H. (2006) 'Competing on analytics,' *Harvard Business Review*, 84(1), pp. 98–110.

[7] McKinsey and Co. (2009) 'McKinsey global survey results: Measuring marketing,' *McKinsey Quarterly*, pp. 1–8.

[8] Parenteau, J., Sallam, R.L., Howson, C., Tapadinhas, J., Schlegel, K. and Oestreich, T.W. (2016) 'Magic quadrant for business intelligence and analytics platforms.' Available at: www.microstrategy.com/us/company/analyst-reviews/gartner-magic-quadrant (accessed 3 March, 2016).

[9] IDC Report (2013) 'IDC forecasts business analytics software market to continue on its strong growth trajectory through 2017,' 25 June. Available at: www.businesswire.com/news/home/20130625005448/en/IDC-Forecasts-Business-Analytics-Software-Market-Continue (accessed 3 March, 2016).

[10] Anomaly (2014) 'Case studies: Customer analytics.' Available at: https://weareanomaly.com/portfolio/customer-analytics/ (accessed 10 August, 2016).

[11] Germann, F., Lilien, G.L. and Rangaswamy, A. (2012) 'Performance implications of deploying marketing analytics,' *International Journal of Research in Marketing*, 30(2), pp. 114–28.

[12] Sheth, J.N., Sisodia, R.S. and Sharma, A. (2000) 'The antecedents and consequences of customer-centric marketing,' *Journal of the Academy of Marketing Science*, 28(1), pp. 55–66.

[13] Lee, J.Y., Kozlenkova, I.V. and Palmatier, R.W. (2015) 'Structural marketing: Using organizational structure to achieve marketing objectives,' *Journal of the Academy of Marketing Science*, 43(1), pp. 73–99.

[14] Kohli, A.K. and Jaworski, B.J. (1990) 'Market orientation: The construct, research propositions, and managerial implications,' *Journal of Marketing*, 54(2), pp. 1–18.

[15] Jaworski, B.J. and Kohli, A.K. (1993) 'Market orientation: Antecedents and consequences,' *Journal of Marketing*, 57(3), pp. 53–70.

[16] Martin, R. (2014) 'Strategy is iterative prototyping,' 6 June. Available at: https://hbr.org/2014/06/strategy-is-iterative-prototyping (accessed 10 August, 2016).

[17] McWilliams, G. (2004) 'Analyzing customers, Best Buy decides not all are welcome,' 8 November. Available at www.wsj.com/articles/SB109986994931767086 (accessed 10 August, 2016).

[18] Frommer, D. (2012) 'Amazon vs. Best Buy: A tale of two retailers,' 18 April. Available at: http://readwrite.com/2012/04/18/amazon_vs_best_buy_a_tale_of_two_retailers (accessed 10 August, 2016).

[19] Wessel, M. (2012) 'Best Buy can't match Amazon's prices, and shouldn't try,' 10 December. Available at: https://hbr.org/2012/12/best-buy-cant-match-amazons-pr (accessed 10 August, 2016).

[20] Page, V. (2015) 'Is Amazon killing the Best Buy business model?,' 20 July. Available at: www.investopedia.com/articles/personal-finance/072015/amazon-killing-best-buy-business-model.asp (accessed 10 August, 2016).

术语表

获取、扩张与保留方法（acquisition，expansion，retention（AER）approach） 将现有顾客归入三个阶段，即近期获取的顾客、长期的顾客、失去的或即将失去的顾客，以分析顾客动态性以及他们的需要和偏好，从而使得企业能描述每个顾客群体的“人物形象”。

获取阶段（acquisition stage） 顾客第一次对企业进行评估并开始与企业接触的阶段。在这个阶段，他们开始了解企业的供应物以及如何与企业进行交易。

采用周期（adoption lifecycle） 认为新产品、新服务及创新的采用时间与采用模式大致服从正态分布的模型。

锚定和调整的经验法（anchoring and adjustment heuristics） 个体依据先前的预期（锚定）形成想法，基于能改变这种预期的新数据来更新想法（调整）的决策过程。

基于归因的过程（attribution-based process） 在多个营销事件和其他干扰事件都可能对经济结果产生影响的环境中，将经济效果归因于某项营销投资，从而测量出该投资的营销效果。

巴斯模型（Bass model） 利用社会感染理论与产品相关因素（如定价与广告强度）来预测新产品采用速度的模型。

品牌（brand） 能将一个卖家的产品与其他卖家的产品区分开的名称、名词、设计、符号或其他特征。

品牌架构（brand architecture） 企业、产品、品牌/产品延伸三者之间的关系依据和结构。

品牌联想（brand association） 与一个品牌相关的具体文字、颜色、徽标、字体、情感、特性、音乐、气味、人、动物或符号。

品牌审计（brand audit） 旨在分析品牌优劣势的品牌健康评估。

品牌知晓度或熟悉度（brand awareness or familiarity） 顾客识别品牌的能力。通过品牌元素的可识别度进行检验。

品牌的品类延伸（brand category extension） 企业推出一个完全不同的产品品类。

单一品牌架构（branded house architecture） 企业的所有产品和服务都使用同一组品牌元素的品牌化方式。

品牌元素（brand element） 用以识别一个品牌的元素，包括名称、符号、包装设计，以及用于区分该品牌产品与竞争者产品的其他特征。

品牌资产（brand equity） 与品牌、品牌名称及品牌符号相关的一系列资产和负债，它能增加或减少企业的供应物和关系的经济价值。

品牌延伸（brand extension） 企业利用现有品牌来推出新供应物，既可以是产品线延伸，也可以是产品品类延伸。

品牌形象（brand image） 顾客对品牌的认知和联想，在联想网络记忆模型中，它表现为品牌名称节点与其他信息节点之间的联结。

品牌的产品线延伸（brand line extension） 企业在同一产品品类中推出新供应物，但是面向一个不同的细分市场，通常这种新供应物的部分属性会有所差异（简称产品线延伸）。

品牌指标（brand metric） 一套能更细致地测量品牌特征的工具。

品牌、供应物和关系资产存量（brand，offering，relationship（BOR）equity stack） 能反映企业整体顾客资产的品牌、供应物、关系资产的累积。

旁观者（bystander） 企业的营销或忠诚计划未针对的顾客。

选择模型（choice model） 一种综合利用顾客特征、顾客过去的行为、企业的营销行为等数据来预测顾客选择/反应（如参与、交叉购买、离开）的可能性的模型。

分类分析（classification analysis） 一种能报告将顾客归入某个细分市场的精确度的方法。该方法基于给定的顾客人口统计特征进行预测，因而能对未经调查的顾客进行细分市场的归类。

聚类分析（cluster analysis） 一种基于顾客的偏好将单个顾客聚集成若干群体的方法。

承诺（commitment） 维持一段有价值的关系的持续的渴望。

沟通（communication） 交换方共享信息的数量、频率和质量。

竞争力（competitive strength） 与竞争者相比，一个企业在某个细分市场中维持市场份额的相对实力。

冲突（conflict） 关系方之间严重的不合或正在进行的争论。

联合分析（conjoint analysis） 一种营销者用以设计和开发新产品的建模技术。在这种技术中，营销者通常将产品看作一组属性的组合，确定哪些属性的组合最能满足顾客的偏好。

合作行为（cooperative behaviors） 各方为实现共同目标而采取的协调一致的互补性行为。

公司战略（corporate strategy） 一个组织为实现一些明确的目标而制定的长期发展方向和范围。

跨越鸿沟（crossing the chasm） 新供应物成功地从早期采用者过渡到早期大众的过程。

顾客分析（customer analytics） 应用技术与模型对顾客和市场数据进行分析，以理解顾客和服务顾客。

顾客中心化方法（customer-centric approach） 一种公司层面的经营观念。该观念认为顾客的需要是组织战略过程的中心，由顾客需要衍生的洞见应在决策中得以使用。

顾客动态性（customer dynamics） 顾客的欲望和需要随时间而变化的过程。

顾客资产（customer equity） 企业所有现有顾客和未来顾客的终身价值总和。企业品牌资产、供应物资产和关系资产之和。

顾客异质性（customer heterogeneity） 顾客在需要、欲望和行为方面的差异性。

顾客学习效应（customer learning effect） 顾客通过使用某产品而熟知该产品的过

程。学习效应使得顾客因其所增加的知识和体验而改变对产品不同属性的相对重要性的认知。

顾客生命周期（customer lifecycle） 顾客随着年龄增长而产生的变化或迁移。这种变化或迁移不受产品和行业的影响。

顾客终身价值（customer lifetime value，CLV） 一种通过计算每个顾客销售额与成本额的折现值来确定其财务贡献的方法。

顾客上任（customer onboarding） 一个有计划地将新顾客导入企业的过程。该过程旨在提升顾客的长期满意度与忠诚度。

顾客关系管理（customer relationship management，CRM） 企业为实现绩效目标，采用信息技术而开展的管理性的、全组织的、专注于顾客的关系营销活动。

数据能力（data capability） 企业利用客观事实依据来对营销职能的效应进行测量、监控和管理的能力。

数据时代（data era） 在该时代，企业利用历史数据来分析过往的资源权衡决策与决策结果之间的关系，以判断某种资源对特定结果的实际效应。

下降/修复阶段（decline or recovery stage） 通常是某些特定事件（冲突、不公平、背叛）或消极怠慢（沟通不畅、投资终止）的结果。

依赖（dependence） 顾客努力维系与他们所依赖的卖方之间的关系。

设计者诅咒（designers' curse） 当开发者或设计师接受某种新特性后，他们会认为这种特性具有很大的价值，而这种特性对非用户而言价值并不那么大。

离散的生活事件（discrete life event） 一些对顾客购买决策诸多方面立即产生影响的事件。

破坏性技术（disruptive technology） 能在价格、性能特征或价值主张方面造成巨大差异的技术。

移情性行为（empathic behavior） 顾客或关系方出于对卖家处境的考虑而对自身行为进行的改变。

背书品牌战略（endorsed brand strategy） 一种暗示已获得该品牌的批准或许可的战略。

扩张阶段（expansion stage） 在这个阶段，企业会预测并调整以适应顾客未来的迁移路径，同时，企业会开展追加销售或者交叉销售以增加销量或与现有顾客的互动。

实验（experiment） 管理者用来发现、测试或说明某个营销猜想的科学程序。

探索/早期阶段（exploratory or early stage） 关系的起步阶段。关系方对彼此的能力和可信度缺乏信心。

因子分析（factor analysis） 一种在研究中有目的地减少变量数目的方法。多用于聚类分析之前，但这取决于变量数目的多少。

第一原理（first principles） 理论、体系或方法所基于的基本观念和假设。

自愿（free will） 不受约束和规制地采取某种行动的自由或权力。

通用电气矩阵（GE matrix） 一种帮助管理者对目标细分市场进行可视化展示并进行选择的分析工具。

成长/发展阶段（growth or developing stage） 在这个阶段，互惠性交易开始升级，情感依恋开始增强并形成信任、承诺和满意。

基于经验的过程（heuristic-based process） 在这种决策过程中，个体通常利用非专业性的理论或者普遍的观念（经验）来对不确定性的结果做出决策。

经验时代（heuristics era） 在这个时代，企业不断在不同顾客群体、不同顾客阶段、不同供应物、不同地区，以及不同传播形式之间制定资源分配决策。

隐马尔可夫模型（hidden Markov model，HMM） 一种可以展示顾客行为的“状态”以及这些状态如何转换的统计模型。

多品牌架构（house of brand architecture） 企业为每个主要产品都开发一组不同的品牌元素的品牌化方式。

个体差异（individual differences） 在特定领域，个体对环境做出的稳定且一致的反应。

创新（innovation） 通过创造性地改变业务的一个或多个维度，为顾客和企业创造出重大的新价值。

整合营销沟通（integrated marketing communication，IMC） 设计并将营销信息传递给顾客的过程。该过程需确保不同时间和不同沟通渠道的营销信息都是目标明确且一致的。

交互频率（interaction frequency） 交换方在单位时间内的交互次数。

迭代的方式（iterative approach） 个体在决策过程中遵循多个相关的步骤来制定和改进决策。在这个过程中，每一步决策都是在已知前一步的结果之后做出的。

潜在顾客异质性（latent customer heterogeneity） 顾客欲望的潜在差异，这种差异在顾客偏好或行为中尚未显现或尚未被观测到。

潜在忠诚（latent loyalty） 顾客表现出积极的态度，却并未实际购买过企业的产品。

学习效应（learning effect） 顾客通过使用某产品而熟知该产品的过程。学习效应使得顾客因其所增加的知识和体验而改变对产品不同属性的相对重要性的认知。

市场吸引力（market attractiveness） 对影响某细分市场的战略价值及财务价值的外部市场特征的刻画，例如规模、增长率、价值敏感度。

营销弹性（marketing elasticity） 增加1%的营销努力可导致结果发生多大的变化。

营销原则（marketing principles，MP） 第一原理或前提假设与相关管理决策的匹配。

营销战略（marketing strategy） 一系列旨在在顾客心目中构建与竞争者不同的可持续性优势，从而为利益相关者创造价值的决策和行动。

市场导向（market orientation） 全组织范围的市场情报生成、市场情报的跨部门扩散，以及对市场情报的全组织性反应。

大众营销（无差异化营销）（mass marketing（undifferentiated marketing）） 通过大众媒体向整个市场传播同样的信息。采用这种营销战略的企业通常认为覆盖的受众越多则销售收入越多，因而会忽视顾客异质性。

成熟/维持阶段（maturity or maintaining stage） 在这个阶段，关系方之间的算计性信任被基于知识和情感的信任、沟通，以及其他巩固了共同目标的关系规范所取代。

分析方法能力（methodological capabilities） 因精通分析工具而获得的能力。

微观-宏观二重性（micro-macro duality） 一个既能在微观层次深入理解顾客（避免加总的偏差），又能在宏观层次支撑战略和资源决策（广告、研发和销售队伍战略）的过程。

动机（motive） 激发行为的欲望与需要。

多元判别分析（multiple discriminant analysis，MDA） 一种以研究对象的人口统计特征为预测指标，从而将研究对象划分为若干群体的技术。

自然实验（natural experiment） 有选择地（而非随机地）对某一群体施加营销刺激，从而对比不同营销战略的效应的实验。

需要（need） 一个人对某物有所要求或渴求的状态。

利基营销（niche marketing） 一种专注于对边界清晰且狭窄的消费者细分市场进行营销，以期通过专业化来获得竞争优势的营销战略。

供应物（offering） 一个泛指企业提供的有形产品和无形服务的术语。

供应物资产（offering equity） 产品或服务的功能给顾客提供的核心价值。

一对一营销（one-to-one marketing） 一种直接对单个消费者开展营销的营销战略。企业通常会对顾客群进行高度细分，使得每个细分市场只有一个顾客，并针对这个顾客定制营销组合中的一个或多个方面。

认知图（perceptual map） 一种利用市场细分过程中所使用的购买属性构建多维空间，并在该空间中描绘出顾客细分市场、竞争者以及企业自身位置的地图。

差异点（point of difference） 品牌与竞争品牌之间的主要差别。

相似点（point of parity） 并非某个品牌特有，是目标市场中顾客所要求的一些属性。

定位陈述（positioning statement） 阐述企业内外部营销决策的文字。该陈述通常需描述企业所针对的对象、目标和原因，从而吸引企业目标市场中的顾客。

产品或行业周期（product or industry lifecycle） 在产品品类逐渐成熟过程中可观测到的典型用户体验和行业的发展效应。

产品生命周期（product lifecycle） 刻画了顾客购买依据和营销者行为随着产品品类逐渐成熟而发生的典型变化。

定性分析（qualitative analysis） 帮助企业通过小样本来提炼想法的方法。

定量分析（quantitative analysis） 利用数据和特定的分析技术来检验理论和想法的方法。

关系型忠诚（relational loyalty） 顾客基于他们的关系态度以及关系联结而在交易过程中给卖方提供利益的可能性。

关系宽度（relationship breadth） 与某个交换方之间关系纽带的数量。

关系构成（relationship composition） 有助于卖家在顾客组织中促成决策和改变结果的多样化且具有权威性的联络人组合。

关系持续时间（relationship duration） 交换方之间关系存在的时间长度。

关系资产（relationship equity） 企业的关系型资产与负债的总和。这些资产与负债通常与企业的跨边界员工，以及企业的供应物所处的社会网络相关。

关系投资（relationship investment） 时间、资源和精力的投入，例如特惠优待、礼物或忠诚计划。

关系营销（relationship marketing，RM） 建立和维系强劲的顾客关系以形成关系资产的过程。

关系导向（relationship orientation） 在强劲的关系中进行互动的欲望。

关系质量（relationship quality） 多样化的交互特征。

重新定位（repositioning） 企业转换其目标市场的过程。

资源冗余（resource slack） 企业所拥有的潜在可用的资源，这些资源可通过转换用途或重新配置实现企业的目标。

资源权衡（resource trade-off） 企业综合考虑所有营销组合分配决策。

反应模型（response model） 一种能刻画企业营销努力与财务绩效之间关系的数学模型。

保留阶段（retention stage） 在该阶段，企业需应对顾客由于转换倾向而发生的迁移行为。

风险（risk） 投资不能激发互惠行为的概率。

市场细分（segmenting） 将整个市场划分为若干群体的过程，每个群体中的潜在顾客对某类产品或服务具有相似的需要与欲望，但每组顾客之间的差异较大。

卖方专长（seller expertise） 一个卖家能提供有见地且可信的信息。

相似性（similarity） 各方拥有共同的文化、价值观和目标。

虚假忠诚（spurious loyalty） 表现为好坏参半或负面感受的忠诚。

门径开发流程（stage-gate development process） 大多数公司所采用的用以提升供应物开发速度、提高成功可能性、降低开发成本的流程。

市场细分、目标市场选择、市场定位分析（segmentation，targeting，positioning（STP）analysis） 一个将顾客划分为若干细分市场、选择目标市场、利用营销行为改进企业在目标市场中定位的基本分析。

子品牌战略（sub-branding strategy） 将主要产品品类与品牌相结合的战略。

可持续竞争优势（sustainable competitive advantage，SCA） 企业所拥有的竞争优势使其能比同行的其他企业创造更多顾客价值，且这些企业不能复制该企业的有效战略。

维持性技术（sustaining technology） 市场领导者所利用的能带来持续性、渐进式改进的技术。

SWOT 分析（SWOT analysis） 对优势、劣势、机会、威胁的分析。

真实忠诚（true loyalty） 通过消费者的正面感觉和行为体现出来的忠诚。

信任（trust） 对关系方的可靠性与诚信的信心。

垂直延伸（vertical extension） 企业有计划地随着时间推移而改变供应物的价格和功能定位（向高端或低端改变）的过程。

口碑（word of mouth，WOM） 顾客向他人正面评价一个卖家的可能性。

教师教学服务说明

中国人民大学出版社管理分社以出版经典、高品质的工商管理、统计、市场营销、人力资源管理、运营管理、物流管理、旅游管理等领域的各层次教材为宗旨。

为了更好地为一线教师服务，近年来管理分社着力建设了一批数字化、立体化的网络教学资源。教师可以通过以下方式获得免费下载教学资源的权限：

在中国人民大学出版社网站 www. crup. com. cn 进行注册，注册后进入“会员中心”，在左侧点击“我的教师认证”，填写相关信息，提交后等待审核。我们将在一个工作日内为您开通相关资源的下载权限。

如您急需教学资源或需要其他帮助，请在工作时间与我们联络：

中国人民大学出版社　管理分社

联系电话：010－82501048，62515782，62515735

电子邮箱：glcbfs@crup. com. cn

通讯地址：北京市海淀区中关村大街甲 59 号文化大厦 1501 室（100872）